CONTRIBUIÇÕES
no sistema
tributário brasileiro

www.editorasaraiva.com.br/direito
Visite nossa página

Leandro Paulsen
Andrei Pitten Velloso

CONTRIBUIÇÕES
no sistema tributário brasileiro

4ª edição
2019

ISBN 978-85-536-1184-3

DADOS INTERNACIONAIS DE CATALOGAÇÃO NA PUBLICAÇÃO (CIP)
ANGÉLICA ILACQUA CRB-8/7057

Paulsen, Leandro
    Contribuições no sistema tributário brasileiro / Leandro Paulsen e Andrei Pitten Velloso. — 4. ed. -- São Paulo : Saraiva Educação, 2019.

1. Direito tributário 2. Contribuições (Direito tributário) 3. Tributos I. Título II. Velloso, Andrei Pitten.

19-0604   CDU 34:336.233

Índice para catálogo sistemático:
1. Direito tributário : Contribuições   34:336.233

Av. Doutora Ruth Cardoso, 7.221, 1º andar, Setor B
Pinheiros – São Paulo – SP – CEP 05425-902

SAC | sac.sets@somoseducacao.com.br

Direção executiva	Flávia Alves Bravin
Direção editorial	Renata Pascual Müller
Gerência editorial	Roberto Navarro
Gerência de produção e planejamento	Ana Paula Santos Matos
Gerência de projetos e serviços editoriais	Fernando Penteado
Consultoria acadêmica	Murilo Angeli Dias dos Santos
Planejamento	Clarissa Boraschi Maria (coord.)
Novos projetos	Melissa Rodriguez Arnal da Silva Leite
Edição	Eveline Gonçalves Denardi (coord.)
	Aline Darcy Flôr de Souza
Produção editorial	Luciana Cordeiro Shirakawa
Arte e digital	Mônica Landi (coord.)
	Amanda Mota Loyola
	Camilla Felix Cianelli Chaves
	Claudirene de Moura Santos Silva
	Deborah Mattos
	Fernanda Matajs
	Guilherme H. M. Salvador
	Tiago Dela Rosa
Projetos e serviços editoriais	Juliana Bojczuk Fermino
	Kelli Priscila Pinto
	Marília Cordeiro
	Mônica Gonçalves Dias
	Tatiana dos Santos Romão
Projeto gráfico	Fernanda Matajs
Diagramação e revisão	Desígnios Editoriais
Capa	Tiago Dela Rosa
Produção gráfica	Marli Rampim
	Sergio Luiz Pereira Lopes
Impressão e acabamento	Gráfica Paym

Data de fechamento da edição: 31-5-2019

Dúvidas? Acesse www.editorasaraiva.com.br/direito

Nenhuma parte desta publicação poderá ser reproduzida por qualquer meio ou forma sem a prévia autorização da Editora Saraiva. A violação dos direitos autorais é crime estabelecido na Lei n. 9.610/98 e punido pelo art. 184 do Código Penal.

CL 605853   CAE 654621

Nota dos Autores à 4ª edição

Esta nova edição do livro *Contribuições no sistema tributário brasileiro* está amplamente revista e atualizada para marcar, com distinção, sua publicação pela Editora Saraiva, o que muito honra os autores.

O livro é abrangente, envolvendo tanto a parte geral da matéria (teoria e regime jurídico das contribuições) como a parte especial (contribuições em espécie).

As contribuições são a espécie tributária menos compreendida e que mais suscita discussões no direito tributário brasileiro, de modo que é necessário dar consistência à sua análise.

Para tanto, fazemos abordagem ampla, a começar pelas peculiaridades que as identificam enquanto espécie tributária, com apoio inclusive no direito estrangeiro.

Seguimos identificando os traços característicos do seu regime constitucional, a fim de orientar o controle do exercício da respectiva competência tributária.

Fazemos, então, a classificação das contribuições conforme o ordenamento jurídico brasileiro.

Adiante, abordamos cada uma das subespécies de contribuições, analisando as finalidades que as justificam e as bases econômicas que as condicionam, bem como as respectivas regras matrizes de incidência tributária ou normas tributárias impositivas.

Cuidamos das contribuições sociais, começando pelas chamadas contribuições sociais gerais, seguidas pelas de seguridade social, abordando os aspectos de cada contribuição instituída, com destaque para as contribuições previdenciárias das empresas e dos segurados (CPREV). Do mesmo modo, apresentamos as contribuições sobre a receita e sobre a importação, como o PIS/Cofins e o PIS/Cofins-Importação. Também a contribuição sobre o lucro (CSL) tem seus diversos aspectos analisados.

As contribuições de intervenção no domínio econômico (Cides), bem como as de interesse das categorias profissionais e econômicas (CPROF), merecem, igualmente, estudo cuidadoso, com abordagem de todas as suas peculiaridades.

Finalizamos com as chamadas contribuições ao "Sistema S" e com a contribuição municipal de iluminação pública (CIP).

Esperamos que possamos corresponder às expectativas tanto de quem se dedica ao estudo aprofundado da matéria, como de quem necessita de esclarecimentos pontuais para a solução de casos concretos e ainda daqueles que precisam se familiarizar com o assunto.

Leandro Paulsen e
Andrei Pitten Velloso

Sumário

Capítulo I – Teoria das contribuições
Andrei Pitten Velloso

1. As contribuições no direito comparado 15
   1.1. Itália 15
   1.2. Espanha 17
   1.3. Alemanha 18
   1.4. Portugal 20
   1.5. França 21
2. As contribuições no Brasil 22
   2.1. As contribuições nos sistemas constitucionais brasileiros 22
   2.2. Natureza tributária 24
      2.2.1. Parafiscalidade 24
      2.2.2. Abordagem teórica 25
      2.2.3. Jurisprudência do Supremo Tribunal Federal 26
   2.3. Espécies de contribuições 28
      2.3.1. Contribuições por benefícios diferenciais 28
      2.3.2. Contribuições especiais 30
3. Teoria das contribuições especiais 30
   3.1. Posições teóricas básicas 30
      3.1.1. Negação da sua autonomia 31
      3.1.2. Tributos autônomos, com hipótese de incidência vinculada 32
      3.1.3. Tributos com validação finalística 34
      3.1.4. Tributos afetados a finalidades específicas 36
   3.2. Autonomia no sistema tributário brasileiro 37
      3.2.1. À luz da Constituição Federal 38
      3.2.2. À luz do Código Tributário Nacional 39
      3.2.3. Jurisprudência do Supremo Tribunal Federal 41
      3.2.4. Análise da tese contrária à sua autonomia 43
   3.3. Elementos conceituais 44
      3.3.1. Hipótese de incidência desvinculada de atuação estatal 44
      3.3.2. Afetação jurídica a finalidade estatal específica 46
      3.3.3. Conceito de contribuição especial 49

3.4.	Requisitos específicos de validade	51
	3.4.1. Busca da finalidade especificada pela norma atributiva de competência	51
	3.4.2. Necessidade	55
	3.4.3. Referibilidade	57
	3.4.4. Quadro sinóptico	61
3.5.	Modificações de finalidade	62
	3.5.1. Classificação e individualização das contribuições especiais à luz da sua finalidade	62
	3.5.2. Afetação a finalidade diversa	63
	3.5.3. Desafetações	64
	3.5.4. O reverso da medalha: a afetação de impostos	67
	3.5.5. Síntese	68
3.6.	Legitimidade e efeitos dos desvios de recursos angariados com as contribuições.	69
	3.6.1. Desvios constitucionais	69
	3.6.2. Desvios impostos ou autorizados pela legislação não orçamentária	70
	3.6.3. Desvios orçamentários	73
	3.6.4. Síntese	75
3.7.	Síntese geral: conceito, requisitos de validade e de eficácia, modificações de finalidade e desvios das contribuições especiais	76

Capítulo II – Regime constitucional das contribuições especiais
Andrei Pitten Velloso

1.	Competência tributária	79
	1.1. Norma básica de competência	79
	1.2. Competência para a instituição de contribuições sociais e interventivas gerais..	80
	1.3. Competências específicas	81
2.	Instrumento legislativo exigido para sua instituição	82
3.	Princípios constitucionais tributários	83
	3.1. Princípio da legalidade	83
	3.1.1. Significado	83
	3.1.2. Caráter de cláusula pétrea	85
	3.1.3. Ressalvas instituídas por emendas constitucionais	85
	3.2. Princípio da isonomia	87
	3.2.1. Critérios legítimos de comparação tributária	88
	3.2.2. Ilegitimidade da diferenciação entre categorias profissionais	90
	3.3. Princípio da anterioridade	91
	3.3.1. Conteúdo jurídico	92
	3.3.2. Espécies de anterioridade: a anterioridade de exercício e a nonagesimal	94
	3.3.3. Qualificação como cláusula pétrea	95
	3.3.4. Abrangência e exceções	96
	3.3.5. Ressalvas instituídas por emendas constitucionais	98
4.	Inaplicabilidade das imunidades gerais	99

Capítulo III – Classificação das contribuições
Leandro Paulsen

1. Espécies tributárias... 103
2. Espécies e subespécies de contribuições 105
3. Contribuições sociais... 107
4. Contribuições de intervenção no domínio econômico 108
5. Contribuições de interesse das categorias profissionais ou econômicas.................... 109
6. Contribuições de iluminação pública 110

Capítulo IV – Contribuições sociais gerais
Leandro Paulsen

1. Competência para instituir contribuições sociais gerais 113
2. Contribuição "salário-educação" instituída pela Lei n. 9.424/96 115
3. Contribuição ao FGTS instituída pela LC n. 110/2001....................... 120

Capítulo V – Contribuições sociais de seguridade social e o princípio da solidariedade
Leandro Paulsen

1. Fundamento e conteúdo do princípio da solidariedade relativamente às contribuições de seguridade social... 129
2. Aplicações do princípio da solidariedade pelo Supremo Tribunal Federal em matéria de custeio da seguridade social............................ 132

Capítulo VI – Contribuições de seguridade social previdenciárias do empregador doméstico e das empresas
Leandro Paulsen

1. Do empregador, da empresa e da entidade a ela equiparada 135
2. Competência para instituir contribuição sobre folha de salários e demais rendimentos do trabalho pagos à pessoa física............................ 137
3. Contribuições instituídas com suporte na norma de competência do art. 195, I, *a*, da Constituição... 141
   - 3.1. Contribuição do empregador doméstico – art. 24 da Lei n. 8.212/91............. 142
   - 3.2. Contribuições da empresa e dos equiparados sobre a remuneração de empregados e avulsos.. 145
     - 3.2.1. Contribuição de 20% – art. 22, I, da Lei n. 8.212/91........................ 146
     - 3.2.2. Contribuição de 1% a 3% a título de SAT/RAT – art. 22, II, da Lei n. 8.212/91.. 153

3.2.3.	Contribuição adicional de 2,5% devida pelas instituições financeiras e assemelhadas – art. 22, § 1º, da Lei n. 8.212/91	160
3.2.4.	Contribuições em substituição às contribuições sobre o pagamento de empregados e avulsos – art. 195, § 13, da CF	161
3.2.4.1.	Contribuição previdenciária das empresas de tecnologia da informação e comunicação e outras – arts. 7º a 9º da Lei n. 12.546/2011	162
3.2.4.2.	Contribuição previdenciária dos clubes de futebol profissional – art. 22, § 6º, a 11-A da Lei n. 8.212/91	163
3.2.4.3.	Contribuição da pessoa jurídica dedicada à produção rural – art. 25, I e II, da Lei n. 8.870/98	165
3.2.4.4.	Contribuição do empregador rural pessoa física – art. 25 da Lei n. 8.212/91	167
3.2.4.5.	Contribuição da agroindústria – art. 22-A da Lei n. 8.212/91	172
3.3.	Contribuição sobre a remuneração de segurados contribuintes individuais	173
3.3.1.	Contribuição de 20% – art. 22, III, da Lei n. 8.212/91	174
3.3.2.	Contribuição adicional de 2,5% devida pelas instituições financeiras – art. 22, § 1º, da Lei n. 8.212/91	176

4. Contribuição previdenciária de serviço de 15% devida pelas empresas tomadoras de serviços de cooperativas – art. 22, IV, da Lei n. 8.212/91 177

Capítulo VII – Contribuições de seguridade social previdenciárias dos segurados
Leandro Paulsen

1. Competência para instituir contribuição previdenciária do trabalhador e dos demais segurados 179

2. Das diversas classes de segurados 181
   2.1. Filiação e contribuição relativamente às diversas atividades desenvolvidas pela pessoa física 185
   2.2. Nova filiação do aposentado que volta a exercer atividade que o vincule ao regime geral 186
   2.3. Filiação do servidor público ao regime geral quanto às demais atividades que desenvolva 186

3. Contribuição do segurado empregado, inclusive do doméstico, e do trabalhador avulso – art. 20 da Lei n. 8.212/91 187

4. Contribuição dos segurados contribuintes individual e facultativo – art. 21 da Lei n. 8.212/91 195

5. Contribuição do segurado especial – art. 195, § 8º, da CF e art. 25 da Lei n. 8.212/91 203

6. Contribuição dos servidores públicos para os regimes próprios de previdência 205
   6.1. Contribuição dos servidores inativos e pensionistas 208

7. **Contribuição do militar** 213

Capítulo VIII – Contribuições de seguridade social sobre a receita
Leandro Paulsen

1. Competência para instituição de contribuição de seguridade social sobre a receita ou o faturamento 215
2. Contribuições PIS e Cofins 225
   - 2.1. PIS e Cofins no regime comum ou cumulativo – LC n. 70/91 e Leis n. 9.715/98 e 9.718/98 227
   - 2.2. PIS e Cofins não cumulativas – Leis n. 10.637/2002 e 10.833/2003 231

Capítulo IX – Contribuições de seguridade social do importador
Leandro Paulsen

1. Competência para instituição de contribuição de seguridade do importador de bens ou serviços 243
   - 1.1. Os conceitos de importação e de importador 245
   - 1.2. Os conceitos de bens e serviços 247
   - 1.3. Valor aduaneiro 249
2. O PIS/Pasep-Importação e a Cofins-Importação – Lei n. 10.865/2004 253

Capítulo X – Contribuição de seguridade social sobre o lucro
Leandro Paulsen

1. Competência para instituir contribuição sobre o lucro 265
2. Contribuição social sobre o lucro líquido (CSLL) – Lei n. 7.689/88 266

Capítulo XI – Contribuições de interesse das categorias profissionais ou econômicas
Andrei Pitten Velloso

1. Fundamento constitucional 275
2. Natureza jurídica 276
3. Espécies 277
4. Distinção perante figuras afins 277
   - 4.1. Contribuição confederativa do art. 8º, IV, da CF 277
   - 4.2. Contribuições interventivas e para o FGTS 280
5. Contribuições corporativas sindicais 280
   - 5.1. Contribuição sindical anual: o "imposto" sindical 281
     - 5.1.1. Supressão do caráter tributário 281
     - 5.1.2. Contribuição sindical rural 282
   - 5.2. Contribuição assistencial e mensalidade sindical 283
6. Contribuições devidas aos Conselhos de Fiscalização Profissional 284
   - 6.1. Natureza das atividades desenvolvidas pelos Conselhos 284

6.2. Caráter tributário das anuidades cobradas pelos Conselhos 285
6.3. Hipótese de incidência das anuidades 288
    6.3.1. Previsão da Lei n. 12.514/2011 288
    6.3.2. Serviços prestados por pessoas jurídicas 289
6.4. Reserva de lei tributária 289
    6.4.1. Delegação condicionada pela Lei n. 6.994/82 291
    6.4.2. Delegação plena pela Lei n. 11.000/2004 291
    6.4.3. Regime da Lei n. 12.514/2011 292
6.5. Estipulação e atualização das anuidades 293
    6.5.1. Regime pretérito à Lei n. 12.514/2011 293
    6.5.2. Regime da Lei n. 12.514/2011 294
6.6. Lançamento, decadência, prescrição e cobrança das anuidades 295

Capítulo XII – Contribuições de intervenção no domínio econômico
Andrei Pitten Velloso

1. Extrafiscalidade e intervenção no domínio econômico 297
2. A intervenção no domínio econômico através das Cides 298
3. Modalidades de intervenção e seu custeio 299
4. Intervenção no domínio econômico como elemento conceitual das Cides 301
5. Requisitos fundamentais à instituição das Cides 303
    5.1. Competência tributária 303
    5.2. Atividade passível de ser financiada mediante Cides 304
    5.3. Caráter setorial 305
    5.4. Referibilidade 305
    5.5. Respeito aos princípios da ordem econômica 307
6. Espécies de Cides 308
    6.1. Contribuições anteriores à Constituição de 1988 308
    6.2. Contribuições interventivas integrantes do "Sistema S" 309
        6.2.1. Contribuição ao Sebrae 309
            6.2.1.1. Autonomia e estrutura normativa 310
            6.2.1.2. Natureza jurídica 310
            6.2.1.3. Exigência de contribuintes não sujeitos às contribuições ao Sesc, Senac, Sesi e Senai 311
        6.2.2. Contribuições à Apex-Brasil e à ABDI 312
    6.3. Setor de combustíveis: Cide-Combustíveis 314
        6.3.1. Objetivos extrafiscais e caráter seletivo 314
        6.3.2. Restrições aos princípios da legalidade e da anterioridade 315
        6.3.3. Afetação constitucional dos recursos angariados 315
        6.3.4. Regulação infraconstitucional 316
    6.4. Setor de tecnologia: Cide-Remessas/*Royalties* 318
    6.5. Contribuições derivadas da Cide-Remessas 321
    6.6. Indústria cinematográfica e videofonográfica: Condecine 322

6.7.	Setor energético: Cide-Energia	326
6.8.	Adicional à Cide-Energia	328
6.9.	Setor marítimo: AFRMM	328
6.10.	Setor aeroportuário: Ataero	329
6.11.	Setor das telecomunicações: Fust e Funtell	330
	6.11.1. Contribuição ao Fust	330
	6.11.2. Contribuição ao Funtell	331
6.12.	Contribuição ao Incra	332
	6.12.1. Natureza jurídica da contribuição ao Incra	334
	6.12.2. Regulação da contribuição ao Incra	336
6.13.	Quadro sinóptico	336

Capítulo XIII – Contribuição de iluminação pública
Andrei Pitten Velloso

1. Antecedente: a inconstitucional taxa de iluminação pública 339
2. Criação da CIP pela EC n. 39/2002 340
3. Correntes interpretativas do art. 149-A 342
   3.1. Constitucionalização da antiga taxa de iluminação pública 342
   3.2. Autorização para a criação de efetiva contribuição 344
4. Natureza tributária específica 345
5. Hipótese de incidência 346
6. Base de cálculo e alíquotas 348
7. Sujeitos passivos 349
8. Sujeição às limitações constitucionais ao poder de tributar 349

Capítulo XIV – Contribuições ao Sistema S
Andrei Pitten Velloso

1. O "Sistema S" 351
2. Fundamento constitucional 352
   2.1. Contribuições ao Sesc, Senac, Sesi e Senai 352
   2.2. Demais contribuições 354
3. Aspectos comuns 356
   3.1. Caráter setorial 356
   3.2. Materialidade e sujeitos passivos 356
4. Quadro sinóptico 357
5. Questões controversas 359
   5.1. Contribuições ao Sesc e Senac: cobrança de empresas prestadoras de serviços... 359
   5.2. Autonomia das novas contribuições ao Sistema S 361

Referências bibliográficas 363

Capítulo I
Teoria das contribuições

ANDREI PITTEN VELLOSO

1. As contribuições no direito comparado

1.1. Itália

A leitura dos clássicos italianos evidencia ser antiga a querela doutrinária acerca dos caracteres jurídicos e da autonomia tributária das contribuições especiais.

G. Tesoro concebia as contribuições especiais (ou *imposti speciali*) como uma categoria autônoma, caracterizada pela sua afetação à realização de finalidades bem definidas, razão pela qual se confundiriam com os impostos de escopo[1].

Nessa senda, Achille Donato Giannini também via nas contribuições uma categoria tributária autônoma, intermediária entre os impostos e as taxas. Denominava-as *tributi speciali*, noção advinda da ciência das finanças. Tais tributos são devidos em razão de atividades administrativas que, embora beneficiem toda a coletividade, implicam utilidades determinadas a cidadãos que se encontram em situações específicas. Consistem nas prestações devidas por aqueles que: (a) auferem uma *vantagem* econômica específica frente a todos os demais que também são beneficiados pela atividade administrativa que deu causa à vantagem; ou (b) provocam uma *despesa* (ou uma maior despesa) pública em razão das suas posses ou atividades[2]. À diferença do imposto, em que não há nenhuma correlação jurídica entre as atividades estatais e a obrigação tributária, o

---

[1] TESORO. *Principi di diritto tributario*, 1938, p. 558, apud FANTOZZI. *Il diritto tributario*, p. 72.
[2] GIANNINI. *I concetti fondamentali del diritto tributario*, p. 93.

fundamento jurídico dos tributos especiais reside justamente em tal correlação ou, mais precisamente, na vantagem econômica do sujeito passivo ou na maior despesa que ele causa à Administração[3].

Já Antonio Berliri negava autonomia às contribuições (*contributi* ou *tributi speciali*), incluindo-as na categoria dos impostos, concebidos como tributos compulsórios, em definição que se aproxima significativamente do conceito de tributo que restou consagrado no nosso Código Tributário Nacional[4]. Diante da amplitude dessa definição de imposto, Berliri nela incluía, sem pestanejar, as contribuições especiais, cuja peculiaridade residiria tão somente na destinação da sua receita[5].

Distinguindo os tributos especiais afetados a determinada finalidade e entidade daqueles vinculados também com respeito ao modo de emprego dos recursos, via nesta situação *duas normas*: uma que institui o tributo e outra que estabelece como os recursos devem ser aplicados. Entre essas normas, não haveria liame capaz de alterar a estrutura jurídica do imposto, notadamente porque o contribuinte não pode controlar o correto emprego dos recursos e, se o fizesse, jamais teria direito à repetição do indébito ou a se eximir do pagamento das competências futuras[6].

A despeito de o próprio A. Berliri tê-la revisto[7], essa é a concepção da doutrina italiana mais recente, que alude à "crise" da noção de contribuição em razão do rechaço à sua autonomia[8] ou à sua natureza tributária.

De fato, na Itália as contribuições entraram em crise há muito tempo, haja vista a *Corte Costituzionale* ter negado o seu caráter tributário[9] e elas terem sido gradualmente suprimidas em razão da reforma tributária implementada pelo Governo Italiano com

---

[3] GIANNINI. *I concetti fondamentali del diritto tributario*, p. 95. Essa noção foi expressamente acolhida por Geraldo Ataliba para, com base nela, estabelecer o conceito jurídico de contribuição (ATALIBA. *Hipótese de incidência tributária*, p. 161). A respeito, cf. p. 32 e s.

[4] BERLIRI. *Principi di diritto tributario*, p. 206: "l'obbligazione di dare o di fare, coattivamente imposta in forza di una legge o di un atto da questa espressamente autorizzato, a favore di un ente pubblico, avente per oggetto una somma di denaro o un valore bollato e non constituente la sanzione di un atto illecito, salvo che la sanzione stessa non consista nell'estensione a carico di un terzo di un'obbligazione tributaria".

[5] BERLIRI. *Principi di diritto tributario*, p. 210.

[6] BERLIRI. *Principi di diritto tributario*, p. 210-211.

[7] A revisão deu-se na 2ª edição do volume II do seu *Principi di diritto tributario*, ao admitir a contribuição especial como espécie autônoma frente aos impostos e taxas, dentro de uma categoria mais ampla que a de tributo.

[8] Cf. por todos, FALSITTA. *Manuale di diritto tributario. Parte generale*, p. 32, que defende não ser a categoria das contribuições apenas "evanescente", mas efetivamente inexistente.

[9] Vide, por todas, a *Sentenza* 167/86, em que a *Corte Costituzionale* negou caráter tributário a contribuições sociais para o sistema de saúde pública (*contributi sociali di malattia*) a cargo dos profissionais liberais, sob o fundamento de terem feição solidária, e não tributária. Esse precedente contrasta com decisão mais antiga, em que a Corte reconheceu que as contribuições para caixas de previdência (no caso, dos advogados) caracterizariam "tributos judiciários *lato sensu*", que, por não se confundirem com os impostos, não necessitariam ser graduados em função da capacidade contributiva dos sujeitos passivo (*Sentenza* 23/68).

base na Lei Delegada 825, de 1971 (*legge delega per la riforma tributaria*), que determinou a substituição por impostos não só das contribuições especiais, mas também das contribuições de melhoria[10].

Como se vê, na Itália não se trata das contribuições especiais tais como positivadas no sistema jurídico brasileiro, que mais se aproximam dos impostos com escopo do que das contribuições enfocadas pelos italianos.

De qualquer modo, o debate exposto é extremamente profícuo, notadamente por ter chegado até o âmago da questão: a peculiaridade fundamental das contribuições frente aos impostos reside justamente na relevância jurídica conferida à afetação tributária dos recursos com elas angariados.

1.2. Espanha

Na Espanha, a *Ley General Tributaria* (LGT) de 1963 adotou classificação tripartida dos tributos, dividindo-os em impostos, taxas e contribuições especiais. Estas foram definidas nos seguintes termos:

> Contribuciones especiales son aquellos tributos cuyo hecho imponible consiste en la obtención por el sujeto pasivo de un beneficio o de un aumento de valor de sus bienes, como consecuencia de la realización de obras públicas o del establecimiento o ampliación de servicios públicos. (art. 26, 1, *b*)

Tal definição se manteve inalterada na *Ley General Tributaria* atual, de 2003[11].

Como nota Ferreiro Lapatza, a LGT acolheu o conceito de contribuição especial elaborado pela ciência econômico-financeira mais tradicional, fundado na concepção de que "el beneficio especial que reciben ciertos sujetos pone de relieve una especial capacidad económica que no debe quedar exenta de gravamen por las entidades locales que son las que, en general, realizan estas obras y servicios, o por las Comunidades autónomas o el Estado cuando sean ellos los que los lleven a cabo"[12]. Trata-se de figura concebida mediante a generalização dos caracteres da contribuição de melhoria[13].

---

[10] Vide FANTOZZI. *Il diritto tributario*, p. 73, que indica somente ter subsistido uma contribuição típica no ordenamento italiano, o *contributo di urbanizzazione*, devido pela concessão para o desempenho de atividade edilícia, a fim de que os custos de urbanização sejam suportados por quem dela extrai vantagem econômica (*Legge 10, 1977*). E, como anota o autor, há expressiva controvérsia doutrinária até mesmo quanto à qualificação dessa exação como efetiva contribuição especial (loc. cit., nota 187).

[11] Eis a redação do preceito correspondente ao da LGT de 1963: "Contribuciones especiales son los tributos cuyo hecho imponible consiste en la obtención por el obligado tributario de un beneficio o de un aumento de valor de sus bienes como consecuencia de la realización de obras públicas o del establecimiento o ampliación de servicios públicos" (art. 2º, *b*).

[12] FERREIRO LAPATZA. *Curso de derecho financiero español*. v. I, p. 206-207.

[13] TESAURO. *Istituzioni di diritto tributario*. v. I, p. 8.

O conceito de contribuição especial acolhido pela LGT tem a inestimável vantagem de fixar o seu aspecto característico na peculiar conformação da sua hipótese de incidência. Com isso, não só as diferencia com clareza dos impostos, mas também estabelece dois requisitos inarredáveis à sua incidência, consistentes na existência: (i) de uma atividade administrativa específica; e (ii) de um benefício que o sujeito passivo aufira em razão de tal atividade[14].

Trata-se, como veremos, de noção significativamente diversa da vigente no nosso ordenamento jurídico.

1.3. Alemanha

Na Alemanha, a Ordenação Tributária de 1977 (*Abgabenordnung* – AO) traz apenas a definição legal de imposto (§ 3), o que é compreensível dado o tradicional foco da doutrina germânica em tal espécie tributária. Os demais tributos geralmente são relegados a segundo plano, haja vista serem concebidos como figuras marginais do sistema impositivo.

Não obstante esse fato, a doutrina reconhece a existência de outras espécies do gênero tributo (*Abgabe*), distintas dos impostos (*Steuern*). Enno Becker, nos seus comentários à Ordenação Tributária do Império, já aludia ao conceito *Abgabe* como gênero compreensivo dos impostos, taxas (*Gebühren*) e contribuições (*Beiträge*)[15]. E encontra-se, já em 1961, decisão do Tribunal Constitucional Federal alemão (*Bundesverfassungsgericht* – BVerfG) acolhendo essa tripartição dos tributos[16].

Reconhece-se, outrossim, uma categoria específica de impostos, que se singularizam por serem atrelados a prestações ou finalidades estatais específicas. Eles recebem a denominação de impostos finalísticos (*Zwecksteuern*). Diferenciam-se das contribuições em razão de as tarefas estatais por eles financiadas não representarem contraprestações para os contribuintes e de não serem vinculados a vantagens econômicas específicas[17]. Como todos os demais impostos, caracterizam-se precisamente por não representarem uma "contraprestação por uma prestação especial" (*nicht eine Gegenleistung für eine besondere Leistung*), segundo a definição da Ordenação Tributária alemã (AO 1977, § 3, 1). E deles se diferenciam apenas pela afetação finalística das suas receitas (*Zweckbindung des Aufkommens*)[18].

---

[14] Cf. GONZÁLEZ GARCÍA, E.; GONZÁLEZ, T. *Derecho tributario*. v. I, p. 193.
[15] *Apud* KRUSE. *Steuerrecht*. v. I, p. 17.
[16] BVerfGE 13, 181 [198].
[17] ARNDT; JENSEN. *Grundzüge des Allgemeinen Steuer- und Abgabenrechts*, p. 66.
[18] BVerfGE 65, 325 [344].

Já as contribuições são concebidas como tributos exigidos para financiar despesas do Poder Público que propiciem (ou possam propiciar) vantagens específicas a contribuintes determinados. O mais relevante traço distintivo em relação aos impostos é o seu caráter contraprestacional ou compensatório[19]. Na dicção do Tribunal Constitucional Federal, é exatamente na ideia de contraprestação, de balanceamento entre benefícios e encargos (*Ausgleichs von Vorteilen und Lasten*), que reside o viés apto a legitimar as contribuições no âmbito tributário e a nortear a sua graduação e a determinação dos seus sujeitos passivos[20]. Claro exemplo é fornecido pelas contribuições previdenciárias (*Sozialversicherungsbeiträge*) dos trabalhadores[21].

Atualmente, reconhece-se uma quarta espécie, atinente aos tributos especiais (*Sonderabgaben*). Trata-se de exações destinadas a satisfazer necessidades financeiras especiais e não compreendidas no orçamento geral do Estado, sendo cobradas de grupos específicos de obrigados tributários[22].

À luz da jurisprudência do BVerfG, a Constituição Financeira (*Finanzverfassung*) da Lei Fundamental alemã exige que os gastos comuns sejam financiados mediante a cobrança de impostos, e não de taxas ou contribuições[23]. Os tributos especiais somente podem ser instituídos para financiar tarefas estatais específicas, sendo cobrados, sempre em caráter temporário, de grupos homogêneos e bem definidos, que pela sua peculiar situação tenham a responsabilidade de custear tais tarefas. Representam exceções perante a regra geral de custeio das despesas públicas com os recursos advindos dos impostos[24].

Outras espécies tributárias vêm sendo reconhecidas (ou questionadas) pela doutrina e pela jurisprudência[25], forte na posição do Tribunal Constitucional Federal de que a Lei Fundamental não contém um rol exaustivo dos tributos constitucionalmente autorizados[26].

Apesar de reconhecer essa abertura constitucional a novas exações tributárias, o BVerfG é enfático ao asseverar que a instituição de todos e quaisquer tributos diversos dos impostos (que por definição não estão sujeitos a condicionamentos específicos) se submete a pressupostos determinados, dentre os quais sobressai a necessidade de que tenham uma fundamentação especial, objetiva e isonômica, pois acarretam cargas

---

[19] ARNDT; JENSEN. *Grundzüge des Allgemeinen Steuer- und Abgabenrechts*, p. 65.

[20] BVerfGE 9, 291 [298].

[21] Já a correlata contribuição do empregador não se amolda perfeitamente à noção doutrinária, mas é qualificada como tal pelo BVerfG, forte no dever de assistência (*Fürsorgeplicht*) que lhe incumbe (BVerfGE 11, 105, 115-116).

[22] KIRCHHOF, F. *Grundriss des Steuer- und Abgabenrechts*, p. 9.

[23] BVerfGE 82, 159 [178].

[24] BVerfGE 82, 159 [180-181].

[25] Para um amplo panorama, cf. KIRCHHOF, F. *Grundriss des Steuer- und Abgabenrechts*, p. 4 s.

[26] BVerfGE 93, 319 [342].

financeiras adicionais a sujeitos passivos que já contribuem para as despesas estatais por meio do pagamento de impostos[27].

As nossas contribuições especiais se assemelham não apenas aos impostos finalísticos, mas também às contribuições e aos tributos especiais alemães. O interessante é notar que, mesmo sem qualquer previsão constitucional expressa nesse sentido, o Tribunal Constitucional Federal estabelece significativas restrições à liberdade do legislador tributário, algumas delas mais rígidas até mesmo que as impostas pelos nossos tribunais à instituição das contribuições especiais gerais, tributos com ampla regulação constitucional.

1.4. Portugal

Em Portugal, a Lei Geral Tributária, Decreto-Lei n. 398/98, alude a três espécies tributárias, impostos, taxas e contribuições financeiras, remetendo a regulação geral destas últimas a lei específica (art. 3º, 3). Porém, inclui certas contribuições especiais na categoria dos impostos:

> As contribuições especiais que assentam na obtenção pelo sujeito passivo de benefícios ou aumentos de valor dos seus bens em resultado de obras públicas ou da criação ou ampliação de serviços públicos ou no especial desgaste de bens públicos ocasionados pelo exercício de uma actividade são consideradas impostos. (art. 4º, 3)

Trata-se de conceito análogo ao da *Ley General Tributaria* de 1963, com a peculiaridade de também abarcar a hipótese de desgaste de bens públicos, que não caracteriza benefício econômico do sujeito passivo.

Não obstante a equiparação realizada pela LGT portuguesa, parcela da doutrina vislumbra traços característicos na estrutura normativa das contribuições especiais, que lhe confeririam autonomia. Nessa senda, Diogo Leite de Campos defende que "na contribuição especial o facto tributário se produz unicamente por acção da Administração, sem que o sujeito passivo tenha alguma intervenção no preenchimento dos pressupostos de facto; estando unicamente submetido às consequências da actuação administrativa, independentemente da sua vontade"[28]. E outra corrente defende a classificação dicotômica dos tributos, reconduzindo todas as figuras tributárias às categorias dos impostos ou taxas[29].

Há de se convir que a classificação dicotômica assume reforço ímpar no preceito supracitado, o qual, apesar de não negar que haja diferenças entre impostos e contribuições, excluiu a relevância jurídica da distinção, ao equiparar ambas espécies tributárias.

---

[27] BVerfGE 93, 319 [342-343].
[28] CAMPOS, D.; CAMPOS, M. *Direito tributário*, p. 61.
[29] Nesse sentido, cf. NABAIS. *O dever fundamental de pagar impostos*, p. 257-258, que escreve antes da publicação da LGT portuguesa e ressalva os encargos associativos ou corporativos.

Porém, não se pode olvidar que esse não é o regime jurídico brasileiro[30]. Pelo contrário, o nosso sistema tributário trata as contribuições como tributos autônomos[31].

1.5. França

Na França, não se atribui muita relevância à classificação dos tributos, por duas razões fundamentais. Em primeiro lugar, não há uma repartição constitucional de competências impositivas e tampouco pressupostos específicos de legitimidade constitucional para cada espécie tributária. Em segundo lugar, a codificação tributária existente, o *Code général des impôts*, não tem preocupações dogmáticas: constitui, na realidade, uma consolidação da legislação tributária, e não propriamente um código.

A despeito do escasso interesse que a questão suscita, a doutrina usualmente alude às categorias dos impostos (*impôts*), taxas (*taxes*), taxas parafiscais e *redevances*, sendo estas equivalentes ao que concebemos como preços públicos.

Não se fala em contribuições como categoria autônoma. Não por inexistirem tributos com as feições que lhes são características, mas sobretudo porque o termo *impôt* veio justamente a substituir o *contribution* utilizado na época da Revolução[32] e que se plasmou no art. 13 da *Déclaration des Droits de l'Homme et du Citoyen* de 1789[33].

Certas exações que qualificamos como contribuições eram enquadradas na categoria das *taxes parafiscales*. Conforme o art. 4º da *Ordonnance* de 2 de janeiro de 1959, essas "taxas" eram duplamente afetadas: à satisfação de um interesse econômico ou social e a pessoas diversas do Estado (daí a denominação "parafiscais"). Eram estabelecidas por Decreto do Conselho de Estado, mas a continuidade da sua cobrança nos exercícios seguintes ao da sua instituição era condicionada à autorização anual no bojo da lei orçamentária. Foram extintas em 2004, por força do art. 63 da *loi organique* de 1º de outubro de 2001, que objetivou reduzir o rol das receitas públicas previamente afetadas a finalidades específicas.

Embora a categoria dogmática das contribuições especiais não seja reconhecida, a legislação francesa alude a diversas contribuições, como ocorre com a *contribution sociale*

---

[30] Como observa Paulo Ayres Barreto: "o legislador constituinte poderia, também, ter trilhado o caminho adotado pela legislação portuguesa, que submete as contribuições ao regime jurídico dos impostos; porém, não é essa a dicção constitucional" (*Contribuições: regime jurídico, destinação e controle*, p. 101).

[31] Cf. p. 37 e s.

[32] GROSCLAUDE; MARCHESSOU. *Droit fiscal général*, p. 2.

[33] Eis a redação do preceito mencionado, o qual determinava que todos contribuíssem às despesas públicas igualmente, em função da sua capacidade contributiva: "Pour l'entretien de la force publique, et pour les dépenses d'administration, une contribution commune est indispensable; elle doit être également répartie entre les citoyens, en raison de leurs facultés" (art. 13).

généralisée (CSG) e com a *contribution au remboursement de la dette sociale* (CRDS), mencionadas pelo *Code général des impôts*. Tais contribuições constituem, em essência, adicionais ao imposto de renda afetados aos organismos de direito privado que consubstanciam a *Sécurité sociale*. No Brasil, seriam incluídas sem hesitação na categoria das contribuições especiais.

2. As contribuições no Brasil

2.1. As contribuições nos sistemas constitucionais brasileiros

A primeira referência no texto das constituições brasileiras às contribuições consta na Carta de 1934. Ela autorizava a cobrança de contribuição de melhoria quando provada valorização imobiliária em razão de obras públicas (art. 124) e também previa, no rol dos direitos sociais do trabalhador, a instituição de previdência "mediante contribuição igual da União, do empregador e do empregado" (art. 121, § 1º, *h*).

A Constituição de 1937 aludiu apenas às contribuições sindicais, a serem cobradas pelos sindicatos devidamente reconhecidos pelo Estado (art. 138).

Na Carta de 1946, retornam ao texto constitucional as referências à contribuição de melhoria (art. 30, I) e à contribuição previdenciária (art. 157, XVI), que constavam em termos análogos na Lei Maior de 1934.

A EC n. 18/65, que estruturou formalmente o sistema tributário nacional, estabeleceu ser ele composto "de impostos, taxas e contribuições de melhoria" (art. 1º). As contribuições especiais não eram tratadas como tributos, o que explica o rol das espécies tributárias que consta no art. 5º do Código Tributário Nacional (Lei n. 5.172/66): "tributos são impostos, taxas e contribuições de melhoria"[34].

A Constituição de 1967, a primeira a dedicar um capítulo específico ao "Sistema Tributário" (Capítulo V), reiterou o disposto no art. 1º da EC n. 18/65, dispondo ser o sistema composto pelas três espécies tradicionais de tributos. Sem embargo, no título destinado à "Ordem Econômica e Social", autorizou expressamente a União a instituir contribuições destinadas ao custeio dos serviços e encargos da sua *intervenção no domínio econômico* (art. 157, § 9º). E, na linha das Cartas de 1934 e

---

[34] Cumpre lembrar que, logo após a promulgação dessa lei (e ainda antes de ela entrar em vigor), editou-se o Decreto-Lei n. 27, de 14 de novembro de 1966, com a nítida intenção de evitar questionamentos quanto à subsistência de certas contribuições especiais, nomeadamente: (i) da contribuição sindical de que tratam os arts. 578 e seguintes da CLT; (ii) das contribuições previdenciárias, então denominadas "quotas de previdência"; (iii) da contribuição ao "Fundo de Assistência" e "Previdência do Trabalhador Rural"; (iv) da contribuição ao FGTS (à qual, cabe recordar, o STF negou caráter tributário); e (v) de outras contribuições "de fins sociais criadas por lei" (art. 217 do CTN, incluído pelo referido decreto-lei).

1946, aludiu às contribuições previdenciárias ao tratar dos direitos sociais dos trabalhadores (art. 158, XVI), inovando ao prever expressamente que o financiamento federal da previdência poderia ser realizado "mediante dotação orçamentária, ou com o produto de contribuições de previdência arrecadadas, com caráter geral, na forma da lei" (art. 158, § 2º). Também avançou na regulação das contribuições *sindicais*, incluindo, entre as funções delegadas do Poder Público às associações profissionais ou sindicais, a de "arrecadar, na forma da lei, contribuições para o custeio da atividade dos órgãos sindicais e profissionais e para a execução de interesse das categorias por eles representadas" (art. 159, *caput* e § 1º). Eis aí as contribuições de *interesse das categorias profissionais*.

Significativa inovação ocorreu com a Carta de 1969, que trouxe as contribuições previdenciárias, de intervenção no domínio econômico e profissionais para o bojo do "Sistema Tributário" (Capítulo V), a evidenciar o reconhecimento da sua natureza tributária. Com efeito, além de se referir às contribuições de melhoria (art. 18, II), autorizou expressamente a União a instituir contribuições "tendo em vista intervenção no domínio econômico e o interesse da previdência social ou de categorias profissionais" (art. 21, § 2º, I). A despeito dessa menção às contribuições interventivas dentro do "Sistema Tributário", foram mantidos os preceitos correspondentes aos arts. 157, § 9º, 158, XVI, e 159, § 1º, da CF/67 (arts. 163, parágrafo único, 165, XVI, e 166, § 1º, da CF 69, respectivamente).

A Constituição de 1988 seguiu as linhas mestras da que a antecedeu, mas objetivou sistematizar o regramento das contribuições especiais e espancar as dúvidas acerca do seu caráter tributário, determinando expressamente que se lhes aplicassem as normas gerais em matéria tributária e os princípios da legalidade, da irretroatividade e da anterioridade. Manteve as contribuições interventivas e as corporativas, além de facultar que estas também fossem cobradas das categorias econômicas (art. 149, *caput*). Autorizou os Estados, o Distrito Federal e os Municípios a instituírem contribuição a cargo de seus servidores, para financiar sistema de previdência e assistência social em seu favor (art. 149, parágrafo único, na redação original da Constituição). Definiu minuciosamente as competências para a instituição das contribuições de seguridade social, estabelecendo as materialidades que poderiam ser gravadas e autorizando que outras contribuições fossem criadas, desde que observados certos requisitos (art. 195). E autorizou a continuidade da cobrança de contribuições específicas já existentes, a saber, as contribuições ao salário-educação (art. 212, § 5º), ao PIS/Pasep (art. 239) e ao Sesc, Senac, Sesi e Senai (art. 240).

Inovação dogmaticamente desafiadora ocorreu com a EC n. 39/2002, que, em face de o Supremo Tribunal Federal pronunciar reiteradamente a inconstitucionalidade das taxas de iluminação pública, autorizou os Municípios e o Distrito Federal a instituírem contribuição de iluminação pública (art. 149-A), tributo de difícil enquadramento teórico, mas que em muito se assemelha à contribuição de melhoria[35].

2.2. Natureza tributária

2.2.1. Parafiscalidade

Quando se trata da natureza jurídica das contribuições especiais, costuma-se aludir ao fenômeno da parafiscalidade – ou a elas como tributos parafiscais. Portanto, antes de ingressar nesse tema, é salutar tratar da parafiscalidade, a fim de afastar certas incompreensões que podem advir da inadequada percepção de tal fenômeno.

O prefixo "para" designa o que está junto, ao lado de algo. Pressupõe que se trate de algo diverso, mas análogo ou acessório. Etimologicamente, parafiscalidade é o que está à margem da fiscalidade, denotando um sistema de imposição *paralelo* ao sistema fiscal.

Foi nesse sentido que o termo *parafiscalité* restou consagrado originalmente, por meio do famoso Inventário Schuman, realizado na França em 1946. O inventário, vale ressaltar, não criou a parafiscalidade, simplesmente nominou fenômeno já existente. Como observa Misabel Derzi, esse documento "levantou e classificou os encargos assumidos por entidades autônomas e depositárias de poder tributário, por delegação do Estado, como parafiscais", de forma que "a palavra 'parafiscalidade' nasceu para designar a arrecadação por órgão ou pessoa paraestatal, entidades autônomas, cujo produto, por isso mesmo, não figura na peça orçamentária única do Estado, mas é dado integrante do orçamento do órgão arrecadador, sendo contabilizado, portanto, em documento paralelo ou 'paraorçamentário'. Desenvolveu-se acentuadamente com o intervencionismo estatal e foi impulsionado pelo Estado corporativista fascista"[36].

O aspecto que sobressai da concepção original da parafiscalidade é, sem embargo, a sua exclusão do âmbito do direito tributário. Como observa a Juíza Federal Simone Fernandes, a parafiscalidade surgiu no Estado fascista italiano e posteriormente no Estado do bem-estar social francês, caracterizando-se "como um expediente que retirou as contribuições especiais do campo do direito tributário, despindo-as, portanto, das garantias duramente conquistadas pelos contribuintes"[37].

E o que se objetivava com a negação do seu caráter tributário era "justificar la transgresión de algún principio fundamental de las finanzas, tanto en el aspecto político-económico, como en el aspecto jurídico", tal qual o princípio da reserva de lei[38].

---

[35] Sobre a contribuição de iluminação pública, cf. p. 339 e s.

[36] DERZI, Sinopse da obra: Fernandes, S. *As contribuições neocorporativas na Constituição e nas leis*, publicada na *Revista CEJ*, v. 9, n. 31, out./dez. 2005.

[37] FERNANDES. "Teoria da parafiscalidade brasileira", p. 127.

[38] JARACH. *Finanzas Públicas y Derecho Tributario*, p. 251.

Por isso é que a doutrina costuma rechaçar em voz uníssona qualquer intento de excluir as denominadas contribuições parafiscais do âmbito do direito tributário[39]. No Brasil, a doutrina prevalente vê na parafiscalidade um fenômeno *tributário*, que se singulariza por estas características fundamentais: (i) delegação da capacidade tributária ativa a pessoas jurídicas de direito público ou privado; (ii) atribuição, aos delegatários, da receita arrecadada, que resta excluída do orçamento geral e se vincula às finalidades próprias da entidade beneficiária[40]. Essa também é a concepção prevalente no exterior[41].

Conclui-se que a parafiscalidade não está à margem do sistema tributário. Pelo contrário, integra-o e submete-se plenamente aos seus ditames.

É por tal razão que a doutrina tributária contemporânea evita ingressar na problemática da parafiscalidade: no direito tributário, ela é carente de repercussões jurídicas e, além disso, não contribui senão para gerar incompreensões.

2.2.2. Abordagem teórica

O caráter tributário das contribuições especiais é nítido, haja vista que elas se amoldam à perfeição ao conceito de tributo, cujos traços essenciais foram bem captados pelo Código Tributário Nacional, ao defini-lo como:

> [...] toda prestação pecuniária compulsória, em moeda ou cujo valor nela se possa exprimir, que não constitua sanção de ato ilícito, instituída em lei e cobrada mediante atividade administrativa plenamente vinculada (art. 3º).

De fato, as contribuições especiais são prestações pecuniárias *compulsórias*, pois se originam da mera ocorrência do fato imponível, independentemente da vontade do sujeito passivo: como todos os demais tributos, correspondem a obrigações *heterônomas*[42]. São (ou ao menos devem ser) instituídas em lei. E têm de ser cobradas mediante atividade administrativa plenamente vinculada, dado ser inconcebível que a sua cobrança dependa do alvedrio das autoridades administrativas.

---

[39] Como observa Aliomar Baleeiro: "A quase totalidade dos que pensaram e escreveram sobre o assunto reconhece que a parafiscalidade, nada tem de diverso da fiscalidade, exceto a delegação ao órgão ao qual serve de financiamento" (STF, Pleno, RE n. 75.972, out. 1973, excerto do seu voto, em julgado de relatoria do Ministro Thompson Flores).

[40] Vide, por todos, FERNANDES. "Teoria da parafiscalidade brasileira", p. 129-130. Baleeiro agrega a nota da subtração das receitas à fiscalização do Tribunal de Contas (*Uma introdução à ciência das finanças*, p. 289), o que atualmente não se reconhece como característica da parafiscalidade. E Alfredo Augusto Becker expressa concepção isolada, equiparando a parafiscalidade à extrafiscalidade (*Teoria geral do direito tributário*, p. 384 e 385).

[41] É a posição da doutrina italiana e francesa, sintetizada por Dino Jarach (*Finanzas públicas y derecho tributario*, p. 250).

[42] Nas palavras de Baleeiro: "Há, na parafiscalização, o elemento coativo peculiar a todos os tributos" (*Uma introdução à ciência das finanças*, p. 290).

Registramos, contudo, haver tributaristas de escol que, mesmo após o advento da Constituição de 1988, colocam em dúvida a natureza tributária das contribuições[43]. Esse questionamento nos parece desfocado, haja vista decorrer de referências do texto constitucional que nem sempre prezam pelo rigor técnico. A natureza tributária de determinada exação decorre de uma única constatação: a sua subsunção ao conceito de tributo. Se se enquadrar em tal conceito, tributo será. Caso contrário, não. Não há terceira opção.

Somente se poderia sustentar conclusão diversa caso se colocasse em xeque o próprio conceito de tributo, afirmando-se que a Constituição trabalha com conceito diverso e mais restrito que o do Código Tributário Nacional. Porém, nada há na Lei Maior que possa sustentar essa afirmação com respeito às contribuições.

2.2.3. Jurisprudência do Supremo Tribunal Federal

A natureza tributária das contribuições sociais – que consubstanciam a mais expressiva espécie das contribuições especiais – já foi objeto de significativas oscilações na jurisprudência do Supremo Tribunal Federal.

O Pretório Excelso afirmou-a até mesmo adiante da EC n. 18/65, que aparentava excluir as contribuições especiais do universo tributário. Ao votar em sessão plenária da Corte, o Ministro Moreira Alves afirmou categoricamente que a natureza das contribuições é tributária, sendo que "já o era, aliás, desde o Decreto-Lei n. 27, que alterou a redação do art. 217 do CTN, para ressalvar a incidência e a exigibilidade da contribuição sindical, das quotas de previdência e outras exações parafiscais, inclusive a devida ao Funrural. Nesse sentido, é incisiva a lição de Baleeiro (*Direito tributário brasileiro*, 9. ed., p. 69 e 584)"[44].

O Supremo Tribunal Federal entendeu, ademais, que a sua natureza tributária foi reafirmada pela Constituição de 1969 (EC n. 1/69), em virtude de as contribuições sociais terem sido previstas no mesmo artigo que conferia competência para a instituição de impostos (art. 21, § 2º, I), dentro do capítulo intitulado "Sistema tributário" (Capítulo V)[45].

---

[43] Vide, por todos, GRECO. *Contribuições (uma figura "sui generis")*, p. 77.
[44] STF, Pleno, RE n. 86.595, rel. Min. Xavier de Albuquerque, 5-1978. Concluiu o Ministro Moreira Alves: "Portanto, de 1966 a 1977 (do Decreto-Lei n. 27 à Emenda Constitucional n. 8), contribuições como a devida ao Funrural tinham natureza tributária". O precedente tratava da contribuição ao Funrural, prevista no art. 158, I, da Lei n. 4.214/63, na redação dada pelo Decreto-Lei n. 276/67, tendo sido afirmada a sua natureza tributária e consequentemente a sua sujeição à decadência ou à prescrição de que tratam os arts. 173 e 174 do CTN.
[45] STF, Pleno, RE n. 86.595, rel. Min. Xavier de Albuquerque, 5-1978, excerto do voto do Ministro Moreira Alves.

Sem embargo, o STF posteriormente revisou a sua jurisprudência em face da inovação implementada pela EC n. 8/77. Essa emenda constitucional, promulgada pelo Presidente Ernesto Geisel poucos dias após ter decretado o recesso do Congresso Nacional mediante a edição do Ato Complementar n. 102/77, acrescentou o inciso X ao art. 43 da CF de 1969, de modo que as contribuições passaram a ser previstas em inciso distinto daquele que aludia aos tributos[46]. Não obstante ter se tratado de mera modificação topológica, que sequer retirou as contribuições do capítulo destinado ao sistema tributário, ela serviu para que o Pretório Excelso, quiçá influenciado pelo vigor do ato ditatorial, modificasse a sua jurisprudência há pouco formada, negando a natureza tributária das contribuições especiais[47].

Este entendimento prevaleceu até o advento da Constituição de 1988, que tratou minuciosamente das contribuições especiais, trazendo-as para dentro do capítulo intitulado "Do Sistema Tributário Nacional" (Capítulo I do Título VI) e determinando expressamente que lhes sejam aplicadas as normas gerais em matéria tributária, bem como os princípios da legalidade, da irretroatividade e da anterioridade (art. 149, *caput*). Dessa forma, pôs fim às querelas doutrinárias e jurisprudenciais acerca da sua natureza jurídico-tributária[48].

---

[46] Eis a sua redação: "Art. 43. Cabe ao Congresso Nacional, com a sanção do Presidente da República, dispor sobre todas as matérias de competência da União, especialmente: I – tributos, arrecadação e distribuição de rendas; [...] X – contribuições sociais para custear os encargos previstos nos arts. 165, itens II, V, XIII, XVI e XIX, 166, § 1º, 175, § 4º, e 178".

[47] STF, Pleno, RE n. 100.790, rel. Min. Francisco Rezek, 8-1984. Essa posição fora adiantada pelo Ministro Moreira Alves, no seu voto proferido no julgamento do RE n. 86.595, em maio de 1978.

[48] STF, Pleno, RE n. 146.733, rel. Min. Moreira Alves, 6-1992. Cumpre recordar o elucidativo voto proferido pelo Ministro Moreira Alves nesse precedente, relativo à constitucionalidade da CSLL. Após formular a indagação atinente à natureza tributária das contribuições de seguridade social, afirmou-a categoricamente, fundamentando a sua posição sobretudo no art. 149 da CF e nas remissões recíprocas entre os dispositivos do "Sistema Tributário Nacional" e os preceitos do art. 195: "Sendo, pois, a contribuição instituída pela Lei n. 7.689/88 verdadeiramente contribuição social destinada ao financiamento da seguridade social, com base no inciso I do art. 195 da Carta Magna, segue-se a questão de saber se essa contribuição tem, ou não, natureza tributária em face dos textos constitucionais em vigor. Perante a Constituição de 1988, não tenho dúvida em manifestar-me afirmativamente. De efeito, a par das três modalidades de tributos (os impostos, as taxas e as contribuições de melhoria) a que se refere o art. 145 para declarar que são competentes para institui-los a União, os Estados, o Distrito Federal e os Municípios, os arts. 148 e 149 aludem a duas outras modalidades tributárias, para cuja instituição só a União é competente: o empréstimo compulsório e as contribuições sociais, inclusive as de intervenção no domínio econômico e de interesse das categorias profissionais ou econômicas. No tocante às contribuições sociais – que dessas duas modalidades tributárias é a que interessa para este julgamento –, não só as referidas no art. 149 – que se subordina ao capítulo concernente ao sistema tributário nacional – têm natureza tributária, como resulta, igualmente, da observância que devem ao disposto nos arts. 146, III, e 150, I e III, mas também as relativas à seguridade social previstas no art. 195, que pertence ao título *Da Ordem Social*. Por terem esta natureza tributária é que o art. 149, que determina que as contribuições sociais observem o inciso III do art. 150 (cuja letra *b* consagra o princípio da anterioridade), exclui dessa observância as contribuições para a seguridade social previstas no art. 195, em conformidade com o disposto no par. 6º deste dispositivo, que, aliás, em seu par. 4º, ao admitir a instituição de outras fontes destinadas a garantir a manutenção ou expansão da seguridade social, determina se obedeça ao disposto no art. 154, I, norma tributária, o que reforça o entendimento favorável à natureza tributária dessas contribuições sociais".

Portanto, adiante da atual Carta Política, as contribuições especiais são indiscutivelmente tributos – ou no mínimo regem-se pelo mesmo regime jurídico que lhes é aplicável.

2.3. Espécies de contribuições

No direito tributário brasileiro, as contribuições normalmente são divididas em duas categorias: as contribuições de melhoria e as especiais. Enquanto estas consubstanciam um gênero tributário próprio, aquelas formam uma categoria una, sem subespécies.

Porém, atualmente é possível vislumbrar no nosso sistema um gênero específico de contribuições, diverso daquele composto pelas contribuições especiais. Trata-se das contribuições por benefícios diferenciais.

2.3.1. *Contribuições por benefícios diferenciais*

O gênero das contribuições por benefícios diferenciais é composto por duas espécies tributárias: a contribuição de melhoria e a de iluminação pública.

Aquela é tributo tradicional do nosso sistema tributário, cujas feições já foram bem delineadas pela doutrina e pela jurisprudência. Apresenta, porém, escassa importância prática, por ter caído em desuso: poucas são as contribuições de melhoria instituídas nos dias de hoje, ao menos de forma legítima, com observância dos rígidos pressupostos estabelecidos no art. 82 do CTN.

Já a contribuição de iluminação pública (CIP ou Cosip) é um tributo novo, criado para substituir as ilegítimas taxas de iluminação pública. Seus contornos jurídicos, no entanto, ainda devem ser bem delineados, pois, apesar de o Supremo Tribunal Federal já ter se debruçado sobre o tema, ele se absteve de dar à figura traços bem definidos[49].

Em comum, a contribuição de melhoria e a de iluminação pública têm a característica de serem devidas por um benefício determinado que, embora favoreça a coletividade como um todo, é (ou ao menos deve ser) verificado pelos seus contribuintes de modo especial.

Assemelham-se, portanto, às contribuições especiais da Espanha, concebidas como os tributos "cuja hipótese de incidência consiste na obtenção pelo sujeito passivo de um benefício ou de um aumento de valor dos seus bens, como consequência da realização de obras públicas ou do estabelecimento ou ampliação de serviços públicos" (art. 2º, 1, *b*, da LGT)[50].

---

[49] Sobre a contribuição de iluminação pública, cf. p. 339 e s.
[50] Cf. p. 17 e s.

Trata-se daquelas contribuições definidas por Geraldo Ataliba, na esteira dos ensinamentos de A. D. Giannini, como os tributos cuja hipótese de incidência é integrada por um "benefício *especial* que [o contribuinte] recebe em consequência de uma ação estatal"[51].

Essa categoria tributária foi individualizada com argúcia por Dino Jarach, ao expor que, ao lado das contribuições de melhoria:

> Existen casos de tributos establecidos a cargo de grupos de habitantes que gozan de beneficios especiales no ya por una obra sino por la prestación de un servicio público que no se individualiza hacia determinadas personas, pero beneficia en forma indirecta y especial a dichos grupos.
>
> Es éste el caso de los servicios municipales de alumbrado público y de barrido. Ambos se prestan en forma general y en beneficio del tránsito, de la seguridad pública, de la higiene y de la conservación de las condiciones de la salubridad del medio ambiente. Pero los habitantes de los inmuebles sitos a cierta distancia de los focos del alumbrado público, o frentistas de las calles en que la Municipalidad presta el servicio de barrido, reciben un beneficio diferencial, por lo cual pueden ser gravados también en forma diferencial para la diferenciación del servicio[52].

É evidente que, no Brasil, a criação de contribuições por benefícios diferenciais pressupõe autorização constitucional expressa.

Tal autorização é tradicionalmente consagrada para a instituição de contribuições de melhoria (art. 149, III), mas, com respeito à contribuição de iluminação pública (*alumbrado público*), somente veio a ser estabelecida com o advento da EC n. 39/2002 (art. 149-A).

Inúmeras críticas foram dirigidas a essa emenda constitucional. Dentre elas, é digna de nota aquela atinente à impossibilidade de se introduzirem novas contribuições por benefícios diferenciais no nosso ordenamento jurídico, mesmo que por ato do poder constituinte derivado, em razão de o direito do contribuinte "de não ser alcançado por intermédio da cobrança de taxa ou contribuição, em face de gastos que se destinem a toda coletividade", constituir garantia individual de caráter fundamental e, assim, cláusula pétrea, tutelada pelo art. 60, § 4º, IV, da CF[53].

Essa posição é respeitável, haja vista a possibilidade de a proliferação de contribuições por supostos benefícios diferenciais corroer toda a estrutura do nosso sistema constitucional tributário. Pagar-se-iam contribuições pela segurança pública, pela coleta de lixo, pela manutenção de praças próximas às residências etc. etc.

---

[51] ATALIBA. *Hipótese de incidência tributária*, p. 161. A respeito da sua concepção sobre as contribuições, cf. p. 32 e s.
[52] JARACH. *Finanzas públicas y derecho tributario*, p. 242.
[53] BARRETO. *Contribuições: regime jurídico, destinação e controle*, p. 120.

No entanto, o Supremo Tribunal Federal rechaçou-a, não vislumbrando mácula alguma no novel tributo instituído pela EC n. 39/2002[54].

Não podemos nos furtar, portanto, a examinar os seus caracteres jurídicos, os requisitos à sua instituição e a sua posição dentro do sistema tributário, tarefa à qual nos dedicaremos com vagar no último capítulo.

Quanto à tradicional e rara contribuição de melhoria, remetemos o leitor aos manuais e à literatura especializada, à qual nada teríamos a acrescentar.

2.3.2. Contribuições especiais

As contribuições especiais integram o gênero "contribuição" ao lado das que são devidas por benefícios diferenciais.

Diferenciam-se destas sobretudo pela sua hipótese de incidência, que não se vincula a atividade estatal alguma (pelo menos não de forma direta), mas a fatos ou ações ligados aos contribuintes.

No nosso sistema tributário, dividem-se em três espécies: as contribuições sociais, corporativas e de intervenção no domínio econômico.

É delas que nos ocuparemos doravante.

3. Teoria das contribuições especiais

3.1. Posições teóricas básicas

Antes de nos debruçarmos sobre a temática das contribuições especiais, é mister indicar os seus elementos fundamentais, de modo a afastar, desde logo, incompreensões semânticas.

Tais incompreensões advêm da falta de clareza conceitual e, se não evitadas, levam a pseudodivergências, debates decorrentes do emprego de conceitos-chave diversos, em que ninguém diverge quanto à substância e tampouco concorda quanto às conclusões. Não há divergência e tampouco concordância pelo mero fato de se estar a falar de coisas diversas.

Pois bem, quando aludimos a contribuições especiais, referimo-nos a tributos, prestações pecuniárias compulsórias que não derivam de fatos ilícitos.

Mais especificamente, referimo-nos a tributos que não têm por hipótese de incidência fatos ligados ao Poder Público (no que se assemelham aos impostos e se diferenciam das taxas e contribuições de melhoria) e são cobrados para financiar despesas determinadas

---

[54] Cf. p. 340 e s.

(aspecto em que se equiparam às taxas, às contribuições de melhoria e aos empréstimos compulsórios), sem que gerem, pela sua própria cobrança, uma obrigação estatal de restituir o valor pago.

Trata-se de tributos devidos em razão de atos praticados pelos contribuintes, cuja cobrança gera receita predestinada a financiar atividades estatais específicas.

À luz dessa definição preliminar, torna-se viável enfocar as distintas concepções teóricas elaboradas acerca dessa espécie tributária.

3.1.1. Negação da sua autonomia

Relevante parte da doutrina reconhece o caráter tributário das contribuições especiais, mas nega a sua autonomia, sustentando classificações bipartidas ou tripartidas das espécies tributárias. Divide os tributos em impostos e taxas ou em impostos, taxas e contribuições de melhoria.

Alfredo Augusto Becker foi um importante defensor da classificação dicotômica. Arvorado na sua peculiar concepção de que a base de cálculo é o "único critério objetivo e jurídico para aferir o gênero e a espécie jurídica de cada tributo", reconduzia todos os tributos às categorias dos impostos ou taxas, conforme a sua base de cálculo dissesse respeito a um serviço ou coisa estatal (taxa) ou a fato diverso (imposto). Como de costume, era claro e categórico na exposição da sua tese: "No plano jurídico, todo e qualquer tributo pertencerá a uma destas duas categorias: imposto ou taxa"[55]. As contribuições de melhoria, por exemplo, poderiam ser impostos ou taxas, conforme a sua base de cálculo consistisse na mais-valia da propriedade imobiliária ou no custo do serviço estatal[56].

Aliomar Baleeiro também reconduzia as contribuições às categorias dos impostos ou taxas: "As contribuições parafiscais, em nossa opinião, podem ser impostos ou taxas. Em um caso ou outro, caracterizam-se pela delegação. Se forem impostos, além da delegação, têm a identificá-los a especialização, isto é, a destinação para fim específico a cargo do órgão favorecido com a autorização de arrecadar ou aplicar tributo"[57].

---

[55] BECKER. *Teoria geral do direito tributário*, p. 380-381 (suprimimos os grifos), com referência às posições harmônicas de Rubens Gomes de Sousa (expressa em conferência proferida em 1962), Pontes de Miranda, B. Cocivera, A. Berliri e Sainz de Bujanda.

[56] BECKER. *Teoria geral do direito tributário*, p. 386.

[57] BALEEIRO. *Uma introdução à ciência das finanças*, p. 271. Baleeiro não se manifestava de modo diverso nos julgados do Supremo Tribunal Federal: "Contribuição parafiscal ora é imposto, ora é taxa. Se beneficia a quem paga, ou ele a provoca – é taxa. Se isso não acontece – é imposto com aplicação especial e delegação ao órgão que deverá fazer essa aplicação" (STF, Pleno, RE n. 75.972, rel. Min. Thompson Flores, 10-1973, excerto do seu voto vencido). No julgado, prevaleceu a posição do relator, Ministro Thompson Flores, no sentido de que o tributo em causa (o AFRMM) seria uma contribuição parafiscal, categoria inconfundível com as taxas e com os impostos. Como restou consignado na ementa do precedente: "Não constitui *taxa*, nem imposto com destinação especial. É ele uma contribuição *parafiscal*".

No entanto, reconhecia que o claro texto da Constituição de 1969 havia afastado tal classificação doutrinária, de modo que "as contribuições especiais são, *juridicamente*, uma categoria autônoma"[58].

Quanto à classificação tripartida, cumpre referir a posição de Rubens Gomes de Sousa, que em vista do sistema constitucional então vigente somente reconhecia a possibilidade de serem instituídos impostos, taxas e contribuições de melhoria. Mas não negava a autonomia das demais contribuições. Pelo contrário, via nelas uma categoria residual: contribuições são "todas as demais receitas que, correspondendo ao conceito genérico de *tributo* (§ 44), não sejam especificamente impostos nem taxas"[59].

Atualmente, importantes expoentes da classificação tripartida são Paulo de Barros Carvalho e Roque Antônio Carrazza. Na esteira da lição de Geraldo Ataliba, Carvalho considera o aspecto material da hipótese de incidência para dividir os tributos em não vinculados e vinculados, repartindo, em seguida, estes em taxas e contribuições de melhoria. Reconduz as contribuições sociais, assim como os empréstimos compulsórios, às categorias dos impostos ou taxas: "as contribuições sociais não configuram, pelo ângulo intranormativo, espécie tributária autônoma, podendo assumir a feição de taxas ou impostos, consoante o fato tributado seja atividade estatal ou não"[60]. Não é outro o entendimento de Carrazza, para quem as contribuições especiais carecem de autonomia, vez que "podem revestir a natureza jurídica de *imposto* ou de *taxa*"[61]. E Navarro Coêlho também segue essa linha, com a peculiaridade de reconduzir as contribuições especiais invariavelmente à categoria dos impostos, à exceção da contribuição previdenciária dos segurados, que reputa ser verdadeira contribuição, dado o seu caráter sinalagmático[62].

3.1.2. *Tributos autônomos, com hipótese de incidência vinculada*

A classificação tripartida dos tributos comporta duas variantes. Há os juristas que defendem a posição há pouco referida, reconhecendo as categorias dos impostos, taxas

---

[58] BALEEIRO. *Direito tributário brasileiro*, p. 70.

[59] SOUSA. *Compêndio de legislação tributária*, p. 165.

[60] CARVALHO. *Direito tributário, linguagem e método*, p. 378-379. Ressalta, contudo, que não há limites à liberdade de fazer classificações e que a sua considera o aspecto intranormativo, mas não impede considerar-se espectro mais amplo, consistente nas "relações extranormativas, quer dizer, as normas com outras normas, em vínculos de coordenação e de subordinação, o que nos levará a identificar, com boa margem de visibilidade, as contribuições, que não a de melhoria, no seu espectro mais amplo", que inclusive acolhe para "estudar, com riqueza de pormenores, o fenômeno das várias contribuições que o sistema brasileiro vem criando com grande fecundidade nas últimas décadas" (ibidem, p. 381).

[61] Carrazza. *Curso de direito constitucional tributário*, p. 568.

[62] COÊLHO. *Curso de direito tributário brasileiro*, p. 75. Essa é a sua posição original, que foi aperfeiçoada em obra recente, como expomos à p. 45 e s.

e contribuições de melhoria. E há outros que inserem estas em classe mais ampla, das contribuições *lato sensu*, defendendo a tripartição dos tributos em impostos, taxas e contribuições.

Clássico expoente desta classificação é Geraldo Ataliba, que a constrói com base na premissa de que é "a materialidade do conceito do fato, descrito hipoteticamente pela h.i. que fornece o critério para a classificação das espécies tributárias". Em vista da materialidade da hipótese de incidência, biparte os tributos em não vinculados (impostos) e vinculados (taxas e contribuições) e, em seguida, estabelece nova divisão desta espécie, para chegar às três espécies tributárias: impostos, taxas e contribuições[63].

Para Geraldo Ataliba, nenhum tributo criado no Brasil se enquadraria no conceito de contribuição, com a exceção das contribuições de melhoria. Mas seria possível criar vera contribuição, "no rigoroso significado do conceito, que se centra na materialidade da h.i.". As contribuições seriam "espécie de tributo vinculado, ao lado da taxa", da qual se distinguem por um "*quid plus* na estrutura da materialidade da h.i. [...] e principalmente pela base imponível"[64]. Na esteira da teoria de A. D. Giannini, defende que a sua hipótese de incidência seria integrada por:

> [...] uma atuação estatal indireta e mediatamente referida ao obrigado [...], quer dizer: ou (1) é uma consequência ou efeito da ação estatal que toca obrigado, estabelecendo o nexo que o vincula a ela (ação estatal); ou (2) uma decorrência da situação, *status*, ou atividade do obrigado (sujeito passivo da contribuição) que exige ou provoca a ação estatal que estabelece o nexo entre esta (ação) e aquele (o obrigado)[65].

Noutros termos, a materialidade da hipótese de incidência seria integrada por um benefício especial que o contribuinte recebe em razão de ação estatal ou por um detrimento especial que causa ao interesse público e exige que o Poder Público "o anule, neutralize, corrija ou conserte"[66]. Sem atividade estatal indiretamente referida a um círculo específico de contribuintes, não há contribuição[67].

A contribuição, sendo tributo vinculado, diferenciar-se-ia da taxa sobretudo pela sua base de cálculo, que leva em conta tanto aspectos da ação estatal quanto das suas repercussões.

A despeito dessas ponderações, Geraldo Ataliba reputava que, em vista do regime constitucional vigente, "o legislador pode adotar hipótese de incidência tanto de verdadeira contribuição como de imposto, tendo-se por configurada a 'contribuição' – para

---

[63] ATALIBA. *Hipótese de incidência tributária*, p. 115-116.
[64] Ibidem, p. 161-162.
[65] Ibidem, p. 162.
[66] Ibidem, p. 161.
[67] ATALIBA. *Hipótese de incidência tributária*, p. 170.

efeitos do regime jurídico derrogador (v. § 79.3) – com a invocação das finalidades constitucionalmente prestigiadas"[68].

Parece-nos que o ilustre tributarista trabalha com dois conceitos de contribuições: o doutrinário, que acolhe; e o jurídico-positivo, que utiliza para definir o regime jurídico aplicável. A Contribuição sobre o Lucro – CSL –, por exemplo, seria imposto, mas se qualificaria como contribuição para fins de definição do regime jurídico.

O conceito doutrinário acolhido carece de relevância jurídica no momento em que promulgada a Constituição de 1988, haja vista que no direito tributário brasileiro as contribuições especiais se caracterizam justamente pelo fato de as suas hipóteses de incidência *não serem* vinculadas a atividades estatais[69].

No entanto, ele passou a ser pertinente com a inovação implementada pela EC n. 39/2002, que instituiu a contribuição de iluminação pública, criando exação que a nosso juízo se amolda à perfeição à noção de contribuição perfilhada por A. D. Giannini e Ataliba[70].

Não se trata, contudo, de conceito atinente à espécie tributária que enfocamos, ou seja, às contribuições especiais vigentes no sistema constitucional brasileiro, senão a espécie diversa, que enquadramos na categoria das contribuições por benefícios diferenciais[71].

Uma versão dessa tese que efetivamente diz respeito às contribuições especiais consagradas pela Constituição de 1988 foi defendida por Navarro Coêlho em recente obra, intitulada *Contribuições no direito brasileiro*. Mas pelas suas *nuances*, que envolvem a estrutura e as notas conceituais das contribuições especiais no nosso sistema tributário, deixamos para expô-la ao enfrentar tal tema[72].

3.1.3. Tributos com validação finalística

Em sua clássica monografia sobre as contribuições, Marco Aurélio Greco trata do tema sob o viés do critério de validação constitucional. Refere que, para os impostos, taxas e contribuições de melhoria, a Constituição adotou o "critério da validação condicional", entendido como "aquele segundo o qual a norma inferior será válida,

---

[68] Ibidem, p. 172.
[69] Atualmente, ainda há quem espose esse conceito de contribuição. É o caso, por exemplo, de Ricardo Lobo Torres, que defende a classificação quadripartida dos tributos (impostos, taxas, contribuições e empréstimos compulsórios) e define a contribuição como a exação que, "fundada no princípio do custo/benefício ou apoiada na solidariedade, indeniza o Estado pelo gasto público do qual resulta benefício para o grupo social a que pertence o contribuinte" (*Tratado de direito constitucional financeiro e tributário*, v. IV, p. 69).
[70] Vide p. 15 e s. e 32 e s.
[71] Cf. p. 28 e s.
[72] Cf. p. 45 e s.

desde que ocorram as 'condições' indicadas na norma superior". Já para as contribuições especiais e empréstimos compulsórios, a Constituição emprega o critério da validação finalística, em que não se especificam tais condições, antes se indica um objetivo a ser atingido[73].

Tributo	Critério de validação constitucional
Impostos	Validação causal
Contribuições	Validação finalística

Não há como se negar a distinção entre as técnicas de validação constitucional argutamente indicadas por Marco Aurélio Greco. Contudo, tampouco é viável confundir tais técnicas com *definições* constitucionais de tributos, como parece fazer o festejado tributarista ao asseverar, v.g., que as contribuições e os empréstimos compulsórios "definem-se, constitucionalmente, como categorias distintas das demais, porque a Constituição valida (protege contra impugnação) as normas infraordenadas que estejam em sintonia com a finalidade expressa"[74].

Tal concepção aparenta incidir na corriqueira impropriedade de baralhar elementos conceituais com requisitos de validade. De um lado, estão as notas conceituais das contribuições. De outro, os seus requisitos de validade constitucional. Aqueles definem o que é uma contribuição. Estes, se ela foi instituída legitimamente perante a Lei Maior, ou seja, se é uma contribuição *constitucional*.

A efetiva realização de uma finalidade determinada pode ser um requisito de validade, mas não um elemento conceitual das contribuições especiais. A propósito, vale recordar a lição de Lorenzon acerca do próprio conceito de tributo: arvorado no pensamento de Manzoni, pondera que nenhum princípio jurídico deve ser considerado elemento integrante do conceito de tributo, sob pena de se chegar à "inevitável conclusão de que é tributo apenas aquela particular prestação que corresponde exatamente aos requisitos estabelecidos pela Constituição, com a consequência de que, quando isso não ocorresse, não se poderia nem mesmo colocar o problema de uma eventual ilegitimidade constitucional do tributo"[75].

Transpondo esse ensinamento ao problema que nos ocupa, podemos afirmar, com segurança, que a consecução das suas finalidades intrínsecas não é um elemento conceitual das contribuições: qualificam-se como tais até mesmo aquelas que não alcançam, no todo ou em parte, as suas finalidades. Elas somente se desqualificariam como

---

[73] GRECO. *Contribuições (uma figura "sui generis")*, p. 138.
[74] Ibidem, p. 139.
[75] LORENZON. "Ambito oggetivo di applicazione". In: MOSCHETTI (org.). *La capacità contributiva*, p. 56.

contribuições especiais caso se apurasse que, quando criadas, sequer tinham finalidades específicas, sendo na realidade impostos travestidos de contribuições. E se porventura não alcançarem as suas finalidades por desvios das receitas angariadas com a sua instituição, poderão até mesmo ser tachadas de inconstitucionais ou ineficazes, mas não deixarão de se qualificar como veras contribuições[76].

Além dessa impropriedade, há outro fato que nos impede de acolher a definição em foco. Na conformação das competências para a instituição de certas contribuições especiais, a Constituição também utiliza o critério da validação condicional. É o que ocorre, sem sombra de dúvidas, nas contribuições de seguridade social arroladas no art. 195 da CF, cujos rigorosos limites materiais já levaram o Supremo Tribunal Federal a pronunciar a inconstitucionalidade de inúmeros preceitos legislativos.

Daí decorre a impossibilidade de se utilizar o critério de validação (condicional ou finalístico) como elemento diferenciador das espécies "imposto" e "contribuição".

De todo o exposto, infere-se que o conceito de contribuição especial não é composto pelos distintos critérios utilizados para a sua validação constitucional, senão pelas *notas características do gênero que integra (tributo) e da espécie que constitui*. Mais precisamente, a definição de contribuição é composta por dois grupos de elementos: (i) todos aqueles atinentes ao gênero "tributo", devidamente expostos no art. 3º do Código Tributário Nacional; e (ii) aqueles que as singularizam perante as demais espécies tributárias, que analisamos com vagar neste capítulo[77].

3.1.4. *Tributos afetados a finalidades específicas*

A doutrina amplamente majoritária concebe as contribuições como tributos teleológicos, afetados a finalidades específicas e vocacionados a servir de instrumento para a atuação estatal em segmentos determinados.

Clara nesse sentido é a lição de Misabel Derzi, ao ressaltar que as contribuições se assimilam "a impostos finalísticos. Portanto, a sua peculiaridade reside *essencialmente* na destinação do produto arrecadado, que é constitucionalmente determinada"[78]. Humberto Ávila também se manifesta nessa linha, mas dá ênfase ao caráter instrumental das contribuições: o "que existe no regime jurídico-constitucional das mesmas

---

[76] Vide p. 64 e s.
[77] Vide p. 44 e s.
[78] DERZI. *Notas* ao livro *Direito tributário brasileiro*, de Aliomar Baleeiro, p. 1.033. Nessa obra, Misabel Derzi parece afastar-se da posição que defendia anteriormente, no sentido da irrelevância da afetação finalística (destinação dos recursos) para a classificação dos tributos, o que a levava a incluir a contribuição ao Finsocial na categoria dos impostos (com destinação específica) e diferenciá-los das "verdadeiras contribuições" ("Contribuição para o Finsocial", p. 201 e ss).

e lhes confere identidade específica é a circunstância de serem instrumento para a promoção de finalidades constitucionalmente postas em caráter permanente"[79].

Por ser esta a concepção que perfilhamos, deixaremos para fundamentá-la e explicitá-la ao tratar dos elementos conceituais das contribuições especiais, após enfocarmos a sua autonomia normativa diante da Constituição Federal e do Código Tributário Nacional.

3.2. Autonomia no sistema tributário brasileiro

Não pairam dúvidas na doutrina e na jurisprudência quanto ao fato de as contribuições serem tributos afetados a finalidades específicas. Os questionamentos acerca da sua autonomia gravitam em torno de outra questão: tal afetação é relevante no âmbito tributário? E, mais precisamente, basta para lhes conferir o *status* de tributos autônomos?

Diante do sistema tributário brasileiro, ninguém ousa responder negativamente à primeira interrogação, pois a nossa Constituição não só alude às contribuições especiais como tributos diversos dos demais, mas também as submete a um regime jurídico próprio, nitidamente distinto daquele a que estão sujeitos os demais tributos, sobretudo no que diz respeito à competência para a sua instituição e aos requisitos exigidos para tanto[80].

A afetação das contribuições também se mostra relevante no âmbito tributário por: (i) determinar a classe específica a que pertence a contribuição especial, ou seja, se constitui uma contribuição social, interventiva ou corporativa; (ii) individualizá-la e definir a sua autonomia normativa frente a outras contribuições, ainda que integrantes da mesma espécie, tal qual ocorre com as contribuições interventivas à Apex-Brasil e à ABDI, exações que foram criadas por meio do desmembramento dos recursos angariados com a contribuição ao Sebrae[81]; (iii) implicar a inconstitucionalidade ou ineficácia da própria contribuição quando houver desvio premeditado ou sistemático dos seus recursos[82].

É por isso que até mesmo os críticos mais ferrenhos da autonomia tributária das contribuições especiais não conseguem evitar nominá-las como tais e analisá-las separadamente dos impostos. E, caso não o fizessem, abstendo-se de diferenciar os impostos das contribuições, jamais poderiam expor fielmente as peculiaridades do sistema constitucional tributário.

---

[79] ÁVILA. "Contribuições na Constituição Federal de 1988", p. 317. Em seguida, acrescenta que tal caráter também está presente nas taxas, contribuições de melhoria, empréstimos compulsórios e impostos extraordinários, mas o que singulariza as contribuições é a *"medida de concretude* dessa finalidade": "as contribuições são devidas para promover ideais independentemente de valores específicos. Os ideais não são esgotáveis". Conclui, por fim, que: "O que as diferencia é a sua vinculação a uma finalidade ideal, com grau de abstração maior, em determinada área (social, econômica ou profissional" (ibidem, p. 317-318).
[80] Cf. p. 37 e s.
[81] Cf. p. 312 e s.
[82] Cf. p. 69 e s.

Também há de se responder positivamente à segunda interrogação. A afetação das contribuições, além de ser juridicamente relevante, confere-lhes inquestionável autonomia no sistema tributário brasileiro.

Para fundamentar essa posição, abordaremos o tema primeiramente à luz da Constituição Federal e, em seguida, do Código Tributário Nacional. Por fim, enfrentaremos os principais argumentos da doutrina que nega a sua autonomia.

3.2.1. À luz da Constituição Federal

A Constituição da República de 1988 trata as contribuições especiais inquestionavelmente como tributos diversos dos impostos e taxas, evidenciando reconhecer a sua autonomia.

Em primeiro lugar, a Carta Política prima pela clareza e constância terminológica para diferenciar as contribuições dos impostos. Jamais utiliza o termo "contribuições" para nominar os tributos não afetados a finalidades específicas: sempre se refere a eles como "impostos". E os afetados finalisticamente, chama-os invariavelmente de contribuições ou empréstimos compulsórios (sempre que não tenham hipótese de incidência vinculada). Dessa forma, evidencia conferir relevância jurídica à afetação dos seus recursos não "apenas do ponto de vista do direito financeiro ou administrativo, mas igualmente do direito tributário (ou constitucional)"[83]. Ademais, a Constituição por vezes se reporta a ambas as categorias tributárias, escancarando o fato de considerá-las espécies distintas. Por exemplo, ao exigir lei específica para a concessão de desonerações tributárias, alude a "impostos, taxas ou contribuições" (art. 150, § 6º, na redação da EC n. 3/93) e, ao autorizar a substituição tributária progressiva, reporta-se novamente a "imposto ou contribuição" (art. 150, § 7º, incluído pela EC n. 3/93).

Em segundo lugar, a Carta Constitucional objetivou diferenciar com nitidez as competências para a instituição de impostos e de contribuições. Discriminou detidamente os impostos que cada ente político pode cobrar, tratando separadamente dos impostos da União (arts. 153 e 154), dos Estados e do Distrito Federal (art. 155) e dos Municípios (art. 156). E conferiu exclusivamente à União a competência para instituir contribuições sociais, de intervenção no domínio econômico e de interesse das categorias profissionais ou econômicas (art. 149, *caput*). Ademais, outorgou à União competências residuais específicas para criar novos impostos (art. 154, I) e contribuições de seguridade social (art. 195, § 4º).

Em terceiro lugar, a Lei Maior estabeleceu regimes jurídicos diferenciados para os impostos e as contribuições. Além de ter outorgado competências específicas para a

---

[83] DERZI. *Notas* ao livro *Direito tributário brasileiro*, de Aliomar Baleeiro, p. 1033.

instituição desses tributos, reservou à lei complementar a tarefa de definir os fatos geradores, bases de cálculo e contribuintes dos *impostos*, e não das contribuições (art. 146, III, *a*); consagrou imunidades específicas para os impostos (art. 150, VI) e para as contribuições de seguridade social (art. 195, § 7º); e estabeleceu uma regulação específica para as contribuições sociais e interventivas gerais (art. 149, §§ 2º a 4º, incluídos pela EC n. 33/2001).

Para sustentar a tese contrária, tributaristas de escol se arvoram no texto do art. 145 da Constituição, que enumera os tributos que todos os entes podem estabelecer (impostos, taxas e contribuições de melhoria), sem fazer menção alguma às contribuições[84]. Reputamos, contudo, que esse preceito vem justamente corroborar a autonomia das contribuições especiais, tendo em vista que à luz do texto original da Carta de 1988 apenas a União podia estabelecê-las (à exceção da contribuição previdenciária e assistencial dos servidores públicos, prevista no art. 149, parágrafo único). A menos que fosse alterado radicalmente o sistema de competências tributárias, não teria como incluir as contribuições especiais no rol do art. 145, pelo simples fato de não se tratar de tributos que "os Estados, o Distrito Federal e os Municípios poderão instituir".

3.2.2. À luz do Código Tributário Nacional

O Código Tributário Nacional positivou a classificação tripartida dos tributos, ao estabelecer que: "Os tributos são impostos, taxas e contribuições de melhoria" (art. 5º). Ao fazê-lo, refutou a autonomia das contribuições especiais e dos empréstimos compulsórios[85].

Essa conclusão é corroborada pela análise dos Trabalhos da Comissão Especial do CTN. No Anteprojeto, de autoria de Rubens Gomes de Sousa, adotava-se classificação diversa, com a terceira espécie sendo a categoria geral das contribuições: "Os tributos são impostos, taxas ou contribuições" (art. 28). Essa classificação foi modificada no Projeto encaminhado ao Presidente da República, que já continha, no seu art. 21, a redação

---

[84] Vide, por todos, Carrazza. *Curso de direito constitucional tributário*, p. 507, que defende a classificação tripartida dos tributos em impostos, taxas e contribuições de melhoria, sustentando que: "Tal classificação, porque apadrinhada pelo próprio Código Supremo, há de ser considerada por todos quantos se disponham a estudar as espécies e subespécies tributárias, em nosso País. É o Texto Excelso – repetimos – que prescreve que a União, os Estados, os Municípios e o Distrito Federal estão credenciados a criar *impostos* (art. 145, I), *taxas* (art. 145, II) e *contribuição de melhoria* (art. 145, III)". Para elucidar a questão, transcrevemos o texto do preceito constitucional referido: "A União, os Estados, o Distrito Federal e os Municípios poderão instituir os seguintes tributos: I – impostos; II – taxas, em razão do exercício do poder de polícia ou pela utilização, efetiva ou potencial, de serviços públicos específicos e divisíveis, prestados ao contribuinte ou postos a sua disposição; III – contribuição de melhoria, decorrente de obras públicas" (art. 145).

[85] Lembre-se que, diversamente das contribuições especiais, os empréstimos compulsórios foram previstos na redação original do CTN (art. 15).

que restou consagrada no CTN. As razões dessa modificação foram bem expostas pelo próprio Rubens Gomes de Sousa:

> O art. 21 do Projeto levantou na Comissão o problema da conceituação das contribuições como uma terceira figura tributária genérica, paralelamente aos impostos e às taxas. Essa orientação, defendida em doutrina pelo autor do Anteprojeto (*Revista de Direito Administrativo* 26/363) e consignada em seu art. 28, foi atacada pela sugestão 94, que afirmou não existirem, além da contribuição especificamente "de melhoria", qualificativo sempre usado pela Constituição, outros tributos que não se enquadrem nos conceitos de imposto ou de taxa[86].

De fato, a lei que veio a ser batizada de Código Tributário Nacional (Lei n. 5.172/66) foi editada sob a égide da EC n. 18/65, que pretendeu sistematizar a regulação constitucional do direito tributário e, no começo do seu art. 1º, dispunha: "O sistema tributário nacional compõe-se de impostos, taxas e contribuições de melhoria".

O problema é que a EC n. 18/65 não fazia menção às contribuições especiais então vigentes e estabelecia expressamente que os "impostos componentes do sistema tributário nacional são exclusivamente os que constam desta Emenda, com as competências e limitações nela previstas" (art. 5º).

Esse preceito, cuja redação foi repetida pelo CTN (art. 17), suscitou dúvidas quanto à subsistência das contribuições, haja vista que a sua revogação resultaria tanto da aplicação da tese que preconizava o seu caráter tributário autônomo quanto daquela que sustentava serem impostos. Se as contribuições especiais fossem consideradas tributos autônomos, teriam sido revogadas, por não encontrarem fundamento constitucional. E caso fossem reconduzidas à categoria dos impostos, teriam a mesma sorte, por não estarem previstas no rol taxativo da EC n. 18/65.

Diante desse contexto, o Presidente Castello Branco decidiu editar, ainda antes da entrada em vigor do CTN, o Decreto-Lei n. 27, de 14 de novembro de 1966, que objetivou "deixar estreme de dúvidas a continuação da incidência e exigibilidade das contribuições para fins sociais, paralelamente ao Sistema Tributário Nacional, a que se refere a Lei número 5.172, de 25 de outubro de 1966" (preâmbulo). Para tanto, acresceu ao CTN o atual art. 217, que estabelece expressamente a continuidade da vigência da "contribuição sindical", das "quotas de previdência" e da contribuição ao FGTS, entre outras exações.

---

[86] Brasil. Ministério da Fazenda. *Trabalhos da Comissão Especial do Código Tributário Nacional*, p. 119. Essa sugestão fora feita por Gilberto de Ulhôa Canto, nos seguintes termos: "fora o caso específico da contribuição de melhoria não parecem existir outros tributos não suscetíveis de enquadramento nos conceitos de imposto ou de taxa. Não se pode dizer que a Constituição consagre a contribuição como gênero, uma vez que sempre particulariza com o qualificativo 'de melhoria'" (op. cit., p. 422). Essas ponderações, plenamente válidas à época, não encontram respaldo no texto constitucional atual, pois a Constituição de 1988 diferenciou com nitidez as contribuições de melhoria das demais, as quais consubstanciam a categoria "contribuições especiais".

Resta evidente que as contribuições especiais não podem ser incluídas na categoria dos impostos, ao menos não à luz da EC n. 18/65: se fossem impostos, teriam sido revogadas pelo seu art. 5º. Somente se poderia reconhecer a subsistência das contribuições (e, assim, conferir validade jurídica ao art. 217 do CTN) caso se admitisse que elas não tinham natureza tributária perante a EC n. 18/65. Para tanto, a definição de tributo da codificação deveria receber interpretação conforme à Constituição para que as contribuições fossem excluídas do seu âmbito; porém, nunca se deu tal interpretação aos arts. 3º e 5º do CTN.

As contribuições tampouco podiam ser qualificadas como impostos à luz da redação original do CTN, haja vista que, além da clareza da redação do art. 5º e do fato de ela ser corroborada pelos trabalhos da Comissão Especial, o seu art. 17 repetia o comando do art. 5º da EC n. 18/65, conferindo caráter taxativo ao rol dos impostos previstos na codificação.

Somente se poderia cogitar de qualificar as contribuições como impostos após o advento do Decreto-Lei n. 27/66, que manteve expressamente a vigência das contribuições então em vigor. Mas foi precisamente tal diploma legislativo que as tratou como tributos autônomos, distintos dos impostos.

Deparado com esse emaranhado jurídico, o Supremo Tribunal Federal reconheceu o caráter tributário das contribuições perante a EC n. 18/65 e, para fundamentar a sua subsistência, baseou-se justamente no art. 217 do CTN, o qual não teria apenas mantido a vigência das contribuições, mas também as alçado à categoria de tributos[87].

A despeito desse verdadeiro caos tributário, podemos concluir que as contribuições constituem tributos em vista do conceito adotado no art. 3º do CTN (e, de acordo com a jurisprudência do STF, também em razão do art. 217), mas não se confundem com os impostos, que segundo a EC n. 18/65 e o sistema original do Código eram tão somente aqueles disciplinados no seu bojo. São tributos autônomos, que não foram regulados no âmbito da codificação tributária.

3.2.3. *Jurisprudência do Supremo Tribunal Federal*

O Supremo Tribunal Federal já havia reconhecido a autonomia das contribuições especiais à luz da Constituição decaída, rechaçando o argumento de que constituiriam mera espécie do gênero "imposto"[88].

---

[87] STF, Pleno, RE n. 86.595, rel. Min. Xavier de Albuquerque, 9-1978.

[88] Fê-lo ao declarar que o Adicional ao Frete para Renovação da Marinha Mercante (AFRMM) não era alcançado pela imunidade do art. 19, III, *d*, da Constituição de 1969, por não constituir um imposto, senão uma contribuição especial, de intervenção no domínio econômico (STF, Pleno, RE n. 75.972, rel. Min. Thompson Flores, 10-1973). No precedente, o Ministro Rodrigues Alckmin recorda decisão proferida ainda sob a vigência da Constituição

Perante a Constituição de 1988, sempre reconheceu as contribuições especiais como tributos autônomos, distintos dos impostos, taxas, contribuições de melhoria e empréstimos compulsórios.

Nesse sentido, cabe referir este excerto do voto do Ministro Moreira Alves proferido quando do julgamento do RE n. 146.733:

> De efeito, a par das três modalidades de tributos (os impostos, as taxas e as contribuições de melhoria) a que se refere o artigo 145 para declarar que são competentes para instituí-los a União, os Estados, o Distrito Federal e os Municípios, os artigos 148 e 149 aludem a duas outras modalidades tributárias, para cuja instituição só a União é competente: o empréstimo compulsório e as contribuições sociais, inclusive as de intervenção no domínio econômico e de interesse das categorias profissionais ou econômicas[89].

Outra conhecida classificação, esta quadripartida, foi exposta pelo Ministro Carlos Velloso no julgamento do RE n. 138.284 e constantemente reiterada em julgados posteriores, enquadrando os tributos em:

a) impostos (CF, arts. 145, I, 153, 154, 155 e 156);

b) taxas (CF, art. 145, II);

c) contribuições:

    c.1. de melhoria (CF, art. 145, III);

    c.2. parafiscais (CF, art. 149):

        c.2.1. sociais;

            c.2.1.1. de seguridade social (CF, art. 195, I, II, III);

            c.2.1.2. outras de seguridade social (CF, art. 195, § 4º);

            c.2.1.3. sociais gerais (o FGTS, o salário-educação, CF, art. 212, § 5º,

            contribuições para o Sesi, Senai, Sesc, Senac, CF, art. 240);

    c.3. especiais:

        c.3.1. de intervenção no domínio econômico (CF, art. 149);

        c.3.2. corporativas (CF, art. 149);

d) empréstimos compulsórios[90].

A despeito dessas sutis variações teóricas, não há oscilações na jurisprudência do Alto Tribunal quanto ao reconhecimento da autonomia das contribuições especiais. Trata-se de tributos específicos, inconfundíveis com os impostos.

---

de 1946, em que havia se declarado a legitimidade da exigência por se tratar de uma contribuição e esta, de um *tertium genus*, "inconfundível com o imposto e a taxa".

[89] STF, Pleno, RE n. 146.733, rel. Min. Moreira Alves, 6-1992.

[90] STF, Pleno, RE n. 138.284, rel. Min. Carlos Velloso, 7-1992.

3.2.4. Análise da tese contrária à sua autonomia

Alguns dos mais prestigiados tributaristas brasileiros negam a autonomia das contribuições especiais, mesmo frente ao claro texto da Constituição de 1988. Não poderíamos, portanto, desconsiderar os seus argumentos.

O principal argumento é o de que o único critério hábil para fundar uma classificação efetivamente jurídica dos tributos é a vinculação, ou não, do critério material da hipótese de incidência a atividades estatais. Nessa linha, Navarro Coêlho advoga "a classificação estritamente jurídica das espécies tributárias com espeque na única visualização epistemológica possível, qual seja a dos tributos vinculados ou não a uma atuação estatal"[91].

Dessa forma, Paulo de Barros Carvalho, Roque Antonio Carrazza e outros tributaristas de escol classificam os tributos em vinculados ou não vinculados a uma atuação estatal e dividem aqueles em taxas e contribuições de melhoria[92].

Noutros termos, trabalham com uma dicotomia e, depois, segmentam uma espécie determinada (os tributos vinculados) em duas subespécies, chegando assim à sua classificação tripartida. Esquematicamente, esta é a classificação:

Tributos não vinculados	Impostos
Tributos vinculados	Taxas
	Contribuições de melhoria

Com base nessa concepção, enquadram as contribuições especiais em regra na categoria dos impostos, negando que a vinculação dos tributos a finalidades específicas possa servir para diferenciar as espécies tributárias[93].

No entanto, reputamos ser tão legítimo conferir autonomia às contribuições especiais quanto às contribuições de melhoria, especialmente quando a Constituição as trata como tributos autônomos.

Por que se pode reconhecer a autonomia das subespécies dos tributos vinculados (taxas e contribuições de melhoria), e não a dos tributos com hipótese de incidência não vinculada (impostos, empréstimos compulsórios e contribuições especiais)?

---

[91] COÊLHO. *Contribuições no direito brasileiro*, p. 25.
[92] CARVALHO. *Curso de direito tributário*, p. 34 e ss; Carrazza. *Curso de direito constitucional tributário*, p. 507. Cf. COÊLHO. *Contribuições no direito brasileiro*, p. 26, livro em que o festejado jurista vislumbra nas contribuições um gênero, compreensivo das especiais e de melhoria (p. 42). Nele se afastou da sua concepção original, que tripartia os tributos em impostos, taxas e contribuições de melhoria (COÊLHO. *Comentários à Constituição de 1988. Sistema tributário*, p. 28).
[93] CARVALHO. *Curso de direito tributário*, p. 35-36; Carrazza. *Curso de direito constitucional tributário*, p. 507.

Quiçá pela conjugação de critérios classificatórios, presente na classificação quinquipartida e supostamente ausente na tripartida. Porém, tal conjugação é perfeitamente lógica e razoável, sendo utilizada em todas as ciências. Se não pudesse conjugar critérios para obter subespécies autônomas, a Biologia, por exemplo, só poderia falar em animais e vegetais, sem jamais diferenciar os homens dos macacos, pois aí já estaria utilizando critério classificatório diverso.

Outro argumento comumente utilizado é o de que o art. 145 da Constituição Federal somente alude aos impostos, taxas e contribuições de melhoria. Sem embargo, reputamos que tal preceito justamente corrobora a autonomia das contribuições especiais, pelas razões que expusemos ao tratar do tema frente ao sistema da nossa Carta Magna[94].

3.3. Elementos conceituais

A natureza, a autonomia e os traços conceituais das contribuições têm de ser identificados à luz do ordenamento *jurídico* no qual estão inseridas. Não se pode, como adverte Humberto Ávila, teorizá-las à luz de concepções apriorísticas, desvinculadas do sistema jurídico vigente[95].

Portanto, trataremos das notas conceituais das contribuições especiais *no sistema tributário brasileiro*, e não na teoria das finanças, na teoria do direito ou nos sistemas jurídicos estrangeiros.

3.3.1. *Hipótese de incidência desvinculada de atuação estatal*

Diversamente das contribuições por benefícios diferenciais (de melhoria e de iluminação pública), as especiais caracterizam-se no sistema brasileiro por terem hipóteses de incidência desvinculadas de qualquer atuação estatal. Como os impostos, incidem sobre fatos ou ações ligados aos contribuintes, não ao Poder Público[96].

Por isso, assevera-se com razão que as contribuições existentes no nosso ordenamento têm "estrutura normativa interna (hipótese de incidência e base de cálculo) próprias de impostos"[97]. Nada há nas suas hipóteses de incidência, bases de cálculo ou alíquotas que as diferenciem dos impostos.

---

[94] Cf. p. 38 e s.

[95] ÁVILA. "Contribuições na Constituição Federal de 1988", p. 309: "Não há uma natureza das contribuições anterior à interpretação do ordenamento constitucional. Não há um regime jurídico das contribuições situado na frente da interpretação do ordenamento constitucional".

[96] Cf. GAMA. "Contribuições especiais – Natureza e regime jurídico", p. 1.149.

[97] DERZI. *Notas* ao livro *Direito tributário brasileiro*, de Aliomar Baleeiro, p. 1.033, que ressalva ser essa característica da *maioria* das contribuições.

A desvinculação da hipótese de incidência é característica própria de todas as contribuições especiais, sejam elas sociais, corporativas ou interventivas (art. 149 da CF), de modo que não será em tal elemento da regra-matriz de incidência que se encontrará o critério utilizado pela Constituição da República para diferenciar as contribuições especiais dos impostos.

Sem embargo, todas as contribuições especiais estão vinculadas, sim, a atuações estatais determinadas, mas não pela sua hipótese de incidência. A vinculação decorre da sua afetação a finalidades estatais específicas.

Exposta a nossa concepção, não poderíamos dar o tema por superado sem mencionar a nova e relevante tese de Navarro Coêlho, para quem as contribuições interventivas, corporativas e securitárias dos trabalhadores seriam tributos com hipótese de incidência vinculada a atuações estatais[98]. O aspecto material da hipótese de incidência das contribuições seria composto pela *atuação estatal* dirigida aos sujeitos passivos. Mais especificamente, consistiria (i) na existência de órgãos específicos em prol dos interesses e prerrogativas de seus associados, nas contribuições corporativas; (ii) na "atuação estatal em prol de setores específicos que, no domínio econômico, se encontram em desequilíbrio", nas contribuições interventivas; e (iii) no oferecimento de benefícios em manutenção e futuros pelo Estado (aposentadorias e pensões), nas contribuições securitárias dos trabalhadores[99].

A pertinência dessa teorização sobressai quando percebemos corresponder em larga medida à concepção tradicional das contribuições, desenvolvida no âmbito da ciência das finanças, teorizada por A. D. Giannini e incorporada na *Ley General Tributaria* espanhola de 2003[100].

Não obstante, vemos certos empecilhos ao intento de transpor tal concepção ao contexto brasileiro, sobretudo às contribuições interventivas e corporativas.

Em primeiro lugar, diversamente do que sucede nas contribuições de melhoria ou de iluminação pública, afigura-se possível cobrar contribuições interventivas e corporativas *antes* da atuação estatal, justamente por se tratar de tributos destinados a *promover* finalidades específicas. Não se exige que o Poder Público primeiro atue e só depois passe a

---

[98] COÊLHO. *Contribuições no direito brasileiro*, p. 36. Na sua concepção, as contribuições "verdadeiras, as sinalagmáticas", são referidas ao valor retributividade e têm suas hipóteses de incidência compostas por "uma atuação estatal, porém atada a uma vantagem já auferida [...] ou por auferir ou de auferimento constante, como ocorre nas contribuições corporativas [...], nas contribuições sociais sinalagmáticas (caso das contribuições dos segurados para a seguridade ...) e nas interventivas, pagas por certos grupos para financiar atuações do Estado, diretas ou indiretas, mediatizadas por *fundos* e *entes paraestatais*, justamente para atender aos seus interesses" (op. cit., loc. cit.).

[99] COÊLHO. *Contribuições no direito brasileiro*, p. 40-41.

[100] Cf. p. 15 e s. Para aclarar essa ponderação, cabe recordar a definição de contribuição especial da LGT: "Contribuciones especiales son aquellos tributos cuyo hecho imponible consiste en la obtención por el sujeto pasivo de un beneficio o de un aumento de valor de sus bienes, como consecuencia de la realización de obras públicas o del establecimiento o ampliación de servicios públicos" (art. 2º, 1, *b*).

cobrar as contribuições: permite-se a cobrança até mesmo para financiar atividade futura. Isso resta especialmente claro nas contribuições interventivas. A Cide-Combustíveis, por exemplo, pôde ser cobrada ainda antes da atuação estatal que, segundo o art. 177, § 4º, da CF, consiste no pagamento de subsídios, no financiamento de projetos ambientais e de programas de infraestrutura de transportes. Outro exemplo é dado pelas contribuições interventivas afetadas a fundos, como sucede na contribuição ao Fust, que foi criada pela Lei n. 9.998/2000 conjuntamente com o fundo que é vocacionada a financiar – e, obviamente, antes da atuação estatal a ser realizada com os recursos angariados mediante a cobrança do novel tributo.

Em segundo lugar, caso a hipótese de incidência dessas contribuições fosse composta pela atuação do Poder Público, a base de cálculo haveria de corresponder ao custo de tal atuação, e não à manifestação de capacidade contributiva dos sujeitos passivos (lucro, receita, valor da operação, salários etc.) que serve para quantificar as contribuições corporativas, securitárias e interventivas. É a própria Constituição que indica a base de cálculo possível das contribuições interventivas gerais, previstas no seu art. 149, § 2º, II, *a*: "o faturamento, a receita bruta ou o valor da operação e, no caso de importação, o valor aduaneiro".

Reputamos, enfim, que no Brasil as contribuições especiais são efetivamente tributos com hipóteses de incidência desvinculadas de atuações estatais específicas. Não é tal elemento que as diferencia dos impostos – mas é precisamente ele o traço fundamental que as distingue das contribuições por benefícios diferenciais (de melhoria e de iluminação pública).

3.3.2. *Afetação jurídica a finalidade estatal específica*

A peculiaridade básica das contribuições frente aos impostos reside no fato de serem afetadas, pela própria legislação tributária, à realização de finalidades estatais específicas. Até mesmo quem nega autonomia às contribuições especiais vê na afetação finalística o seu traço fundamental[101].

Trata-se de afetação *jurídico-tributária*. É a própria lei instituidora do tributo que vincula os recursos angariados a finalidade específica, de forma expressa (pela indicação da destinação das receitas) ou tácita (pela mera denominação da contribuição ou indicação da sua finalidade)[102].

---

[101] Vide, por todos, Carrazza. *Curso de direito constitucional tributário*, que, apesar de defender a classificação tripartida dos tributos em impostos, taxas e contribuições de melhoria, assevera que "a vinculação da receita obtida, por incontornável determinação constitucional, é da *essência* das *contribuições* do art. 149 da CF" (p. 571), ou noutros termos, nas contribuições "a vinculação, longe de ser vedada, é imprescindível, até porque é ela que vai confirmar a natureza da *contribuição*, possibilitando o controle de sua constitucionalidade" (p. 572).

[102] Exemplo de vinculação expressa encontra-se na lei que instituiu a Cide-Combustíveis, a qual dispõe que: "O produto da arrecadação da Cide será destinada (*sic*), na forma da lei orçamentária, ao: I – pagamento de subsídios...; II – financiamento de projetos...; e III – financiamento de programas de infraestrutura" (art. 1º,

Pontuamos que, para fins de enquadramento conceitual, releva a *afetação*, e *não a destinação* da contribuição[103]. É no momento da *instituição* que se deve averiguar a espécie tributária que foi criada, e não no do emprego dos recursos arrecadados. Tributo criado com as características de contribuição, contribuição é, mesmo que os seus recursos sejam totalmente desviados pela legislação orçamentária. E tributo não afetado quando da sua instituição jamais se qualificará como contribuição, a menos que sofra uma metamorfose jurídica, em razão de modificação que lhe dê feições diversas.

Repisamos que a vinculação meramente *orçamentária* não modifica a natureza jurídica do tributo. Se o legislador instituir tributo com hipótese de incidência não vinculada, sem afetar as suas receitas a qualquer finalidade específica, terá criado um *imposto*, não uma contribuição especial. Mesmo que a legislação orçamentária posteriormente afete os recursos angariados a finalidade específica, a sua natureza jurídica remanescerá inalterada: preceitos orçamentários não têm o condão de transformar impostos em contribuições. A legislação orçamentária terá simplesmente afetado a receita de *imposto* e, dessa forma, incorrido em inconstitucionalidade, por violar o preceito do art. 167, IV, da CF (que veda a afetação dos recursos angariados com impostos a órgão, fundo ou despesa).

Diversa é a situação em que *lei não orçamentária superveniente* vincula a totalidade dos recursos angariados com determinado imposto a uma finalidade específica. Nesta hipótese, ela haverá efetivamente alterado a sua natureza jurídica, transformando-o numa contribuição. Dessa forma, o novel tributo deverá observar todos os requisitos exigidos pela Carta Política para a instituição de contribuições especiais, seja no que diz respeito à competência impositiva, seja no que concerne às demais limitações constitucionais ao poder de tributar.

Essa hipótese é atípica, mas não cerebrina. Foi exatamente o que ocorreu com o Imposto sobre Grandes Fortunas – IGF –, cujas receitas foram integralmente afetadas ao Fundo de Combate e Erradicação da Pobreza no período de 2000 a 2010 (art. 80, III, do ADCT, incluído pela EC n. 31/2000). Essa alteração constitucional somente não despertou a atenção da doutrina e dos tribunais por ter sido completamente inócua, visto que o imposto temporariamente afetado nunca foi instituído.

---

§ 1º, da Lei n. 10.336/2001). Já um caso claro de vinculação tácita, decorrente da simples denominação do tributo, é fornecido pelo PIS/Pasep-Importação e pela Cofins-Importação, instituídos pela Lei n. 10.865/2004, nestes termos: "Ficam instituídas a Contribuição para os Programas de Integração Social e de Formação do Patrimônio do Servidor Público incidente na Importação de Produtos Estrangeiros ou Serviços – PIS/Pasep-Importação e a Contribuição Social para o Financiamento da Seguridade Social devida pelo Importador de Bens Estrangeiros ou Serviços do Exterior – Cofins-Importação" (art. 1º).

[103] Cumpre-nos anotar que muitos juristas vislumbram o traço característico das contribuições na sua *destinação*. Elucidativa é a manifestação do Ministro Carlos Velloso: a característica das contribuições "está justamente na sua finalidade, ou na destinação do produto de sua arrecadação. É dizer, o elemento essencial para a identificação dessas espécies tributárias é a destinação do produto de sua arrecadação" (voto proferido na ADI 2.925). Sem embargo, reputamos que a divergência é mais semântica que substancial, haja vista não haver discrepância quanto às conclusões.

O que se deve reter neste momento é o fato de a afetação jurídica ser *traço conceitual* das contribuições especiais, e não mero requisito de validade. Tributo instituído sob a forma de contribuição, mas não afetado sequer de modo implícito, de contribuição tem apenas o rótulo. Não é vera contribuição. E nem mesmo contribuição inconstitucional. É imposto. Provavelmente inconstitucional, mas imposto, jamais contribuição.

Da afetação dos seus recursos decorre outra nota conceitual: o seu caráter *finalístico*.

É certo que, como observa Navarro Coêlho, finalidades podem ser vislumbradas até mesmo nos impostos, nomeadamente a de financiar as atividades estatais *uti universi*[104]. Porém, não há como se negar que as contribuições, diversamente dos impostos, são tributos voltados a promover finalidades *específicas*.

As contribuições especiais constituem instrumentos para a realização de fins *determinados*, aos quais estão indissociavelmente vinculadas. São esses fins que autorizam a sua instituição e justificam a carga tributária diferenciada imposta aos seus sujeitos passivos.

Com efeito, do caráter finalístico das contribuições decorre uma consequência indiscutível: o *condicionamento da sua validade jurídica à presença da causa* que motivou a sua instituição, ou, se se preferir, à efetiva necessidade de serem promovidas as atividades públicas que são vocacionadas a financiar (presença da finalidade).

Daí se empregar a expressão "tributos causais", cunhada por Renato Alessi, para designar as contribuições especiais. Como preleciona Marco Aurélio Greco, "na medida em que a contribuição se qualifica pela finalidade, ela é um tributo causal", de modo que a "competência tributária só pode ser exercida 'com fundamento numa específica situação substancial objeto de previsão pelo legislador, apta a justificar socialmente a exigência de riqueza privada por parte do Ente Público'. Nestes, 'a legitimidade da imposição da exigência em si está ligada à existência da situação justificadora'"[105].

Dos efeitos de tal condicionamento jurídico ocupar-nos-emos a seguir, ao tratar do desvio de finalidade das contribuições[106].

Por ora, basta retermos que a afetação jurídica é nota conceitual das contribuições especiais. Ou, no mínimo, elemento determinante do regime jurídico aplicável, aspecto reconhecido até mesmo pelos críticos mais ferrenhos da sua autonomia, na esteira de Geraldo Ataliba[107].

---

[104] COÊLHO. *Contribuições no direito brasileiro*, p. 33.
[105] GRECO. "Contribuições de intervenção no domínio econômico – Elementos para um modelo de controle", p. 40-41 (o texto citado pelo autor é de Renato Alessi).
[106] Cf. p. 69 e s.
[107] Apesar de Geraldo Ataliba reputar que as contribuições previstas na Constituição não eram verdadeiras contribuições, mas impostos, ressaltava que o regime do tributo será o próprio das contribuições sempre que o legislador destinar "o produto da arrecadação aos fins constitucionalmente previstos para a espécie" (*Hipótese de incidência tributária*, p. 176).

3.3.3. Conceito de contribuição especial

Expostos detidamente os seus traços conceituais, cabe-nos propor uma definição de contribuição especial que os compreenda de forma sintética:

> Contribuição especial é o tributo que, apesar de ter hipótese de incidência desvinculada de atuações estatais, é juridicamente afetado à realização de finalidade específica[108].

Ou, se quisermos partir do conceito de imposto constante no art. 16 do Código Tributário Nacional para formular o de contribuição especial, poderíamos enunciá-lo nos seguintes termos:

> Contribuição especial é o tributo cuja obrigação tem por fato gerador uma situação independente de qualquer atividade estatal específica, relativa ao contribuinte, e cuja receita é juridicamente afetada à realização de finalidade determinada[109].

Nesta formulação, somente agregamos à definição de imposto do CTN a nota da afetação da receita angariada pelo Poder Público, que decorre do caráter finalístico das contribuições e as distingue dos impostos.

Tal formulação é relevante por escancarar um fato de suma relevância: a *definição de imposto da nossa codificação é demasiado ampla*, haja vista compreender o próprio conceito de contribuição especial.

Portanto, quem nega a tradicional classificação tripartida dos tributos em impostos, taxas e contribuições de melhoria – e a imensa maioria da doutrina brasileira o faz, em vista da clara diferenciação estabelecida pela Constituição de 1988 –, há de refutar o conceito de imposto do CTN, sob pena de incorrer em grave equívoco lógico. Há de refutá-lo ou ao menos complementá-lo, incluindo nota negativa que exclua as contribuições especiais do seu âmbito.

Poderia ser esta a definição de imposto da nossa codificação, se ela levasse em conta a diferenciação que a Carta de 1988 estabeleceu entre os impostos e as contribuições especiais:

> Imposto é o tributo cuja obrigação tem por fato gerador uma situação independente de qualquer atividade estatal específica, relativa ao contribuinte, e cujos recursos não são juridicamente afetados à realização de finalidade determinada.

---

[108] Essa definição corresponde, em essência, à visão que Geraldo Ataliba tinha não das "verdadeiras contribuições" (que para si eram tributos de hipótese de incidência vinculada, limitados no ordenamento jurídico vigente às contribuições de melhoria), mas daquelas denominadas como tais pela Constituição de 1988. Essa visão resta translúcida quando assevera que "o legislador pode adotar hipótese de incidência tanto de verdadeira contribuição como de imposto, tendo-se por configurada a 'contribuição' – para efeitos do regime jurídico derrogador (v. § 79.3) – com a invocação das finalidades constitucionalmente prestigiadas" (*Hipótese de incidência tributária*, p. 172).

[109] Eis a redação do art. 16 do CTN: "Imposto é o tributo cuja obrigação tem por fato gerador uma situação independente de qualquer atividade estatal específica, relativa ao contribuinte".

Retornando ao tema que nos ocupa, assinalamos que a definição formulada compreende as *duas características necessárias das contribuições especiais*: (i) hipótese de incidência desvinculada de atuação estatal; e (ii) afetação jurídica a finalidades específicas.

Essas características servem para defini-las e estremá-las dos tributos que não se incluem nessa categoria tributária. Estão presentes em todas as contribuições especiais. E não se encontram juntas em nenhuma outra espécie tributária – ao menos não na sua integralidade.

Tal ressalva se deve à figura dos tributos *atípicos, híbridos de contribuição e imposto*, que a própria Constituição criou ao afetar parte dos recursos dos impostos a finalidades determinadas e desafetar parcela dos recursos angariados com as contribuições[110].

Frente a esses tributos *sui generis*, somos obrigados a trabalhar com a noção de *prevalência* e a *adjetivar* a afetação jurídica das contribuições especiais, complementando a definição formulada há pouco nestes termos:

> Contribuição especial é o tributo que, apesar de ter hipótese de incidência desvinculada de atuações estatais, é total ou *predominantemente* afetado à realização de finalidade específica.

Mas por envolver tema extremamente polêmico, relativo à distorção das feições das contribuições especiais, revela-se salutar que recorramos a esta definição apenas quando ela se mostrar realmente necessária. Até então, é recomendável que trabalhemos com a primeira definição, abstraindo a questão das contribuições atípicas.

Por ora, é importante reter os elementos conceituais das contribuições especiais, de modo a que não os baralhemos com os seus requisitos de validade. Para tanto, este esquema é elucidativo:

	Plano conceitual
	Características comuns ao gênero dos tributos
Notas conceituais	Hipótese de incidência desvinculada de atuação estatal
	Afetação jurídica a finalidades estatais específicas

Ressaltamos que a *afetação jurídica* à realização de fins específicos é um *elemento conceitual* das contribuições, que serve para defini-las e diferenciá-las dos impostos. Diz respeito à vinculação do tributo a *qualquer finalidade* específica que o legislador tenha por bem realizar.

Trata-se, repisamos, de um elemento conceitual, e não de um requisito de validade das contribuições. Requisito de validade é a *persecução da finalidade especificada pela*

---

[110] Cf. p. 64 e s.

norma atributiva de competência, que concerne à identidade ou *compatibilidade* da finalidade almejada pelo legislador com a que pode ser buscada com base na norma de competência na qual ele se apoia (requisito de pertinência teleológica)[111].

Tal requisito jamais pode integrar a definição das contribuições especiais, sob pena de se incorrer em manifesto erro lógico. Ele somente poderia compor uma *noção* de contribuição especial (inconfundível com a sua definição, que serve para separar rigorosamente essa categoria dos demais tributos) que incluísse requisitos específicos de validade das contribuições, a qual poderia ser formulada nestes termos:

> Contribuição especial é o tributo que, apesar de ter hipótese de incidência desvinculada de atuações estatais, é juridicamente afetado à realização de finalidades específicas (notas conceituais), as quais autorizam a sua instituição e a sua cobrança dos sujeitos passivos a elas relacionados, no montante e no período em que a cobrança se revelar efetivamente necessária (requisitos específicos de validade).

Analisemos o significado e o alcance desses requisitos de validade das contribuições especiais.

3.4. Requisitos específicos de validade

3.4.1. Busca da finalidade especificada pela norma atributiva de competência

A instituição das contribuições especiais está condicionada à persecução da finalidade ínsita à sua categoria, a qual integra o próprio arquétipo constitucional da contribuição.

O legislador não pode buscar toda e qualquer finalidade através das contribuições especiais, pois no nosso sistema constitucional não há uma competência genérica para a instituição de tais tributos. O que existem são competências específicas, cujos limites devem ser rigorosamente observados pelo legislador.

Cada uma dessas competências está atrelada a um escopo determinado, especificado em maior ou menor grau pela Carta da República. E apenas para alcançá-lo é que a competência correlata pode ser exercida.

Por exemplo, a União pode cobrar a contribuição ao salário-educação com base na competência consagrada no art. 212, § 5º, da CF, mas para tanto deve ater-se à sua finalidade própria, que é custear o "ensino fundamental público". Não pode exigi-la para financiar o ensino médio ou superior – e muito menos para custear atividade alheia à educação.

Com isso, não estamos a afirmar que a União esteja impedida de cobrar contribuição especial para financiar o ensino médio, mas apenas que para tanto não pode se apoiar

---

[111] Cf. p. 51 e s.

na específica competência conferida pelo art. 212, § 5º, da CF, cuja finalidade é assaz restrita (financiamento do ensino fundamental público).

Ela até poderia se valer da regra do art. 149, que autoriza a instituição de contribuições sociais "gerais"; porém, teria de observar os condicionamentos específicos dessa regra de competência, dentre os quais se destaca a eleição de uma das materialidades indicadas pela Constituição (receita ou valor da operação)[112]. Por consequência, não poderia determinar a sua incidência sobre a folha de salários (base de cálculo da contribuição ao salário-educação). Continuaria, portanto, a deparar-se com limitação à sua competência impositiva, mas agora não mais de natureza teleológica (atinente à finalidade que autoriza o seu exercício), senão material (concernente aos fatos de conteúdo econômico que podem ser gravados).

É precisamente essa limitação teleológica que diferencia as normas que atribuem competência para a instituição de contribuições especiais das que autorizam a cobrança de impostos.

Esse aspecto foi enfocado com maestria por Marco Aurélio Greco, no seu clássico *Contribuições (uma figura "sui generis")*. Nele, ressalta essa limitação teleológica à competência para a instituição de contribuições, que denominou de técnica de "validação finalística". Ao utilizá-la, a Constituição autoriza a

> [...] edição de uma lei não porque tenha acontecido algo ou porque exista certo objeto (água ou jazida), mas *para que* se obtenha um resultado [...]. Este segundo modelo, que é um modelo *finalístico* de disciplina da conduta humana e de validação das normas infraordenadas, no qual encontramos a qualificação de objetivos ("proteção", "defesa"), é um modelo fundamentalmente *para que* se atinja algo, implicando visão muito mais *modificadora* da realidade[113].

Pois bem, o requisito de validade que advém do emprego da técnica de validação finalística diz respeito justamente à persecução da finalidade especificada constitucionalmente.

Se a Constituição outorga competência para que se realize uma finalidade *determinada*, é óbvio que, ao exercê-la, o legislador está obrigado a persegui-la de forma efetiva

---

[112] Cf. p. 80 e s.

[113] GRECO. *Contribuições (uma figura "sui generis")*, p. 119. Prossegue: "este segundo modelo de regulação volta-se para o futuro e a norma vem antes do fato. O núcleo regulado pela norma não é o que ocorreu, mas é o que se quer que ocorra" (ibidem, loc. cit.). Especificamente em relação ao preceito do art. 149, *caput*, da Constituição, Marco Aurélio Greco preleciona: "Nesta norma atributiva de competência para instituir a exação, tipifica-se uma validade finalística de modo que as leis instituidoras estarão em sintonia com a Constituição, e dentro do respectivo âmbito de competência, se atenderem às respectivas finalidades identificadas a partir das 'áreas de atuação' qualificadas pelo art. 149. Também aqui pode ser identificada uma finalidade mediata e outra imediata. *Finalidade mediata* é atender a um interesse da área ou grupo (social, econômico, profissional) que corresponde ao elemento 'solidariedade', enquanto sua *finalidade imediata* é ser instrumento de atuação da União" (ibidem, p. 135-136).

e plena. Caso busque realizar escopo diverso, terá criado tributo inconstitucional, por absoluta falta de competência (a menos, é claro, que outro preceito constitucional autorize a instituição de contribuição especial para se alcançar a finalidade almejada pelo legislador – e os requisitos correlatos sejam inteiramente preenchidos).

À luz dessas ponderações, torna-se possível estabelecer importante diferenciação, entre a afetação jurídica das contribuições a finalidades determinadas (elemento *conceitual* da categoria) e a busca da finalidade especificada pela norma atributiva de competência (requisito de validade das contribuições).

A *afetação jurídica*, que serve para diferenciar as contribuições dos impostos, diz respeito à vinculação do tributo a *qualquer finalidade* específica que o legislador tenha por bem realizar. Afetados os recursos pela lei instituidora, ter-se-á criado verdadeira contribuição especial. A partir daí, não se questionará se contribuição há ou não há. Questionar-se-á, pelo contrário, se a contribuição existente é válida e eficaz. A discussão trava-se nos planos da validade e/ou da eficácia, não da existência[114].

Já a *busca da finalidade especificada pela norma atributiva de competência* não diz respeito ao enquadramento do tributo na categoria das contribuições ou dos impostos (ou seja, ao plano conceitual), senão à validade jurídica do tributo criado e, mais precisamente, à observância do sistema constitucional de competências tributárias (plano da validade). Concerne à identidade ou *compatibilidade* da finalidade perseguida pelo legislador (e consequentemente pela contribuição) com a que pode ser buscada com base na norma de competência na qual ele se apoia. Trata-se de questão relativa à observância dos limites ao poder de tributar (ou melhor, dos limites das competências tributárias), e não à qualificação jurídica do tributo criado.

Retomando o exemplo da hipotética contribuição instituída para financiar o ensino médio, é evidente que, para estremá-la dos impostos, basta constatar que ela tem os seus recursos afetados a finalidade específica, mas, para averiguar se ela é uma contribuição legítima, é mister examinar se a Constituição faculta que se institua uma contribuição especial para se realizar tal finalidade.

Em suma, para respeitar tal pressuposto de legitimidade constitucional, que pode ser denominado "requisito de pertinência teleológica", o legislador tem de almejar realizar objetivos consentâneos com aqueles que podem ser perseguidos mediante a instituição de contribuições especiais.

Por exemplo, para a União instituir contribuição especial com suporte na regra básica de competência do art. 149, *caput*, da CF, ela deverá buscar intervir no domínio econômico ou realizar importantes interesses sociais ou corporativos, criando tributo

---

[114] Existência da *contribuição* (enquanto espécie), e não do tributo (como gênero): instituído, o tributo passa a existir no plano jurídico, seja como contribuição ou imposto.

que se enquadre numa das três categorias previstas pela Carta Política (contribuições sociais, interventivas e corporativas), sob pena de incorrer em inconstitucionalidade, por inobservância de requisito inafastável ao exercício da competência tributária.

Da mesma forma, para os Estados, o Distrito Federal e os Municípios instituírem contribuição previdenciária com fundamento no art. 149, § 1º, da CF, eles deverão respeitar a finalidade própria dessa regra de competência, de custear o sistema previdenciário de seus servidores. Caso almejem fim diverso, terão criado uma contribuição inconstitucional e por consequência inválida.

Insistimos no fato de não estarmos a tratar da mera afetação finalística, que é nota conceitual das contribuições, mas da persecução dos fins constitucionalmente postos, que condiciona a sua validade. Uma contribuição especial que não se subsumisse a qualquer das subespécies constitucionais continuaria a qualificar-se como tal, haja vista ostentar as notas características dessa categoria tributária, mas seria inconstitucional por não perseguir qualquer uma das finalidades constitucionalmente postas. Seria o caso, por exemplo, de uma contribuição voltada a incentivar a produtividade no serviço público federal, escopo que não diz respeito à intervenção no domínio econômico, à realização de interesses sociais ou corporativos propriamente ditos e tampouco às finalidades que autorizam o exercício de competências tributárias específicas.

Observado o requisito atinente à persecução da finalidade especificada constitucionalmente, a questão desloca-se do plano da competência para seara diversa, relativa à observância da vinculação dos recursos angariados com as contribuições. E novos questionamentos exsurgem.

Se os recursos angariados com as contribuições especiais não forem aplicados nas suas finalidades próprias, elas revelar-se-ão inconstitucionais? Noutros termos, a correta destinação dos recursos é requisito de validade das contribuições especiais? E, se for, todo e qualquer desvio financeiro tem o condão de invalidá-las?

Trata-se de questão assaz complexa, sobre a qual nos debruçaremos com mais vagar a seguir.

Por enquanto, devemo-nos limitar a indicar que: (i) o adequado emprego dos recursos angariados com as contribuições não é, como advogam abalizados juristas, nota conceitual das contribuições[115]; e (ii) o desvio de tais recursos em princípio não afeta a validade jurídica do tributo, mas pode obstar a sua incidência e ensejar a repetição do indébito[116].

---

[115] Para Marco Aurélio Greco, "o destino da arrecadação é um elemento essencial à definição da figura" das contribuições, entendido como tal "o destino do produto da arrecadação das contribuições [...]: Não apenas a previsão abstrata, mas a sua aplicação efetiva" (*Contribuições [uma figura "sui generis"]*, p. 239 e 241).

[116] Cf. p. 69 e s.

3.4.2. Necessidade

Se a própria Constituição da República concebeu as contribuições especiais como tributos teleológicos, que se distinguem dos impostos pela sua afetação finalística e que se justificam precisamente pela persecução de finalidades determinadas, indicadas nas normas atributivas de competência, é evidente que a competência constitucional para a sua instituição não pode ser exercida senão na medida do estritamente necessário para que tais finalidades sejam alcançadas.

Todo excesso injustificado na cobrança de contribuições é inconstitucional, por malferir a própria norma que confere competência para a sua instituição.

Se a desnecessidade era evidente já no momento em que a contribuição foi instituída ou majorada (*desnecessidade originária*), ela estará eivada de inconstitucionalidade, no todo ou em parte. O vício maculará a sua validade, na parcela equivalente ao excesso – ou até mesmo *in totum*, caso se apure que houve deliberado abuso do poder de legislar.

A propósito, vale recordar a primorosa advertência do Supremo Tribunal Federal, no sentido de que o poder de legislar é essencialmente limitado e não pode ser exercido abusivamente, sob pena de ofensa ao princípio da proporcionalidade e à garantia fundamental do devido processo legal, na sua acepção substantiva:

> O Estado não pode legislar abusivamente. A atividade legislativa está necessariamente sujeita à rígida observância de diretriz fundamental, que, encontrando suporte teórico no princípio da proporcionalidade, veda os excessos normativos e as prescrições irrazoáveis do Poder Público. O princípio da proporcionalidade – que extrai a sua justificação dogmática de diversas cláusulas constitucionais, notadamente daquela que veicula a garantia do *substantive due process of law* – acha-se vocacionado a inibir e a neutralizar os abusos do Poder Público no exercício de suas funções, qualificando-se como parâmetro de aferição da própria constitucionalidade material dos atos estatais. A norma estatal, que não veicula qualquer conteúdo de irrazoabilidade, presta obséquio ao postulado da proporcionalidade, ajustando-se à cláusula que consagra, em sua dimensão material, o princípio do *substantive due process of law* (CF, art. 5º, LIV). Essa cláusula tutelar, ao inibir os efeitos prejudiciais decorrentes do abuso de poder legislativo, enfatiza a noção de que a prerrogativa de legislar outorgada ao Estado constitui atribuição jurídica essencialmente limitada, ainda que o momento de abstrata instauração normativa possa repousar em juízo meramente político ou discricionário do legislador[117].

---

[117] STF, Pleno, ADI 1.407 MC, rel. Min. Celso de Mello, 3-1996. O precedente diz respeito ao direito eleitoral. Aplicando esse entendimento para declarar a inconstitucionalidade de exigência estatal que erigiu a prévia satisfação de débito tributário em requisito necessário à outorga, pelo Poder Público, de autorização para a impressão de documentos fiscais, conferir a decisão monocrática proferida pelo Ministro Celso de Mello, dando provimento ao RE n. 374.981 (28 de março de 2005, divulgada no Informativo do STF n. 381).

Ora, se o legislador institui ou majora contribuição com o escopo único ou precípuo de financiar atividade ou despesa *diversa* da que justifica a sua cobrança, resta escancarado o abuso no exercício do poder legiferante, a macular o próprio fruto do seu ato de infidelidade à Carta da República e ao Estado Democrático de Direito.

A *desnecessidade superveniente*, contudo, não afeta a validade da contribuição. Macula a sua *eficácia*. Mais precisamente, afeta a sua *vigência,* vindo a ab-rogá-la (se for total) ou derrogá-la (se for parcial).

Um caso claro de *revogação tácita* da contribuição pela sua desnecessidade superveniente ocorreria com a extinção das atividades do órgão ou entidade ao qual ela está vinculada, sem que tenha ocorrido qualquer alteração da lei impositiva.

Digamos que o Governo repute que serviços sociais autônomos como o Sesc, Senac, Sesi e Senai são prescindíveis e decida pôr fim às suas atividades, mas não revogue formalmente as contribuições que os financiam.

Elas poderiam continuar sendo cobradas, como se ainda fossem necessárias e justificadas?

É óbvio que não. Com a cessação da sua razão de ser, elas perderam automaticamente a sua vigência. E se continuaram a ser exigidas pelo Fisco, devem ser restituídas *in totum* aos contribuintes que foram indevidamente desapossados dos seus bens.

Já a *derrogação* (revogação parcial) *tácita* ocorre quando a atividade estatal financiada se torna injustificadamente superavitária[118] por vicissitude posterior à instituição ou majoração da contribuição, a qual levou a significativo incremento das receitas ou redução das despesas.

Esse fato nem sempre pode ser apurado com facilidade, mas é denunciado pelo desvio dos recursos angariados: se há desvio de receita para finalidade diversa, resta evidente a desnecessidade (total ou parcial) da contribuição para realizar a finalidade que motivou a sua instituição.

O desvio também serve para ajudar a quantificar o montante a ser restituído aos sujeitos passivos, mediante a devolução em pecúnia ou a compensação com parcelas vincendas da própria contribuição.

Recorde-se, porém, que, se o superávit indevido já era previsível quando da instituição ou majoração da contribuição, ele afetará a sua própria validade, no todo ou em parte.

---

[118] Ressaltamos não haver problema algum em superávits ocasionais, que devem ser aceitos quando se almeja um equilíbrio orçamentário estrito. O problema reside no superávit constante, que denota o *desvirtuamento* da contribuição, pois o excedente certamente será alocado em finalidade distinta daquela à qual a exação está vinculada.

3.4.3. Referibilidade

Referibilidade é um termo pouco elucidativo. Melhor seria utilizar vocábulo mais simples e preciso, como "pertinência", "relação" ou "referência"[119]. Mas o fato é que o termo se disseminou e se firmou na doutrina como característica das contribuições, o que torna recomendável seguir a tradição.

Pois bem, a referibilidade diz com a pertinência das contribuições a um grupo específico de contribuintes, o qual será chamado a suportar o gravame adicional que elas representam. Mais precisamente, é o liame entre a finalidade da contribuição e o grupo dos sujeitos passivos que devem suportar o seu encargo[120].

Não se trata de nota conceitual das contribuições, mas de requisito de validade[121]. As contribuições não deixam de se qualificar como tais em razão de serem exigidas de toda a sociedade ou de grupo mais amplo que aquele ligado à sua finalidade. Simplesmente incorrem no vício de inconstitucionalidade. E tal vício não macula toda a exação, mas tão somente parcela do seu consequente, obstando que seja exigida daqueles que não se inserem no grupo relacionado ao seu escopo.

Para avançarmos no estudo do tema, é válido ter em mente o seguinte esquema:

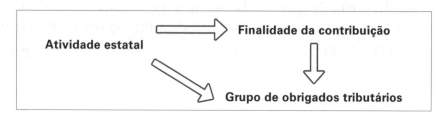

A relação que deve existir nas contribuições especiais estabelece-se entre a finalidade da contribuição e o grupo dos obrigados tributários. Tal relação há de ser *direta*:

---

[119] Geraldo Ataliba, que contribuiu para disseminar o termo "referibilidade", optou por empregá-lo no lugar de "relação" simplesmente para evitar a suposição de estar a se referir a relações jurídicas (*Hipótese de incidência tributária*, p. 129).

[120] O liame estabelece-se, portanto, entre a finalidade (ou a atividade estatal) e o grupo dos sujeitos passivos, e não entre os aspectos material e pessoal da hipótese de incidência, como defendia Geraldo Ataliba com base na sua concepção de que as contribuições são tributos com hipótese de incidência vinculada a uma atuação estatal, que se distinguem das taxas pelo fato de a referibilidade entre os aspectos material e pessoal da hipótese de incidência ser direta nestas e indireta naquelas (*Hipótese de incidência tributária*, p. 129 e s.). Eis a origem da disseminada concepção de que a referibilidade exigida das contribuições é tão somente indireta. É relativa à contribuição de melhoria. Não tem relação alguma com as contribuições especiais consagradas pela Constituição de 1988 – ao menos não com a sua regra-matriz de incidência. A respeito da concepção de Geraldo Ataliba acerca das contribuições, cf. p. 32 e s.

[121] Defendendo que a referibilidade constitui traço característico de toda e qualquer contribuição, cf. BARRETO. *Contribuições: regime jurídico, destinação e controle*, p. 121-122, que cita a posição harmônica de Hamilton Dias de Souza e Wagner Balera. A respeito, GRECO. *Contribuições (uma figura "sui generis")*, p. 238, advoga que a referibilidade constitui mera característica acidental das contribuições, que *pode* servir de critério de dimensionamento do tributo.

a finalidade da contribuição tem de estar relacionada de forma imediata aos sujeitos passivos. Somente em casos excepcionais, como nas contribuições de seguridade social a cargo das empresas, se admite que seja indireta.

A relação que pode ser indireta é aquela estabelecida entre a atividade estatal e os obrigados tributários, pois não se exige que tal atividade sempre seja dirigida aos contribuintes de forma imediata. O que se requer é que ela se destine a realizar a finalidade da contribuição e que esta diga respeito aos obrigados[122].

Portanto, nas contribuições especiais, o requisito da referibilidade exige que haja, em regra geral, uma relação *direta* entre a *finalidade* da contribuição e o grupo de obrigados tributários, mas admite uma relação *indireta* entre a *atividade estatal* e tal grupo.

Toda problemática acerca do tema que nos ocupa parece gravitar em torno desta indagação: qual a relação específica que a referibilidade requer?

Respondida essa pergunta, poder-se-á compreender ou repudiar a resistência que a jurisprudência tem para reconhecer esse requisito de validade das contribuições especiais.

No seu sentido tradicional e mais rigoroso, a relação exigida pela referibilidade diz respeito: (i) a vantagens econômicas que certos grupos de contribuintes auferem em razão de atividades estatais determinadas; ou (ii) a responsabilidades especiais frente a despesas estatais específicas (referibilidade como benefício ou responsabilidade)[123].

Tal noção de referibilidade corresponde ao conceito de contribuição defendido por A. D. Giannini e Geraldo Ataliba, que veio a ser incorporado à *Ley General Tributaria* da Espanha[124].

Não corresponde, contudo, às contribuições especiais estruturadas pela nossa Lei Maior.

---

[122] A Cide-Combustíveis, por exemplo, incide sobre a comercialização e a importação de combustíveis, destina-se ao desenvolvimento da indústria e do comércio do petróleo e do gás e, para tanto, financia até mesmo programas de infraestrutura de transportes (art. 177, § 4º, II, c, da CF). Não se exige que esta atividade estatal seja diretamente relacionada aos contribuintes (os produtores, formuladores e importadores de combustíveis líquidos), mas sim que a finalidade da contribuição (desenvolvimento da indústria e do comércio do petróleo e do gás) o seja. Respeitada essa conexão entre a finalidade da contribuição e os sujeitos passivos, automaticamente estará caracterizada uma relação no mínimo mediata entre a atividade estatal e os contribuintes: o Poder Público desenvolve programas de infraestrutura para incentivar a indústria e o comércio do petróleo e do gás e, ao fazê-lo, acaba por beneficiar os sujeitos passivos.

[123] Essa concepção é bem exposta por Geraldo Ataliba: "Outro traço essencial da figura financeira da contribuição, que parece ser encampado – pela universalidade de seu reconhecimento e pela sua importância, na configuração da entidade – está na circunstância de relacionar-se com uma especial despesa, ou especial vantagem referidas aos sujeitos passivos (contribuintes). Daí as designações doutrinárias *special assessment*, *contributo speciale*, *tributo speciale*, etc.". O princípio que informa as contribuições não seria o da capacidade contributiva, nem o da remuneração, mas um princípio diverso, que é compreendido "quando se considera que é da própria noção de contribuição – tal como universalmente entendida – que os sujeitos passivos serão pessoas cuja situação jurídica tenha relação, direta ou indireta, com uma despesa especial, a elas respeitantes, ou alguém receba da ação estatal um reflexo que possa ser qualificado como 'especial'" (*Hipótese de incidência tributária*, p. 171). É essa acepção que Paulo Ayres Barreto considera ao asseverar "ser a vantagem ou especial benefício traço característico nas contribuições" (*Contribuições: regime jurídico, destinação e controle*, p. 122).

[124] Cf. p. 15 e s.

No sistema jurídico brasileiro, a referibilidade entendida como benefício econômico ou responsabilidade por despesas específicas não constitui elemento conceitual ou pressuposto de validade do gênero "contribuições especiais"[125].

De fato, as contribuições especiais não se caracterizam pela nota da comutatividade. Não se singularizam por serem tributos sinalagmáticos ou contraprestacionais, cuja cobrança esteja condicionada a vantagens econômicas auferidas ou a custos específicos gerados pelos contribuintes.

É possível, no entanto, vislumbrar noção menos rigorosa, que se compatibiliza com os traços característicos das contribuições especiais pátrias e há de estar presente na conformação de cada uma delas. Tal noção diz respeito ao liame entre a finalidade da contribuição e as *atividades ou interesses* dos sujeitos passivos (referibilidade como pertinência).

Nessa acepção, a referibilidade é requisito de validade de *todas as contribuições especiais*. A sua cobrança carece invariavelmente de um liame claro entre a finalidade perseguida pela exação e as atividades ou interesses dos sujeitos passivos. Sem que haja tal liame, não há como se cogitar da cobrança de contribuições especiais.

A propósito, é mister rememorar o célebre voto condutor proferido pelo Ministro Cezar Peluso no julgamento da ADI 3.105, em que expôs com argúcia:

> Como se vê, o singular regime constitucional das contribuições responde a *variantes axiológicas* diversas daquelas que inspiram e orientam o dos impostos e das taxas.
>
> O *sujeito passivo* não se define como tal na relação jurídico-tributária da contribuição por manifestar capacidade contributiva, como se dá nos impostos, nem por auferir benefício ou contraprestação do Estado, como se passa com as taxas, mas apenas por *pertencer a um determinado grupo social* ou *econômico*, identificável em função da finalidade constitucional específica do tributo de que se cuide[126].

Consequência do requisito da referibilidade é que o grupo não pode se confundir com toda a coletividade[127]. Há de ser um grupo específico, que represente *parcela* da coletividade, pois as atividades custeadas pelas contribuições especiais normalmente não dizem respeito a atividades ou interesses de toda a sociedade[128].

Contudo, este requisito há de ser ressalvado para as contribuições securitárias, tendo em vista a Constituição estabelecer expressamente que a "seguridade será financiada por toda a sociedade, de forma direta e indireta" (art. 195, *caput*) e consagrar o princípio da "universalidade da cobertura e do atendimento" (art. 194, parágrafo único, I). O grupo

---

[125] Nesse sentido, conferir GRECO. *Contribuições (uma figura "sui generis")*, p. 237-238.
[126] STF, Pleno, ADI 3.105, rel. p/ ac. Min. Cezar Peluso, 8.2004.
[127] Nesse sentido, vide, entre muitos outros, BARRETO. *Contribuições: regime jurídico, destinação e controle*, p. 119.
[128] Na dicção de Paulo Ayres Barreto, configura "requisito essencial na contribuição a noção de parcialidade em relação à coletividade" (*Contribuições: regime jurídico, destinação e controle*, p. 124).

dos responsáveis pelo financiamento do sistema e dos beneficiários das suas prestações é composto por "todos"[129].

Trata-se, cabe gizar, de exceção à exigência de que o grupo seja constituído por parcela da sociedade (denominado "requisito da parcialidade do grupo"), mas não da referibilidade das contribuições – que deve estar presente em todas as contribuições voltadas ao custeio do sistema de seguridade social.

Em suma, a referibilidade comporta duas acepções: (i) referibilidade como *benefício econômico* ou *responsabilidade pela atividade estatal*, que não é requisito de validade do gênero das contribuições especiais no nosso ordenamento jurídico; e (ii) referibilidade como *pertinência* entre a finalidade da contribuição e as atividades ou interesses dos obrigados tributários, que é sim pressuposto de instituição e cobrança válidas de todas as contribuições especiais, sejam elas sociais, interventivas ou corporativas.

O Supremo Tribunal Federal, no entanto, não tem reconhecido ser a referibilidade requisito de validade das contribuições especiais[130]. E o Superior Tribunal de Justiça também encampou essa tese, ressalvando somente as contribuições previdenciárias dos segurados e as contribuições corporativas[131].

Tal orientação jurisprudencial é correta no que concerne à acepção tradicional e mais rigorosa do termo (referibilidade como benefício econômico ou responsabilidade pela

---

[129] Cf. GRECO. *Contribuições (uma figura "sui generis")*, p. 242.

[130] Ao apreciar a constitucionalidade da contribuição ao Sebrae, o Supremo Tribunal Federal negou que o benefício econômico fosse requisito de validade das contribuições especiais e assim chancelou a sua cobrança até mesmo das empresas de médio e grande porte (Pleno, RE n. 396.266, rel. Min. Carlos Velloso, 11-2003). Não houve, contudo, um debate mais aprofundado da questão, que apenas foi referida no acórdão recorrido, transcrito no voto do relator, Ministro Carlos Velloso.

[131] STJ, 1ª Seção, EREsp n. 770.451, rel. p/ ac. Min. Castro Meira, set. 2006. Nesse julgado, relativo à subsistência da contribuição ao Incra, o Superior Tribunal de Justiça ingressou a fundo na questão da referibilidade, concluindo que "a referibilidade direta não é elemento constitutivo das Cide's". Após, acrescentou ser justamente esse o traço que diferencia as Cides das contribuições corporativas: "As contribuições especiais atípicas (de intervenção no domínio econômico) são constitucionalmente destinadas a finalidades não diretamente referidas ao sujeito passivo, o qual não necessariamente é beneficiado com a atuação estatal e nem a ela dá causa (referibilidade). Esse é o traço característico que as distingue das contribuições de interesse de categorias profissionais e de categorias econômicas" (STJ, 1ª Seção, EREsp n. 770.451, rel. p/ ac. Min. Castro Meira, set. 2006, excerto do aditamento ao voto da Ministra Eliana Calmon). Dessa forma, acolheu a classificação das contribuições especiais em típicas e atípicas, que foi defendida por Simone Lemos Fernandes em sua tese de doutorado. As contribuições especiais típicas seriam "necessariamente conformadas pelo princípio da referibilidade", de modo que somente poderiam ser cobradas dos membros do grupo que é beneficiado pela atuação estatal ou lhe dá causa. As atípicas, por outro lado, poderiam ser cobradas de um grupo mais amplo de sujeitos passivos, que não necessita ser beneficiado ou dar causa à atuação estatal, mas deve ter ao menos relação indireta com tal atuação (*As contribuições neocorporativas na Constituição e nas leis*, p. 197 e 204-205). Integrariam a primeira categoria as contribuições corporativas e previdenciárias dos segurados; e a segunda, as contribuições sociais e interventivas (op. cit, p. 199 e 203). Assentado nessa tese, o Superior Tribunal de Justiça não só reconheceu a subsistência da contribuição ao Incra, mas chegou a chancelar a sua cobrança das empresas urbanas, tendo em vista tal contribuição se enquadrar na categoria das contribuições especiais atípicas, que por definição "são constitucionalmente destinadas a finalidades não diretamente referidas ao sujeito passivo, o qual não necessariamente é beneficiado com a atuação estatal e nem a ela dá causa (referibilidade)" (vide, por todos, STJ, 2ª Turma, REsp n. 995.564, rel. Min. Eliana Calmon, 5-2008).

atividade estatal). Como dito, essa acepção corresponde às contribuições oriundas da ciência das finanças e positivadas na *Ley General Tributaria* da Espanha (art. 2º, 1, *b*), que incidem justamente quando o sujeito passivo aufere um benefício econômico em decorrência da realização de obras ou da prestação de serviços públicos. Nenhuma relação tem com o gênero das contribuições especiais brasileiras, que incidem sobre atividades econômicas dos obrigados tributários, exatamente como os impostos.

Porém, ela não nos parece apropriada frente à acepção que propomos, de referibilidade como pertinência (entre a finalidade da contribuição e as atividades ou interesses dos contribuintes).

Jamais se pode cobrar contribuição de sujeitos passivos completamente alheios à finalidade que ela é vocacionada a realizar. Não podem ser exigidas contribuições corporativas de quem não esteja ligado à categoria profissional ou econômica (cobrando-se, por exemplo, a contribuição ao Conselho Regional de Química de médicos, advogados ou arquitetos); contribuições previdenciárias de quem não esteja ligado ao sistema, seja na qualidade de beneficiário, seja na de responsável por trabalhadores que lhe prestam serviço (exigindo-se, v.g., de trabalhadores celetistas a contribuição à previdência estatutária); ou contribuições interventivas de empresas que não estejam ligadas à área afetada pela intervenção (cobrando-se, por exemplo, de agroindústrias a Contribuição para o Desenvolvimento da Indústria Cinematográfica Nacional).

Portanto, a referibilidade é pressuposto de validade de *todas* as contribuições especiais. Mas não na acepção que a vincula ao benefício econômico ou à responsabilidade pela atividade estatal (referibilidade como benefício ou responsabilidade pelo custo), senão na relativa à pertinência entre a finalidade da contribuição e as atividades ou interesses dos sujeitos passivos (referibilidade como pertinência).

A negação desse liame mínimo entre a finalidade da contribuição e o universo dos obrigados tributários levaria à total deturpação das contribuições especiais.

3.4.4. Quadro sinóptico

À luz do exposto, torna-se possível expor de forma sintética os requisitos específicos de validade e eficácia das contribuições especiais:

	Plano da validade
Requisitos específicos de validade	Busca da finalidade especificada pela norma atributiva de competência
	Necessidade originária – momento da instituição ou majoração
	Referibilidade – entre a finalidade da contribuição e as atividades ou interesses dos contribuintes

Plano da eficácia	
Requisito específico de eficácia	Subsistência da necessidade – momento da incidência

3.5. Modificações de finalidade

3.5.1. *Classificação e individualização das contribuições especiais à luz da sua finalidade*

As contribuições especiais não diferem entre si pela sua estrutura normativa. Elas singularizam-se fundamentalmente pelas finalidades que são vocacionadas a realizar.

As três espécies dessa categoria tributária são identificadas em razão das suas finalidades *genéricas*, atinentes à atuação do Estado ou de órgãos paraestatais na área social *stricto sensu* (contribuições sociais), no domínio econômico (contribuições interventivas) e na defesa dos interesses de determinada categoria profissional ou econômica (contribuições corporativas).

Dentro dessas três espécies, podem ser divisadas subespécies, tais como as contribuições de seguridade social, previdenciárias e de educação (espécies de contribuições sociais) e as contribuições profissionais ou de interesse de categorias econômicas (espécies de contribuições corporativas).

Definida a sua finalidade genérica, a contribuição será individualizada pelo seu escopo *específico*, pela sua materialidade e/ou pela qualificação do sujeito passivo. Por exemplo, é a finalidade específica que diferencia a contribuição ao SAT das demais contribuições patronais incidentes sobre as remunerações; é a materialidade que diferencia a Cofins da CSL, haja vista ambas serem contribuições securitárias a cargo das empresas; e é essencialmente a figura do sujeito passivo que diferencia a contribuição patronal incidente sobre as remunerações daquela devida pelos segurados obrigatórios.

Essas ponderações apenas explicitam o óbvio, mas são fundamentais para enfrentarmos o tema das modificações de finalidade das contribuições especiais.

Se as contribuições são individualizadas pelo seu escopo específico, infere-se que a finalidades distintas correspondem contribuições distintas.

Elucidativo é o caso da contribuição ao Sebrae. A despeito de ter sido instituída como mero adicional às contribuições ao Sesc, Senac, Sesi e Senai, ela não se confunde com tais contribuições. Por possuir finalidade específica, qualifica-se como tributo *autônomo*, consoante pacífica jurisprudência do Supremo Tribunal Federal[132].

---

[132] Como expôs o Ministro Carlos Velloso, relator do *leading case* sobre a matéria: "A contribuição de que estamos cuidando é, na verdade, uma contribuição de intervenção no domínio econômico, não obstante a lei a ela se referir como adicional às alíquotas das contribuições sociais relativas às entidades de que trata o art.

3.5.2. Afetação a finalidade diversa

Do fato de as contribuições serem individualizadas pela sua finalidade específica decorre relevante consequência jurídica: a *alteração*, no todo ou em parte, da finalidade repercute na sua própria identidade[133].

Quando o legislador afeta a *integralidade* dos recursos angariados a finalidade diversa, é óbvio que ele modificou a contribuição. Extinguiu a contribuição original e criou outra, que como toda contribuição nova deverá observar os requisitos necessários à *instituição* de tributos, dentre os quais sobressai a observância ao princípio da anterioridade (arts. 150, III, *b* e *c*, e 195, § 6º).

A contribuição também é alterada quando *parte* dos seus recursos é afetada a finalidade diversa. Mas nessa situação ela não vem a ser revogada. É simplesmente *cindida*.

A contribuição cindida permanece em vigor, mas tão somente na porção que restou inalterada. Na restante, constitui *contribuição nova* – e como tal haverá de submeter-se ao controle de constitucionalidade. Deverá encontrar fundamento numa norma de competência específica, que pode corresponder ou não à que dá suporte à cobrança da contribuição original. Se não encontrar tal suporte, revelar-se-á inconstitucional.

Foi justamente esse fenômeno que deu origem às contribuições à Apex-Brasil e à ABDI. Elas são contribuições novas, que foram criadas mediante a cisão da contribuição ao Sebrae[134].

Exemplo não tão claro concerne ao Fundo Social de Emergência, instituído pela ECR n. 1/94 e prorrogado pelas ECs n. 10/96 e 17/97. Esse fundo se destinava a contribuir ao saneamento financeiro federal e à estabilização econômica, mediante o custeio de ações nas áreas da saúde, educação, previdência, assistência social, bem como em "outros programas de relevante interesse econômico e social" (art. 71, *caput*, do ADCT, na redação original). A ele foi vinculada parcela específica da Contribuição Social sobre o Lucro (CSL) e vinte por cento de todos os impostos e contribuições federais (art. 72, III e IV, do ADCT).

1º do D.L. 2.318, de 1986. A autora recorrente, pois, tem razão quando afirma que citada contribuição não está incluída no rol do art. 240 da C.F., dado que ela é 'totalmente autônoma – e não um adicional', desvinculando-se da contribuição ao Sesi-Senai, Sesc-Senac" (STF, Pleno, RE n. 396.266, rel. Min. Carlos Velloso, 11-2003). O Ministro Marco Aurélio também foi categórico nesse sentido: "A nomenclatura utilizada na lei, no que se lançou mão do vocábulo adicional, não me impressiona porque não se trata, a rigor, de um adicional. O que houve foi a criação de uma contribuição nova".

[133] Nesse sentido, cf. DERZI. *Notas* ao livro *Direito tributário brasileiro*, de Aliomar Baleeiro, p. 1.033.

[134] Cf. p. 312 e s.

À primeira vista, parece que essas contribuições foram cindidas. Mas pela multiplicidade de atividades estatais financiadas, não é desarrazoado sustentar que não se trata de hipótese de afetação a finalidade diversa, mas de desafetação[135].

3.5.3. Desafetações

Se as contribuições se singularizam justamente pela sua afetação finalística, como sustentar que a desafetação dos seus recursos não tem repercussão alguma na sua identidade jurídica? Como dizer que um tributo integralmente desafetado é uma contribuição?

Reputamos que, se os recursos são desafetados *a priori*, já antes da fase orçamentária, não há como sustentar a subsistência da contribuição.

Desafetadas, as contribuições sofrem uma metamorfose jurídica. Transformam-se em *impostos*.

Essa mutação jurídica modifica a natureza tributária específica da exação, mas não a sua regra-matriz de incidência. No que diz respeito à sua hipótese de incidência e ao seu consequente, não há diferença alguma entre a contribuição e o imposto que dela se originou. A diferença residia justamente na afetação finalística, que foi suprimida.

Destarte, com toda a desafetação pré-orçamentária de contribuições, há o nascimento de um novo tributo, enquadrado na categoria dos impostos. A contribuição é revogada e no seu lugar nasce um imposto.

Essa conclusão parece clara, mas se estende à hipótese de desafetação parcial?

Exemplo de *desafetação parcial* é fornecido pela denominada "desvinculação de receitas da União" (DRU), implementada pela EC n. 27/2000, que inseriu o art. 76 no ADCT a fim de desvincular "de órgão, fundo ou despesa, no período de 2000 a 2003, vinte por cento da arrecadação de impostos e contribuições sociais da União, já instituídos ou que vierem a ser criados no referido período". A DRU foi sucessivamente prorrogada pelas ECs n. 42/2003, 56/2007, 68/2011 e 93/2016. Por força da EC n. 93/2016, vigorará até 31 de dezembro de 2023. Eis a redação atual do art. 76 do ADCT:

> Art. 76. São desvinculados de órgão, fundo ou despesa, até 31 de dezembro de 2023, 30% (trinta por cento) da arrecadação da União relativa às contribuições sociais, sem prejuízo do pagamento das despesas do Regime Geral da Previdência Social, às contribuições de intervenção no domínio econômico e às taxas, já instituídas ou que vierem a ser criadas até a referida data.

---

[135] Para Misabel Derzi, a generalidade dos fins do Fundo Social de Emergência fez com que as contribuições a ele afetadas se tornassem impostos: "a Emenda Constitucional de Revisão n. 1 e a Emenda Constitucional n. 10 transformaram ditas espécies de contribuições (relativamente às instituições financeiras e congêneres) em verdadeiros impostos" (DERZI. *Notas* ao livro *Direito tributário brasileiro*, de Aliomar Baleeiro, p. 1.035).

Dessa forma, trinta por cento da receita das contribuições sociais e interventivas foram desafetados das finalidades que lhes são próprias e certamente foram utilizados para financiar atividades estatais que não justificam a sua cobrança.

E o que ocorreu com tais contribuições?

A respeito, duas teses fundamentais podem ser defendidas. Pode-se sustentar que as contribuições remanesceram íntegras ou que elas foram cindidas, levando ao nascimento de impostos.

À luz da primeira tese, as contribuições parcialmente desafetadas pela DRU tornaram-se figuras híbridas, tributos *sui generis* que se situam entre as contribuições e os impostos – ou mais precisamente, que são tanto contribuições quanto impostos, tais quais os *minotauros* da mitologia grega, monstros de corpo humano e cabeça de touro.

Segundo essa perspectiva, a desafetação parcial das contribuições implicaria a formação de aberrações jurídicas, semelhantes à figura mitológica referida, ou melhor, à dos centauros: tributos que têm cabeça, tronco e braços de contribuição, mas garupa, pernas, patas e rabo de imposto. Monstruosidades jurídicas que não pertencem a uma categoria nem a outra. Párias jurídico-tributárias, criadas para propiciar descarada burla aos lindes das competências impositivas e às regras constitucionais de repartição das receitas tributárias.

Já a segunda tese preserva a pureza conceitual das contribuições, ao sustentar que a desafetação parcial não implicou a formação de tributos híbridos, mas a cisão das contribuições então existentes, que subsistiram como tais na parcela que remanesceu afetada, correspondente a setenta por cento do seu montante; e na restante, correspondente aos trinta por cento desafetados, transformaram-se em impostos, com estrutura normativa idêntica à das contribuições das quais derivam e das quais somente se diferenciam pelo fato de não serem afetados a quaisquer finalidades específicas.

O Supremo Tribunal Federal aparenta inclinar-se pela primeira tese, haja vista negar que a desafetação parcial de contribuições tenha repercussões na seara tributária.

Deveras, a Primeira Turma já proclamou categoricamente que a desvinculação parcial da receita da União (DRU) "não transforma as contribuições sociais e de intervenção no domínio econômico em impostos" e, por consequência, não repercute na apuração do Fundo de Participação dos Municípios[136]. E a Segunda Turma já se posicionou no sentido de que a DRU não é apenas legítima, mas também destituída de efeitos no âmbito tributário. Não teria implicado a criação de impostos inominados, nem mesmo deturpado as contribuições especiais por ela abrangidas[137]. Embora se tenha consignado que o elemento essencial para identificar as contribuições é justamente a destinação da sua arrecadação, simplesmente se afirmou que a desvinculação de receitas é constitucional

---

[136] STF, 1ª Turma, RE n. 793.564 AgR, rel. Min. Marco Aurélio, 8-2014.
[137] STF, 2ª Turma, RE n. 537.610, rel. Min. Cezar Peluso, 12-2009.

e não implica a formação de impostos, sem se adentrar no âmago da questão[138]. Ademais, o Tribunal Pleno negou que eventual inconstitucionalidade da desvinculação das receitas das contribuições implicasse o direito de os contribuintes obterem a restituição do montante correspondente ao percentual desvinculado[139].

Essa tese, que nega qualquer repercussão tributária à desvinculação parcial das contribuições, também se mostra atraente por explicar a afetação parcial de impostos, fenômeno de difícil enquadramento teórico, sobre o qual nos debruçaremos a seguir.

Sem embargo, é de se indagar até onde pode ir a desvinculação das receitas de contribuições especiais sem que os seus caracteres jurídicos sejam afetados. Se a desvinculação de 30% não tem repercussão alguma na esfera tributária, o que se dizer de uma desvinculação da ordem de 50%? e de 99%? Ou de uma desvinculação total?

A segunda tese, que preconiza a cisão da contribuição parcialmente desafetada, não tem problemas para responder a esses questionamentos, o que a torna deveras atraente. E ela se mostra ainda mais sedutora por preservar a pureza conceitual das contribuições e aplicar à temática da desafetação a solução que naturalmente se dá à modificação parcial de finalidade das contribuições. Ademais, explica com facilidade a situação em que uma única contribuição é parcialmente desafetada de modo permanente.

Dizíamos, tal tese é atraente, mas problemática. Primeiro, por levar a uma esdrúxula duplicidade de todas as contribuições sociais e de intervenção no domínio econômico, que cindidas implicariam a criação de tributos quase gêmeos, impostos que delas diferem somente pela sua alíquota. Segundo, por não lograr explicar os impostos parcialmente afetados.

Entre essas duas teses, inclinamo-nos pela primeira, a qual reconhece que as contribuições parcialmente desafetadas são aberrações jurídicas, mas rechaça que a mera desafetação parcial de tributos dê ensejo à sua cisão, sobretudo quando ostentar caráter geral, a exemplo do que ocorreu com a Desvinculação de Receitas da União[140].

À luz dessa concepção e diante do emaranhado jurídico que o legislador constituinte criou, ao afetar a receita de impostos e desafetar a de contribuições, reputamos plausível sustentar que, quando a contribuição permanece afetada em grande parte à sua finalidade específica, ela subsiste como tal. Foi abalada em sua pureza, teve suas feições típicas parcialmente desfiguradas, mas não deixou de ser uma contribuição especial. Tornou-se híbrida, imperfeita, uma verdadeira aberração tributária; porém, não deixou de ser una. Não deu ensejo ao nascimento de um novo imposto.

---

[138] STF, 2ª Turma, RE n. 537.610, rel. Min. Cezar Peluso, 12-2009.

[139] STF, Tribunal Pleno, RE n. 566.007 RG, rel. Min. Cármen Lúcia, 11-2014. Vide abaixo o tópico pertinente aos desvios impostos por normas constitucionais.

[140] Nesse sentido, cf. BARRETO. *Contribuições: regime jurídico, destinação e controle*, p. 176, que nega ter a DRU cindido as contribuições, criando novos impostos, mas advoga a ilegitimidade da desafetação, por ofensa a garantias individuais.

No entanto, um tributo predominantemente desafetado jamais pode qualificar-se como contribuição especial, mesmo que a desafetação seja temporária. Pode ser enquadrado como imposto *sui generis*, parcialmente vinculado a finalidade específica, mas nunca como contribuição.

Todas essas ponderações dizem respeito ao enquadramento doutrinário dessas esdrúxulas exações tributárias. Distintas são as questões atinentes à sua legitimidade constitucional e à repercussão da DRU na eficácia jurídica das contribuições por ela abrangidas[141].

3.5.4. O reverso da medalha: a afetação de impostos

Se as contribuições diferem dos impostos justamente por serem afetadas a finalidades específicas, como explicar a figura dos impostos parcialmente afetados?

Antes de tudo, devemos consignar tratar-se de situação atípica, eis que a Constituição Federal veda expressamente a "vinculação da receita de impostos a órgão, fundo ou despesa" (art. 167, IV).

Porém, há diversas exceções ao princípio constitucional da não afetação dos impostos. O próprio art. 167, IV, ressalvou em sua redação original não só a repartição constitucional de receitas aos Estados, ao Distrito Federal e aos Municípios, mas também a aplicação de percentuais mínimos da receita de impostos na manutenção e desenvolvimento do ensino, exigida pelo art. 212, *caput*, da CF. Em seguida, emendas constitucionais ampliaram as ressalvas, dentre as quais se destacam a aplicação de percentuais das receitas de impostos em ações e serviços de saúde, determinada pela EC n. 29/2000, e a destinação de recursos angariados com impostos para a "realização de atividades da administração tributária", autorizada pela EC n. 42/2003.

Ademais, a ECR n. 1/94 determinou a afetação de vinte por cento da receita dos impostos federais ao Fundo Social de Emergência (art. 72, IV, do ADCT), o qual se destinava ao saneamento financeiro federal e à estabilização econômica e, após ter sido prorrogado pelas ECs n. 10/96 e 17/97, extinguiu-se no final de 1999, para dar lugar à DRU.

Com a vinculação de parcela da receita de impostos a tais fundos e atividades estatais, teria a Constituição criado impostos *sui generis*, parcialmente afetados a finalidades específicas? Ou teria ela desmembrado os impostos existentes, dando ensejo à formação de novas contribuições, idênticas em todos os aspectos aos impostos correlatos, salvo no que concerne à sua afetação finalística?

Na linha do que expusemos ao tratar do tema da desafetação parcial de contribuições, acolhemos a primeira solução.

---

[141] A respeito, cf. p. 69 e s.

Tanto os impostos parcialmente afetados quanto as contribuições parcialmente desafetadas são tributos híbridos, *sui generis*, que se diferenciam fundamentalmente pelo grau de afetação ou desafetação.

Essa posição é corroborada pela jurisprudência do Supremo Tribunal Federal, o qual jamais reconheceu que parcelas de impostos afetadas a despesas ou finalidades específicas caracterizem contribuições autônomas.

Pelo contrário, nos inúmeros julgados sobre a vinculação dos recursos angariados com a majoração da alíquota do ICMS, o STF decidiu que a afetação dos recursos era inconstitucional, justamente por violar o princípio da não afetação dos impostos (art. 167, IV), com reflexos na validade da própria majoração[142]. Reconheceu tratar-se de impostos parcialmente afetados a despesas específicas, e não de contribuições autônomas.

3.5.5. Síntese

Além de determinar a sua categoria tributária (de contribuição especial), a afetação finalística das contribuições serve para *individualizá-las* e definir a sua autonomia normativa, evidenciando a ocorrência de mutações, desafetações e cisões.

Se parcela dos recursos angariados com certa contribuição for afetada a finalidade específica, ter-se-á *desmembrado* a exação originária e criado contribuição nova.

Sendo total a modificação de finalidade, já não se falará mais em cisão da contribuição, antes em *revogação* (da contribuição original) e instituição (da nova).

Finda a afetação finalística, *extingue-se* a contribuição. No seu lugar, nasce um imposto.

No entanto, idêntica solução não se aplica ao caso de *desafetação parcial* e secundária, em que apenas parcela dos recursos angariados com a contribuição é desvinculada de sua finalidade própria. Neste caso, a solução teórica mais adequada frente ao emaranhado jurídico que o legislador constituinte criou (ao afetar a receita de impostos e desafetar a de contribuições) parece ser a que reconhece a subsistência da contribuição como tal, em sua integralidade, e não a que vislumbra a sua cisão na parcela desafetada. Desse modo, a desafetação parcial abala a pureza conceitual das contribuições, desfigura as suas feições típicas, mas não as exclui da categoria das contribuições especiais: elas tornam-se figuras híbridas, imperfeitas, verdadeiras aberrações tributárias, mas não perdem a sua unidade.

Eis o quadro das vicissitudes que as contribuições podem sofrer em virtude de modificações de finalidade:

---

[142] STF, Pleno, RE n. 213.739, rel. Min. Marco Aurélio, 5-1998. Sobre a questão, conferir a nota 150 e o texto correspondente.

Modificações de finalidade das contribuições	
Fenômeno	Repercussão no tributo
Modificação total de finalidade	Mutação, formando nova contribuição
Afetação parcial a finalidade diversa	Cisão da contribuição
Desafetação total	Transformação em imposto
Desafetação parcial	Transformação num tributo híbrido, misto de contribuição e imposto

3.6. Legitimidade e efeitos dos desvios de recursos angariados com as contribuições

Problemática distinta da repercussão das modificações de finalidade e das desafetações na identidade jurídica e na unidade das contribuições é aquela concernente à legitimidade e aos efeitos jurídicos dos desvios de recursos angariados com a sua cobrança.

3.6.1. *Desvios constitucionais*

Em primeiro lugar, há os desvios advindos de emendas constitucionais, como os impostos pela ECR n. 1/94, que afetou ao Fundo Social de Emergência vinte por cento de todas as contribuições da União (art. 72, IV, do ADCT), e pelas ECs n. 27/2000, 42/2003, 56/2007 e 68/2011, que desafetaram percentual equivalente de todas as contribuições sociais e interventivas instituídas pela União, o qual, como dito, foi majorado para 30% pela EC n. 93/2016.

Em razão de tais desvios decorrerem justamente de preceitos constitucionais, revelam-se significativamente débeis alegações corriqueiras, como de ilegitimidade por burla ao sistema de competências tributárias, pela inobservância dos requisitos impostos ao exercício das competências residuais (instituição por lei complementar, não cumulatividade e *non bis in idem*) e pela deturpação das contribuições especiais, sob o argumento de ofensa a garantias individuais dos contribuintes e, consequentemente, a cláusulas pétreas, imunes à ação do poder constituinte derivado (art. 60, § 4º, IV, da CF)[143].

A fragilidade dessa linha argumentativa decorre do fato de conceber todo o sistema constitucional tributário (ou ao menos expressiva parcela dele) como cláusula pétrea,

---

[143] Vide, por todos, BARRETO. *Contribuições: regime jurídico, destinação e controle*, p. 175, que identifica a lesão a duas garantias individuais dos contribuintes: (i) a garantia de que os recursos das contribuições sejam efetivamente aplicados nas suas finalidades; e (ii) a garantia de que os novos impostos observem os requisitos da não cumulatividade e do *non bis in idem*. Parece-nos claro que a segunda garantia pode ser afastada por emenda constitucional, a menos que haja abalo significativo ao federalismo fiscal. Já a primeira é realmente ponderável.

que jamais poderia ser modificado, somente derruído por completo, mediante revolução que instaurasse nova ordem constitucional.

Mais relevantes são as alegações de ilegitimidade jurídica por ofensa a reconhecidas cláusulas pétreas tributárias, como o princípio da anterioridade (direito fundamental dos contribuintes, tutelado pelo art. 60, § 4º, IV, da CF)[144] e a garantia do federalismo fiscal (art. 60, § 4º, I, da CF), abalada pela criação de tributos *sui generis*, híbridos de contribuições e impostos, cuja receita não é totalmente destinada às suas finalidades próprias e tampouco repartida com os Estados, o Distrito Federal e os Municípios, como determinam os arts. 157 a 159 da Carta da República com respeito à receita de certos impostos federais e, inclusive, dos novos impostos, instituídos com base na competência residual da União.

No entanto, o Supremo Tribunal Federal nunca se sensibilizou com tais argumentos. Pelo contrário, chancelou artifícios financeiros como o FSE e a DRU, ao proclamar, no regime da repercussão geral, que, independentemente da eventual inconstitucionalidade da desvinculação parcial da receita das contribuições, *os contribuintes não têm direito à restituição do montante correspondente ao percentual desvinculado*, porquanto a tributação, isoladamente considerada, não é inconstitucional ou ilegal[145].

3.6.2. Desvios impostos ou autorizados pela legislação não orçamentária

Já no que concerne aos desvios impostos pela *legislação financeira*, o quadro é sensivelmente diverso, sobretudo por ela se submeter integralmente aos ditames constitucionais.

Preceitos legislativos jamais podem determinar ou autorizar desvios dos recursos angariados com as contribuições, sob pena de atentarem contra o próprio fundamento constitucional da sua instituição.

Para elucidar essa ponderação, é válido recorrer a um caso concreto. A Lei n. 9.530/97 autorizou a utilização de recursos de fundos financiados por contribuições especiais para amortizar a dívida pública federal, dentre eles os recursos do Fundo da Marinha Mercante – FMM –, ao qual é destinada parcela significativa dos recursos angariados com a contribuição interventiva denominada Adicional ao Frete para a Renovação da Marinha Mercante – AFRMM[146].

Ora, se o AFRMM é uma contribuição interventiva que se destina a "atender aos encargos da intervenção da União no apoio ao desenvolvimento da marinha mercante e da indústria de construção e reparação naval brasileiras" e constitui a "fonte básica do

---

[144] Sobre a sua qualificação como cláusula pétrea pelo Plenário do STF, cf. p. 95 e s. Aplicando essa concepção aos desvios determinados por emendas constitucionais, que desfiguraram as contribuições especiais, cf. DERZI. *Notas* ao livro *Direito tributário brasileiro*, de Aliomar Baleeiro, p. 1.035.

[145] STF, Tribunal Pleno, RE n. 566.007 RG, rel. Min. Cármen Lúcia, 11-2014.

[146] Sobre a contribuição, cf. p. 328 e s.

FMM" (art. 3º da Lei n. 10.893/2004), como é que os seus recursos podem ser utilizados para amortizar a dívida pública federal? Não há vício algum em tal procedimento?

Essa autorização colide frontalmente com o fundamento constitucional do AFRMM. Mais precisamente, afronta o requisito teleológico imposto ao exercício da competência outorgada pelo art. 149 da CF, que faculta a criação de contribuições para a União intervir no domínio econômico, e não para amortizar a dívida pública federal.

Qual a consequência jurídica desse desvio sistemático de recursos, que evidencia ser o AFRMM excessivo e, por conseguinte, parcialmente desnecessário para realizar a sua finalidade?

Como expusemos ao tratar dos requisitos específicos à instituição das contribuições especiais, elas somente podem ser cobradas na medida em que sejam efetivamente necessárias à realização das suas finalidades. E se os recursos são parcialmente desviados para outros fins, é porque eles não são inteiramente necessários à realização das finalidades que justificam a sua cobrança, o que vem a macular a sua própria validade (se a desnecessidade for originária) ou eficácia (se superveniente)[147].

Portanto, os desvios legislativos dos recursos angariados com as contribuições especiais não causam propriamente a sua ineficácia. Denunciam-na. Indiciam desnecessidade pretérita que tem o condão de, por si só, derrogar ou revogar a contribuição[148].

Essa conclusão se assenta em aspectos estritamente tributários, mas a ela também se chega por ótica diversa, atinente à *repercussão da inconstitucionalidade de preceitos financeiros na órbita tributária*.

Trata-se de tema complexo, sobretudo pela dificuldade de serem estabelecidas correlações rígidas entre o direito financeiro e o direito tributário.

Não vemos como perfilhar posições apriorísticas, seja no sentido da invariável repercussão da ilegitimidade da regra financeira na tributária, seja no sentido oposto. Renomados juristas advogam a segunda tese, negando todas e quaisquer repercussões tributárias da invalidade de normas financeiras. Elucidativa desse posicionamento é a lição de Pontes de Miranda:

> A decretação dos tributos pode ser contrária à Constituição; também pode ser contrária à Constituição a destinação deles. A destinação pode ser contrária à Constituição sem que o tenha sido a decretação. Se isso ocorre, o imposto decretado é cobrável e perceptível; a destinação especial é que se tem por conteúdo de regra jurídica nula, por inconstitucionalidade[149].

---

[147] Cf. p. 55 e s.

[148] Aplicando essas ponderações ao AFRMM, concluímos que ele se tornou parcialmente ineficaz, na exata medida do montante desviado para a realização de finalidades que não justificam a sua cobrança, o que rende ensejo à repetição ou ao abatimento do que foi indevidamente pago.

[149] PONTES DE MIRANDA. *Comentários à Constituição de 1967; com a Emenda n. 1 de 1969*, p. 366.

Tal posição se assenta numa rígida separação entre o direito financeiro e o direito tributário, a qual não nos parece apropriada, não só porque o sistema jurídico é uno, mas fundamentalmente porque o direito tributário não é senão um ramo específico daquele, ao qual a doutrina atribuiu autonomia didática a fim de poder capturar e expor com precisão as suas particularidades. O direito financeiro e o tributário não são ilhas incomunicáveis. Pelo contrário, figuram numa relação de continente e conteúdo, de todo e parte. A despeito de o direito tributário ser autônomo e ter princípios, institutos e conceitos próprios, não deixa de ser um ramo específico do direito financeiro.

Dessa inter-relação decorrem importantes *consequências jurídicas*, que se estendem ao plano da invalidade: a inconstitucionalidade de normas financeiras pode repercutir na validade de normas tributárias, como já reconheceu o Supremo Tribunal Federal ao pronunciar a inconstitucionalidade de majorações de impostos vinculadas à realização de fins específicos. Nessa situação, a ilegitimidade da vinculação implicou a inconstitucionalidade da majoração vinculada[150].

Mister assinalar que a repercussão da inconstitucionalidade da regra financeira na ordem tributária se dá *com maior razão nas contribuições* que nos impostos, por se tratar de tributos afetados finalisticamente, cujas implicações *extravasam os lindes do direito tributário*, estendendo-se até a seara do gasto público, tema tradicionalmente reservado ao direito financeiro.

---

[150] Foi o que decidiu o STF ao declarar a inconstitucionalidade da majoração de alíquota do ICMS paulista afetada ao aumento de capital da Caixa Econômica para financiamento de programa habitacional (Pleno, RE n. 213.739, rel. Min. Marco Aurélio, 5-1998). Essa jurisprudência é antiga: já em 1983 se declarou a inconstitucionalidade de acréscimo do ICM paulista destinado à Santa Casa de Misericórdia (STF, Pleno, RE n. 97.718, rel. Min. Soares Muñoz, 3-1983). Nessa linha, vide ainda estes precedentes: STF, Pleno, RE n. 183.906, rel. Min. Marco Aurélio, 9-1997; ADI 2.848 MC, rel. Min. Ilmar Galvão, 4-2003. No *leading case* sobre a matéria, o Ministro Moreira Alves refutou preliminar de falta de interesse do contribuinte para questionar majoração do ICMS, asseverando que a inconstitucionalidade da afetação da receita repercutia na própria majoração da alíquota: "desde que o acréscimo seja criado em lei com destinação específica, que é inconstitucional, a destinação específica contamina o próprio acréscimo [...] se a finalidade é inconstitucional, o acréscimo criado para atender a essa finalidade também o será" (STF, Pleno, RE n. 97.718, rel. Min. Soares Muñoz, 3-1983). Reportando-se a esse voto, o Ministro Marco Aurélio não só ratificou tal entendimento, mas acrescentou ser necessário segui-lo para se preservar a supremacia da Constituição, independentemente da relevância política e social do fim que a lei almejava realizar: "Indaga-se: O objetivo afigurou-se nobre? A resposta é, desenganadamente, positiva, tendo em conta a responsabilidade do Estado pelo bem social, considerada, em primeiro plano, a população carente. Não obstante, a segurança na vida gregária pressupõe respeito às balizas legais e constitucionais, sob pena de, à mercê de uma variação enorme de critérios, norteados por políticas governamentais momentâneas, chegar-se a uma verdadeira babel, não havendo como prever os acontecimentos de repercussão maior. Não me canso de ressaltar, principalmente neste embate Estado e cidadão, Estado e contribuinte, que a Carta Política da República é o elemento definidor do almejado equilíbrio, freando a fúria fiscal do Estado. Dificuldades de caixas não podem ser potencializadas a ponto de olvidarem-se os parâmetros constitucionais. Na organicidade do Direito está a segurança do cidadão, pelo que não se pode perder de vista que o meio justifica o fim, mas não este aquele" (STF, Pleno, RE n. 183.906, rel. Min. Marco Aurélio, 9-1997). Nas palavras do Ministro Octávio Gallotti: "o imposto em causa nasceu comprometido, em sua constitucionalidade, pela vinculação a uma determinada finalidade" (RE n. 183.906). E na precisa e concisa assertiva do Ministro Marco Aurélio, foi o próprio "fenômeno da vinculação" que "fulminou o acréscimo comprometido" (STF, Pleno, RE-ED n. 183.906, out. 2000).

Foi nessa premissa em que se assentou o Ministro Carlos Velloso para proferir o seu voto vencido no RE n. 183.906, negando a repercussão tributária da inconstitucionalidade da vinculação da majoração de alíquota do ICMS, mas ressaltando que solução diversa deveria ser adotada caso se tratasse do desvio de contribuições especiais, *in verbis*:

> [...] a declaração de inconstitucionalidade do dispositivo que faz a destinação do imposto não exoneraria o contribuinte de pagar o tributo. Declarada a inconstitucionalidade da destinação do imposto, seria ele recolhido aos cofres do Erário. É dizer, o que cairia seria, apenas, a destinação, e não o tributo.
>
> Uma ressalva é preciso ser feita. É que caso há, no sistema tributário brasileiro, em que a destinação do tributo diz com a legitimidade deste e, por isso, não ocorrendo a destinação constitucional do mesmo, surge para o contribuinte o direito de não pagá-lo. Refiro-me às contribuições parafiscais – sociais, de intervenção no domínio econômico e de interesse de categorias profissionais ou econômicas, C.F., art. 149 – e aos empréstimos compulsórios (C.F., art. 148)[151].

Assiste plena razão ao Ministro Carlos Velloso quanto ao fato de os desvios das contribuições exonerarem os contribuintes do seu pagamento e de a repercussão tributária da inconstitucionalidade da regra financeira ter razões mais fortes quando se trata de contribuições que de impostos. No entanto, a sua ponderável concepção atinente à vinculação da receita de impostos contrasta com a tradicional jurisprudência do Supremo Tribunal Federal e restou vencida no precedente referido.

Destarte, o Pretório Excelso há de reconhecer a repercussão tributária dos desvios de recursos angariados com as contribuições, de modo a manter a harmonia e a coerência entre os seus julgados.

Ressaltamos apenas que, a nosso juízo, a consequência tributária da inconstitucionalidade dos preceitos financeiros que autorizam ou impõem o desvio das contribuições especiais não é propriamente a ilegitimidade constitucional do tributo: é a sua ineficácia. Consiste no óbice à sua incidência desde o momento em que o desvio for perpetrado, em parcela equivalente à desviada. E se o desvio abrangeu recursos já angariados, a ineficácia há de retroagir na exata medida da retroação do desvio, ensejando o direito a que os contribuintes repitam ou compensem o que pagaram indevidamente, pela contribuição desnecessária e, consequentemente, carente de supedâneo constitucional.

3.6.3. Desvios orçamentários

Assim como os desvios pré-orçamentários, os orçamentários são visivelmente inadmissíveis, haja vista implicarem o total desvirtuamento das contribuições especiais.

---

[151] STF, Pleno, RE n. 183.906, rel. Min. Marco Aurélio, set. 1997.

Ademais, violam frontalmente a Lei de Responsabilidade Fiscal (LC n. 101, de 4 de maio de 2000), que impõe o respeito à vinculação legal dos recursos financeiros até mesmo nos exercícios posteriores ao da sua arrecadação:

> Os recursos legalmente vinculados a finalidade específica serão utilizados exclusivamente para atender ao objeto de sua vinculação, ainda que em exercício diverso daquele em que ocorrer o ingresso. (art. 8º, parágrafo único)

O Supremo Tribunal Federal já teve a oportunidade de rechaçar tal ato de infidelidade à Constituição, impondo a aplicação dos recursos das contribuições nas suas finalidades próprias.

Fê-lo ao apreciar a constitucionalidade de preceito de lei orçamentária que autorizava a abertura de crédito suplementar sem ressalvar a impossibilidade de serem utilizados para tanto os recursos arrecadados com a Cide-Combustíveis, declarando a inconstitucionalidade de interpretação que "implique abertura de crédito suplementar em rubrica estranha à destinação do que arrecadado a partir do disposto no § 4º do artigo 177 da Constituição Federal"[152].

Nesse julgado, restou vencido o voto da relatora, Ministra Ellen Gracie, que se apoiava na concepção de que as contribuições são caracterizadas "pela finalidade de sua instituição e não pela destinação da respectiva cobrança" para negar a possibilidade de se pronunciar a incompatibilidade entre as contribuições e a sistemática da abertura de créditos suplementares. Prevaleceu a concepção de que tal preceito daria "autorização para, durante um ano, alterar a destinação dada a determinado tributo, a Cide, pela própria Constituição"[153], o que, nas palavras do Ministro Marco Aurélio, relator para o acórdão, seria "tornar a nossa Carta da República flexível, passível de modificação por uma lei orçamentária"[154]. E diante da evidência de que os recursos estavam sendo desviados[155], teve-se por bem rechaçar expressamente interpretação que chancelaria a prática inconstitucional.

Com respeito aos efeitos jurídicos dos desvios orçamentários de recursos angariados com as contribuições, reputamos que eles não afetam propriamente a validade do tributo, haja vista serem temporários por natureza. Tais como os desvios pré-orçamentários,

---

[152] STF, Pleno, ADI 2.925, rel. p/ ac. Min. Marco Aurélio, dez. 2003. Esse precedente é relevante inclusive por admitir o controle abstrato de constitucionalidade de preceitos da lei orçamentária, forte na ciência de que, caso se negasse tal possibilidade, estar-se-ia "dando uma carta de indenidade a toda a legislação orçamentária", como exposto pelo Ministro Sepúlveda Pertence.

[153] Manifestação do Ministro Sepúlveda Pertence.

[154] Manifestação proferida nos debates.

[155] Como asseverou o Ministro Carlos Velloso: "Sr. Presidente, expressamente a Constituição estabelece a destinação do produto da arrecadação da Cide. Estamos todos de acordo em que a destinação dessa contribuição não pode ser desviada, porque não há como escapar do comando constitucional, art. 177, § 4º, inciso II. Mas o que ouvi dos debates e das manifestações dos advogados é que o desvio está ocorrendo".

os advindos da legislação orçamentária repercutem no plano da eficácia, obstando a *incidência* da contribuição a partir do momento em que passam a produzir efeitos, e na exata medida do desvio[156]. Se a lei orçamentária vincula trinta por cento dos recursos de certa contribuição a rubrica(s) estranha(s) às suas finalidades próprias, ela não poderá ser cobrada no que exceder a setenta por cento do seu montante no período de vigência do desvio orçamentário. E, se o tiver sido, o indébito deverá ser restituído.

A repercussão do desvio orçamentário na exigibilidade das contribuições assenta-se na premissa da desnecessidade dos recursos desviados e, portanto, pode ser *excepcionada* quando for evidenciado que: (i) eles eram realmente imprescindíveis para se alcançar a finalidade à qual a contribuição estava vinculada; e (ii) a eficácia da norma orçamentária inconstitucional foi prontamente afastada, de modo a impedir ou remediar o ilegítimo desvio dos recursos. Nesta situação específica, não haveria como se estender ao plano tributário os efeitos da inconstitucionalidade do preceito orçamentário, pelo simples fato de não ter havido cobrança excessiva ou injustificada de tributo.

Por fim, ressaltamos que *desvios ocasionais e ilegais,* verificados no momento da *execução orçamentária,* não têm o condão de repercutir na seara tributária. Eles devem ser punidos nos termos da legislação penal, administrativa e/ou financeira[157].

3.6.4. Síntese

O desvio dos recursos angariados com as contribuições deve ser abordado à luz das suas particularidades.

Os desvios impostos por *emendas constitucionais* somente poderiam ser rechaçados por ofensa a cláusulas pétreas, mas o Supremo Tribunal Federal jamais se sensibilizou com tal argumento.

Já os desvios determinados ou autorizados pela *legislação financeira* (orçamentária ou não) são visivelmente ilegítimos, haja vista atentarem contra o próprio fundamento constitucional das contribuições especiais. Denotam a desnecessidade dos recursos

---

[156] Consequência jurídica diversa é identificada por Ferreira Neto que, com suporte na doutrina de Leandro Paulsen, vislumbra *inconstitucionalidade superveniente* nos desvios de contribuições advindos da legislação orçamentária ("A invalidade superveniente das contribuições em razão do descumprimento da finalidade constitucional através de legislação orçamentária", p. 144).

[157] A propósito, cf. STF, Pleno, RE n. 138.284, rel. Min. Carlos Velloso, 7-1992. Nesse precedente, questionava-se a constitucionalidade da CSL pelo fato de a receita obtida com a sua cobrança integrar o orçamento fiscal da União (e não o da seguridade social). O Pretório Excelso considerou tal prática legítima, acrescentando que nem mesmo a remota possibilidade de desvio dos recursos tornaria a contribuição inconstitucional. Para aclarar esse posicionamento, mister transcrever a seguinte passagem do voto do relator, Ministro Carlos Velloso: "O que importa perquirir não é o fato de a União arrecadar a contribuição, mas se o produto da arrecadação é destinado ao financiamento da seguridade social [...] se o produto da arrecadação for desviado de sua exata finalidade, estará sendo descumprida a lei, certo que uma remota possibilidade do descumprimento da lei não seria capaz, evidentemente, de torná-la inconstitucional".

angariados e, consequentemente, evidenciam a inobservância de requisito imprescindível à sua cobrança (requisito da necessidade).

Mas tais desvios não implicam, por si sós, a inconstitucionalidade das contribuições. Levam à sua *ineficácia*. Obstam a sua incidência desde o momento em que perpetrados, em parcela equivalente à desviada. E se os desvios abrangeram recursos já angariados, a ineficácia há de retroagir na exata medida da retroação dos desvios, ensejando o direito a que os contribuintes repitam ou compensem o que pagaram indevidamente, pela contribuição desnecessária e, consequentemente, carente de supedâneo constitucional.

Por fim, *desvios ocasionais e ilegais*, verificados quando da execução do orçamento, não geram quaisquer efeitos na seara tributária.

3.7. Síntese geral: conceito, requisitos de validade e de eficácia, modificações de finalidade e desvios das contribuições especiais

Os aspectos fundamentais da teoria das contribuições especiais podem ser sintetizados mediante os seguintes quadros sinópticos, em sua maioria já apresentados no decorrer da exposição:

	Plano conceitual
Notas conceituais	Características comuns ao gênero dos tributos
	Hipótese de incidência desvinculada de atuação estatal
	Afetação jurídica a finalidades estatais específicas

	Plano da validade
Requisitos específicos de validade	Busca da finalidade especificada pela norma atributiva de competência
	Necessidade originária – momento da instituição ou majoração
	Referibilidade – entre a finalidade da contribuição e as atividades ou interesses dos contribuintes

	Plano da eficácia
Requisito específico de eficácia	Subsistência da necessidade – momento da incidência

Modificações de finalidade das contribuições	
Fenômeno	**Repercussão no tributo**
Modificação total de finalidade	Mutação, formando nova contribuição
Afetação parcial a finalidade diversa	Cisão da contribuição
Desafetação total	Transformação em imposto
Desafetação parcial	Transformação num tributo híbrido, misto de contribuição e imposto

Desvios das contribuições	
Origem do desvio	**Repercussão no tributo**
Emenda constitucional	Inconstitucionalidade apenas se ofender cláusula pétrea
Leis financeiras	Ineficácia da contribuição, em montante e período equivalente ao desvio
Atos administrativos ilegais e ocasionais	Não geram efeitos na seara tributária

Capítulo II — Regime constitucional das contribuições especiais

ANDREI PITTEN VELLOSO

1. Competência tributária

1.1. Norma básica de competência

No que diz respeito às contribuições especiais, a norma fundamental de competência encontra-se no art. 149, *caput*, da Constituição da República, redigido nestes termos:

> Art. 149. Compete exclusivamente à União instituir contribuições sociais, de intervenção no domínio econômico e de interesse das categorias profissionais ou econômicas, como instrumento de sua atuação nas respectivas áreas, observado o disposto nos arts. 146, III, e 150, I e III, e sem prejuízo do previsto no art. 195, § 6º, relativamente às contribuições a que alude o dispositivo.

Tal preceito prevê três espécies de contribuições: as contribuições sociais, interventivas (de intervenção no domínio econômico) e corporativas (de interesse das categorias profissionais ou econômicas).

Ele aparenta atribuir competências tributárias *amplas*, haja vista não indicar os fatos que podem ser tributados. Empregando a terminologia proposta por Marco Aurélio Greco, podemos afirmar que a Constituição não adota nesse preceito a técnica da validação condicional, mas da *validação finalística*[1].

Sem embargo, apenas para as contribuições corporativas a técnica da validação finalística é empregada isoladamente.

---

[1] Sobre essa técnica e a concepção de Marco Aurélio Greco acerca das contribuições especiais, cf. p. 34 e s.

Como veremos, para as contribuições sociais e interventivas ela é conjugada com a técnica da validação condicional (indicação dos fatos que o legislador pode sujeitar à tributação), tal como sucede com as contribuições de seguridade social do art. 195.

1.2. Competência para a instituição de contribuições sociais e interventivas gerais

Em sua redação original, o art. 149 da Constituição de 1988 possuía somente um parágrafo. Foi a EC n. 33/2001 que acrescentou o seu § 2º, redigido nestes termos:

§ 2º As contribuições sociais e de intervenção no domínio econômico de que trata o *caput* deste artigo:

I – não incidirão sobre as receitas decorrentes de exportação;

II – poderão incidir sobre a importação de petróleo e seus derivados, gás natural e seus derivados e álcool combustível[2];

III – poderão ter alíquotas:

a) *ad valorem*, tendo por base o faturamento, a receita bruta ou o valor da operação e, no caso de importação, o valor aduaneiro;

b) específica, tendo por base a unidade de medida adotada.

Analisando esse parágrafo, constata-se que a EC n. 33/2001 instituiu uma imunidade (inciso I), excepcionou o alcance da imunidade do art. 155, § 3º (inciso II), autorizou a instituição de contribuições sociais e interventivas *gerais* e facultou que, para tanto, fossem utilizadas alíquotas *ad valorem* ou específicas (inciso III).

Não só, tal emenda também delimitou expressamente as possíveis bases de cálculo dessas contribuições, quais sejam, o faturamento, a receita bruta, o valor da operação ou o valor aduaneiro.

Ao acrescentar o parágrafo supratranscrito ao art. 149 da Carta Constitucional, a EC n. 33/2001 implementou mudança de vulto no regramento das contribuições sociais e interventivas gerais, nomeadamente no que diz respeito à *especificação das suas bases econômicas*.

Ao fazê-lo, a referida emenda utilizou a mesma técnica já empregada pelo constituinte originário ao outorgar competência para a instituição das contribuições de seguridade social (art. 195, incisos I a IV)[3], isto é, a que *consocia a afetação a uma finalidade determinada* (intervenção no domínio econômico ou realização de atividade pública de

---

[2] A EC n. 42/2003 substituiu a redação do inciso II por esta: "incidirão também sobre a importação de produtos estrangeiros ou serviços".

[3] Nesse sentido, cf. PIMENTA. "As contribuições de intervenção no domínio econômico em face da Emenda Constitucional n. 33/2001", p. 76.

cunho eminentemente social) *à vinculação a materialidades específicas* (no caso, aquelas já referidas, arroladas no art. 149, § 2º, III, *a*).

A propósito, impende ressaltar que se trata de técnica *composta*, a qual estabelece *duas* limitações ao alcance das competências: a primeira de cunho *teleológico*, condicionando a instituição das contribuições à persecução de finalidades determinadas; e a segunda de cunho *material*, vinculando o legislador à tributação de atividades econômicas específicas.

Ante tal contexto, pode-se afirmar com segurança que no regime constitucional posterior ao advento da EC n. 33/2001 somente podem ser instituídas contribuições interventivas e sociais com supedâneo no art. 149 se elas, além de estarem vocacionadas à realização de seus fins característicos, incidirem *exclusivamente* sobre o *faturamento*, a *receita bruta*, o *valor da operação* ou o *valor aduaneiro*.

Por consequência, os conceitos de receita bruta, valor da operação e valor aduaneiro assumem importância extrema para a delimitação da competência legislativa, no que concerne à instituição de contribuições interventivas e sociais com base no art. 149 da Constituição Federal. Fatos que não se subsumam a tais conceitos não poderão ser tributados com fundamento na competência analisada, pois é através deles que a Lei Maior autoriza a União a instituir Cides e contribuições sociais gerais.

Devemos advertir, porém, que esse entendimento é prenhe de repercussões jurídicas, inclusive no que concerne ao direito intertemporal. Reconhecida tal delimitação da competência tributária da União, forçosamente teria de ser pronunciada a revogação das contribuições ao Incra, ao Sebrae, à Apex-Brasil, entre outras, haja vista incidirem sobre materialidade diversa (a folha de salários, que não é receita bruta nem valor de operações econômicas).

Precisamente por isso, tal concepção encontra significativa resistência nos Tribunais. Caberá ao Supremo Tribunal Federal decidir a questão, ao julgar os Temas n. 325 e 495 da Repercussão Geral[4].

1.3. Competências específicas

Além da regra geral de competência do art. 149, *caput*, há no bojo da Lei Maior diversos preceitos que atribuem competências específicas para a instituição de contribuições especiais.

Deles nos ocuparemos com vagar a seguir, limitando-nos por ora a indicá-los, dentro deste esquema geral das contribuições consagradas pela Constituição:

---

[4] Tema n. 325: "Subsistência da contribuição destinada ao Sebrae, após o advento da Emenda Constitucional n. 33/2001", cujo paradigma é o RE n. 603.624, rel. Min. Rosa Weber, repercussão geral reconhecida em 21 de outubro de 2010. Tema n. 495: "Referibilidade e natureza jurídica da contribuição para o Incra, em face da Emenda Constitucional n. 33/2001", cujo paradigma é o RE n. 630.898, rel. Min. Dias Toffoli, repercussão geral reconhecida em 3 de novembro de 2011.

Contribuições especiais

a) sociais

1) gerais (art. 149, *caput* c/c § 2º, III, *a* e *b*)
2) de seguridade social (art. 195)
   2.1) nominadas (art. 195, I, *b* e *c*, III e IV e § 8º)
   2.2) residuais (art. 195, § 4º)
3) previdenciárias
   3.1) do regime geral de previdência (art. 195, I, *a*, e II, c/c art. 167, XI)
   3.2) do regime estatutário (arts. 40 e 149, § 1º)
4) constitucionalizadas
   4.1) do salário-educação (art. 212, § 5º)
   4.2) ao PIS/Pasep (art. 239)
   4.3) ao Sesc, Senac, Sesi e Senai (art. 240)

b) de intervenção no domínio econômico

1) gerais (art. 149, *caput* c/c § 2º, III, *a* e *b*)
2) nominadas (arts. 149, § 2º, II, e 177, § 4º)

c) corporativas (art. 149, *caput*)

1) de interesse de categorias profissionais
2) de interesse de categorias econômicas

2. Instrumento legislativo exigido para sua instituição

À luz da jurisprudência do Supremo Tribunal Federal, as contribuições especiais podem ser instituídas por lei ordinária, sem a intermediação de lei complementar, tendo em vista que o art. 146, III, *a*, da CF somente exige tal instrumento legislativo para a definição da hipótese de incidência, da base de cálculo e dos contribuintes de *impostos*, e não de contribuições[5].

Especificamente quanto às contribuições previstas genericamente no art. 149 da Constituição da República, o STF pronunciou-se no sentido de que:

> As contribuições do art. 149, C.F. – contribuições sociais, de intervenção no domínio econômico e de interesse de categorias profissionais ou econômicas – posto estarem sujeitas à lei complementar do art. 146, III, C.F., isto não quer dizer que deverão ser instituídas por lei complementar. A contribuição social do art. 195, § 4º, C.F., decorrente de "outras

---

[5] Eis a sua redação: "Art. 146. Cabe à Lei Complementar: [...] III – estabelecer normas gerais em matéria de legislação tributária, especialmente sobre: a) definição de tributos e de suas espécies, bem como, em relação aos impostos discriminados nesta Constituição, a dos respectivos fatos geradores, bases de cálculo e contribuintes".

fontes", é que, para a sua instituição, será observada a técnica da competência residual da União: C.F., art. 154, I, *ex vi* do disposto no art. 195, § 4º. A contribuição não é imposto. Por isso, não se exige que a lei complementar defina a sua hipótese de incidência, a base imponível e contribuintes: C.F., art. 146, III, a. Precedentes: RE n. 138.284/CE, Ministro Carlos Velloso, RTJ 143/313; RE n. 146.733/SP, Ministro Moreira Alves, RTJ 143/684[6].

Contudo, apenas *lei complementar* pode instituir novas contribuições de seguridade social com base no art. 195, § 4º, da CF.

3. Princípios constitucionais tributários

Em geral, os princípios constitucionais tributários aplicam-se às contribuições especiais sem qualquer particularidade. É o que ocorre com os princípios da irretroatividade, do não confisco, da segurança jurídica, da proporcionalidade etc.

Para não fugirmos ao nosso tema, deles não nos ocuparemos aqui, remetendo o leitor à literatura especializada. Limitar-nos-emos a tratar dos princípios que suscitam problemas específicos quando aplicados às contribuições especiais.

3.1. Princípio da legalidade

3.1.1. Significado

O princípio da legalidade constitui um dos pilares fundamentais dos Estados de direito. Sua abrangência é amplíssima, abarcando toda a atividade jurídica estatal, notadamente porque a Administração está integralmente sujeita aos ditames legais e, além disso, aos cidadãos não podem ser impostas obrigações senão em virtude de lei (art. 5º, II, da CF).

No direito tributário, encontra especificação no princípio da legalidade tributária, cuja adoção revolucionou a regulação jurídica da atividade tributária, através da efetiva sujeição da Administração a normas jurídicas preestabelecidas, o que, como assinala Malvárez Pascual, modificou substancialmente a relação existente entre o Fisco e os cidadãos: "Ello ha permitido que la relación de la Administración y los contribuyentes pase de una mera relación de poder, es decir, no sujeta a normas jurídicas – al menos de forma sistemática –, a una relación regida por el Derecho"[7].

---

[6] STF, Pleno, RE n. 396.266, rel. Min. Carlos Velloso, nov. 2003. O precedente tratava da constitucionalidade da contribuição ao Sebrae. Lê-se no voto do relator, Ministro Carlos Velloso: "as contribuições do art. 149 da C.F., de regra, podem ser instituídas por lei ordinária. O que acontece é que, submetidas à Lei Complementar do art. 146, III, C.F., são definidas como tributo. Por não serem impostos, não há necessidade de que a Lei Complementar defina o seu fato gerador, base de cálculo e contribuintes (C.F., art. 146, III, *a*)".

[7] MALVÁREZ PASCUAL. "La función tributaria en el marco del Estado social y democrático de derecho", p. 378.

É por isso que o princípio da legalidade se situa nas raízes e no âmago do direito tributário, aspecto ressaltado pelo Ministro Celso de Mello nesta primorosa passagem:

> A essência do direito tributário – respeitados os postulados fixados pela própria Constituição – reside na integral submissão do poder estatal à *rule of law*. A lei, enquanto manifestação estatal estritamente ajustada aos postulados subordinantes do texto consubstanciado na Carta da República, qualifica-se como decisivo instrumento de garantia constitucional dos contribuintes contra eventuais excessos do Poder Executivo em matéria tributária[8].

Não seria necessária previsão expressa para que o princípio da legalidade tivesse inquestionável guarida em nosso sistema jurídico-constitucional. Para tanto, bastaria a referência do *caput* do art. 1º, no sentido de que a República Federativa do Brasil "constitui-se em Estado democrático de direito".

O constituinte, porém, optou por reforçar a consagração do princípio da legalidade, prevendo-o expressa e especificamente num dos primeiros incisos do relevante rol do art. 5º, logo após o princípio da igualdade: "ninguém será obrigado a fazer ou deixar de fazer alguma coisa senão em virtude de lei" (art. 5º, II).

O alcance desse princípio estende-se a todas as relações jurídicas estabelecidas entre o Poder Público e os particulares e, inclusive, àquelas que envolvem o Fisco e os cidadãos-contribuintes, impedindo obrigar-lhes a pagar tributos ou cumprir deveres acessórios sem base em lei.

Mas, consciente dos frequentes excessos do Poder Público nas suas relações com os contribuintes, o constituinte optou por enfatizar o reconhecimento do princípio da legalidade na seara tributária, ao dispor, no inciso inaugural do rol das limitações ao poder de tributar do art. 150, que é vedado aos entes políticos "exigir ou aumentar tributo sem lei que o estabeleça". Ao fazê-lo, cauteloso, já iniciou a sua concretização, indicando expressamente que se exige lei não apenas para instituir tributos, mas também para majorá-los, por qualquer meio, ressalvadas as exceções consignadas no art. 153, § 3º, pertinentes à autorização para que o Poder Executivo altere as alíquotas de impostos federais extrafiscais (impostos de importação e de exportação, IPI e IOF) por ato infralegal, observadas as condições e os limites estabelecidos em lei.

A regra, portanto, é a da reserva absoluta de lei tributária, a exigir que todos os aspectos da regra impositiva sejam estabelecidos diretamente por lei, incluído o aspecto quantitativo, composto pela base de cálculo e pela alíquota (ou simplesmente pela alíquota específica).

O Supremo Tribunal Federal, no entanto, acolheu orientação diversa, que se desvia do texto constitucional. Declarou a constitucionalidade da fixação e da majoração, por

---

[8] STF, Pleno, ADI 1.296 MC, rel. Min. Celso de Mello, jun. 1995, excerto da ementa. A ação direta foi julgada prejudicada, dada a revogação do ato normativo impugnado.

atos infralegais, do valor de contribuições e de taxas devidas aos Conselhos de Fiscalização Profissional, dentro do limite quantitativo (teto) estabelecido por lei, entendimento que restou expresso na tese correlata ao Tema n. 829 da Repercussão Geral, enunciada nestes termos: "Não viola a legalidade tributária a lei que, prescrevendo o teto, possibilita o ato normativo infralegal fixar o valor de taxa em proporção razoável com os custos da atuação estatal, valor esse que não pode ser atualizado por ato do próprio conselho de fiscalização em percentual superior aos índices de correção monetária legalmente previstos"[9].

Essa posição se assenta em uma *concepção elástica, fluida, da reserva de lei tributária*, que nega o seu "caráter absoluto" e se contenta com uma "legalidade suficiente", cuja "maior ou menor abertura depende da natureza e da estrutura do tributo a que se aplica"[10].

3.1.2. *Caráter de cláusula pétrea*

Assim como o princípio geral da legalidade é um direito fundamental dos cidadãos, o da legalidade tributária constitui inegável direito fundamental dos contribuintes.

Esse fato era de clareza solar no texto da Constituição decaída, pois o princípio da legalidade tributária compunha o capítulo intitulado "Dos direitos e garantias individuais" (art. 153, § 29)[11].

Em que pese tal princípio não integre mais o capítulo destinado a regular os direitos e garantias individuais, ele não deixou de representar direito fundamental de singular importância: simplesmente passou a ser previsto no bojo da seção que a Constituição de 1988 dedicou, de forma inovadora, às "limitações do poder de tributar".

E como todos os demais direitos individuais de caráter fundamental, o direito à estrita legalidade tributária constitui *cláusula pétrea*, imune à ação do poder constituinte derivado, nos termos do art. 60, § 4º, IV, da CF.

Não obstante esse fato, emendas à Constituição objetivaram restringir o seu alcance, criando ressalvas que não constavam no texto original da Lei Maior.

3.1.3. *Ressalvas instituídas por emendas constitucionais*

A primeira ressalva ao princípio da estrita legalidade tributária que foi instituída por emenda constitucional diz respeito ao extinto IPMF, antecessor da também extinta

---

[9] STF, Pleno, RE n. 838.284, rel. Min. Dias Toffoli, julgado em out. 2016 – Tema n. 829 – excertos da ementa.
[10] Excertos da ementa do RE n. 838.284, rel. Min. Dias Toffoli, julgado em out. -2016 – Tema n. 829.
[11] Esta a sua redação: "Nenhum tributo será exigido ou aumentado sem que a lei o estabeleça, nem cobrado, em cada exercício, sem que a lei que o houver instituído ou aumentado esteja em vigor antes do início do exercício financeiro, ressalvados a tarifa alfandegária e a de transporte, o imposto sobre produtos industrializados e o imposto lançado por motivo de guerra e demais casos previstos nesta Constituição".

CPMF. A EC n. 3/93 fixou a alíquota máxima do imposto e facultou "ao Poder Executivo reduzi-la ou restabelecê-la, total ou parcialmente, nas condições e limites fixados em lei" (art. 2º, § 1º).

Essa emenda constitucional também excepcionou a aplicação de outras garantias fundamentais dos contribuintes, como o princípio da anterioridade de exercício e as imunidades gerais à instituição de impostos, o que deu ensejo a um importantíssimo precedente do Supremo Tribunal Federal: a ADI 939.

Nesse julgado, o Pretório Excelso reconheceu a possibilidade de se pronunciar a inconstitucionalidade de emendas constitucionais que afrontassem cláusulas pétreas e rechaçou as exceções ao princípio da anterioridade de exercício e às imunidades gerais à instituição de impostos, por ofenderem direitos e garantias individuais dos contribuintes, imunes à ação corrosiva do poder constituinte derivado por força do art. 60, § 4º, I e IV, da CF[12].

No entanto, o Alto Tribunal não se pronunciou acerca da restrição ao princípio da legalidade, em razão de ela não ter sido impugnada nessa ação direta de inconstitucionalidade[13].

Em seguida, o IPMF foi substituído pela CPMF, com o que se driblaram as inconstitucionalidades reconhecidas pelo STF, pois as limitações inobservadas pela EC n. 3/93 somente se aplicam aos impostos. A exceção ao princípio da legalidade, todavia, foi reiterada pelo poder constituinte derivado (art. 74, § 1º, do ADCT, incluído pela EC n. 12/96), motivado pela ausência de impugnação à exceção análoga prevista para o IPMF.

Como a lesão ao direito fundamental à legalidade tributária persistiu impune, o poder constituinte derivado viu-se incentivado a prosseguir na proliferação das suas autorizações antidemocráticas, vindo a editar a EC n. 33/2001, que facultou ao Poder Executivo reduzir e restabelecer as alíquotas tanto da Cide-Combustíveis (art. 177, § 4º, I, *b*) quanto do ICMS monofásico sobre combustíveis e lubrificantes (art. 155, § 4º, IV, *c*)[14].

A autorização para redução e restabelecimento de alíquotas por atos infralegais acabou sendo veiculada até mesmo por leis ordinárias, sem supedâneo constitucional, como se verifica nas leis que tratam do regime não cumulativo da Cofins e da contribuição ao PIS (Leis n. 10.637/2002 e 10.833/2003).

---

[12] *In verbis*: "§ 4º – Não será objeto de deliberação a proposta de emenda tendente a abolir: I – a forma federativa de Estado; II – o voto direto, secreto, universal e periódico; III – a separação dos Poderes; IV – os direitos e garantias individuais".

[13] Até houve suspensão de todos os parágrafos do art. 2º no julgamento da liminar, em setembro de 1993, mas no julgamento do mérito, em dezembro do mesmo ano, o Tribunal restringiu a pronúncia de inconstitucionalidade às restrições ao princípio da anterioridade de exercício e às imunidades gerais à instituição de impostos.

[14] Eis a redação do art. 177, § 4º: "A lei que instituir contribuição de intervenção no domínio econômico relativa às atividades de importação ou comercialização de petróleo e seus derivados, gás natural e seus derivados e álcool combustível deverá atender aos seguintes requisitos: (Incluído pela Emenda Constitucional n. 33, de 2001) I – a alíquota da contribuição poderá ser: [...] b) reduzida e restabelecida por ato do Poder Executivo, não se lhe aplicando o disposto no art. 150, III, b".

Firmada a premissa de que o princípio da estrita legalidade tributária constitui cláusula pétrea, a análise da legitimidade constitucional dessas autorizações demanda certas diferenciações.

A nosso juízo, esses preceitos são claramente inconstitucionais no que diz respeito ao *restabelecimento* de alíquotas reduzidas por atos normativos *anteriores*, porquanto o princípio da legalidade consubstancia garantia individual do cidadão contribuinte, imune à atuação limitadora do poder constituinte derivado[15].

Quanto à *redução geral* de alíquotas, à primeira vista não se vislumbra qualquer afronta ao princípio da legalidade, uma vez que tal princípio não tutela o Poder Público, mas os contribuintes: aplica-se aos gravames impostos aos particulares, e não às desonerações tributárias de caráter geral[16].

Tampouco haveria violação ao princípio da legalidade caso a redução e o restabelecimento fossem determinados por um mesmo ato normativo, sendo o restabelecimento mera implicação necessária de uma redução temporária de alíquotas.

Exposta a nossa posição acerca do tema, incumbe-nos advertir o leitor de que a questão ainda pende de definição pelo Supremo Tribunal Federal.

3.2. Princípio da isonomia

O princípio da isonomia demanda tanto a igualdade "perante a lei" (na sua aplicação, art. 5º, *caput*, da CF) quanto "na lei" (na sua criação, art. 5º, I, da CF).

A igualdade perante a lei é, em essência, um mandado de aplicação geral dos comandos legislativos. Dirige-se fundamentalmente aos Poderes Executivo e Judiciário. Dista muito, portanto, de ser um mandado de tratamento efetivamente isonômico, porquanto legitima que o legislador discrimine ao seu arbítrio.

Destarte, revela-se necessário que haja igualdade *na* lei.

Para tanto, o legislador deverá editar leis com conteúdos *isonômicos*, tratando igualmente os iguais e desigualmente os desiguais, na exata medida da desigualdade existente.

Na esfera tributária, o art. 150, II, da CF veda expressamente a instituição de "tratamento desigual entre contribuintes que se encontrem em situação equivalente".

Obviamente, não exclui o outro viés da isonomia, que, aliás, é consagrado expressamente pelo artigo subsequente (art. 151, I, *in fine*), ao ressalvar, do alcance do postulado

---

[15] No sentido da legitimidade do preceito, com base na premissa de que há "uma interpretação flexibilizada do princípio da legalidade quando a introdução de temperamentos no sistema maior se dá por emenda constitucional", cf. MARTINS. "Emenda Constitucional n. 33/2001: inteligência das disposições sobre a Cide e o ICMS nela incluídos", p. 179.

[16] Idêntica premissa sustenta a Súmula 654 do STF, atinente ao princípio da irretroatividade: "A garantia da irretroatividade da lei, prevista no art. 5º, XXXVI, da Constituição da República, não é invocável pela entidade estatal que a tenha editado".

da uniformidade dos tributos federais, a possibilidade de serem concedidos incentivos fiscais com o escopo de se promover o "equilíbrio do desenvolvimento socioeconômico entre as diferentes regiões do País".

Essas ponderações, que são objeto de singular consenso doutrinário, dizem muito pouco para a devida aplicação do princípio da isonomia.

A problemática fundamental da concretização desse princípio gravita em torno: a) das propriedades que devem ser levadas em consideração para o estabelecimento de juízos de igualdade ou de desigualdade; e b) do tratamento díspar que a diversidade aferida há de embasar.

3.2.1. Critérios legítimos de comparação tributária

Para a determinação das propriedades a serem consideradas na aplicação do princípio da isonomia, deve-se partir da Constituição, vez que a diferenciação estabelecida há de ser consentânea com as regras e os princípios constitucionais[17].

E a Constituição de 1988 impõe, sem dúvida alguma, que a propriedade consubstanciada pela capacidade contributiva seja levada em consideração no direito tributário: o princípio da capacidade contributiva é a norma-diretriz para a concretização da isonomia na tributação, no que diz respeito aos impostos, empréstimos compulsórios e contribuições especiais. É intuitivo, aliás, que a capacidade contributiva seja o critério basilar da isonomia tributária, como amplamente reconhecido dentro e fora do Brasil[18].

Não se pode adotar, no entanto, uma posição radical, reputando-se que a capacidade contributiva seja o único critério adequado de comparação no âmbito tributário[19].

Refutando a concretização do princípio da isonomia tributária à luz de um critério único, o Ministro Carlos Velloso arrolou, com supedâneo na lição de Geraldo Ataliba, três fatores a serem levados em consideração para tal mister, distintos em função da espécie tributária de que se trate:

---

[17] BANDEIRA DE MELLO. *Conteúdo jurídico do princípio da igualdade*, p. 41.

[18] Algumas Constituições determinam expressamente que a tributação seja graduada em função da capacidade contributiva. Preconiza a Constituição espanhola que: "Todos contribuirán al sostenimiento de los gastos públicos de acuerdo con su capacidad económica mediante un sistema tributario justo inspirado en los principios de igualdad y progresividad que, en ningún caso, tendrá alcance confiscatorio" (art. 31.1). Disposição semelhante figura na Constituição italiana: "Tutti sono tenuti a concorrere alle spese pubbliche in ragione della loro capacità contributiva" (art. 53).

[19] BERLIRI, A. *Corso istituzionale di diritto tributario*, p. 117. Klaus Tipke, em artigo traduzido para o português, expõe que: "o princípio da capacidade contributiva é o único princípio justo no âmbito tributário; é portanto o único parâmetro justo de comparação para a aplicação do princípio da igualdade" ("Sobre a unidade da ordem jurídica tributária", p. 64). Sem embargo, essa afirmação deve ser restrita ao âmbito dos impostos (*Steuern*), como exposto pelo próprio Tipke ("Sollten Leistungsfähigkeitsprinzip und Steuergrenzen in die Verfassung aufgenommen werden?", p. 58-59). Sua imputação ao "âmbito tributário" quiçá decorra de uma indevida tradução de "Steuer" (espécie) por "tributo" (gênero).

Dou destaque a um princípio constitucional limitador da tributação, o princípio da igualdade tributária, que está inscrito no art. 150, II, da Constituição. Esse princípio se realiza, lembra Geraldo Ataliba, no tocante aos impostos, mediante a observância da capacidade contributiva (CF, art. 145, § 1º); quanto às contribuições, por meio da "proporcionalidade entre o efeito da ação estatal (o seu reflexo no patrimônio dos particulares) e o seu custo", ou, noutras palavras, por meio da proporcionalidade entre o custo da obra pública e a valorização que esta trouxe para o imóvel do particular; e, referentemente às taxas, "pelo específico princípio da retribuição ou remuneração. Cada um consome uma certa quantidade de serviço público e remunera o custo daquela quantidade." (Geraldo Ataliba, "Sistema Trib. na Constituição de 1988", Rev. de Dir. Trib., 51/140)[20].

Essas lições, arvoradas na classificação tripartida dos tributos, podem ser estendidas, com certas nuances, às demais espécies reconhecidas pelos expoentes da classificação quinquipartida, aplicando-se o princípio da capacidade contributiva como critério fundamental de concretização da isonomia tributária não apenas para os impostos, mas também para as contribuições especiais e para os empréstimos compulsórios.

Sem embargo, as contribuições especiais admitem (e por vezes requerem) o emprego de outros critérios de comparação tributária, em função das finalidades que são vocacionadas a realizar.

Nas contribuições de seguridade social, por exemplo, devem ser considerados aspectos do sistema que elas almejam financiar. Dentre tais aspectos, sobressai a responsabilidade do sujeito passivo pelo plexo de benefícios que é chamado a custear.

Para elucidar esse fato, é válido trazer à baila o caso das contribuições dos segurados. Elas devem apresentar traços sinalagmáticos, sendo graduadas em função do valor das prestações securitárias que ensejarão. Porém, o princípio da capacidade contributiva e o caráter solidário do sistema adotado no Brasil permitem que o legislador se afaste razoavelmente de tal norte, de modo a também considerar a aptidão econômica do segurado para financiar o sistema.

É o próprio princípio da isonomia, na sua acepção de igualdade vertical, que exige disparidades de trato em função da capacidade contributiva dos segurados e das prestações a que fazem ou podem fazer jus. Em contrapartida, ele também requer, agora na sua acepção de igualdade horizontal, que os segurados em condições análogas sejam tratados de modo paritário.

Foi o que reconheceu o Supremo Tribunal Federal em precedente de suma importância, no qual afirmou o princípio da isonomia tributária contra disparidade criada por *norma constitucional*, mais precisamente, pelo art. 4º da EC n. 41/2003, emenda que estabeleceu a contribuição a cargo dos inativos e pensionistas, declarada inconstitucional no regime da EC n. 20/98.

---

[20] STF, Pleno, ADI 2.586, rel. Min. Carlos Velloso, maio 2002. Nesse excerto é transcrito o seu voto proferido na ADI 447, publicado na RTJ 145/40.

Em arguta decisão, o Alto Tribunal afastou a alegação de violação à isonomia pela instituição da contribuição a cargo dos inativos e pensionistas, considerando o fato de os aposentados, diversamente dos ativos, possuírem direito à aposentadoria integral, bem como outros aspectos que envolvem a equidade no financiamento da seguridade social (caráter contributivo do sistema, imperativo de solidariedade social, distribuição equitativa dos encargos do custeio etc.).

Pronunciou-a, contudo, no que diz respeito às disparidades entre categorias de segurados e pensionistas do regime estatutário e do regime geral:

> [...] são *flagrantemente inconstitucionais* as exceções que, estipuladas no art. 4º, parágrafo único, incs. I e II, da EC n. 41/2003, reduzem, para algumas pessoas pertencentes à mesma classe dos servidores públicos e pensionistas, o alcance da *imunidade tributária* que a todos abrange e aproveita.
>
> E são-no, porque, ofendendo o princípio constitucional da isonomia tributária (art. 150, II), que é particularização do princípio fundamental da igualdade (art. 5º, *caput* e § 1º), são *arbitrárias* as distinções previstas entre servidores da União e dos demais entes federativos e, para o mesmo efeito normativo-constitucional, a baseada na data das aposentadorias. A Constituição da República não suporta arbitrariedade, ainda quando provenha do constituinte derivado (art. 60, § 4º, inc. IV)[21].

Nesse julgado, reconheceu-se que a disparidade previdenciária entre servidores inativos e pensionistas do regime geral, de um lado, e do regime estatutário (que recebem benefícios até o teto deste regime, muito superior ao do regime geral), de outro, legitima que estes paguem contribuições enquanto aqueles são totalmente imunes. Em contrapartida, refutou-se a disparidade injustificada entre grupos de contribuintes em situação análoga.

A capacidade contributiva é relevante, mas não é o único critério de comparação. No caso, decisivas foram a equivalência e a disparidade no gozo de benefícios previdenciários. É o direito previdenciário a refletir-se na seara tributária.

3.2.2. Ilegitimidade da diferenciação entre categorias profissionais

Quanto às pessoas jurídicas, é viável a adoção de regime tributário diferenciado em razão das suas peculiaridades jurídicas, do porte da empresa (art. 146, III, *c* e *d*, da CF), das características da atividade profissional ou econômica desenvolvida, da utilização intensiva de mão de obra, das condições estruturais do mercado de trabalho (art. 195, §§ 9º e 12, da CF), de razões extrafiscais etc.

Diversamente, quanto às *pessoas físicas*, a Constituição rechaça expressamente a possibilidade de serem adotadas como critérios de discrímen a profissão ou a função

---

[21] STF, Pleno, ADI 3.105, rel. p/ ac. Min. Cezar Peluso, ago. 2004, excerto do voto do Ministro Cezar Peluso.

exercida (art. 150, II, *in fine*), vedando não só a concessão de privilégios tributários[22], mas também, como leciona Hugo de Brito Machado, a "utilização extrafiscal do tributo em relação às pessoas físicas"[23].

Tal vedação de tratamento diferenciado não abrange apenas as profissões e as funções desempenhadas. Engloba todos os elementos ligados ao desempenho laboral que não sejam relacionados à capacidade contributiva. Por exemplo, o fato de o indivíduo ser servidor federal, estadual ou municipal não pode ser levado em consideração para a adoção de bases de cálculo diferenciadas no que diz respeito à incidência da contribuição previdenciária, como decidiu o STF ao declarar a inconstitucionalidade do tratamento discriminatório introduzido pela EC n. 41/2003[24].

Tendo em vista que a disparidade de tratamento é permitida entre as pessoas jurídicas e vedada entre as pessoas físicas, resta evidente que as pessoas físicas capazes de formar pessoas jurídicas para o desempenho de suas atividades profissionais podem ser significativamente beneficiadas (pela tributação da pessoa jurídica, em substituição à da física) perante as pessoas físicas que não podem se organizar sob tal forma. Tal possibilidade é extremamente questionável à luz do princípio da isonomia tributária, mormente quando se considera, na linha da jurisprudência predominante do STF, ser inviável a extensão de benefícios fiscais ou de regimes jurídico-tributários benéficos com respaldo no princípio da igualdade.

3.3. Princípio da anterioridade

Ao contrário do princípio da irretroatividade, que é voltado para o passado, o da anterioridade dirige-se ao futuro, ampliando a tutela à segurança jurídica dos contribuintes.

Abrange o princípio da irretroatividade e garante mais, conferindo aos sujeitos passivos certo interregno para terem conhecimento das modificações na legislação tributária e para adequarem-se a elas.

Atualmente, o princípio da anterioridade é previsto, como regra geral, no art. 150, III, *b* e *c*, da Constituição da República, nestes termos:

---

[22] Por força do art. 150, II, da CF/88, declarou-se: a) a revogação da isenção do Imposto de Renda sobre a verba de representação dos magistrados de que trata o art. 65, § 1º, da Loman, que era prevista no Decreto-Lei n. 2.019/83 (STF, Pleno, MS 20.858, rel. Min. Néri da Silveira, mar. 2002); e b) a inconstitucionalidade: b-1) da isenção do IPTU concedida aos servidores públicos estaduais (STF, 1ª Turma, AI 157.871 AgR, rel. Min. Octávio Gallotti, set. 1995); b-2) da isenção de taxas (como custas judiciais, notariais, cartorárias e emolumentos) aos membros do Ministério Público, que foi qualificada como um "privilégio injustificado", concedido "pelo simples fato de integrarem a instituição" (STF, Pleno, ADI 3.260, rel. Min. Eros Grau, mar. 2007). Também com base no princípio da igualdade, o STF declarou a inconstitucionalidade de isenção do IPVA concedida apenas àqueles que estivessem filiados a uma determinada cooperativa (Pleno, ADI 1.655, rel. Min. Maurício Corrêa, mar. 2004).

[23] MACHADO. *Os princípios jurídicos da tributação na Constituição de 1988*, p. 61.

[24] STF, Pleno, ADI 3.105, rel. p/ ac. Min. Cezar Peluso, ago. 2004.

Art. 150. Sem prejuízo de outras garantias asseguradas ao contribuinte, é vedado à União, aos Estados, ao Distrito Federal e aos Municípios:

[...]

III – cobrar tributos:

a) em relação a fatos geradores ocorridos antes do início da vigência da lei que os houver instituído ou aumentado;

b) no mesmo exercício financeiro em que haja sido publicada a lei que os instituiu ou aumentou;

c) antes de decorridos noventa dias da data em que haja sido publicada a lei que os instituiu ou aumentou, observado o disposto na alínea *b*; (Incluído pela Emenda Constitucional n. 42, de 19-12-2003)

Não obstante a Lei Maior empregue a expressão "é vedado [...] *cobrar* tributos", a proibição constitucional abrange a *instituição*, a *incidência* e a *cobrança*. Os tributos não podem incidir nos prazos determinados pela anterioridade de exercício e/ou nonagesimal *e nunca* poderão ser cobrados relativamente a esses períodos. Entendimento diverso tornaria inócua a limitação constitucional ao poder de tributar, que se convolaria numa mera imposição de inércia temporária ao Fisco, sem qualquer repercussão no campo das obrigações tributárias.

Impende examinar com atenção o teor do princípio da anterioridade, enfocando o seu conteúdo, a sua qualificação como cláusula pétrea, as suas espécies e os casos em que se aplica.

3.3.1. Conteúdo jurídico

Consistindo numa concretização do princípio estruturante da segurança jurídica, o princípio da anterioridade *obsta* a incidência imediata das normas impositivas, impondo o respeito a lapsos temporais mínimos, compreendidos entre a publicação da lei e a sua incidência.

Diverge a doutrina acerca dos efeitos jurídicos do princípio da anterioridade. Para alguns, a anterioridade protrai a vigência[25], o que é reforçado pelo preceito do art. 104 do CTN, que faz referência expressa ao diferimento da vigência. Para outros, protrai a eficácia[26], entendimento que era consentâneo com o texto da Constituição de 1969,

---

[25] CARVALHO. "O princípio da segurança jurídica em matéria tributária", p. 87; idem. *Curso de direito tributário*, p. 87; MENDONÇA. *O princípio constitucional da irretroatividade da lei: a irretroatividade da lei tributária*, p. 250-252.

[26] DERZI. "O princípio da irretroatividade do direito na Constituição e no Código Tributário Nacional", p. 240; NOVELLI. "Anualidade e anterioridade na Constituição de 1988", p. 67; COÊLHO. "Princípio da anterioridade tributária no Brasil (seu caráter limitado e retórico)", p. 200; CARRAZZA. "Vigência e aplicação das leis tributárias", p. 150-151; ATALIBA; GIARDINO. "Segurança do direito, tributação e anterioridade", p. 69; RABELLO FILHO. *O princípio da anterioridade tributária*, p. 111.

a qual exigia a anterioridade da *vigência* da lei ao exercício financeiro de sua aplicação (art. 153, § 29), e não da *publicação* da lei, como se exige atualmente (arts. 150, III, *b* e *c*, e 195, § 6º, da CF/88).

Como a Constituição de 1969 exigia a anterioridade da *vigência* da lei tributária ao exercício de sua aplicação, sob a sua égide não era sustentável a concepção de que a anterioridade protraía a vigência. Pelo contrário: pressupunha a vigência no exercício anterior. A Constituição de 1988 trouxe uma garantia menor ao contribuinte, ao exigir apenas a anterioridade da *publicação* da lei tributária, mas não alterou, a nosso ver, a natureza do princípio da anterioridade[27]. De qualquer modo, com a alteração implementada pela Constituição de 1988, a discussão perdeu grande parte de sua relevância prática.

No que diz respeito à aplicação do princípio da anterioridade, a Constituição leva em consideração dois fatos: a publicação da lei e o início de sua incidência.

A publicação é o ato pelo qual se dá conhecimento aos cidadãos do teor da lei[28]. É uma condição de vigência (ou de eficácia, segundo a posição adotada)[29], que, além disso, instala a ficção da publicidade da lei[30], ou seja, de que é do conhecimento de todos. Todavia, para que a publicação seja "materialmente eficaz, há de ocorrer de modo que, potencialmente, *todos possam conhecê-la*. E isso apenas se verifica quando, no caso, o Diário Oficial *circula*"[31]. Noutros termos, a publicação exigida pela Constituição é uma *publicação qualificada*, porquanto não basta que a lei seja publicada: é imprescindível que o Diário Oficial *circule*. O STF, entretanto, já decidiu que cabe ao contribuinte comprovar a não circulação[32], atribuindo-lhe o pesadíssimo ônus de produzir uma prova negativa.

Em se tratando de tributos instituídos ou majorados por *medida provisória*, prática que o STF sempre reputou legítima, entende-se que o evento a ser considerado para a verificação do respeito à anterioridade deve ser a data da publicação da *primeira* medida

---

[27] Foi precisamente a adoção dessa tese que permitiu ao Supremo Tribunal Federal conferir interpretação conforme à Constituição à lei que, publicada em 30 de dezembro de 2005, instituía uma taxa e dispunha que sua vigência iniciaria no dia 1º de janeiro de 2006. Segundo a interpretação atribuída ao diploma legal, a vigência começaria efetivamente nesta data, mas a eficácia somente após noventa dias de sua publicação, pois o princípio da anterioridade é um "critério para que a lei tributária produza efeitos", isto é, "se torne eficaz" (STF, Pleno, ADI 3.694, rel. Min. Sepúlveda Pertence, set. 2006).

[28] CARVALHO. "O princípio da segurança jurídica em matéria tributária", p. 87.

[29] MACHADO. "Os princípios da anterioridade e da irretroatividade das leis tributárias e a publicação da lei", p. 108-109; CARRAZZA. "Vigência e aplicação das leis tributárias", p. 148; GRAU. "A publicação da lei e termo inicial de vigência da lei (A Lei n. 8.383/91)", p. 64.

[30] GRAU. "A publicação da lei e termo inicial de vigência da lei (A Lei n. 8.383/91)", p. 65.

[31] Ibidem.

[32] STF, 1ªTurma, RE n. 232.084, rel. Min. Ilmar Galvão, abr. 2000. Tratava-se, no caso, da MP n. 812/94, que, publicada no dia 31 de dezembro de 1994 (um sábado), majorou o IR e a CSLL, pretendendo reger o resultado do exercício financeiro de 1994.

provisória[33], desde que sua redação seja mantida inalterada nas edições subsequentes e na lei de conversão. Desse modo, a medida provisória pode ser empregada como uma forma de antecipar a exigência do tributo.

Essa jurisprudência foi modificada pelo constituinte derivado, mas apenas quanto aos *impostos*. Atualmente, a medida provisória que os institua ou majore somente produzirá efeitos no exercício subsequente ao de *sua conversão em lei* (art. 62, § 2º, incluído pela EC n. 32/2001), excetuando, obviamente, os impostos que não estão sujeitos ao princípio da anterioridade de exercício.

3.3.2. *Espécies de anterioridade: a anterioridade de exercício e a nonagesimal*

O princípio da anterioridade comporta *duas variantes*: a anterioridade tradicional, denominada anterioridade geral ou *anterioridade de exercício* (art. 150, III, alínea *b*); e a anterioridade *nonagesimal* (alínea *c*).

A inserção do princípio da anterioridade nonagesimal no art. 150, com sua aplicação aos tributos em geral, foi inovação da EC n. 42/2003. Antes do seu advento, o princípio geral era tão somente o da anterioridade de exercício (art. 150, III, *b*), sendo a anterioridade nonagesimal aplicável exclusivamente às contribuições de seguridade social (art. 195, § 6º, da CF/88)[34].

Por força do princípio da *anterioridade de exercício*, de que trata a alínea *b*, é vedada a cobrança de tributos "no mesmo exercício financeiro em que haja sido publicada a lei que os instituiu ou aumentou". A anterioridade é ao exercício financeiro, que se identifica com o ano civil. De conseguinte, para que uma lei tributária que institua ou majore tributos incida em determinado ano, é necessário que tenha sido publicada no ano anterior. Tomando-se como exemplo o ICMS, lei que majore sua alíquota em maio de 2012 somente poderá incidir sobre fatos ocorridos após janeiro de 2013, inclusive.

Já a *anterioridade nonagesimal*, de que tratam os arts. 150, III, *c*, e 195, § 6º, veda a cobrança de tributos "antes de decorridos noventa dias da data em que haja sido publicada a lei que os instituiu ou aumentou". Essa espécie de anterioridade não tem qualquer relação com o exercício financeiro: leva em consideração apenas o lapso temporal decorrido entre a publicação da lei e o início de sua incidência/cobrança. Por exemplo, uma lei que tenha majorado tributo em 1º de novembro de 2012 somente poderá ser aplicada aos fatos ocorridos após 31 de janeiro de 2013, inclusive.

---

[33] STF, Pleno, RE n. 240.266, rel. p/ ac. Min. Maurício Corrêa, set. 1999.

[34] A anterioridade nonagesimal do art. 195, § 6º, precedeu aquela do art. 150, III, *c*. Era denominada por alguns de "anterioridade mitigada", expressão que se revelava inadequada em muitos casos, por via de regra consistir numa garantia muito mais expressiva do que a anterioridade de exercício.

Esses requisitos são *cumulativos*, o que foi previsto de modo expresso na alínea *c* do art. 150, III, da CF. Após consagrar a anterioridade nonagesimal, tal preceito determina que ela seja observada sem prejuízo do "disposto na alínea *b*".

Com isso, passou-se a conferir maior efetividade ao princípio da segurança jurídica, tendo em vista que, antes do advento da EC n. 42/2003, poderia ser aplicada, em 1º de janeiro, a lei editada um dia antes, no dia 31 de dezembro, como frequentemente se verificava, porquanto se considerava que a anterioridade de exercício não poderia ser aplicada cumulativamente com a anterioridade nonagesimal do art. 195, § 6º[35].

Tais ocorrências escancaram a debilidade do princípio da anterioridade de exercício, que por vezes se mostrava completamente inócuo para tutelar a segurança jurídica. A inclusão da alínea *c* no art. 150, III, promovida pela EC n. 42/2003, foi, portanto, extremamente salutar para a concretização do princípio da segurança jurídica.

Dessa forma, não há mais possibilidade de uma lei tributária gravosa publicada nos últimos instantes de um ano ser aplicada no começo do ano subsequente, salvo exceções pontuais. Há um *parâmetro mínimo de segurança jurídica*, que é o prazo de noventa dias, razão de o princípio da anterioridade nonagesimal previsto no art. 150, III, *c*, também ser nominado "princípio da anterioridade *mínima*".

3.3.3. Qualificação como cláusula pétrea

O princípio da anterioridade constitui cláusula pétrea (art. 60, § 4º, IV, da CF/88), pois representa importantíssima garantia individual do cidadão-contribuinte.

O seu caráter de garantia fundamental dos contribuintes era explícito no regime constitucional anterior, em que dito princípio integrava o capítulo intitulado "Dos direitos e garantias individuais", ao lado do princípio da legalidade tributária (art. 153, § 29, da CF/69).

Não obstante a Constituição de 1988 o tenha deslocado para o bojo do capítulo intitulado "Do sistema tributário nacional", o seu caráter jusfundamental permaneceu íntegro, notadamente porque essa mudança se deveu apenas à preocupação do constituinte com a organização sistemática da matéria tributária, levando-o a dedicar uma seção específica às "Limitações do poder de tributar", na qual está inserido o princípio em análise.

Por constituir cláusula pétrea, o princípio da anterioridade não pode ser abolido ou excepcionado nem mesmo por emenda constitucional, como reconheceu o Supremo Tribunal Federal ao declarar a inconstitucionalidade parcial da EC n. 3/93, no que autorizava a instituição do IPMF sem observância da anterioridade de exercício.

---

[35] STF, 1ª Turma, RE n. 179.109, rel. Min. Sepúlveda Pertence, set. 1997; 2ª Turma, AI 174.540 AgR, rel. Min. Maurício Corrêa, fev. -1996.

A propósito, o relator desse precedente, Ministro Sydney Sanches, asseverou com clareza:

> Entre esses direitos e garantias individuais [refere-se àqueles abrangidos pelo art. 60, § 4º, IV, da CF], estão pela extensão contida no § 2º do art. 5º e pela especificação feita no art. 150, III, "b", a garantia ao contribuinte de que a União não criará nem cobrará tributos, "no mesmo exercício financeiro em que haja sido publicada a lei que os instituiu ou aumentou"[36].

O princípio da anterioridade somente poderá ser excepcionado em benefício do contribuinte, justamente por se tratar da projeção de direito fundamental seu[37], tal como ocorre com o princípio da irretroatividade.

3.3.4. Abrangência e exceções

O princípio da anterioridade aplica-se a toda e qualquer hipótese de *criação* e *majoração* de tributos, salvo exceção constitucional expressa.

Efetivamente, sendo feita referência ao gênero tributo, todas as espécies tributárias estão sujeitas ao alcance do princípio da anterioridade, em suas diferentes variantes. Sujeitam-se ao art. 150, III, até mesmo as contribuições sociais, interventivas e corporativas do art. 149[38], à exceção das contribuições de seguridade social e previdenciárias do art. 195, que se submetem ao regramento específico do § 6º do art. 195 e, via de consequência, devem observar apenas a anterioridade nonagesimal[39].

Note-se que a majoração de tributos regulada pelo princípio da anterioridade não se confunde com o mero incremento de alíquotas. É mais abrangente, englobando, como exposto, toda e qualquer forma de majoração de tributos, a exemplo do que se verifica com a ampliação da sua base de cálculo ou do valor real da base imponível[40].

---

[36] STF, Pleno, ADI 939, rel. Min. Sydney Sanches, dez. -1993. Prossegue: "No caso, o art. 2º da E.C. n. 3/93, permitindo a instituição do tributo em questão, no mesmo ano de 1993, o que se consumou com o advento da Lei Complementar n. 77, de 13-7-1993, parece, assim, a um primeiro exame, para efeito de medida cautelar, haver afrontado o disposto nos referidos § 2º do art. 5º, art. 150, III, 'b', e § 4º do art. 60 da Constituição Federal". Como assinalado pelo Ministro Celso de Mello: "O princípio da anterioridade da lei tributária, além de constituir limitação ao poder impositivo do Estado, representa um dos direitos fundamentais mais relevantes outorgados pela Carta da República ao universo dos contribuintes".

[37] MACHADO. *Os princípios jurídicos da tributação na Constituição de 1988*, p. 96.

[38] STF, Pleno, ADI 2.556 MC, rel. Min. Moreira Alves, out. -2002. No caso, tratava-se das contribuições para o FGTS instituídas pela LC n. 110/2001, que foram qualificadas como "contribuições sociais gerais" e reputadas sujeitas, portanto, ao regramento do art. 150, III. Com base nessas premissas, declarou-se a inconstitucionalidade dos preceitos que impunham a sua aplicação ainda no exercício financeiro de 2001.

[39] STF, 1ª Turma, RE n. 179.109, rel. Min. Sepúlveda Pertence, set. -1997; 2ª Turma, AI 174.540 AgR, rel. Min. Maurício Corrêa, fev. -1996.

[40] STF, 1ª Turma, RE n. 234.605, rel. Min. Ilmar Galvão, ago. 2000.

Porém, há de ser efetiva, não sendo caracterizada por alterações que não repercutam na existência ou no *quantum* da obrigação tributária: a alteração do prazo de recolhimento, v.g., não caracteriza majoração de tributos e, por conseguinte, não se subordina ao princípio da anterioridade[41].

A nosso juízo, o princípio da anterioridade abrange inclusive a instituição e a majoração *indiretas* de tributos, como a decorrente da revogação de isenções[42].

Não há, contudo, um posicionamento firme e claro da jurisprudência a respeito. O STF inclinou-se inicialmente no sentido de que, revogada a isenção, o tributo tornar-se-ia imediatamente exigível, sendo desnecessária a observância dos princípios da anterioridade e da anualidade, salvo nos impostos sobre o patrimônio e a renda, em que há referência expressa no CTN (art. 104, III)[43]. Esse entendimento, que acabou sendo sumulado (Súmula 615)[44], fundava-se na questionável tese de que, na isenção, o tributo é devido, mas seu pagamento é dispensado e que, por isso, seria imediatamente exigível com a revogação do "favor tributário"[45]. Até mesmo sob a égide da Constituição de 1988 houve precedentes do Pretório Excelso no sentido de que, revogada a isenção, o tributo seria imediatamente exigível[46]. Contudo, posteriormente a sua jurisprudência firmou-se no sentido de que a *redução de benefícios fiscais em geral* está sujeita ao princípio da anterioridade, mesmo que decorrente de modificação no sistema de creditamento[47]. E em seguida deu nova guinada, com o entendimento de que as revogações de isenções e as demais majorações indiretas de tributos não estão sujeitas ao princípio da anterioridade[48]. O Superior Tribunal de Justiça também continua a aplicar a Súmula 615 do STF[49].

---

[41] Segundo a Súmula 669 do STF: "Norma legal que altera o prazo de recolhimento da obrigação tributária não se sujeita ao princípio da anterioridade".

[42] Nesse sentido, NOVELLI. "Anualidade e anterioridade na Constituição de 1988", p. 68 e s., COÊLHO. "Princípio da anterioridade tributária no Brasil (seu caráter limitado e retórico)", p. 200; MENDONÇA. *O princípio constitucional da irretroatividade da lei: a irretroatividade da lei tributária*, p. 340.

[43] Sem embargo, não há como se olvidar ter sido o CTN editado sob a égide da EC n. 18/65, que limitou o alcance do princípio da anterioridade aos impostos sobre o patrimônio e a renda. Essa é a razão de o preceito somente fazer referência a tais impostos. Pretendeu-se que o dispositivo alcançasse *todos* os casos de revogação de isenções abrangidos pelo princípio da anterioridade, razão pela qual ele tem de ser aplicado atualmente à luz dessa *ratio*. Pelo alcance que o princípio da anterioridade recebeu posteriormente, há de se concluir que a restrição da sua aplicação aos "impostos sobre o patrimônio ou a renda" foi revogada pela Constituição de 1967, não mais subsistindo.

[44] Eis o teor da Súmula 615 do STF, atinente ao ICM: "O princípio constitucional da anualidade (par-29 do art-153 da CF) não se aplica a revogação de isenção do ICM".

[45] Cf. C. VELLOSO. "O princípio da anterioridade: uma visão da jurisprudência", p. 120-121.

[46] STF, 2ª Turma, RE n. 204.062, rel. Min. Carlos Velloso, set. 1996.

[47] STF, Pleno, ADI 2.325 MC, rel. Min. Marco Aurélio, set. 2004.

[48] STF, Pleno, ADI 4.016 MC, rel. Min. Gilmar Mendes, ago. 2008. O precedente tratava da extinção de um desconto condicional do IPVA.

[49] Vide, por todos, STJ, 2ª Turma, REsp n. 762.754, rel. Min. Eliana Calmon, set. 2007.

Há hipóteses peculiares, tais como o *restabelecimento de alíquotas majoradas* e a *prorrogação da vigência* de tributo existente. Quanto à primeira situação, a MP n. 560, de 26 de julho de 1994, pretendeu restabelecer, sem solução de continuidade, o sistema de alíquotas progressivas da contribuição do servidor público previsto pela Lei n. 8.688/93 para viger até junho de 1994, prática que foi tida por inconstitucional pelo STF, tendo em vista que a vigência da lei já havia se exaurido quando da edição da medida provisória[50]. Diversamente, quanto à prorrogação da cobrança de tributo ainda vigente, o Pretório Excelso não vislumbrou qualquer lesão ao princípio da anterioridade, declarando a constitucionalidade da EC n. 37/2002, que havia prorrogado, sem observar a anterioridade nonagesimal, a Lei n. 9.311/96, com as modificações implementadas pela Lei n. 9.539/97[51].

Por outro lado, o art. 150, § 1º, da Constituição de 1988 excepciona a aplicação da anterioridade de exercício e nonagesimal para alguns tributos, dentre os quais não figuram contribuições especiais.

3.3.5. Ressalvas instituídas por emendas constitucionais

A EC n. 33/2001, que excepcionou o princípio da legalidade ao autorizar o Poder Executivo a reduzir ou restabelecer as alíquotas do ICMS monofásico sobre combustíveis e da Cide-Combustíveis, também afastou expressamente a aplicação da anterioridade de exercício a tais tributos (arts. 155, § 4º, IV, *c*, e 177, § 4º, I, *b*, respectivamente).

Na linha do que dissemos ao tratar das exceções impostas ao princípio da legalidade, reputamos que o restabelecimento de alíquotas reduzidas por atos normativos anteriores sem observância da anterioridade de exercício seria claramente inconstitucional, dado o caráter pétreo do princípio. Tal vício não se estenderia, contudo, à mera redução de alíquotas, uma vez que o princípio da anterioridade não é uma garantia do Poder Público, mas dos contribuintes. Tampouco haveria violação ao princípio da anterioridade caso a redução e o restabelecimento fossem determinados pelo mesmo ato normativo, sendo o restabelecimento mera implicação necessária da redução temporária de alíquotas[52].

---

[50] STF, Pleno, ADI 1.135, rel. p/ ac. Min. Sepúlveda Pertence, ago. 1997.

[51] Entendeu-se que não seria aplicável o princípio da anterioridade à espécie: "Ocorrência de mera prorrogação da Lei n. 9.311/96, modificada pela Lei n. 9.539/97, não tendo aplicação ao caso o disposto no § 6º do art. 195 da Constituição Federal. O princípio da anterioridade nonagesimal aplica-se somente aos casos de instituição ou modificação da contribuição social, e não ao caso de simples prorrogação da lei que a houver instituído ou modificado" (STF, Pleno, ADI 2.666, rel. Min. Ellen Gracie, out. 2002).

[52] Nesse sentido, Harada estabelece relevante distinção entre duas situações: a redução *temporária* de alíquotas, com prazo determinado, quando o restabelecimento não necessitaria observar o princípio da anterioridade; e a redução ou supressão de alíquotas sem prazo determinado, quando tal princípio haveria de ser respeitado ("O princípio da anterioridade e a emenda constitucional n. 33/2001: possibilidade de redução e restabelecimento de alíquotas do ICMS", p. 811-810).

4. Inaplicabilidade das imunidades gerais

No seu art. 150, VI, a Constituição da República veda a instituição de impostos sobre certas materialidades e entidades, *in verbis*:

> Art. 150. Sem prejuízo de outras garantias asseguradas ao contribuinte, é vedado à União, aos Estados, ao Distrito Federal e aos Municípios:
> [...]
> VI – instituir impostos sobre:
> a) patrimônio, renda ou serviços, uns dos outros;
> b) templos de qualquer culto;
> c) patrimônio, renda ou serviços dos partidos políticos, inclusive suas fundações, das entidades sindicais dos trabalhadores, das instituições de educação e de assistência social, sem fins lucrativos, atendidos os requisitos da lei;
> d) livros, jornais, periódicos e o papel destinado a sua impressão;
> e) fonogramas e videofonogramas musicais produzidos no Brasil contendo obras musicais ou literomusicais de autores brasileiros e/ou obras em geral interpretadas por artistas brasileiros bem como os suportes materiais ou arquivos digitais que os contenham, salvo na etapa de replicação industrial de mídias ópticas de leitura a laser. (Incluída pela Emenda Constitucional n. 75, de 15-10-2013)

Esse preceito constitucional veicula genuínas *imunidades*.

Consagra expressamente a incompetência tributária das pessoas políticas, obstando que os legisladores federal, distrital, estaduais e municipais instituam impostos incidentes sobre as entidades arroladas nas alíneas *a* e *c* (imunidades subjetivas) e sobre as materialidades indicadas nas alíneas *b*, *d* e *e* (imunidades objetivas).

De forma esquemática, estas são as imunidades estabelecidas pelo art. 150, VI, da CF:

Imunidades
- **subjetivas** (alíneas *a* e *c*)
  - **imunidade recíproca** (alínea *a* e § 2º):
    - **pessoas políticas** (União, Estados-Membros, Distrito Federal e Municípios, alínea *a*)
    - **autarquias e fundações públicas** (§ 2º)
  - **instituições religiosas** (alínea *b* c/c o § 4º)
  - **partidos políticos** (alínea *c*)
  - **fundações de partidos políticos** (alínea *c*)
  - **entidades sindicais dos trabalhadores** (alínea *c*)
  - **instituições de educação e de assistência social, sem fins lucrativos** (alínea *c*)
- **objetivas**
  - **templos religiosos** (alínea *b*)
  - **livros, jornais e periódicos** (alínea *d*)

- **papel destinado à impressão de livros, jornais e periódicos** (alínea *d*)
- **músicas** (alínea *e*)

Tais imunidades têm relevância ímpar no estatuto jurídico dos contribuintes, haja vista tutelarem tanto a federação (imunidade tributária recíproca) quanto direitos individuais dos cidadãos na esfera tributária (imunidades das alíneas *b, c* e *d*).

Destarte, representam *cláusulas pétreas*, imunes à ação destrutiva do poder constituinte derivado.

Esse fato foi reconhecido pelo Supremo Tribunal Federal no julgamento da ADI 939, ao pronunciar a inconstitucionalidade de preceitos da EC n. 3/93 que excepcionavam a sua aplicação ao extinto IPMF. Como externou com maestria o Ministro Celso de Mello:

> Não se pode desconhecer, *dentro desse contexto*, que as imunidades tributárias de natureza política destinam-se a conferir efetividade a determinados direitos e garantias fundamentais reconhecidos e assegurados às pessoas e às instituições. Constituem, por isso mesmo, expressões significativas das garantias de ordem instrumental, vocacionadas, *na especificidade dos fins a que se dirigem*, a proteger o exercício da liberdade sindical, da liberdade de culto, da liberdade de organização partidária, da liberdade de expressão intelectual e da liberdade de informação.
>
> A imunidade tributária não constitui um fim em si mesma. Antes, representa um poderoso fator de contenção do arbítrio do Estado na medida em que esse postulado da Constituição, inibindo o exercício da competência impositiva pelo Poder Público, prestigia, favorece e tutela o espaço em que florescem aquelas liberdades públicas.
>
> Cumpre não desconhecer, neste ponto, a grave advertência lançada pelo saudoso Min. ALIOMAR BALEEIRO ("Limitações constitucionais ao poder de tributar", p. 151, 5. ed., 1977, Forense), para quem revela-se certo e inquestionável o fato de que "... o imposto pode ser meio eficiente de suprimir ou embaraçar a liberdade de manifestação do pensamento, a crítica dos governos e homens públicos, enfim, de direitos que não são apenas individuais, mas indispensáveis à pureza do regime democrático"[53].

Malgrado a vultosa importância dessas garantias fundamentais dos contribuintes, à luz da jurisprudência remansosa do Supremo Tribunal Federal as imunidades do art. 150, VI, *não se aplicam* às contribuições. Somente alcançam a espécie tributária expressamente indicada no seu texto, ou seja, os impostos[54].

Tal restrição é tradicional. Está presente em todas as Constituições que consagraram essas imunidades em moldes similares à Carta Política de 1988[55].

---

[53] Voto vista na ADI 939, julgado pelo Plenário do STF em dezembro de 1993.

[54] STF, 1ª Turma, RE n.141.715, rel. Min. Moreira Alves, abr. 1995; 2ª Turma, RE n. 211.388 ED, rel. Min. Maurício Corrêa, fev. 1998. A imunidade tampouco se aplica às contribuições sindicais instituídas com base no art. 149 da CF (STF, 2ª Turma, RE n. 129.930, rel. Min. Carlos Velloso, maio 1991).

[55] A saber, nas Constituições de 1946 (art. 31, V), 1967 (art. 20, III) e 1969 (art. 19, III). Vale recordar a Súmula 553 do STF, pertinente ao texto da Constituição de 1969: "O Adicional ao Frete para Renovação da Marinha Mercante (AFRMM) é contribuição parafiscal, não sendo abrangido pela imunidade prevista na letra d, inciso

No entanto, é altamente questionável, sobretudo porque todas as razões que lhes dão suporte se aplicam, com idêntica força, para fundamentar a sua extensão às contribuições especiais, tributos que se diferenciam dos impostos apenas pela sua afetação finalística.

Como fundamentar que o poder constituinte derivado não pôde excepcionar as imunidades em análise ao instituir o IPMF, mas pôde fazê-lo ao criar a CPMF? A mera afetação da receita justifica a lesão a cláusulas pétreas?

III, do art. 19, da Constituição Federal". Diversamente, nas Constituições de 1934 (art. 17, X) e 1937 (art. 32, c), que se limitavam a consagrar a imunidade tributária recíproca, o alcance da norma de incompetência era amplo, abrangendo os tributos em geral.

Capítulo III

Classificação das contribuições

LEANDRO PAULSEN

1. Espécies tributárias

A par das considerações já feitas nesta obra quanto às espécies de contribuições (Capítulo I, 2.3 e 3.5.1), vale destacar que podemos classificar os tributos em espécies tributárias e, no estudo das contribuições, classificá-las, elas próprias, também em espécies e subespécies conforme as finalidades que justificam constitucionalmente sua instituição.

No estudo das contribuições, é importante caracterizá-las como espécie tributária autônoma, o que depende da sua comparação com os demais espécies.

A **classificação das espécies tributárias** é desafiadora. Procura-se distingui-las conforme suas características essenciais: terem fato gerador vinculado à atividade estatal ou às manifestações de riquezas do contribuinte (fato gerador vinculado ou não à atividade estatal), terem seu produto afetado a determinado fim específico ou não (com ou sem finalidade específica), serem instituídas com promessa de restituição ou não (restituíveis ou não).

Os **impostos**, por definição, são tributos com fato gerador não vinculado à atividade estatal, sem finalidade específica – porquanto seu produto não pode ser afetado a órgão fundo ou despesa – e não restituíveis.

As **taxas** são tributos com fato gerador vinculado à atividade estatal de prestação de serviços públicos específicos e divisíveis ou ao exercício do poder de polícia, com finalidade própria – produto afetado a suportar os custos dessas atividades – e não restituíveis.

As **contribuições de melhoria** são tributos, a um só tempo, vinculados à atividade estatal de realização de obra pública, mas que também exigem a valorização imobiliária em favor do contribuinte, razão pela qual se diz que têm fato gerador misto. A par disso, seu produto é afetado ao custeio da obra, com limites total (a arrecadação não pode superar o custo total da obra) e individual (o montante cobrado de cada contribuinte não pode superar a valorização do seu imóvel). E não são restituíveis.

Os **empréstimos compulsórios**, por sua vez, são tributos com fato gerador não vinculado à atividade estatal, com finalidade específica de fazer frente a uma situação de calamidade ou guerra, e com promessa de restituição.

As **contribuições** (especiais), por fim, são tributos com fato gerador não vinculado à atividade estatal, com finalidades específicas relacionadas ao custeio de políticas públicas de cunho social, de intervenção no domínio econômico, do interesse de categorias profissionais ou econômicas ou ao custeio da iluminação pública e não restituíveis.

Opto por não assemelhar as contribuições de melhoria (145, III, da CF) às demais contribuições (art. 149 e 149-A da CF). Isso porque as contribuições de melhoria pressupõem um benefício específico ao contribuinte: a valorização do seu imóvel por força de obra pública. Para as demais contribuições, temos a solidariedade como critério inspirador.

O Min. Moreira Alves, em voto condutor proferido quando do julgamento do RE n. 146.733-9/SP, em que se discutiu a constitucionalidade da contribuição social sobre o lucro instituída pela Lei n. 7.689/88, optou pela classificação quinquipartida, afirmando: "De efeito, a par das três modalidades de tributos (os impostos, as taxas e as contribuições de melhoria) a que se refere o artigo 145 para declarar que são competentes para instituí-los a União, os Estados, o Distrito Federal e os Municípios, os arts. 148 e 149 aludem a duas outras modalidades tributárias...: o empréstimo compulsório e as contribuições sociais, inclusive as de intervenção no domínio econômico e de interesse das categorias profissionais ou econômicas".

A classificação quinquipartida, quintipartida ou pentapartida dos tributos tem a virtude de destacar as contribuições (arts. 149, 149-A e 195 da CF) como espécie autônoma, inconfundível com os impostos, com as taxas, com as contribuições de melhoria e com os empréstimos compulsórios.

São cinco, portanto, as espécies tributárias estabelecidas pela Constituição, conforme a seguinte **classificação dos tributos**:

1. impostos
2. taxas
3. contribuições de melhoria
4. empréstimos compulsórios
5. contribuições.

As ações ou políticas públicas que justificam a instituição de contribuições não são aquelas ações gerais ou específicas custeadas por impostos, tampouco específicas e divisíveis custeadas por taxas, mas ações voltadas a **finalidades específicas** que se referem a determinados **grupos de pessoas**, buscando-se delas, enquanto contribuintes, o custeio para a promoção desses fins através de tributo que se denomina de contribuições. Não pressupondo nenhuma atividade direta, específica e divisível, as contribuições não são dimensionadas por critérios comutativos, mas por **critérios distributivos**, podendo variar conforme a capacidade contributiva de cada integrante do grupo.

As contribuições precisam ser bem compreendidas desde a sua denominação até as suas subespécies, de modo que se utilize linguagem precisa e que se tenha uma visão adequada e completa das suas possibilidades.

2. Espécies e subespécies de contribuições

Nomeia-se **"contribuições"**[1] ou "contribuições especiais" (para diferenciar das contribuições de melhoria) a espécie tributária de que cuidam os arts. 149, 149-A e 195 da Constituição.

Não é correto atribuir-se a essa espécie tributária a denominação "contribuições parafiscais"[2], tampouco "contribuições sociais".

A expressão *contribuições parafiscais*, em desuso[3], designava as contribuições instituídas em favor de entidades que, embora desempenhassem atividade de interesse público, não compunham a Administração direta. Chamavam-se *parafiscais* porque não eram destinadas ao orçamento do ente político. Mas temos, atualmente, tanto contribuições destinadas a outras entidades como destinadas à própria Administração, sem que se possa estabelecer, entre elas, qualquer distinção no que diz respeito à sua natureza ou ao regime jurídico a que se submetem. Ser ou não parafiscal é uma característica acidental, que, normalmente, sequer diz respeito à finalidade da contribuição, mas ao ente destinatário do seu produto.

A locução "contribuições sociais" não se sustenta como designação do gênero contribuições porque as contribuições ditas sociais constituem subespécie das contribuições do art. 149. São sociais as contribuições voltadas especificamente à atuação da União na área social. As contribuições de intervenção no domínio econômico, por exemplo, não são contribuições sociais.

---

[1] DIFINI, Luiz Felipe Silveira. *Manual de direito tributário*. São Paulo: Saraiva, 2003, p. 50.

[2] CALIENDO, Paulo. *Curso de direito tributário*. São Paulo: Saraiva, 2017, p. 326.

[3] A divisão entre contribuições fiscais e parafiscais perdeu a sua razão de ser. Vide: ABRAHAM, Marcus. *Curso de direito tributário*. Rio de Janeiro: Forense, 2018, p. 403.

As **subespécies** de contribuições, por sua vez, são definidas em atenção às finalidades que autorizam a sua instituição. **As contribuições só podem ser instituídas para atender às finalidades previstas nos arts. 149 e 149-A da Constituição**: a) sociais, b) de intervenção no domínio econômico, c) do interesse de categorias profissionais ou econômicas e d) de iluminação pública.

A destinação legal a tais finalidades justifica a sua instituição e a destinação efetiva legitima o prosseguimento da sua cobrança, sob pena de se descaracterizar, ao longo do tempo, a respectiva figura tributária, perdendo seu suporte constitucional.

Vejamos, então, a **classificação simples das contribuições**:

1. Sociais
    1.1. Sociais gerais
    1.2. Sociais de seguridade social
        1.2.1. Ordinárias
        1.2.2. Residuais
        1.2.3. Provisória
        1.2.4. De previdência do funcionalismo público
2. Interventivas (de intervenção no domínio econômico)
3. Profissionais (do interesse de categorias profissionais ou econômicas)
4. De iluminação pública

Como a Constituição é exaustiva ao outorgar competência tributária aos entes políticos, toda e qualquer contribuição tem de ser passível de recondução a uma dessas categorias, sob pena de invalidade. Também cale destacar, desde já, que a observância das finalidades constitucionais não é suficiente, por si só, para assegurar a constitucionalidade das contribuições instituídas, porquanto a finalidade não é o único critério utilizado pelo constituinte para outorgar competência relativamente às contribuições. Para as subespécies de contribuições condicionadas constitucionalmente também pelo critério da base econômica – relativamente às quais a Constituição aponta de antemão as riquezas que serão passíveis de tributação –, tais limites também deverão ser observados, aplicando-se, então, o art. 110 do CTN.

Assim, podemos especificar ainda mais a classificação das contribuições, agregando referência aos dispositivos constitucionais em que previstas e detalhes do seu regime jurídico. Eis a **classificação completa das contribuições**:

1. Sociais: quando com alíquota "ad valorem", sobre o faturamento, a receita bruta ou o valor da operação e, no caso de importação, sobre o valor aduaneiro (art. 149, § 2º, III); há imunidade para receitas de exportação (art. 149, § 2º, I).

1.1. gerais (art. 149, primeira parte e §§ 2º, 3º e 4º).

1.2. de seguridade social: há imunidade para entidades beneficentes de assistência social (art. 195, § 6º).

1.2.1. ordinárias (art. 149, primeira parte, c/c art. 195, I a IV): quando da empresa ou empregador sobre a folha de salários e demais pagamentos a pessoa física por trabalho prestado, faturamento ou receita, lucro e importação; quando do empregado sobre o salário e ganhos habituais (art. 201, § 11); há imunidade para aposentadoria e pensão concedidas pelo regime geral de previdência social.

1.2.2. residuais (art. 149, primeira parte, c/c art. 195, § 4º): não coincidentes com as contribuições de seguridade social ordinárias; instituídas por lei complementar; não cumulativas.

1.2.3. provisória (arts. 74 a 90 do ADCT): sobre movimentação ou transmissão de valores e de créditos e direitos de natureza financeira, foi a CPMF.

1.2.4. de previdência do funcionalismo público (149, § 1º): alíquota não inferior à da contribuição dos servidores titulares de cargos efetivos da União.

2. **De intervenção no domínio econômico** (art. 149, segunda parte e §§ 2º a 4º, e art. 177, § 4º): quando com alíquota "ad valorem", sobre o faturamento, a receita bruta ou o valor da operação e, no caso de importação, o valor aduaneiro; há imunidade para receitas de exportação (art. 149, § 2º, I).

3. **Do interesse de categorias profissionais ou econômicas** (art. 149, terceira parte).

4. **De iluminação pública** (art. 149-A)

Vejamos cada uma dessas subespécies.

3. Contribuições sociais

A outorga de competência à União para a instituição de contribuições como instrumento da sua atuação na área social deve ser analisada à vista do que a própria Constituição considera como social, ou seja, dos objetivos da ordem social, o que delimitará as atividades passíveis de serem custeadas pelas contribuições sociais.

Não há, portanto, uma competência irrestrita, uma carta branca ao legislador para a criação de tributos simplesmente justificados como destinados a uma finalidade social. A validade da contribuição dependerá da finalidade buscada que, necessariamente, terá de encontrar previsão no Título atinente à Ordem Social.

Vê-se, por exemplo, dos dispositivos constitucionais atinentes à **Ordem Social**, que envolve ações voltadas não apenas à saúde (art. 196), à previdência (art. 201), à assistência social (art. 203), áreas que caracterizam a seguridade social, mas também à educação (art. 205), à cultura (art. 215), ao desporto (art. 217), ao meio ambiente (art. 225) etc.

As contribuições voltadas à seguridade social são chamadas de **contribuições sociais de seguridade social**. Já as voltadas a outras finalidades sociais que não a seguridade são denominadas de **contribuições sociais gerais**. Assim é que a CPMF, que era destinada à ação da União na área da saúde[4], constituía[5] uma contribuição de seguridade social, enquanto a contribuição "salário-educação", voltada à educação fundamental do trabalhador, constitui uma contribuição social geral[6]. Aliás, é mesmo fundamental observar que as contribuições sociais não se esgotam nas de seguridade social, tendo um espectro bem mais largo, pois podem ser instituídas para quaisquer finalidades que forem na direção dos objetivos da ordem social.

Quanto às bases econômicas passíveis de tributação, as contribuições sociais estão sujeitas ao art. 149, § 2º, III, sendo que as de seguridade social também ao art. 195, I a IV, da CF, de modo que as contribuições instituídas sobre outras bases ou estão revogadas pelas EC n. 33/2001, ou são inconstitucionais. Esse ponto, contudo, ainda terá de ser decidido pelo STF[7].

4. Contribuições de intervenção no domínio econômico

As contribuições de intervenção no domínio econômico são conhecidas pela sigla Cide.

O domínio econômico corresponde ao âmbito de atuação dos agentes econômicos. A Constituição Federal, ao dispor sobre a **Ordem Econômica**, estabelece os princípios que devem regê-la.

Eventual **intervenção** é feita, pela União, para corrigir distorções ou para promover objetivos[8], influindo na atuação da iniciativa privada[9], especificamente em determinado

---

[4] ADCT, art. 74, § 3º.

[5] A CPMF era um tributo temporário, tendo restado extinta ao final de 2007, quando se esgotou o seu período de vigência sem nova prorrogação.

[6] STF, Tribunal Pleno, rel. Min. Nelson Jobim, ADC 3, 1999.

[7] Mas é controvertida essa questão da revogação e da inconstitucionalidade das contribuições sociais e interventivas que, não sendo de seguridade social (sujeitas ao art. 195 da CF), desbordem das bases apontadas no art. 149, § 2º, III, da CF, produto da EC n. 33/2001. A matéria é objeto do Tema 495 de Repercussão Geral: Referibilidade e natureza jurídica da contribuição para o Incra, em face da Emenda Constitucional n. 33/2001. Objeto do RE n. 630.989, seu mérito pende de julgamento. Também será decidida no Tema 325: Subsistência da contribuição destinada ao Sebrae, após o advento da Emenda Constitucional n. 33/2001. Objeto do RE n. 603.624, seu mérito também pende de julgamento.

[8] "O que é intervir sobre o domínio econômico? Intervir sobre o domínio econômico significa, num sentido negativo, corrigir distorções do mercado. Por exemplo, quando há empresas formando um monopólio, pode-se fazer uma intervenção para criar concorrência, para gerar novos agentes no mercado. É uma intervenção do Estado que almeja corrigir falhas do mercado. Por outro lado, muitas vezes a intervenção sobre o domínio econômico também ocorrerá positivamente, para concretizar objetivos da própria Constituição. No art. 170 deste diploma, nós encontramos objetivos de atuação positiva do Estado, como, por exemplo, erradicar desigualdades regionais, diminuir as desigualdades sociais, promover a microempresa, garantir a soberania nacional, assegurar o exercício da função social da propriedade. [...] Em ambos os casos, surgida a necessidade de intervenção do Estado sobre o domínio econômico, aparece a possibilidade da cobrança de uma Cide" (SCHOUERI, Luís Eduardo. "Exigências da Cide sobre *royalties* e assistência técnica ao exterior". *RET 37/144*, jun. 2004).

[9] "[...] a intervenção há de ser feita por lei; o setor da economia visado deve estar sendo desenvolvido pela iniciativa privada para que se possa identificar um ato de intervenção do domínio econômico; as finalidades da intervenção devem perseguir aqueles princípios arrolados na Constituição [...]" (BALEEIRO, Aliomar. *Limitações constitucionais ao poder de tributar*. 7. ed., atualizada por Misabel Abreu Machado Derzi. Rio de Janeiro: Forense, 1997, p. 596).

segmento da atividade econômica[10]. Não faz sentido a ideia de intervenção do Estado nas suas próprias atividades – intervenção em si mesmo.

Ademais, a intervenção terá de estar voltada a alteração da situação com vista à realização dos princípios estampados nos incisos do art. 170 da Constituição Federal. Assim é que serão ações aptas a justificar a instituição de contribuição de intervenção no domínio econômico aquelas voltadas a promover, e.g., o cumprimento da função social da propriedade – de que é exemplo a contribuição ao Incra[11] – (art. 170, III), a livre concorrência (art. 170, IV), a defesa do consumidor (art. 170, V), a defesa do meio ambiente (art. 170, VI), a redução das desigualdades regionais e sociais (art. 170, VII), a busca do pleno emprego (art. 170, VIII) ou o estímulo às microempresas e às empresas de pequeno porte – do que é exemplo a contribuição ao Sebrae – (art. 170, IX)[12].

Para o financiamento de ações de intervenção no domínio econômico, o art. 149 da Constituição atribui à União competência para a instituição das Cides.

Não há sustentação para o entendimento de que a contribuição de intervenção possa ser em si interventiva, ou seja, que a sua própria cobrança implique intervenção; a contribuição é estabelecida para custear ações da União no sentido da intervenção no domínio econômico.

Quanto às bases econômicas passíveis de tributação, as contribuições de intervenção no domínio econômico estão sujeitas ao art. 149, § 2º, III, de modo que as contribuições instituídas sobre outras bases ou estão revogadas pelas EC n. 33/2001, ou são inconstitucionais.

5. Contribuições de interesse das categorias profissionais ou econômicas

As contribuições de interesse das categorias profissionais ou econômicas, também previstas no art. 149 da CF, são chamadas contribuições profissionais ou corporativas. Dentre elas, situam-se as contribuições para os Conselhos de Fiscalização Profissional[13] e a alguns serviços sociais autônomos.

---

[10] "A intervenção supõe a ideia de provimento pontual, circunscrito a uma determinada área, setor, segmento da atividade econômica, que apresente características que a justifiquem. [...] Relevante é deixar claro que um dos parâmetros da instituição da contribuição é a definição de uma parcela do domínio econômico, que atuará como critério de circunscrição da sua aplicação, inclusive no que se refere aos respectivos contribuintes. Contribuição de intervenção que atinja universo que abrange todos, independente do setor em que atuem, até poderá ser contribuição, mas certamente não será mais 'de intervenção'" (GRECO, Marco Aurélio. *Contribuições de intervenção no domínio econômico e figuras afins*. São Paulo: Dialética, 2001, p. 16-17).

[11] STJ, Primeira Seção, rel. Min. Eliana Calmon, EREsp n. 722.808, 2006.

[12] STF, Tribunal Pleno, rel. Min. Carlos Velloso, RE n. 396.266, 2003.

[13] STF, Segunda Turma, rel. Min. Mauro Campbell Marques, REsp n. 1.235.676, 2011.

Os Conselhos de Fiscalização Profissional são autarquias profissionais que fiscalizam o exercício de profissões regulamentadas, conforme as respectivas leis específicas. As contribuições instituídas por lei em favor de tais Conselhos, como os Conselhos Regionais de Engenharia e Arquitetura (CREA), os Conselhos Regionais de Química (CRQ), os Conselhos Regionais de Enfermagem (Coren), são chamadas anuidades. Essas **anuidades aos Conselhos de Fiscalização Profissional** têm natureza tributária, classificando-se como contribuições sociais do interesse das categorias profissionais ou econômicas (art. 149 da CF). Submetem-se, portanto e necessariamente, à legalidade estrita (art. 150, I, da CF), à irretroatividade e às anterioridades, bem como às demais garantias tributárias.

Também são consideradas contribuições do interesse de categorias econômicas as **contribuições vertidas para os novos serviços sociais autônomos que atendem a setores específicos**[14]-[15]. São elas, por exemplo, as destinadas ao Serviço Social do Transporte (Sest) e ao Serviço Nacional de Aprendizagem do Transporte (Senat), criados por força da Lei n. 8.706/93, bem como a destinada ao Serviço Nacional de Aprendizagem do Cooperativismo (Sescoop), criado por determinação da MP n. 1.715/98[16].

Outra contribuição, também anual, que durante muito tempo foi imposta por lei aos participantes de categorias econômicas ou profissionais era a chamada contribuição sindical, disciplinada pelo art. 578 e seguintes da CLT. A possibilidade de existência dessas contribuições estava prevista no art. 8º, IV, da própria Constituição, ao destacar que a lei poderia estabelecer contribuição para o custeio dos sindicatos. Mas a reforma trabalhista, implantada pela Lei n. 13.467/2017, ao dar nova redação ao art. 578 e seguintes da CLT, tornou essa contribuição facultativa, condicionando-a à prévia e expressa autorização do participante da categoria econômica ou profissional. Com isso, retirou-lhe a natureza tributária, porquanto deixou de ter caráter compulsório.

6. Contribuições de iluminação pública

A EC n. 39/2002, acrescentando o art. 149-A à Constituição, outorgou competência aos Municípios para a instituição de contribuição específica para o custeio do serviço de iluminação pública. Fez bem o Constituinte derivado ao optar por outorgar competência para a instituição de contribuição, e não de taxa. Do contrário, teríamos uma taxa

---

[14] "A natureza jurídica da contribuição ao Sebrae é diversa da devida ao Sescoop; o tributo devido ao Sebrae enquadra-se como contribuição de intervenção no domínio econômico, ao passo que o outro como contribuição no interesse de categoria profissional ou econômica" (TRF4, APELREEX 2005.71.04.003807-7, Decisão do Des. Álvaro Eduardo Junqueira, D.E. 8-7-2011).

[15] SABBAG, Eduardo. *Manual de direito tributário*. 2. ed. São Paulo: Saraiva, 2010, p. 502.

[16] Trata-se de desmembramentos das contribuições ao Sesc/Senac e Sesi/Senai.

pela prestação de serviço não divisível. Com a opção pela espécie contribuição no art. 149-A, privilegiou-se a pureza da figura das taxas tal como aparecem tradicionalmente em nosso direito, ou seja, relacionadas a serviços específicos e divisíveis tão somente.

A competência é para instituição de contribuição para o "custeio do serviço de iluminação pública". Não se trata de fonte de recursos para investimentos, tampouco para o custeio do que não constitua serviço de iluminação pública, ou seja, daquele prestado à população em caráter geral nos logradouros públicos. Não se presta, portanto, ao custeio das despesas de energia elétrica relativas aos bens públicos de uso especial, como as dos prédios em que funcionem os órgãos administrativos do Município ou a câmara de vereadores. Tal desvio, se normativo, autoriza o reconhecimento da inconstitucionalidade da exação, ao menos parcial, devendo-se verificar em que medida desborda da autorização constitucional, reduzindo-se o tributo ao patamar adequado. O STF reconheceu a existência de repercussão geral do tema relativo à destinação da Cosip, suscitado no RE n. 666.404, em que se discute se pode ser destinada a investimento em melhorias e ampliação da rede de iluminação pública, mas, em outubro de 2018, seu mérito ainda pendia de julgamento. O TJSP entendera que "a contribuição instituída pela Lei Complementar n. 157/2002 do município de São José do Rio Preto pode ser destinada apenas às despesas com instalação e manutenção do serviço, uma vez que os investimentos em melhorias e na ampliação não estão incluídos no conceito de custeio do serviço de iluminação pública previsto no art. 149-A da Constituição Federal"[17].

Nos capítulos que seguem, vamos tratar das diversas espécies e subespécies de contribuições, conforme as normas constitucionais. Ademais, vamos especificar quais as contribuições instituídas a cada título no exercício das respectivas competências.

A validade das contribuições instituídas depende da possibilidade de recondução de cada qual a uma das autorizações constitucionais, observados os critérios da finalidade e da base econômica, bem como as eventuais regras de imunidade e critérios especiais de tributação.

---

[17] Notícia do *site* do STF de 30 de dezembro de 2013.

Capítulo IV
Contribuições sociais gerais

LEANDRO PAULSEN

1. Competência para instituir contribuições sociais gerais

Muitos doutrinadores entendiam que a Constituição de 1988 não autorizava a instituição de contribuições sociais que não as de seguridade social. Sem razão, contudo, porquanto o fato de a Constituição ter detalhado as contribuições de seguridade social no art. 195 não afasta a outorga de competência genérica para a instituição de contribuições sociais, assim entendidas as destinadas a quaisquer objetivos relacionados à ordem social[1].

Efetivamente, a seguridade social constitui apenas uma das áreas em que a União deve atuar em matéria social, sendo que todas elas admitem financiamento mediante

---

[1] "As contribuições sociais incluídas nesse dispositivo magno têm exatamente a ampla acepção de serem destinadas ao custeio das metas fixadas na Ordem Social, Título VIII, e dos direitos Sociais, sendo inconfundíveis com aquelas de intervenção no domínio econômico e com as corporativas. Dentro delas – sociais – como gênero, se especializam aquelas destinadas ao custeio de Seguridade Social... O conceito de contribuições sociais é assim mais amplo do que aquele de contribuições sociais destinadas a custear a Seguridade Social. O art. 149 regula o regime tributário das contribuições sociais em sentido amplo, regime que é comum aos demais tributos. Elas custeiam a atuação do Estado em todos os campos sociais [...] além do clássico núcleo da Previdência Social (nele incluídos o seguro desemprego e o seguro contra acidentes do trabalho), o Direito Social também se compõe das normas relativas ao seguro das vítimas de guerra e de toda a ajuda social para formação profissional, incentivo ao trabalho, salário-família, ajuda para a educação, para os incapacitados ao trabalho, para a moradia própria, para a criança e o adolescente etc. [...] As contribuições sociais são os instrumentos tributários, previstos na Constituição de 1988, para o custeio da atuação da União nesse setor. E dentro desse campo – o social – as contribuições financiadoras da Seguridade Social (previdência, saúde e assistência social) são tão só a espécie do gênero maior, contribuição social" (DERZI, Misabel Abreu Machado. Nota de atualização à obra de BALEEIRO, Aliomar. *Limitações constitucionais ao poder de tributar*. 7. ed. Rio de Janeiro: Forense, 1997, p. 594-595).

instituição de contribuição social, desde que atendidos, por certo, os demais requisitos das contribuições.

O Supremo Tribunal Federal, quando da análise da contribuição ao FGTS de que tratou a LC n. 110/2001, teve de firmar posição sobre a existência ou não de competência da União para a instituição de "contribuições sociais gerais" e o fez afirmativamente.

Inequívoco é, hoje, o entendimento de que a União pode instituir contribuições ditas "sociais gerais" quando visa a uma atuação relacionada à ordem social distinta da seguridade social.

A outorga de competência à União para a instituição de contribuições sociais como instrumento da sua atuação na respectiva área, ou seja, na área social, deve ser analisada à vista dos direitos sociais ou dos objetivos estabelecidos no título "Da ordem social", pois esses delimitarão as ações estatais passíveis de serem custeadas pelas contribuições sociais.

Não há, portanto, uma competência irrestrita, uma carta branca ao legislador para a criação de tributos simplesmente justificados como destinados a uma finalidade social. A validade da contribuição dependerá da finalidade buscada que, necessariamente, terá de estar constitucionalmente qualificada como social.

Dentre os objetivos sociais que admitem a instituição de contribuições sociais gerais estão a promoção da educação, da cultura, do desporto, da ciência, da família e dos índios conforme dispõem os artigos da CF, *verbis*:

> Art. 205. A educação, direito de todos e dever do Estado e da família, será promovida e incentivada com a colaboração da sociedade, visando ao pleno desenvolvimento da pessoa, seu preparo para o exercício da cidadania e sua qualificação para o trabalho.
>
> Art. 215. O Estado garantirá a todos o pleno exercício dos direitos culturais e acesso às fontes da cultura nacional, e apoiará e incentivará a valorização e a difusão das manifestações culturais...
>
> Art. 217. É dever do Estado fomentar práticas desportivas formais e não formais...
>
> Art. 218. O Estado promoverá e incentivará o desenvolvimento científico, a pesquisa e a capacitação tecnológicas.
>
> Art. 225. Todos têm direito ao meio ambiente ecologicamente equilibrado, bem de uso comum do povo e essencial à sadia qualidade de vida, impondo-se ao Poder Público e à coletividade o dever de defendê-lo e preservá-lo para as presentes e futuras gerações.
>
> Art. 226. A família, base da sociedade, tem especial proteção do Estado.
>
> Art. 231. São reconhecidos aos índios sua organização social, costumes, línguas, crenças e tradições, e os direitos originários sobre as terras que tradicionalmente ocupam, competindo à União demarcá-las, proteger e fazer respeitar todos os seus bens.

Mas o exercício da competência para instituir contribuições sociais gerais, após o advento da EC n. 33/2001, também está condicionado à observância das bases econômicas estabelecidas pelo art. 149, § 2º, III, *a*, da CF: "o faturamento, a receita bruta ou o valor da operação e, no caso de importação, o valor aduaneiro".

Assim, enquanto a Constituição Federal, inicialmente, outorgava competência para a instituição de contribuições tendo em conta exclusivamente o critério da finalidade (havendo finalidade social, poderiam ser instituídas contribuições sociais), após a EC n. 33/2001 passou a outorgar competência combinando os critérios da finalidade e da base econômica (havendo finalidade social, podem ser instituídas contribuições sociais sobre o faturamento, a receita bruta ou o valor da operação e, no caso de importação, o valor aduaneiro).

Só se admite exceção mediante suporte constitucional específico.

Vejamos as contribuições desta subespécie instituídas pela União.

2. Contribuição "salário-educação" instituída pela Lei n. 9.424/96

O chamado "salário-educação" existe desde a Constituição de 1934[2]. De início, cuidava-se de prestação *in natura*: eram as empresas obrigadas a manter ensino primário gratuito para os seus empregados e para os filhos destes. A EC n. 1/69, através de seu art. 178, facultou às empresas a opção entre manter o ensino gratuito ou concorrer para aquele fim mediante a contribuição do salário-educação. Com a Constituição Federal de 1988, forte em seu art. 212, todas as empresas passaram a estar obrigadas a contribuir em pecúnia, ainda que sem prejuízo da possibilidade de dedução do montante aplicado diretamente no ensino fundamental de seus empregados e dependentes, o que foi excluído pela EC n. 14/96. Vejamos:

> Art. 212. A União aplicará, anualmente, nunca menos de dezoito, e os Estados, o Distrito Federal e os Municípios vinte e cinco por cento, no mínimo, da receita resultante de impostos, compreendida a proveniente de transferências, na manutenção e desenvolvimento do ensino.
>
> [...]
>
> § 5º O ensino fundamental público terá como fonte adicional de financiamento a contribuição social do salário-educação, recolhida, na forma da lei, pelas empresas, que dela poderão deduzir a aplicação realizada no ensino fundamental de seus empregados e dependentes. (Redação original)
>
> § 5º O ensino fundamental público terá como fonte adicional de financiamento a contribuição social do salário-educação, recolhida pelas empresas, na forma da lei. (Redação da EC n. 14/96, não mais referindo deduções)

---

[2] No RE n. 83.662-RS, o então Ministro Cunha Peixoto fez um histórico do salário-educação à luz das Constituições de 1934, 1946, 1967 e da EC de 1969.

§ 5º A educação básica pública terá como fonte adicional de financiamento a contribuição social do salário-educação, recolhida pelas empresas na forma da lei. (Redação da EC n. 53/2006)

Vê-se do RE n. 290.079 que o STF considerou recepcionada a contribuição ao salário-educação, com caráter tributário, nos moldes do então vigente DL n. 1.422/75, salvo quanto à delegação ao Executivo para alterar alíquotas, considerada incompatível com a legalidade tributária estampada no art. 150, I, do CF. Veja-se:

SALÁRIO-EDUCAÇÃO. PERÍODO ANTERIOR À LEI N. 9.424/96. ALEGADA INCONSTITUCIONALIDADE, EM FACE DA EC n. 01/69, VIGENTE QUANDO DA EDIÇÃO DO DECRETO-LEI N. 1.422/75, POR OFENSA AO PRINCÍPIO DA ESTRITA LEGALIDADE TRIBUTÁRIA, CONSAGRADO NOS ARTS. 153, § 2º, E 178, E AO PRINCÍPIO DA VEDAÇÃO DA DELEGAÇÃO DE PODERES, PREVISTO NO ART. 6º, PARÁGRAFO ÚNICO. ALEGADA CONTRARIEDADE, AINDA, AO ART. 195, I, DA CF/88. CONTRIBUIÇÃO QUE, DE RESTO, FORA REVOGADA PELO ART. 25 DO ADCT/88. Contribuição que, na vigência da EC n. 01/69, foi considerada pela jurisprudência do STF como de natureza não tributária, circunstância que a subtraiu da incidência do princípio da legalidade estrita, não se encontrando, então, na competência do Poder Legislativo a atribuição de fixar as alíquotas de contribuições extratributárias. O art. 178 da Carta pretérita, por outro lado, nada mais fez do que conferir natureza constitucional à contribuição, tal qual se achava instituída pela Lei n. 4.440/64, cuja estipulação do respectivo *quantum debeatur* por meio do sistema de compensação do custo atuarial não poderia ser cumprida senão por meio de levantamentos feitos por agentes da Administração, donde a fixação da alíquota haver ficado a cargo do Chefe do Poder Executivo. Critério que, todavia, não se revelava arbitrário, porque sujeito à observância de condições e limites previstos em lei. A CF/88 acolheu o salário-educação, havendo mantido de forma expressa – e, portanto, constitucionalizado –, a contribuição, então vigente, a exemplo do que fez com o PIS-Pasep (art. 239) e com o Finsocial (art. 56 do ADCT), valendo dizer que a recepcionou nos termos em que a encontrou, em outubro/88. Conferiu-lhe, entretanto, caráter tributário, por sujeitá-la, como as demais contribuições sociais, à norma do seu art. 149, sem prejuízo de havê-la mantido com a mesma estrutura normativa do Decreto-Lei n. 1.422/75 (mesma hipótese de incidência, base de cálculo e alíquota), só não tendo subsistido à nova Carta a delegação contida no § 2º do seu art. 1º, em face de sua incompatibilidade com o princípio da legalidade a que, de pronto, ficou circunscrita. Recurso não conhecido. (STF, Plenário, maioria, RE n. 290.079/SC, Min. Ilmar Galvão, out. 2001, DJ de 4-4-2003, p. 40) Obs.: vide, ainda: RE n. 272.872; RE n. 269.700.

Sob a égide da Constituição de 1988, pois, resta inequívoco o caráter tributário da contribuição "salário-educação" dado tratar-se de obrigação pecuniária, compulsória, que não constitui sanção de ato ilícito, instituída e cobrada pela União de modo a gerar recursos para aplicação em finalidade pública.

E não apenas se trata de um tributo, como, especificamente, de uma contribuição social geral, porquanto voltada a custear atividade desenvolvida pela União relativamente à educação, que é dever do Estado, nos termos do art. 205 da CF. Efetivamente, conforme destacado na ementa da ADC3, "Não se trata de outra fonte para a seguridade social", mas de uma contribuição cuja finalidade é o "financiamento do ensino fundamental".

Trata-se, pois, é certo, de contribuição social geral, embora com regime jurídico qualificado. Isso porque, a par do suporte que encontra no art. 149 da CF, possui fundamento constitucional expresso em razão do já transcrito art. 212, com o que se pode entender que a exigência legal de contribuição com finalidade de aplicação na educação básica pode recair sobre a base que já vinha sendo tributada para tal finalidade quando do advento da Constituição: a folha de salários. Cuida-se, no ponto, de exceção entre as contribuições sociais gerais. A EC n. 33/2001, ao restringir as bases econômicas passíveis de tributação por contribuições sociais ao acrescentar o § 2º, I, *a*, ao art. 149, não afetou as contribuições já previstas nos arts. 195 (de seguridade) e 212, § 5º (social geral para aplicação em educação básica), não as tendo, pois, revogado.

A Lei n. 9.424/96, regulamentada pelo Decreto n. 6.003/2006, dispõe:

> Art. 15. O Salário-Educação, previsto no art. 212, § 5º, da Constituição Federal e devido pelas empresas, na forma em que vier a ser disposto em regulamento, é calculado com base na alíquota de 2,5% (dois e meio por cento) sobre o total de remunerações pagas ou creditadas, a qualquer título, aos segurados empregados, assim definidos no art. 12, inciso I, da Lei n. 8.212, de 24 de julho de 1991.

O STF já decidiu pela constitucionalidade da Lei n. 9.424/96 ao julgar a ADC3, conforme ementa que segue:

> ART. 15, LEI 9.424/96. SALÁRIO-EDUCAÇÃO. CONTRIBUIÇÕES PARA O FUNDO DE MANUTENÇÃO E DESENVOLVIMENTO DO ENSINO FUNDAMENTAL E DE VALORIZAÇÃO DO MAGISTÉRIO. DECISÕES JUDICIAIS CONTROVERTIDAS. ALEGAÇÕES DE INCONSTITUCIONALIDADE FORMAL E MATERIAL. Formal: lei complementar. Desnecessidade. Natureza da contribuição social. § 5º, do art. 212 da CF que remete só à lei. Processo legislativo. Emenda de redação pelo senado. Emenda que não alterou a proposição jurídica. Folha de salários – remuneração. Conceitos. Precedentes. Questão *interna corporis* do poder legislativo. Cabimento da análise pelo tribunal em face da natureza constitucional. Inconstitucionalidade material: base de cálculo. Vedação do art. 154, I, da CF que não atinge esta contribuição, somente impostos. Não se trata de outra fonte para a seguridade social. Imprecisão quanto a hipótese de incidência. A CF quanto ao salário-educação define a finalidade: financiamento do ensino fundamental e o sujeito passivo da contribuição: as empresas. Não resta dúvida. Constitucionalidade da lei amplamente demonstrada. Ação declaratória de constitucionalidade que se julga procedente, com efeitos *ex tunc*. (STF, Plenário, maioria, ADC 3, Min. Nelson Jobim, dez. 99, DJ de 9-5-2003, p. 43)

A matéria, aliás, encontra-se sumulada:

> Súmula n. 732 do STF: "É constitucional a cobrança da contribuição do salário-educação, seja sob a Carta de 1969, seja sob a Constituição Federal de 1988, e no regime da Lei n. 9.424/96." (Dec. 26-11-2003, DJ 09-12-2003)

No RE n. 660.933 RG, o STF reafirmou a constitucionalidade do tributo pela sistemática da repercussão geral:

> TRIBUTÁRIO. CONTRIBUIÇÃO DESTINADA AO CUSTEIO DA EDUCAÇÃO BÁSICA. SALÁRIO-EDUCAÇÃO. COBRANÇA NOS TERMOS DO DL n. 1.422/1975 E DOS DECRETOS 76.923/1975 E 87.043/1982. CONSTITUCIONALIDADE SEGUNDO AS CARTAS DE 1969 E 1988. PRECEDENTES. Nos termos da Súmula 732/STF, é constitucional a cobrança da contribuição do salário-educação, seja sob a Carta de 1969, seja sob a Constituição Federal de 1988, e no regime da Lei n. 9.424/1996. A cobrança da exação, nos termos do DL n. 1.422/1975 e dos Decretos n. 76.923/1975 e 87.043/1982, é compatível com as Constituições de 1969 e 1988. Precedentes. Repercussão geral da matéria reconhecida e jurisprudência reafirmada, para dar provimento ao recurso extraordinário da União. (STF, Plenário Virtual, RE n. 660.933 RG, rel. Min. Joaquim Barbosa, fev. 2012)

Quanto aos aspectos da norma tributária da contribuição dita "salário-educação", temos que observar o art. 15 da Lei n. 9.424/96.

Sujeito ativo da contribuição era o INSS, que fiscalizava, cobrava e arrecadava a contribuição, retinha 1% a título de ressarcimento pelas despesas, e repassava o montante arrecadado ao Fundo Nacional de Desenvolvimento da Educação – FNDE. Com o advento da Lei n. 11.457/2007, a condição de sujeito ativo passou à União em lugar do INSS. O § 6º do art. 3º da Lei n. 11.457/2007, aliás, faz expressa referência ao salário-educação ao cuidar da competência da Receita Federal do Brasil para as atividades de fiscalização, arrecadação e cobrança das contribuições anteriormente a cargo do INSS.

Sujeito passivo, na condição de contribuinte, são as empresas. O art. 15 da Lei n. 9.424/96 refere-se ao "Salário-Educação... devido pelas empresas". No STJ, é pacífico o entendimento de que "a **contribuição** para o **salário-educação** tem como sujeito passivo as empresas, sendo assim entendidas as firmas individuais ou sociedades que assumam o risco de atividade econômica, urbana ou rural, com fins lucrativos ou não, em consonância com o art. 15 da Lei n. 9.424/1996, regulamentado pelo Decreto n. 3.142/1999"[3]. A matéria, inclusive, já foi objeto de recurso repetitivo no qual restou consolidada a orientação de que são sujeitos passivos as empresas, assim consideradas "as firmas individuais ou sociedades que assumam o risco de atividade econômica, urbana ou rural, com fins lucrativos ou não, em consonância com o art. 15 da Lei n. 9.424/96, regulamentado pelo Decreto n. 3.142/99, sucedido pelo Decreto n. 6.003/2006"[4]. De outro lado, "o produtor rural, pessoa física, que não possui Cadastro Nacional de Pessoa

---

[3] STJ, AgInt no REsp n. 1711893/SP, rel. Min. Napoleão Nunes Maia Filho, Primeira Turma, julgado em 16-8-2018, *DJe* 24-8-2018.

[4] STJ, Primeira Seção, REsp n. 1162307/RJ, rel. Min. Luiz Fux, nov. 2010.

Jurídica – CNPJ, não pode ser equiparado a sociedade empresária para fins de cobrança da contribuição para o salário-educação"[5].

Não se distingue determinado ramo de atividade, aplicando-se a todos. Para tanto, aliás, tem suporte constitucional, porquanto o § 5º do art. 212 também tem redação genérica: "contribuição social do salário-educação, recolhida, na forma da lei, pelas empresas". Assim, tanto empresas industriais, comerciais e prestadoras de serviços, como quaisquer outras, são sujeitos passivos da contribuição "salário-educação". O STF firmou posição no sentido de que até mesmo as sociedades sem fins lucrativos enquadram-se no conceito de empresa para os fins da incidência da contribuição, que "deve ser entendido da forma mais genérica possível". Adotou, assim, o conceito constante do art. 15, I, da Lei n. 8.212/91: "Art. 15. Considera-se: I – empresa – a firma individual ou sociedade que assume o risco de atividade econômica urbana ou rural, com fins lucrativos ou não, bem como os órgãos e entidades da administração pública direta, indireta e fundacional;". Vejamos:

> Contribuição. Salário-educação. Sujeito passivo. Sociedade sem fins lucrativos. Caracterização. Conceito de empresa. Alegação de que apenas as pessoas jurídicas dedicadas a atividades empresariais estariam sujeitas ao tributo. Descabimento. Art. 212, § 5º, da CF/88. Art. 15 da Lei n. 9.424/96. Agravo regimental improvido. Precedente. O conceito de "empresa", para fins de sujeição passiva à contribuição para o salário-educação, corresponde à firma individual ou à pessoa jurídica que, com ou sem fins lucrativos, pague remuneração a segurado-empregado. (STF, 2ª Turma, RE n. 405.444 AgR, rel. Min. Cezar Peluso, mar. 2008)

Seu fato gerador é o pagamento ou creditamento de remuneração aos segurados empregados, sua base de cálculo é o total de tal remuneração e a alíquota é de 2,5%, também nos termos do art. 15 da Lei n. 9.424/96: "é calculado com base na alíquota de 2,5% (dois e meio por cento) sobre o total de remunerações pagas ou creditadas, a qualquer título, aos segurados empregados". Na ADC 3, o Ministro relator Nelson Jobim ressaltou, justamente, que "coincidem hipótese de incidência (remunerar, a qualquer título, segurados empregados) e a base de cálculo (total das remunerações pagas ou creditadas a segurados empregados)".

Note-se que há referência inequívoca à remuneração dos segurados empregados, razão pela qual entendíamos que o Fisco não poderia pretender o recolhimento sobre a remuneração de outros segurados, como os contribuintes individuais (autônomos etc.). As remunerações dos titulares de firma individual e o pagamento por trabalho prestado por autônomos não constituiriam fato gerador tampouco integrariam a base de cálculo do salário-educação. Também ficariam fora da base de cálculo, pelas

---

[5] STJ, AgInt no REsp n. 1638863/RS, rel. Min. Gurgel De Faria, 1ª Turma, julgado em 21-8-2018.

mesmas razões, os pagamentos a avulsos. Mas a jurisprudência do STF consolidou-se no sentido de que "a contribuição do salário-educação incide, inclusive, sobre os valores pagos aos trabalhadores autônomos, avulsos e administradores"[6]. Há também precedentes em que o STF reconheceu que esse ponto consubstanciaria matéria infraconstitucional[7].

Quanto aos valores que consubstanciam ou não remuneração, entende o STJ que a "exegese do artigo 1º da Lei n. 9.766/98 c/c com o artigo 15 da Lei n. 9.424/96 permite concluir que a contribuição social do salário-educação deve seguir a mesma sistemática das contribuições previdenciárias, de modo a não incidir sobre os valores pagos nos quinze dias que antecedem ao auxílio-doença, pois a importância paga não é destinada a retribuir o trabalho, já que nenhum trabalho é prestado, tratando-se de verba de caráter indenizatório, fora, portanto, da hipótese de incidência da exação (aplicação da orientação firmada pela Primeira Seção quando do julgamento do REsp 1.230.957/RS, submetido ao regime dos recursos repetitivos)"[8].

Remanesce questionamento acerca da revogação da contribuição do salário-educação pela EC n. 33/2001. Isso porque essa emenda constitucional acrescentou, ao art. 149 da CF, o § 2º, inciso III, *a*, segundo o qual as contribuições sociais, quando *ad valorem* (calculadas mediante aplicação de um percentual sobre uma base), poderão ter por base o faturamento, a receita bruta ou o valor da operação e, no caso de importação, o valor aduaneiro. Não fazendo referência à folha de salários, essa base estaria reservada às contribuições de seguridade social tão somente. Eis o Tema 325 de Repercussão Geral: Subsistência da contribuição destinada ao Sebrae, após o advento da Emenda Constitucional n. 33/2001. A matéria é objeto do RE n. 603.624, cujo mérito pende de análise pelo STF[9].

3. Contribuição ao FGTS instituída pela LC n. 110/2001

Impõe-se distinguir a contribuição ao FGTS prevista na Lei n. 8.036/90, de 8%[10], que não tem natureza tributária, daquelas criadas pela LC n. 110/2001, consideradas pelo STF contribuições sociais gerais.

---

[6] STF, 1ª Turma, AI 764005 AgR, rel. Min. Dias Toffoli, out. 2014.

[7] STF, 2ª Turma, RE n. 793.032, rel. Min. Ricardo Lewandowski, mar. 2014; STF, 1ª Turma, RE n. 640057 AgRgED, rel. Min. Luiz Fux, mar. 2013.

[8] STJ, REsp n. 1591042/SP, rel. Min. Mauro Campbell Marques, 2ª Turma, julgado em 14-8-2018, *DJe* 20-8-2018.

[9] Conforme acompanhamento processual consultado em outubro de 2018.

[10] Lei n. 8.036/90, art. 15: "Para os fins previstos nesta lei, todos os empregadores ficam obrigados a depositar, até o dia 7 (sete) de cada mês, em conta bancária vinculada, a importância correspondente a 8 (oito) por cento da remuneração paga ou devida, no mês anterior, a cada trabalhador...".

A natureza dos recolhimentos a título de FGTS, em contas vinculadas em nome dos empregados, não é tributária. Trata-se de um ônus de cunho trabalhista. Note-se que tributo, por essência, pressupõe a inversão de recursos ao Estado ou a outros entes que exerçam serviços públicos, e não a particulares no seu interesse pessoal, como é o caso do FGTS. Dizendo da natureza não tributária do FGTS depositado nas contas vinculadas, pronunciou-se o Plenário do STF no julgamento do RE n. 100.249-2/SP, em dezembro de 1987, conduzido pelo Ministro Néri da Silveira[11]. Tal posição, após a Constituição de 1988, foi reiterada pela 1ª Turma, por unanimidade, no RE n. 134328/DF, relator o Ministro Ilmar Galvão, em fevereiro de 1993[12], e pela 2ª Turma, também por unanimidade, no RE n. 120.189/SC, relator o Ministro Marco Aurélio, em outubro de 1998. Pressupondo a natureza não tributária do FGTS, há a Súmula 210 do STJ[13], que diz da aplicação do prazo prescricional de 30 anos para a sua cobrança, e não do prazo prescricional próprio dos tributos.

Relativamente às contribuições ao FGTS criadas pela LC n. 110/2001, estas sim são tributos.

A **Lei Complementar n. 110/2001 criou duas novas contribuições** de modo a viabilizar o pagamento correto da atualização monetária das contas vinculadas de FGTS, que sofreram expurgos por ocasião do Plano Verão (janeiro de 1989) e do Plano Collor (abril de 1990), reconhecidos pelos Tribunais Superiores quando do julgamento, pelo Plenário do STF, do RE n. 226.855-7/RS, e, pela 1ª Seção do STJ, do REsp n. 265.556/AL.

---

[11] "FUNDO DE GARANTIA POR TEMPO DE SERVIÇO. SUA NATUREZA JURÍDICA. CONSTITUIÇÃO, ART. 165, XIII. LEI N. 5.107, DE 13-9-1966. As contribuições para o FGTS não se caracterizam como crédito tributário ou contribuições a tributo equiparáveis. Sua sede está no art. 165, XIII, da Constituição. Assegura-se ao trabalhador estabilidade, ou fundo de garantia equivalente. Dessa garantia, de índole social, promana, assim, a exigibilidade pelo trabalhador do pagamento do FGTS, quando despedido, na forma prevista em lei. Cuida-se de um direito do trabalhador. Dá-lhe o Estado garantia desse pagamento. A contribuição pelo empregador, no caso, deflui do fato de ser ele o sujeito passivo da obrigação, de natureza trabalhista e social, que encontra, na regra constitucional aludida, sua fonte. A atuação do Estado, ou de órgão da Administração Pública, em prol do recolhimento da contribuição do FGTS, não implica torná-lo titular do direito à contribuição, mas, apenas, decorre do cumprimento, pelo Poder Público, da obrigação de fiscalizar e tutelar a garantia assegurada ao empregado optante pelo FGTS. Não exige o Estado, quando aciona o empregador, valores a serem recolhidos ao Erário, como receita pública. Não há, aí, contribuição de natureza fiscal ou parafiscal. Os depósitos do FGTS pressupõem vínculo jurídico, com disciplina no Direito do Trabalho. Não se aplica às contribuições do FGTS o disposto nos arts. 173 e 174 do CTN. Recurso extraordinário conhecido, por ofensa ao art. 165, XIII, da Constituição, e provido, para afastar a prescrição quinquenal da ação" (STF, Plenário, RE n. 100.249-2/SP, Min. Néri da Silveira, dez. 1987, RTJ 136/681).

[12] "FUNDO DE GARANTIA DO TEMPO DE SERVIÇO. PRESCRIÇÃO. PRAZO TRINTENÁRIO. LEI ORGÂNICA DA PREVIDÊNCIA SOCIAL, ART. 144. A natureza da contribuição devida ao Fundo de Garantia do Tempo de Serviço foi definida pelo Supremo Tribunal Federal no RE 100249 – RTJ 136/681. Nesse julgamento foi ressaltado seu fim estritamente social de proteção ao trabalhador, aplicando-se-lhe, quanto a prescrição, o prazo trintenário resultante do art. 144 da Lei Orgânica da Previdência Social. Recurso extraordinário conhecido e provido" (STF, 1ª Turma, RE n. 134.328/DF, Min. Ilmar Galvão, fev. 1993).

[13] Súmula 210 do STJ: "A ação de cobrança das contribuições para o FGTS prescreve em trinta (30) anos". DJU de 5-6-1998, p. 112.

Eis os dispositivos instituidores constantes da LC n. 110/2001:

Art. 1º **Fica instituída contribuição social** devida pelos empregadores em caso de despedida de empregado sem justa causa, à alíquota de dez por cento sobre o montante de todos os depósitos devidos, referentes ao Fundo de Garantia do Tempo de Serviço – FGTS, durante a vigência do contrato de trabalho, acrescido das remunerações aplicáveis às contas vinculadas. (Vide: ADIN 2.556-2 e ADIN 2.568-6)

Parágrafo único. Ficam isentos da contribuição social instituída neste artigo os empregadores domésticos.

Art. 2º **Fica instituída contribuição social** devida pelos empregadores, à alíquota de cinco décimos por cento sobre a remuneração devida, no mês anterior, a cada trabalhador, incluídas as parcelas de que trata o art. 15 da Lei n. 8.036, de 11 de maio de 1990. (Vide: ADIN 2.556-2 e ADIN 2.568-6)

§ 1º Ficam isentas da contribuição social instituída neste artigo:

I – as empresas inscritas no Sistema Integrado de Pagamento de Impostos e Contribuições das Microempresas e Empresas de Pequeno Porte – SIMPLES, desde que o faturamento anual não ultrapasse o limite de R$ 1.200.000,00 (um milhão e duzentos mil reais);

II – as pessoas físicas, em relação à remuneração de empregados domésticos; e

III – as pessoas físicas, em relação à remuneração de empregados rurais, desde que sua receita bruta anual não ultrapasse o limite de R$ 1.200.000,00 (um milhão e duzentos mil reais).

§ 2º A contribuição será devida pelo prazo de sessenta meses, a contar de sua exigibilidade.

Art. 3º Às contribuições sociais de que tratam os arts. 1º e 2º aplicam-se as disposições da Lei n. 8.036, de 11 de maio de 1990, e da Lei n. 8.844, de 20 de janeiro de 1994, inclusive quanto a sujeição passiva e equiparações, prazo de recolhimento, administração, fiscalização, lançamento, consulta, cobrança, garantias, processo administrativo de determinação e exigência de créditos tributários federais. (Vide: ADIN 2.556-2 e ADIN 2.568-6)

§ 1º As contribuições sociais serão recolhidas na rede arrecadadora e transferidas à Caixa Econômica Federal, na forma do art. 11 da Lei n. 8.036, de 11 de maio de 1990, e as respectivas receitas serão incorporadas ao FGTS.

§ 2º A falta de recolhimento ou o recolhimento após o vencimento do prazo sem os acréscimos previstos no art. 22 da Lei n. 8.036, de 11 de maio de 1990, sujeitarão o infrator à multa de setenta e cinco por cento, calculada sobre a totalidade ou a diferença da contribuição devida.

§ 3º A multa será duplicada na ocorrência das hipóteses previstas no art. 23, § 3º, da Lei n. 8.036, de 11 de maio de 1990, sem prejuízo das demais cominações legais.

As novas contribuições, diferentemente das anteriores, têm **natureza tributária**, não sendo um encargo decorrente do contrato de trabalho. Veja-se que não se trata de verba devida especificamente a cada trabalhador, a ser depositada em conta vinculada, mas de verba devida ao Fundo para fazer frente a obrigações reconhecidas pela Justiça. Incide sobre despedidas sem justa causa e sobre a remuneração de quaisquer empregados, enquanto aqueles titulares de direitos a diferenças de remuneração são apenas os que tinham saldo em conta vinculada quando da ocorrência dos expurgos. As diferenças que lhes foram creditadas, ademais, eram devidas pela CEF e, subsidiariamente, pela União, independente da instituição de tais novas contribuições.

A título de contribuição social, instituiu-se, portanto, um tributo voltado a gerar recursos para o pagamento de dívida do Governo, o que não se enquadra em nenhuma das finalidades previstas no art. 149 da CF (não é social, interventiva nem do interesse de categorias). Note-se que sua caracterização como contribuição social geral só se daria caso instituída para financiar a atuação da União em áreas como a saúde, o desporto, o meio ambiente, a cultura... enfim, algum dos objetivos estampados no título "Da ordem social" na Constituição Federal. E jamais poderia ser cobrado apenas dos empregadores, porquanto, já tendo eles efetuado o depósito que lhes era exigível a título de FGTS devido em razão da relação de emprego, não há por que suportarem, apenas eles, os custos das condenações judiciais sofridas pela CEF e pela União relacionadas à administração do fundo e das contas vinculadas. Além disso, se vislumbrássemos em tais exações impostos, também não se sustentariam, pois estes não podem ter seu produto vinculado a fundo ou despesa, nos termos do art. 167, IV, da CF, vinculação esta que torna inválido o imposto. Embora tenham sido proferidos acórdãos por tribunal regional no sentido da inconstitucionalidade das novas contribuições, porquanto tributos que não encontrariam suporte válido em nenhuma das normas de competência[14], o STF as considerou válidas enquanto contribuições sociais gerais.

---

[14] "CONTRIBUIÇÃO SOCIAL – FGTS – LEI COMPLEMENTAR N. 110/2001 – INEXIGIBILIDADE. 1. As contribuições instituídas pela Lei Complementar n. 110/2001 não se compatibilizam com a definição constitucional de contribuições sociais. 2. Se consideradas como impostos, tal imposto é inconstitucional por força do art. 167, inciso IV, da Constituição Federal" (TRF4, 1ª Turma, AI 2001.04.01.086085-3/SC, rel. Desa. Fed. Maria Lúcia Luz Leiria, abr. 2002); – "As imposições tributárias em comento, conforme flui mansamente do diploma legal instituidor, têm o desiderato de suprir os cofres públicos para fazer frente à autorização conferida à Caixa Econômica Federal de creditar nas contas vinculadas do FGTS o complemento de atualização monetária, em decorrência do que se convencionou chamar expurgos inflacionários (art. 4º). Tal mote, aliás, vem expresso na Mensagem n. 291, subscrita pelo Presidente da República, que traça razões de projeto de lei submetido ao Congresso Nacional, o qual originou o diploma legal sob análise, in verbis: 'Temos a honra de submeter à elevada consideração de Vossa Excelência a anexa minuta de Projeto de Lei Complementar que autoriza o crédito, nas contas vinculadas do Fundo de Garantia do Tempo de Serviço – FGTS, dos complementos de atualização monetária decorrentes de decisão do Supremo Tribunal Federal, sob condição de aprovação de contribuição social de 10% (dez por cento) dos depósitos do FGTS, devidos nos casos de despedida sem justa causa, e da contribuição social de 0,5% (cinco décimos por cento) incidente sobre a folha de pagamento, ora propostas.' Esta finalidade, tenho para mim, não se amolda a qualquer das espécies preexistentes no texto constitucional, nem encontra base nas previsões de criação de espécies novas; que estas devem guardar enquadramento no art. 195, § 4º (outras fontes destinadas a garantir a manutenção ou expansão da seguridade social) ou no art. 149 (de intervenção no domínio econômico ou de interesse das categorias profissionais ou econômicas). É óbvio que a cobertura de dívidas da União oriundas da manipulação dos índices inflacionários utilizados para correção monetária do saldo das contas vinculadas dos trabalhadores, igualmente às razões que expendi acima na defesa da natureza tributária do FGTS, não pode ser inserida no conceito de contribuições para seguridade social, pois tal finalidade não guarda conexão com o custeio da saúde, previdência e assistência social. [...] Conclusão: as espécies tributárias instituídas pela Lei Complementar n. 110/2001 não se inserem em nenhuma das bases constitucionais que facultam a criação de contribuições sociais novas. [...]" (excerto de decisão proferida pelo Des. Federal Luiz Carlos de Castro Lugon, do TRF4, no AI 2001.04.01.082708-4/RS, em dez. 2001).

Na ADI 2.556, julgada em conjunto com a ADI 2.568, em decisões liminares e, posteriormente, de mérito, pronunciou-se pela constitucionalidade da LC n. 110/2001, entendendo que as novas contribuições para o FGTS são tributos e que configuram, validamente, contribuições sociais gerais. A ADI 2.556, é verdade, foi considerada prejudicada relativamente à contribuição do art. 2º da LC n. 110/2001, de cinco décimos por cento sobre a remuneração dos trabalhadores, porquanto teve vigência temporária, por sessenta meses, não estando mais em vigor por ocasião do julgamento do mérito. Mas, quanto à contribuição do art. 1º, de 10% sobre o montante dos depósitos em conta vinculada, em caso de despedida sem justa causa, foi considerada válida, salvo no período que deixou de observar a anterioridade. Vejamos:

> Ementa: Tributário. Contribuições destinadas a custear dispêndios da União acarretados por decisão judicial (RE 226.855). Correção monetária e atualização dos depósitos do Fundo de Garantia por Tempo de Serviço (FGTS). Alegadas violações dos arts. 5º, LIV (falta de correlação entre necessidade pública e a fonte de custeio); 150, III, b (anterioridade); 145, § 1º (capacidade contributiva); 157, II (quebra do pacto federativo pela falta de partilha do produto arrecadado); 167, IV (vedada destinação específica de produto arrecadado com imposto); todos da Constituição, bem como ofensa ao art. 10, I, do Ato das Disposições Constitucionais Transitórias – ADCT (aumento do valor previsto em tal dispositivo por lei complementar não destinada a regulamentar o art. 7º, I, da Constituição). LC n. 110/2001, arts. 1º e 2º. A segunda contribuição criada pela LC n. 110/2001, calculada à alíquota de cinco décimos por cento sobre a remuneração devida, no mês anterior, a cada trabalhador, extinguiu-se por ter alcançado seu prazo de vigência (sessenta meses contados a partir da exigibilidade – art. 2º, § 2º da LC n. 110/2001). Portanto, houve a perda superveniente dessa parte do objeto de ambas as ações diretas de inconstitucionalidade. Esta Suprema Corte considera constitucional a contribuição prevista no art. 1º da LC n. 110/2001, desde que respeitado o prazo de anterioridade para início das respectivas exigibilidades (art. 150, III, b da Constituição). O argumento relativo à perda superveniente de objeto dos tributos em razão do cumprimento de sua finalidade deverá ser examinado a tempo e modo próprios. Ações Diretas de Inconstitucionalidade julgadas prejudicadas em relação ao artigo 2º da LC n. 110/2001 e, quanto aos artigos remanescentes, parcialmente procedentes, para declarar a inconstitucionalidade do artigo 14, *caput*, no que se refere à expressão "produzindo efeitos", bem como de seus incisos I e II. (STF, ADI 2556, rel. Min. Joaquim Barbosa, Tribunal Pleno, julgado em 13-6-2012)

Outros três pontos, contudo, ainda carecem de enfrentamento.

O primeiro diz respeito à **superveniência da EC n. 33/2001**, que é de 11 de dezembro de 2001 (a LC n. 110 é de 11 de junho de 2001). Tendo a EC n. 33/2001 arrolado as bases econômicas (materialidades) passíveis de tributação a título de contribuições sociais no art. 149, § 2º, III, *a* (faturamento, receita bruta ou valor da operação), restaram revogadas, por não terem sido recepcionadas pelo novo texto, as contribuições sociais gerais que incidiam sobre outras bases, como é o caso das relativas às contribuições instituídas pela LC n. 110: "montante de todos os depósitos devidos, referentes ao

Fundo de Garantia do Tempo de Serviço – FGTS, durante a vigência do contrato de trabalho, acrescido das remunerações aplicáveis às contas vinculadas" e "remuneração devida, no mês anterior, a cada trabalhador, incluídas as parcelas de que trata o art. 15 da Lei n. 8.036, de 11 de maio de 1990".

O segundo diz respeito à **cessação da obrigação de pagar a contribuição quando cumprida a finalidade** que teria dado fundamento à sua instituição. A finalidade para a qual foram instituídas essas contribuições (financiamento do pagamento dos expurgos dos Planos Verão e Collor) era temporária e já foi atendida. Como as contribuições têm como característica peculiar a vinculação a uma finalidade constitucionalmente prevista, atendidos os objetivos fixados pela norma, nada há que justifique a cobrança dessas contribuições. Por isso, não se pode continuar exigindo das empresas as contribuições instituídas pela Lei Complementar n. 110. A contribuição de 0,5% sobre a folha, é verdade, já nasceu temporária, para vigência por sessenta meses, nos termos do § 2º do art. 2º da LC n. 110/2001. Mas a contribuição de 10% devida na despedida sem justa causa, de que trata o art. 1º daquela lei complementar, foi instituída sem um termo final de vigência, impondo-se obstar o prosseguimento da sua cobrança em face do esgotamento da sua finalidade, embora haja posições em sentido diverso[15]. Em voto proferido na AC n. 5061693-34.2013.4.04.7100/RS, Andrei Pitten Velloso destacou:

> [...] a necessidade financeira que justificou a instituição da contribuição exauriu-se há muito tempo.
>
> No entanto, o Governo Federal optou por continuar cobrando a exação, **para financiar outras atividades**, completamente alheias à razão que justificou a sua criação.
>
> Esse quadro restou tão evidente que o Congresso Nacional aprovou um projeto de lei complementar (n. 198/2007) para estabelecer, de forma expressa, um termo final para a cobrança da contribuição, mas a Presidente da República o vetou, alegando que os recursos seriam necessários para financiar **outras atividades estatais, como o Programa Minha Casa, Minha Vida**:

"Senhor Presidente do Senado Federal,
Comunico a Vossa Excelência que, nos termos do § 1º do art. 66 da Constituição, decidi vetar integralmente, por contrariedade ao interesse público, o Projeto de Lei Complementar n. 200, de 2012 (n. 198/2007 no Senado Federal), que 'Acrescenta § 2º ao art. 1º da Lei

---

[15] No sentido do prosseguimento da cobrança: "[...] o legislador, em momento algum, condicionou a sua exigibilidade, como pensam alguns, apenas à superação do déficit outrora experimentado pelo FGTS em razão de expurgos inflacionários que o Judiciário lhe obrigou a sanar, determinando, pelo contrário, de forma textual, indiscutível e genericamente, a integral incorporação das receitas da contribuição debatida ao FGTS, não só para sanar eventuais déficits, mas, sobretudo, como forma de viabilizar continuamente a sua indispensável contribuição para a execução e implementação dos diversos programas sociais fomentados com seus recursos" (SILVA, Danny Monteiro da. "Padece a contribuição social do art. 1º da Lei Complementar n. 110, de 2001, de exaurimento de sua finalidade ou de inconstitucionalidade superveniente?", *RDDT* 229/2016, out. 2014).

Complementar n. 110, de 29 de junho de 2001, para estabelecer prazo para a extinção de contribuição social'.

Ouvidos, os Ministérios do Trabalho e Emprego, do Planejamento, Orçamento e Gestão e da Fazenda manifestaram-se pelo veto ao projeto de lei complementar conforme as seguintes razões:

'**A extinção da cobrança da contribuição social geraria um impacto superior a R$ 3.000.000.000,00 (três bilhões de reais) por ano nas contas do Fundo de Garantia do Tempo de Serviço – FGTS**, contudo a proposta não está acompanhada das estimativas de impacto orçamentário-financeiro e da indicação das devidas medidas compensatórias, em contrariedade à Lei de Responsabilidade Fiscal. **A sanção do texto levaria à <u>redução de investimentos em importantes programas sociais e em ações estratégicas de infraestrutura</u>**, notadamente naquelas realizadas por meio do Fundo de Investimento do Fundo de Garantia do Tempo de Serviço – FI-FGTS. Particularmente, <u>**a medida impactaria fortemente o desenvolvimento do Programa Minha Casa, Minha Vida**</u>, **cujos beneficiários são majoritariamente os próprios correntistas do FGTS**.'

Essas, Senhor Presidente, as razões que me levaram a vetar o projeto em causa, as quais ora submeto à elevada apreciação dos Senhores Membros do Congresso Nacional.'

(Mensagem n. 301, de 23 de julho de 2013)

Despiciendas digressões adicionais para se concluir pelo exaurimento da finalidade e, consequentemente, da vigência da contribuição instituída pelo art. 1º da LC n. 110/2001".

É de todo desnecessário que nova lei complementar sobrevenha para determinar a cessação da cobrança. Basta que reste inequívoco o atingimento integral da sua finalidade. O próprio Executivo deve determinar a cessação da cobrança, sujeitando-se, caso contrário, a que o Judiciário o faça, inclusive com a condenação da União à repetição do indébito. O STJ já decidiu no sentido de que tal discussão tem natureza constitucional, cabendo ao STF defini-la[16].

O terceiro ponto diz respeito à **impossibilidade de se admitir que o Executivo atribua aos recursos arrecadados outro destino** que não aquele estabelecido pela LC n. 110. Ademais, não é dado, sequer ao legislador complementar, alterar a destinação da contribuição de 10% devida na despedida sem justa causa, a menos que a nova destinação venha a guardar adequação às finalidades constitucionalmente autorizadoras da instituição de contribuições e observe a referibilidade que a caracteriza como espécie tributária autônoma. Note-se que a alteração da finalidade equivale à instituição de nova contribuição, exigindo observância de todo o regime jurídico constitucional das contribuições, incluindo a necessidade de observância das garantias de anterioridade.

No âmbito do TRF4, tanto a revogação das contribuições ao FGTS da LC n. 110/2001 pela EC n. 33/2001, como a perda de eficácia da contribuição do seu art. 1º em razão do

---

[16] STJ, 2ª Turma, AgRg no REsp n. 1399846/RS, rel. Min. Herman Benjamin, mar. 2014.

exaurimento da sua finalidade foram afirmadas pelo Juiz Andrei Pitten Velloso quando em substituição na 2ª Turma. Mas essas questões acabaram por ser levadas à Corte Especial daquela Corte em Incidente de Arguição de Inconstitucionalidade, sendo rejeitadas ambas as teses e reafirmada a constitucionalidade e a vigência da referida contribuição:

> EMENTA: CONTRIBUIÇÃO SOCIAL. FUNDO DE GARANTIA POR TEMPO DE SERVIÇO (FGTS). LEI COMPLEMENTAR N. 110, DE 2001. Não se mostra inconstitucional, nem mesmo de forma superveniente, o artigo 1º da Lei Complementar n. 110, de 2001, que instituiu contribuição social em favor do Fundo de Garantia por Tempo de Serviço (FGTS), devida pelos empregadores em caso de despedida de empregado sem justa causa. (TRF4, ARGINC 5029170-55.2015.4.04.0000, Corte Especial, Relator Rômulo Pizzolatti, juntado aos autos em 27-6-2016)

Assim, a contribuição do art. 1º da LC n. 110/2001 prossegue sendo cobrada. Sua "inconstitucionalidade superveniente" é objeto do RE n. 878.313 RG, rel. Min. Marco Aurélio, cuja repercussão geral foi reconhecida em setembro de 2015, mas cujo mérito pende de enfrentamento[17].

---

[17] Conforme acompanhamento processual consultado em 9 de novembro de 2018.

Capítulo V — Contribuições sociais de seguridade social e o princípio da solidariedade

LEANDRO PAULSEN

1. Fundamento e conteúdo do princípio da solidariedade relativamente às contribuições de seguridade social

Solidariedade, conforme o léxico, é um "laço ou vínculo recíproco de pessoas", "adesão ou apoio a causa, empresa, princípio, etc., de outrem", "sentido moral que vincula o indivíduo à vida, aos interesses e às responsabilidades dum grupo social, duma nação, ou da própria humanidade", "dependência recíproca"[1]. Também pode ser tido como "compromisso pelo qual as pessoas se obrigam umas às outras e cada uma delas a todas", "sentimento de simpatia ou piedade pelos que sofrem", "cooperação ou assistência moral que se manifesta ou testemunha a alguém", "estado ou condição de duas ou mais pessoas que dividem igualmente entre si as responsabilidades de uma ação ou de uma empresa ou negócio, respondendo todas por uma e cada uma por todas; interdependência"[2].

A solidariedade, assim, aparece como sentimento, como vínculo, como relação, verdadeiro valor que, juridicamente, transmuda-se em princípio constitucional, assumindo caráter normativo.

Construir "uma sociedade livre, justa e solidária" é o primeiro dos objetivos fundamentais da República Federativa do Brasil, estampado no art. 3º, I, da Constituição brasileira.

Especial relevo assume a solidariedade, no âmbito do custeio da seguridade social, porquanto a Constituição dispõe, expressamente, em seu art. 195, *caput*, que "A

---

[1] *Novo Dicionário Aurélio da Língua Portuguesa*. 4. ed. Curitiba: Positivo, 2009, p. 1.870.
[2] *Dicionário Houaiss da Língua Portuguesa*. Rio de Janeiro: Objetiva, 2009, p. 1.766.

seguridade social será financiada por toda a sociedade". Conforme Silvania Conceição Tognetti, "É a solidariedade que justifica a manutenção pelo Estado de um sistema de prestações públicas na área do direito social, independentemente de qualquer prestação por parte dos beneficiados. Reconhece-se na sociedade a existência de situações especiais que demandam prestações públicas, exigindo recursos de toda a sociedade para manter tal sistema de proteção. É a solidariedade que justifica a universalidade das prestações de seguridade social..."[3]. Forte na solidariedade, a todos cabe a manutenção do sistema de seguridade social, tal como venha a ser estabelecido por lei.

As ações e serviços de saúde são de acesso universal e igualitário, conforme o art. 196 da Constituição, não demandando contrapartida específica por parte dos usuários. Os serviços e benefícios assistenciais, por sua vez, por determinação expressa do art. 203 da Constituição, também são gratuitos, prestados a quem necessitar, independentemente de contribuição. Já o regime geral de previdência social é de filiação obrigatória e tem caráter não apenas solidário, mas também contributivo, conforme estabelece o art. 201 da Constituição, com a redação da EC n. 20/98. Assim, os segurados obrigatórios têm de contribuir também eles próprios para a previdência social, participando necessariamente do esforço que é de toda a sociedade. Note-se que a aposentadoria requer, ordinariamente, por tempo de contribuição.

O financiamento por toda a sociedade projeta-se como universalidade do custeio da seguridade social e justifica que as respectivas contribuições ostentem uma referibilidade ampla, total. Isso significa que, tratando-se de contribuições para a seguridade social, não se exige do legislador que indique os contribuintes dentre os pertencentes a qualquer grupo específico. Nessas contribuições, o grupo é a sociedade como um todo. Vale destacar, aqui, mais uma vez, a lição de Silvania Conceição Tognetti:

> 10.1 [...] as contribuições para a manutenção da seguridade social fundamentam-se no princípio da solidariedade. Entretanto, a solidariedade, em si, pode ser compreendida em duas acepções: a solidariedade com os membros de um grupo social e a solidariedade entre os diversos membros da sociedade. 10.2. Primeiramente, solidariedade pode ser entendida como a que aproxima os membros de um determinado grupo, criando entre eles laço de afinidade, capaz de justificar que cada membro do grupo contribua para a manutenção de um sistema de proteção especial voltado para tal grupo. É esta concepção de solidariedade que justifica a cobrança de contribuições sociais propriamente ditas, ou seja, as pertencentes à espécie tributária "contribuições". 10.3. Entretanto [...] novo conceito de solidariedade se impôs. Neste novo conceito, a solidariedade é ampliada para alcançar mais do que o grupo de beneficiados, mas toda a sociedade, é a segunda acepção do princípio da solidariedade. É a solidariedade que justifica a manutenção pelo Estado de um sistema de prestações públicas na área do direito social, independentemente de qualquer prestação

---

[3] TOGNETTI, Silvania Conceição. *Contribuições para o financiamento da seguridade social: critérios para definição de sua natureza jurídica*. Rio de Janeiro: Renovar, 2004.

por parte dos beneficiados. Reconhece-se na sociedade a existência de situações especiais que demandam prestações públicas, exigindo recursos de toda a sociedade para manter tal sistema de proteção. É a solidariedade que justifica a universalidade das prestações de seguridade social e que se coaduna com a existência de prestações tributárias destinadas para a manutenção de tais prestações[4].

Em face do traço marcante da solidariedade no custeio da seguridade social, as contribuições que visam ao seu custeio não estão atreladas a determinado grupo. A referibilidade ampla expressamente estabelecida pelo art. 195 da Constituição autoriza que toda a sociedade seja chamada ao seu custeio, desde que estabelecido por lei (art. 150, I) no que diz respeito à tributação das revelações de riqueza e pessoas já referidas nos incisos I a IV do art. 195, ou por lei complementar no caso de instituição de novas contribuições, respeitadas, nesse caso, ainda, a não cumulatividade e a vedação do *bis in idem* (§ 4º do art. 195).

Podem ser chamadas ao custeio as pessoas físicas e jurídicas independentemente de terem ou não relação direta com os segurados ou de serem ou não destinatárias de benefícios. Aliás, as pessoas jurídicas jamais serão destinatárias de benefícios de previdência social, jamais serão alcançadas por prestações assistenciais ou se utilizarão de serviços de saúde pública. A solidariedade exige sacrifício financeiro daqueles que revelam capacidade para contribuir, ainda que não beneficiários dos serviços e benefícios da seguridade social.

Assim é que se explica a própria Constituição prever, por exemplo, a contribuição do importador, a contribuição sobre concurso de prognósticos e a contribuição dos aposentados e pensionistas do serviço público, e a lei determinar que o aposentado do regime geral que permaneça ou retorne à atividade prossiga ou recomece a contribuir, mesmo que não tenha a expectativa de obter outro benefício e que não haja a previsão de devolução a título de pecúlio.

Outro aspecto a considerar é que se, de um lado, a Constituição estabelece que "Nenhum benefício ou serviço da seguridade social poderá ser criado, majorado ou estendido sem a correspondente fonte de custeio total" (art. 195, § 5º), o contrário disso não é verdadeiro. Ou seja, não se pode afirmar que não possa haver instituição de novas contribuições ou aumento das já existentes sem a contrapartida em novos ou maiores benefícios. É possível que seja necessário instituir ou aumentar contribuições para equilibrar o custeio da seguridade social.

É importante ter presente, todavia, que as contribuições, enquanto tributos, submetem-se às limitações gerais ao poder de tributar e às limitações específicas que lhe são dirigidas. A solidariedade não autoriza jamais a cobrança de tributo com extrapolação

---
[4] Ibidem.

das normas de competência ou sem lei, tampouco autoriza a exigência de quem não tenha sido indicado por lei como sujeito passivo da obrigação tributária ou sobre fatos não previstos na hipótese de incidência. Enfim, não autoriza seja desconsiderada a legalidade estrita que condiciona o exercício válido da competência tributária relativamente a quaisquer tributos. A invocação da solidariedade para cobrar contribuição sem que a lei determine constituiria argumento esdrúxulo, violador das garantias fundamentais dos contribuintes, quais sejam, as limitações constitucionais ao poder de tributar.

2. Aplicações do princípio da solidariedade pelo Supremo Tribunal Federal em matéria de custeio da seguridade social

Na jurisprudência do Supremo Tribunal Federal, é possível identificar diversos casos em que o princípio da solidariedade aparece como fundamento normativo.

O STF tem invocado o princípio da solidariedade quando decide pela impossibilidade de interpretação extensiva da imunidade das receitas de exportação, vedando sua aplicação à CPMF. Tal ocorreu quando do julgamento, pelo Tribunal Pleno, do RE n. 566.259, rel. Min. Ricardo Lewandowski, julgado em 12 de agosto de 2010. Em seu voto, o Ministro-Relator destacou que "o financiamento da Seguridade Social encontra arrimo no princípio da solidariedade" e que o STF, RE n. 227.832, rel. o Min. Carlos Velloso, já entendera incompatível com tal princípio estender a imunidade do art. 155, § 3º, da CF a contribuições, transcrevendo pronunciamento de Sacha Calmon Navarro Coêlho, que considerara um "absurdo lógico" tal extensão. Disse, ainda, o Min. Ricardo Lewandowski que, quando se analisa imunidade relativa a contribuições sociais, é preciso sopesar valores, "sendo escusado dizer que o valor solidariedade prepondera sobre qualquer outro de cunho econômico, visto estar ele diretamente referenciado ao postulado da dignidade humana, pilar sobre o qual se assenta o próprio arcabouço republicano".

No RE n. 474.132, Tribunal Pleno, relator o Min. Gilmar Mendes, 12 de agosto de 2010, o Min. Ayres Brito afirmou que "a seguridade social há de ser financiada por toda a sociedade, porque ela obedece a uma base de inspiração [...]: a solidariedade. Uma solidariedade que é impositiva, que é imposta a toda a sociedade". E segue: "Por que por toda a sociedade? Porque essa seguridade social é serviente daquele valor chamado solidariedade, que está na cabeça do art. 3º, inciso I, que é o primeiro dos objetivos fundamentais da República Federativa do Brasil [...]". Mais: "Então, a solidariedade há de recair sobre toda a sociedade. Por isso, não pode ser interpretada no plano da excludência desse ou daquele segmento social, mais ainda, desse ou daquele segmento empresarial; não pode ser interpretada a solidariedade no plano da excludência senão restritivamente, porque a regra é da inclusão, será financiada por toda a sociedade".

Nas ADIs 3.105 e 3.128, julgadas pelo Tribunal Pleno em 18 de agosto de 2004, sob a condução do Min. Cezar Peluso, o STF reconheceu a possibilidade de se obrigar também os servidores públicos aposentados, bem como os pensionistas, ao pagamento de contribuições previdenciárias, invocando a "Obediência aos princípios da solidariedade e do equilíbrio financeiro e atuarial, bem como aos objetivos constitucionais de universalidade, equidade na forma de participação no custeio e diversidade da base de financiamento". Em seu voto, o Min. Peluso refere que a previsão de custeio da previdência pública por toda a sociedade, de forma direta e indireta, "bem poderia chamar-se *princípio estrutural da solidariedade*". Vê-se que foi validada a instituição de contribuição sem que tenha havido a criação ou majoração de benefício.

O STF definiu, com efeito de repercussão geral, que "Não incide contribuição previdenciária sobre verba não incorporável aos proventos de aposentadoria do servidor público, tais como 'terço de férias', 'serviços extraordinários', 'adicional noturno' e 'adicional de insalubridade'". Isso em outubro de 2018, no RE n. 59.3068 RG, à luz da alegada "impossibilidade de criação de fonte de custeio sem contrapartida de benefício direto ao contribuinte", o que delimita o "alcance do sistema previdenciário solidário e submetido ao equilíbrio atuarial e financeiro (arts. 40, 150, IV e 195, § 5º da Constituição)".

Em outra oportunidade, a Primeira Turma, julgando o AI 668.531 AgR, em junho de 2009, rel. Min. Ricardo Lewandowski, afirmou que "A contribuição previdenciária do aposentado que retorna à atividade está amparada no princípio da universalidade do custeio da Previdência Social [...]".

Na ADI 3.138, por sua vez, o Tribunal Pleno, em 14 de setembro de 2011, conduzido pela Min. Carmen Lúcia, entendeu que o art. 201, § 9º, da Constituição, que trata da contagem recíproca do tempo de contribuição nos diversos regimes previdenciários, "há de ser interpretado à luz da solidariedade". Justificou, assim, a validade da norma do art. 149, § 1º, com a redação da EC n. 41/2003, que exige dos regimes públicos estaduais e municipais alíquota mínima não inferior à dos servidores federais.

Vale referir, ainda, que, no AI 724.582 AgR, julgado pela Segunda Turma em 22 de março de 2011, o Min. Joaquim Barbosa ressaltou o caráter solidário do custeio em detrimento de uma ótica estritamente retributiva. Assim, rejeitou a alegação de que o aumento da contribuição previdenciária teria de ser respaldado diretamente por igual acréscimo de benefício (retributividade linear), "pois não enfrenta o alcance do princípio da solidariedade".

Por fim, lembro que, no RE n. 490.576 AgR, julgado pela Segunda Turma em 1º de março de 2011, relator mais uma vez o Min. Joaquim Barbosa, o STF afastou alegação de violação à isonomia e justificou a "possibilidade de as instituições financeiras sofrerem sacrifícios marginais proporcionalmente maiores, nos termos do princípio da solidariedade no custeio da seguridade social".

Contribuições de seguridade social previdenciárias do empregador doméstico e das empresas

LEANDRO PAULSEN

1. Do empregador, da empresa e da entidade a ela equiparada

A primeira norma de outorga de competência relativa às contribuições de seguridade social indica o empregador, a empresa e a entidade a ela equiparada como potenciais sujeitos passivos. Vejamos o texto do inciso I do art. 195, com a redação da EC n. 20/98:

> Art. 195. A seguridade social será financiada por toda a sociedade, de forma direta e indireta, nos termos da lei, mediante recursos provenientes dos orçamentos da União, dos Estados, do Distrito Federal e dos Municípios, e das seguintes contribuições sociais:
>
> I – do empregador, da empresa e da entidade a ela equiparada na forma da lei, incidentes sobre:

A redação original do inciso I referia-se apenas ao empregador[1], o que gerou, na oportunidade, discussões sobre a possibilidade de serem ou não colocadas como contribuintes quaisquer empresas, ainda que não empregadoras (e.g., empresas individuais e por quotas de responsabilidade limitada que não contassem com empregados). A CLT conceitua empregadores e empregados[2]. Empregadores são as pessoas físicas ou jurídicas

---

[1] Redação original do inciso I do art. 195 da CF: "I – dos empregadores, incidente sobre a folha de salários, o faturamento e o lucro".

[2] DL n. 5.452/43 (CLT): "Art. 2º Considera-se empregador a empresa, individual ou coletiva, que, assumindo os riscos da atividade econômica, admite, assalaria e dirige a prestação pessoal de serviço. § 1º Equiparam-se ao empregador, para os efeitos exclusivos da relação de emprego, os profissionais liberais, as instituições de beneficência, as associações recreativas ou outras instituições sem fins lucrativos, que admitirem trabalhadores como empregados. § 2º Sempre que uma ou mais empresas, tendo, embora, cada uma delas, personalidade jurídica própria, estiverem sob a direção, controle ou administração de outra, ou ainda quando,

que empregam, ou seja, que assalariam empregados. José Eduardo Soares de Melo[3] e Valdir de Oliveira Rocha[4] pronunciaram-se neste sentido com muita consistência, tendo havido inclusive julgados adotando tal posição[5]. Mas o STF entendeu que abrangia quaisquer pessoas jurídicas, argumentando bastar que as empresas fossem empregadoras em potencial para que pudessem ser chamadas ao pagamento das contribuições de seguridade social forte na solidariedade que as inspira[6].

Atualmente, com a redação atribuída ao art. 195, I, pela EC n. 20/98, é expressa a possibilidade de tributação não apenas dos empregadores, mas de quaisquer empresas e, inclusive, de entidades que venham a ser equiparadas a empresas.

O Código Civil trata da empresa tendo como referência a figura do empresário, que conceitua em seu art. 966:

> LIVRO II – DO DIREITO DE EMPRESA
> TÍTULO I – DO EMPRESÁRIO
> CAPÍTULO I – DA CARACTERIZAÇÃO E DA INSCRIÇÃO
> Art. 966. Considera-se empresário quem exerce profissionalmente atividade econômica organizada para a produção ou a circulação de bens ou de serviços.
> Parágrafo único. Não se considera empresário quem exerce profissão intelectual, de natureza científica, literária ou artística, ainda com o concurso de auxiliares ou colaboradores, salvo se o exercício da profissão constituir elemento de empresa.

---

mesmo guardando cada uma sua autonomia, integrem grupo econômico, serão responsáveis solidariamente pelas obrigações decorrentes da relação de emprego. (Redação dada pela Lei n. 13.467, de 2017) § 3º Não caracteriza grupo econômico a mera identidade de sócios, sendo necessárias, para a configuração do grupo, a demonstração do interesse integrado, a efetiva comunhão de interesses e a atuação conjunta das empresas dele integrantes. (Incluído pela Lei n. 13.467, de 2017) Art. 3º Considera-se empregado toda pessoa física que prestar serviços de natureza não eventual a empregador, sob a dependência deste e mediante salário. Parágrafo único – Não haverá distinções relativas à espécie de emprego e à condição de trabalhador, nem entre o trabalho intelectual, técnico e manual".

[3] MELO, José Eduardo Soares de. *Contribuições sociais no sistema tributário*. 4. ed. São Paulo: Malheiros, 2003, p. 141.

[4] ROCHA, Valdir de Oliveira. *Contribuições de seguridade social sobre o faturamento – Incidência e não-incidência*. IOB 23/93, p. 471-472.

[5] "TRIBUTÁRIO. ART. 195-I DA CF/88. EMPRESA SEM EMPREGADOS. CSSL. EC n. 20/98. 1. Inexigível, por empresa sem empregado, as contribuições sociais sobre o lucro e sobre o faturamento, por ausência da qualidade de 'empregadora' conceito que não se confunde com o de 'empresa'. 2. Com a alteração do art. 195 da Constituição efetuada pela EC n. 20, de 16-12-98, as empresas sem empregados passam a contribuir para a Seguridade Social. 3. Apelação parcialmente provida" (TRF4, 1ª Turma, unânime, AC 2000.04.01.050220-8/PR, rel. Juiz Fed. Sérgio R. Tejada Garcia, jun. 2003).

[6] "RECURSO EXTRAORDINÁRIO. AGRAVO REGIMENTAL. COFINS. PESSOA JURÍDICA SEM EMPREGADOS. EXIGÊNCIA. 1. O enunciado do art. 195, *caput*, da CF/88 'a seguridade social será financiada por toda a sociedade' revela a intenção do legislador constituinte de não excluir de ninguém a responsabilidade de custeá-la. O vocábulo 'empregador' constante do inciso I desse artigo abrange a pessoa jurídica empregadora em potencial. Precedentes: RE n. 335.256-AgR e RE n. 442.725-AgR. 2. Agravo regimental improvido" (STF, 2ª Turma, ARegRE 249.841/PR, rel. Min. Ellen Gracie, mar. 2006).

O art. 15 da Lei n. 8.212/91 não apenas conceitua empresa, como arrola as pessoas que devem ser consideradas equiparadas a empresa para efeito de recolhimento de contribuições de seguridade:

> Art. 15. Considera-se:
>
> I – empresa – a firma individual ou sociedade que assume o risco de atividade econômica urbana ou rural, com fins lucrativos ou não, bem como os órgãos e entidades da administração pública direta, indireta e fundacional;
>
> II – empregador doméstico – a pessoa ou família que admite a seu serviço, sem finalidade lucrativa, empregado doméstico.
>
> Parágrafo único. Equiparam-se a empresa, para os efeitos desta Lei, o contribuinte individual e a pessoa física na condição de proprietário ou dono de obra de construção civil, em relação a segurado que lhe presta serviço, bem como a cooperativa, a associação ou a entidade de qualquer natureza ou finalidade, a missão diplomática e a repartição consular de carreira estrangeiras. (Redação dada pela Lei n. 13.202/2015)

A potencial sujeição passiva dessa contribuição, portanto, é bastante ampla.

2. Competência para instituir contribuição sobre folha de salários e demais rendimentos do trabalho pagos à pessoa física

O art. 195, I, da CF, após identificar os potenciais contribuintes, arrola as bases econômicas passíveis de serem tributadas a título de contribuição de seguridade social a cargo dos mesmos.

Enquanto, na redação original, referia-se simplesmente a folha de salários, faturamento e lucro, com o advento da EC n. 20/98 passou a dar tratamento individualizado a cada qual, ampliando, inclusive, seu alcance. Assim é que, atualmente, a sua alínea *a* tem a seguinte redação:

> Art. 195 [...]
>
> I – do empregador, da empresa e da entidade a ela equiparada na forma da lei, incidentes sobre:
>
> a) a folha de salários e demais rendimentos do trabalho pagos ou creditados, a qualquer título, à pessoa física que lhe preste serviço, mesmo sem vínculo empregatício;

A expressão "folha de salários" pressupõe "salário", ou seja, remuneração paga a empregado, como contraprestação pelo trabalho que desenvolve em caráter não eventual e sob a dependência do empregador[7]. Sempre foi preciso considerar, contudo, que o

---

[7] DL n. 5.452/43 (CLT): "Art. 2º Considera-se empregador a empresa, individual ou coletiva, que, assumindo os riscos da atividade econômica, admite, assalaria e dirige a prestação pessoal de serviço. [...] Art. 3º Considera-se empregado toda pessoa física que prestar serviços de natureza não eventual a empregador, sob a dependência deste e mediante salário. Parágrafo único [...]".

art. 201 alargava o conceito de salário para fins de cálculo das contribuições. Seu § 4º, posteriormente renumerado pela EC n. 20/98 para § 11, dispõe:

> § 11. Os ganhos habituais do empregado, a qualquer título, serão incorporados ao salário para efeito de contribuição previdenciária e consequente repercussão em benefícios, nos casos e na forma da lei.

O conceito de salário, portanto, recebeu extensão dada pelo próprio texto constitucional, que compreendeu no mesmo "os ganhos habituais do empregado, a qualquer título". Não se pode, assim, restringir a incidência ao conceito estrito de salário extraído da CLT, mesmo no período anterior ao advento da EC n. 20/98, impondo-se considerar a abrangência estabelecida pela redação original do § 4º do art. 201[8].

Ademais, a competência para instituição de contribuição constante do art. 195, I, da CF com a redação da EC n. 20/98 vai além do próprio conceito de salário, pois abrange também os "demais rendimentos do trabalho pagos ou creditados, a qualquer título, à pessoa física que lhe preste serviço, mesmo sem vínculo empregatício".

Ou seja, a competência não se limita mais à instituição de contribuição sobre a folha de salários, ensejando, agora, que sejam alcançadas também outras remunerações pagas por trabalho prestado, que não necessariamente salários nem necessariamente em função de relação de emprego.

Assim, também as remunerações a sócios-diretores (pró-labore), autônomos, avulsos e, inclusive, a remuneração prestada por Municípios aos agentes políticos (prefeitos e vereadores) estão sujeitas a serem tributadas como contribuição ordinária ou nominada de custeio da seguridade social, ou seja, como contribuição já prevista no art. 195, I, *a*, da CF, capaz de instituição mediante simples lei ordinária.

Daí a validade das leis que, após a EC n. 20/98, fizeram com que incidisse contribuição sobre a remuneração não apenas dos empregados, mas também dos sócios-gerentes, autônomos e avulsos, bem como sobre a remuneração dos agentes políticos[9].

---

[8] "'Folha de salário' compreende todas as verbas pagas ao empregado pelo empregador, como contraprestação decorrente da relação empregatícia. Tal expressão, por ser mais abrangente, não está adstrita aos conceitos de 'salário' e de 'remuneração'. Embora o legislador constitucional não tenha explicitado, expressamente, quais as verbas que integram a folha de salário, para fins de incidência de contribuição previdenciária, o art. 201, § 11, da CF, dispõe que 'Os ganhos habituais do empregado, a qualquer título, serão incorporados ao salário para efeito de contribuição previdenciária e consequente repercussão em benefícios, nos casos e na forma da lei'. Idêntica ilação se extrai do art. 457, § 1º, da Consolidação das Leis do Trabalho, segundo o qual 'integram o salário não só a importância fixa estipulada, como também as comissões, percentagens, gratificações ajustadas, diárias para viagens e abonos pagos pelo empregador'" (excerto de voto condutor do Des. Fed. Paulo Afonso Brum Vaz quando do julgamento, pela 1ª Turma do TRF4, da AMS 2001.71.08.007893-7/RS, set. 2003).

[9] Mas as leis anteriores, com o mesmo conteúdo, publicadas à luz da redação original do art. 195, I, da CF, quando só era possível tributar a folha de salários, foram consideradas inconstitucionais pelo STF. As Leis n. 7.787/89 e 8.212/91, ao instituírem a contribuição sobre a folha de salários, determinaram que incidisse e que fosse calculada não apenas sobre a folha de salários, mas também sobre pagamentos a administradores,

Mas, mesmo após a EC n. 20/98, há limites a serem observados, circunscrita que está a competência ao quanto disposto na nova redação do art. 195, I, *a*, da CF.

A referência, na norma de competência, a "rendimentos do trabalho" afasta a possibilidade de o legislador fazer incidir a contribuição sobre verbas indenizatórias. Assim, os valores pagos a título de auxílio-creche, de auxílio-transporte e as ajudas de custo em geral, desde que compensem despesa real, não podem integrar a base de cálculo da contribuição previdenciária.

Ademais, a base econômica que pode ser objeto de tributação restringe-se à remuneração "paga ou creditada", conforme se vê da redação do art. 195, I, *a*, da Constituição. Pagamento é o valor prestado ao trabalhador seja em espécie, seja mediante depósito em conta corrente, ou mesmo *in natura*, como utilidades. Creditamento é o lançamento contábil a crédito do trabalhador. Não se pode confundir a remuneração paga ou creditada com a que eventualmente seja devida, mas que não foi sequer formalizada em favor do trabalhador.

Do mesmo modo, importa considerar que a base econômica abrange a folha de salários e demais rendimentos do trabalho pagos ou creditados, a qualquer título, à

---

autônomos e avulsos. Por desbordarem da base econômica que então delimitava a competência tributária outorgada pela redação original do art. 195, I, então vigente, acabaram por instituir contribuição que só seria admissível como contribuição nova, para a qual seria necessária lei complementar. O STF, por isso, reconheceu a inconstitucionalidade de parte do inciso I do art. 3º da Lei n. 7.787/89 (STF, Plenário, RE n. 166.772-9/RS, rel. Min. Marco Aurélio, maio 94, vencidos os Min. Francisco Rezek, Ilmar Galvão e Carlos Velloso) através de controle difuso que acabou resultando na suspensão da eficácia do dispositivo por Resolução n. 14/95 do Senado Federal, e do inciso I do art. 22 da Lei n. 8.212/91 (STF, Plenário, ADIn n. 1.102-2/DF, rel. Min. Maurício Corrêa, out. 1995), em controle concentrado de constitucionalidade, com eficácia *erga omnes*. Declarada inconstitucional a incidência sobre a remuneração de autônomos, administradores e avulsos, foi editada a LC n. 84/96, no exercício da competência residual da União, ensejando tal exigência de forma válida, como uma nova contribuição social de custeio da seguridade social. Já sob a ampliação das bases econômicas passíveis de tributação, nos termos da EC n. 20/98, a própria LC n. 84/96 restou expressamente revogada pela Lei n. 9.876/99, passando a ter suporte na nova redação atribuída, pela mesma lei, ao art. 22, III, da Lei n. 8.212/91. Cabe destacar, especificamente no que diz respeito à alíquota adicional destinada ao SAT, estabelecida pelo inciso II da Lei n. 8.212/91, que não há lei posterior à EC n. 20/98 que dê suporte à sua incidência sobre os pagamentos a avulsos e que tal previsão, sob a égide da redação original do art. 195, I, não tinha suporte de validade (TRF4, 2ª Turma, AMS 2005.72.05.002964-6/SC, rel. Juiz Fed. Leandro Paulsen, nov. 2006). A Lei n. 9.506/97, por sua vez, pôs os agentes políticos como segurados obrigatórios na qualidade de segurados empregados, acrescendo a alínea "h" ao art. 12 da Lei n. 8.212/91. Isso implicou não apenas a contribuição dos agentes políticos como trabalhadores empregados, mas também a contribuição dos Municípios sobre a remuneração de seus prefeitos e vereadores, quando não tinham regime municipal próprio de previdência, como se integrasse a folha de salários e servisse de base de cálculo da contribuição sobre a folha. O STF, porém, decidiu pela inconstitucionalidade da Lei n. 9.506/97, com o que restou sem suporte legal a cobrança das contribuições dos Municípios sobre a remuneração dos seus agentes políticos (STF, Plenário, RE n. 351.717/PR, rel. Min. Carlos Velloso, out. 2003). A Resolução n. 26/2005 do Senado Federal suspendeu os efeitos da lei declarada inconstitucional, e a Portaria MPS 133/2006 dispôs sobre os seus efeitos. Posteriormente, quando já ampliadas as bases econômicas passíveis de tributação, forte na EC n. 20/98, adveio a Lei n. 10.887/2004, que acresceu a alínea "j" ao inciso I do art. 12 da Lei n. 8.212/91, novamente incluindo os agentes políticos como segurados obrigatórios do Regime Geral de Previdência Social. Desta vez, contudo, podendo ser tributada não apenas a folha, mas os demais pagamentos a pessoas físicas e não apenas o trabalhadora, mas os demais segurados, as contribuições decorrentes são legítimas.

"pessoa física" que preste serviço, mesmo sem vínculo empregatício. Ou seja, a relação contratual deve dar-se com a pessoa física diretamente.

Não estão abrangidos pela norma valores pagos a empresas contratadas para a prestação de serviços ou mesmo a cooperativas de trabalho, pois a relação, nestes casos, dá-se com pessoa jurídica.

Marco Aurélio Greco, embora cuidando da geração de crédito relativamente às contribuições sobre a receita (PIS/Cofins), faz abordagem muito clara no sentido de que nem sempre o pagamento por trabalho é pagamento a pessoa física:

> Não há dúvida que "fator trabalho" está ligado a uma variável vinculada às pessoas físicas que vão realizar sua atividade no contexto desse processo e que irá implicar geração de riqueza. Mas há dispêndios ligados ao fator trabalho que não se materializam em pagamento de mão de obra a pessoa física.
>
> De fato, se a mesma atividade dentro do mencionado processo for realizada por uma cooperativa de pessoas físicas, ou mediante contratação de pessoa jurídica de fornecimento de mão de obra não vejo dúvida que serão dispêndios com serviços utilizados como insumos. Serão dispêndios relativos ao fator trabalho, por isso geradores de crédito (se submetidos à incidência das contribuições), mas que não se enquadram na exclusão expressa do § 2º do artigo 3º (não são pagamentos de mão de obra a pessoa física)[10].

Não há maiores dificuldades em se identificar se o pagamento ou creditamento foi a pessoa física ou não; basta ver quem foi, nominalmente, o seu beneficiário. Ademais, se o pagamento é feito mediante Recibo de Pagamento a Autônomo, é pagamento a pessoa física; se o pagamento é feito mediante Nota Fiscal de Prestação de Serviços, é pagamento a pessoa jurídica.

A Lei n. 9.876/99, contudo, instituiu contribuição, a cargo das empresas tomadoras de serviços de cooperativas de trabalho, de 15% sobre o valor da Nota Fiscal de Prestação de Serviços[11]. Tratando-se de pagamento a pessoa jurídica, os pagamentos a cooperativas de trabalho não encontram enquadramento na norma de competência do art. 195, I, *a*, da Constituição, de modo que a Lei n. 9.876/99, ao acrescer o inciso IV ao art. 22 da Lei n. 8.212/91, incorreu em flagrante inconstitucionalidade, o que restou reconhecido pelo STF, em abril de 2014, no julgamento do RE n. 595.838, relator o Min. Dias Toffoli, donde se extrai: "Os pagamentos efetuados por terceiros às cooperativas de trabalho, em face de serviços prestados por seus cooperados, não se confundem com os valores efetivamente pagos ou creditados aos cooperados [...]. O art. 22, IV, da Lei n. 8.212/91,

---

[10] GRECO, Marco Aurélio. "Não-cumulatividade no PIS e na Cofins". In: PAULSEN, Leandro (coord.). *Não-Cumulatividade das contribuições PIS/Pasep e Cofins*. Porto Alegre: IET e IOB/Thomson, 2004.

[11] Lei n. 8.212/91, com a redação da Lei n. 9.876/99: "Art. 22. A contribuição a cargo da empresa, destinada à Seguridade Social, além do disposto no art. 23, é de: [...] IV – quinze por cento sobre o valor bruto da nota fiscal ou fatura de prestação de serviços, relativamente a serviços que lhe são prestados por cooperados por intermédio de cooperativas de trabalho".

com a redação da Lei n. 9.876/99, ao instituir contribuição previdenciária incidente sobre o valor bruto da nota fiscal ou fatura, extrapolou a norma do art. 195, inciso I, a, da Constituição, descaracterizando a contribuição hipoteticamente incidente sobre os rendimentos do trabalho dos cooperados, tributando o faturamento da cooperativa, com evidente *bis in idem*. Representa, assim, nova fonte de custeio, a qual somente poderia ser instituída por lei complementar, com base no art. 195, § 4º – com a remissão feita ao art. 154, I, da Constituição".

Efetivamente, o valor bruto da nota fiscal ou fatura de prestação de serviços aponta pagamento feito a pessoa jurídica, além do que desborda dos valores repassados aos cooperados, sempre inferiores[12].

Andou muito bem o Supremo Tribunal Federal no RE n. 595.838, deixando claro que não pode o legislador, ao instituir os tributos, negar os conceitos utilizados pela Constituição ao outorgar competências tributárias.

3. Contribuições instituídas com suporte na norma de competência do art. 195, I, *a*, da Constituição

Há uma série de contribuições instituídas com suporte na norma de competência do art. 195, I, *a*, da CF, ou seja, contribuições "I – do empregador, da empresa e da entidade a ela equiparada na forma da lei, incidentes sobre: a) a folha de salários e demais rendimentos do trabalho pagos ou creditados, a qualquer título, à pessoa física que lhe preste serviço, mesmo sem vínculo empregatício".

O legislador ordinário também refere expressamente o empregador, a empresa e os equiparados a empresa, inclusive conceituando e delimitando o alcance de cada expressão no que diz respeito às contribuições que institui, conforme visto no primeiro item deste capítulo.

Há contribuição específica do empregador doméstico e diversas contribuições e adicionais devidos pelas empresas e equiparados.

Algumas das contribuições estão bem adequadas à norma de competência, outras a extrapolam, restando viciadas de inconstitucionalidade, conforme se verá.

A posição de sujeito ativo é da própria União, que administra tais contribuições através da Secretaria da Receita Federal do Brasil, e os respectivos créditos são inscritos em dívida ativa da União, conforme dispõe expressamente a Lei n. 11.457/2007:

> Art. 2º Além das competências atribuídas pela legislação vigente à Secretaria da Receita Federal, cabe à Secretaria da Receita Federal do Brasil planejar, executar, acompanhar e

---

[12] SANTOS, João Marcelo Máximo Ricardo dos. "A nova contribuição previdenciária incidente sobre pagamentos efetuados a cooperativas de trabalho, instituída pela Lei n. 9.876/99". *Revista Dialética de Direito Tributário*, n. 64, jan. 2001, p. 105.

avaliar as atividades relativas a tributação, fiscalização, arrecadação, cobrança e recolhimento das contribuições sociais previstas nas alíneas *a*, *b* e *c* do parágrafo único do art. 11 da Lei n. 8.212, de 24 de julho de 1991, e das contribuições instituídas a título de substituição.

§ 1º O produto da arrecadação das contribuições especificadas no *caput* deste artigo e acréscimos legais incidentes serão destinados, em caráter exclusivo, ao pagamento de benefícios do Regime Geral de Previdência Social e creditados diretamente ao Fundo do Regime Geral de Previdência Social, de que trata o art. 68 da Lei Complementar n. 101, de 4 de maio de 2000.

[...]

§ 4º Fica extinta a Secretaria da Receita Previdenciária do Ministério da Previdência Social.

[...]

Art. 16. A partir do 1º (primeiro) dia do 2º (segundo) mês subsequente ao da publicação desta Lei, o débito original e seus acréscimos legais, além de outras multas previstas em lei, relativos às contribuições de que tratam os arts. 2º e 3º desta Lei, constituem dívida ativa da União.

[...]

Assim, além de serem da competência tributária da União, as contribuições previdenciárias dos empregadores, empresas e equiparados (ao Regime Geral de Previdência) têm a União como sujeito ativo e estão sob administração das delegacias da Receita Federal do Brasil.

3.1. Contribuição do empregador doméstico – art. 24 da Lei n. 8.212/91

A previsão do empregador como contribuinte da seguridade social já constava da redação original do art. 195, I, da CF, mantendo-se com a EC n. 20/98.

Empregadores são pessoas jurídicas e pessoas físicas. Mas a Lei n. 8.212/91 trata, de um lado, da contribuição do empregador doméstico e, de outro, da contribuição das empresas e das demais pessoas físicas empregadoras que equipara à empresa para efeitos de sujeição às contribuições previdenciárias[13].

Vejamos o art. 15, II, da Lei n. 8.212/91:

CAPÍTULO I – DOS CONTRIBUINTES
SEÇÃO II – DA EMPRESA E DO EMPREGADOR DOMÉSTICO
Art. 15. Considera-se: [...]
II – empregador doméstico – a pessoa ou família que admite a seu serviço, sem finalidade lucrativa, empregado doméstico.

---

[13] Lei n. 8.212/91: "Art. 15 [...] Parágrafo único. Equipara-se a empresa, para os efeitos desta Lei, o contribuinte individual em relação a segurado que lhe presta serviço, bem como a cooperativa, a associação ou entidade de qualquer natureza ou finalidade, a missão diplomática e a repartição consular de carreira estrangeiras".

A contribuição do empregador doméstico é instituída pelo art. 24 da Lei n. 8.212/91:

> CAPÍTULO V – DA CONTRIBUIÇÃO DO EMPREGADOR DOMÉSTICO
>
> Art. 24. A contribuição do empregador doméstico incidente sobre o salário de contribuição do empregado doméstico a seu serviço é de: (Redação dada pela Lei n. 13.202, de 2015)
>
> I – 8% (oito por cento); e (Incluído pela Lei n. 13.202, de 2015)
>
> II – 0,8% (oito décimos por cento) para o financiamento do seguro contra acidentes de trabalho. (Incluído pela Lei n. 13.202, de 2015)
>
> Parágrafo único. Presentes os elementos da relação de emprego doméstico, o empregador doméstico não poderá contratar microempreendedor individual de que trata o art. 18-A da Lei Complementar n. 123, de 14 de dezembro de 2006, sob pena de ficar sujeito a todas as obrigações dela decorrentes, inclusive trabalhistas, tributárias e previdenciárias. (Incluído pela Lei n. 12.470/2011)

Os empregadores domésticos (pessoa ou família que admite a seu serviço, sem finalidade lucrativa, empregado doméstico) são, portanto, contribuintes da previdência social, devendo recolher contribuição e adicional que somam 8,8% do salário de contribuição do empregado doméstico a seu serviço.

Vejamos como a Lei n. 8.212/91 define o salário de contribuição do empregado doméstico:

> Art. 28. Entende-se por salário de contribuição:
>
> [...]
>
> II – para o empregado doméstico: a remuneração registrada na Carteira de Trabalho e Previdência Social, observadas as normas a serem estabelecidas em regulamento para comprovação do vínculo empregatício e do valor da remuneração;

Impõe-se considerar, ainda, que o salário de contribuição está sujeito a um teto ou limite máximo. Quase na totalidade dos casos, o salário do empregado doméstico é inferior ao teto do salário de contribuição, de maneira que, na prática, normalmente o salário de contribuição do empregado, base de cálculo da contribuição do empregador doméstico, equivale ao salário do empregado.

Assim, tanto a contribuição do empregado como a do empregador, ora em questão, incidirão sobre o salário de contribuição do empregado doméstico.

O empregador doméstico pagará, como contribuinte, 8,8% sobre o salário de contribuição do empregado doméstico. A par disso, é responsável pela retenção e recolhimento da contribuição previdenciária que tem como contribuinte o próprio empregado doméstico, e que é de 8 a 11%, conforme a faixa de remuneração, conforme se vê adiante quando tratamos da contribuição dos empregados.

Assim, recolherá, mensalmente, 16,8% do salário do empregado doméstico, 8,8% como contribuinte, com recursos próprios, e 8% como responsável tributário, mediante retenção do salário do empregado doméstico, supondo que a remuneração do empregado doméstico esteja sujeita à alíquota mínima.

Note-se que a contribuição do empregador incide sobre o salário de contribuição do empregado doméstico, de modo que também é calculada sobre o décimo terceiro salário, tendo em vista o § 7º do art. 28 da Lei n. 8.212/91, com a redação da Lei n. 8.870/94[14]-[15], sendo devida quando do pagamento da última parcela, conforme previsto no Regulamento (Decreto 3.048/99)[16].

O prazo para pagamento é até o dia 15 do mês subsequente ao mês de competência, ou seja, ao mês relativamente a cujo salário foi calculada a contribuição, conforme a determinação constante do inciso V do art. 30 da Lei n. 8.212/91, com a redação da Lei n. 8.444/92:

> Art. 30. A arrecadação e o recolhimento das contribuições ou de outras importâncias devidas à Seguridade Social obedecem às seguintes normas: (Redação dada pela Lei n. 8.620, de 5-1-1993)
>
> [...]
>
> II – os segurados contribuinte individual e facultativo estão obrigados a recolher sua contribuição por iniciativa própria, até o dia quinze do mês seguinte ao da competência; (Redação dada pela Lei n. 9.876, de 26-11-1999)
>
> [...]
>
> V – o empregador doméstico é obrigado a arrecadar e a recolher a contribuição do segurado empregado a seu serviço, assim como a parcela a seu cargo, até o dia 7 do mês seguinte ao da competência; (Redação dada pela Lei Complementar n. 150, de 2015)

---

[14] Lei n. 8.212/91: "Capítulo IX DO SALÁRIO DE CONTRIBUIÇÃO. [...] Art. 28. Entende-se por salário de contribuição: [...] § 7º O décimo terceiro salário (gratificação natalina) integra o salário de contribuição, exceto para o cálculo de benefício, na forma estabelecida em regulamento" (Redação dada pela Lei n. 8.870, de 15-4-1994).

[15] Sobre a constitucionalidade da incidência sobre o décimo terceiro salário, vide abordagem relativa à contribuição previdenciária das empresas sobre a remuneração de empregados e avulsos, em tudo aplicável.

[16] Regulamento da Previdência Social (Decreto n. 3.048/99): "CAPÍTULO VII DO SALÁRIO DE CONTRIBUIÇÃO. [...] Art. 214. Entende-se por salário de contribuição: [...] § 6º A gratificação natalina – décimo terceiro salário – integra o salário de contribuição, exceto para o cálculo do salário de benefício, sendo devida a contribuição quando do pagamento ou crédito da última parcela ou na rescisão do contrato de trabalho. [...] § 7º A contribuição de que trata o § 6º incidirá sobre o valor bruto da gratificação, sem compensação dos adiantamentos pagos, mediante aplicação, em separado, da tabela de que trata o art. 198 e observadas as normas estabelecidas pelo Instituto Nacional do Seguro Social. [...] CAPÍTULO VIII – DA ARRECADAÇÃO E RECOLHIMENTO DAS CONTRIBUIÇÕES – Seção I, Das Normas Gerais de Arrecadação [...] Art. 216. A arrecadação e o recolhimento das contribuições e de outras importâncias devidas à seguridade social, observado o que a respeito dispuserem o Instituto Nacional do Seguro Social e a Secretaria da Receita Federal, obedecem às seguintes normas gerais: § 1º O desconto da contribuição do segurado incidente sobre o valor bruto da gratificação natalina – décimo terceiro salário – é devido quando do pagamento ou crédito da última parcela e deverá ser calculado em separado, observado o § 7º do art. 214, e recolhida, juntamente com a contribuição a cargo da empresa, até o dia vinte do mês de dezembro, antecipando-se o vencimento para o dia útil imediatamente anterior se não houver expediente bancário no dia vinte. (Redação dada pelo Decreto n. 4.729, de 9-6-2003) § 1º-A. O empregador doméstico pode recolher a contribuição do segurado empregado a seu serviço e a parcela a seu cargo relativas à competência novembro até o dia 20 de dezembro, juntamente com a contribuição referente à gratificação natalina – décimo terceiro salário – utilizando-se de um único documento de arrecadação. (Incluído pelo Decreto n. 6.722, de 2008)".

O recolhimento de ambas as contribuições – a do empregador doméstico e a retida do empregado – é feito de modo unificado, aliás, juntamente com o imposto de renda e com outros encargos.

Com vista a viabilizar o cumprimento das múltiplas obrigações dos empregadores domésticos, de caráter tributário e trabalhista, a Lei Complementar n. 150/2015 criou o chamado Simples Doméstico. Trata-se de regime unificado de pagamento de tributos e demais encargos do empregador. Conforme o seu art. 34, assegura o recolhimento mensal, em documento único de arrecadação (Documento de Arrecadação do eSocial: DAE), tanto de encargos trabalhistas (depósito do FGTS e o depósito compensatório da indenização por despedida sem justa causa), como dos seguintes tributos:

- contribuição previdenciária, retida do empregado, de 8% a 11% sobre o seu salário de contribuição;
- contribuição previdenciária patronal de 8% sobre a remuneração do empregado;
- contribuição de 0,8% para o financiamento do seguro contra acidentes do trabalho (SAT).
- imposto sobre a renda retido na fonte.

A operacionalização do Simples Doméstico dá-se através do sistema eSocial. Os empregadores domésticos, através do endereço eletrônico <http://www.esocial.gov.br/>, cadastram seus empregados e emitem, mensalmente, o Documento de Arrecadação do eSocial, que é preenchido automaticamente pelo sistema, com o conjunto daquelas obrigações devidamente discriminadas e totalizadas.

Trata-se de mecanismo efetivamente simplificador, que cumpre a finalidade de tornar mais cômodo e descomplicado o cumprimento das obrigações tributárias do empregador doméstico.

3.2. Contribuições da empresa e dos equiparados sobre a remuneração de empregados e avulsos

Há mais de uma contribuição incidindo simultaneamente tanto sobre a folha de empregados como sobre a remuneração de avulsos, além de contribuições substitutivas dessas incidências. Ademais, a carga tributária sobre a folha de salários não se restringe às contribuições previdenciárias de 20% e à parcela variável de 1% a 3% (SAT) que pode ser reduzida a 0,5% ou ampliada até 6% (conforme o FAP). Envolve, ainda, dentre outras, as contribuições a terceiros (2,5% (e.g.: Sesi/Senai), 0,3% (Sebrae), 2,5% (salário-educação) e 0,2% (Incra) e a própria contribuição retida dos empregados, de até 11% sobre o salário de contribuição.

Aproximadamente 28% sobre a remuneração dos empregados devem ser recolhidos pela empresa como contribuinte e até 11% como substituta tributária, mediante retenção, totalizando quantia equivalente a quase 40% da folha, sendo que, em alguns casos, pode extrapolar esse patamar. Isso sem falarmos nos encargos de natureza trabalhista, como as provisões para o décimo terceiro salário e para o pagamento das férias e seu adicional, a contribuição ao FGTS etc. Tudo somado, podemos ter cerca de 65% de custo adicional para o empresário sobre a folha de salários. Se considerarmos o que é despendido pelo empregador (salário acrescido das provisões para atendimento de outros encargos trabalhistas e contribuições tanto ao FGTS como as previdenciárias patronais) em contraste com o rendimento líquido do empregado (descontado o imposto de renda e a contribuição previdenciária), por vezes aquele valor é o dobro desse, ou seja, a empresa gasta o dobro daquilo que resta creditado na conta do empregado. Isso frequentemente dá ao empresário a sensação de que está despendendo muito com o seu empregado e a este a sensação de que está recebendo pouco pelo seu trabalho.

Vejamos cada uma das contribuições a cargo da empresa sobre a folha de salários e a remuneração de avulsos.

3.2.1. *Contribuição de 20% – art. 22, I, da Lei n. 8.212/91*

A principal contribuição previdenciária é de 20% sobre o total da remuneração dos segurados empregados e trabalhadores avulsos[17] que lhes prestem serviços.

É instituída pelo art. 22, I, da Lei n. 8.212/91, com a redação da Lei n. 9.876/99:

CAPÍTULO IV – DA CONTRIBUIÇÃO DA EMPRESA

Art. 22. A contribuição a cargo da empresa, destinada à Seguridade Social, além do disposto no art. 23, é de:

I – vinte por cento sobre o total das remunerações pagas, devidas ou creditadas a qualquer título, durante o mês, aos segurados empregados e trabalhadores avulsos que lhe prestem serviços, destinadas a retribuir o trabalho, qualquer que seja a sua forma, inclusive as gorjetas, os ganhos habituais sob a forma de utilidades e os adiantamentos decorrentes de reajuste salarial, quer pelos serviços efetivamente prestados, quer pelo tempo à disposição do empregador ou tomador de serviços, nos termos da lei ou do contrato ou, ainda, de convenção ou acordo coletivo de trabalho ou sentença normativa[18].

Sendo base de cálculo o "total das remunerações", não se limita pelo salário de contribuição do empregado ou do avulso. No sítio <www.receita.fazenda.gov.br>, há "Tabela de

---

[17] Na redação original do art. 22, I, da Lei n. 8.212/91, a contribuição sobre a remuneração dos avulsos era inconstitucional, pois o art. 195, I, *a*, da Constituição só admitia a tributação da folha de salários. Porém, com a ampliação da base econômica pela EC n. 20/98 e a superveniência da Lei n. 9.876/99, passou a ser exigida validamente.

[18] Veja-se o texto original da Lei n. 8.212/91: "Art. 22 [...] I – 20% (vinte por cento) sobre o total das remunerações pagas ou creditadas, a qualquer título, no decorrer do mês, aos segurados empregados, empresários, trabalhadores avulsos e autônomos que lhe prestem serviços;".

Incidência de Contribuição", que especifica a posição da Receita Federal quanto às verbas que compõem ou não a base de cálculo da contribuição previdenciária. Veja-se <http://www.receita.fazenda.gov.br/previdencia/Contribuicoes/TabelaIncidenContrib.htm>.

Ao apurar-se o "total das remunerações", é preciso ter em conta que o art. 195, I, *a*, da Constituição cuida de "rendimentos do trabalho" e que o próprio art. 22, I, da Lei n. 8.212/91 circunscreve àquelas "destinadas a retribuir o trabalho". Desse modo, verbas que não constituam, propriamente, rendimentos do trabalhador destinados a retribuir o trabalho não podem compor a base de cálculo da contribuição. No RE n. 593.068, o STF reconheceu a repercussão geral da discussão relativa à "exigibilidade da contribuição previdenciária incidente sobre adicionais e gratificações temporárias, tais como 'terço de férias', 'serviços extraordinários', 'adicional noturno', e 'adicional de insalubridade'" justamente em face da sua caracterização, ou não, como remuneração. O mérito ainda pende de julgamento.

Sobre as férias gozadas, forte em sua natureza remuneratória e salarial, incide a contribuição, conforme vem decidindo o STJ[19]. Entendendo que o terço de férias tem natureza indenizatória/compensatória, o STJ afasta a incidência de contribuição sobre tal verba[20]. Sobre o pagamento de salário-maternidade, incide[21].

O STF, na ADI 1659 MC, ainda sob a égide da redação original do art. 195, I, da CF e do então § 4º do seu art. 201 (hoje § 11), suspendeu a eficácia da MP n. 1.523-14, que procurou dar ao § 2º do art. 22 da Lei n. 8.212/91 redação no sentido de que integrariam a remuneração os abonos de qualquer espécie ou natureza, bem como as parcelas denominadas indenizatórias pagas ou creditadas a qualquer título, inclusive em razão da rescisão do contrato de trabalho. À época, o Ministro Moreira Alves considerou que havia abonos que não se inseriam no conceito de salário e que eram eventuais, como o de férias, bem como que as verdadeiras indenizações não integram o salário e as faltas, por sua vez, não constituem indenização. Tal redação acabou sendo expressamente rejeitada quando da conversão da MP na Lei n. 9.528/97.

O art. 22, § 2º, na redação vigente, determina: "§ 2º Não integram a remuneração as parcelas de que trata o § 9º do art. 28". O referido § 9º do art. 28, com a redação das Leis n. 9.528/97, 9.711/98, 12.513/2011 e 12.761/2012, aponta, dentre outras verbas, os benefícios da previdência social, nos termos e limites legais, salvo o salário--maternidade, a parcela *in natura* recebida de acordo com os programas de alimentação aprovados pelo Ministério do Trabalho e da Previdência Social, várias importâncias pagas

---

[19] STJ, Primeira Seção, AgRgEDivREsp 1441572, rel. Min. Mauro Campbell Marques, nov. 2014.
[20] STJ, Primeira Seção, EDivREsp 973125, rel. Min. Assusete Magalhães, nov. 2014.
[21] STJ, Primeira Seção, EDivREsp 135303, rel. Min. Assusete Magalhães, out. 2014. Essa orientação foi julgada pela sistemática e para os efeitos dos recursos repetitivos, no REsp n. 1.230.957, rel. o Ministro Mauro Campbell Marques, em março de 2014.

a título indenizatório (férias indenizadas, incentivo à demissão), abono de férias, ganhos eventuais e os abonos expressamente desvinculados do salário, o valor das contribuições efetivamente pago pela pessoa jurídica relativo a programa de previdência complementar, aberto ou fechado, desde que disponível à totalidade de seus empregados e dirigentes, a parcela recebida a título de vale-transporte, valor de plano educacional ou bolsa de estudo para o empregado e seus dependentes, observados certos requisitos e os valores recebidos em decorrência da cessão de direitos autorais.

O STJ firmou posição no sentido de que não incide contribuição previdenciária sobre o montante pago pela empresa ao empregado nos primeiros dias de afastamento por motivo de doença, antes da percepção do benefício do auxílio-doença[22]. Conforme o art. 60, § 3º, da Lei n. 8.213/91, "durante os primeiros quinze dias consecutivos ao do afastamento da atividade por motivo de doença, incumbirá à empresa pagar ao segurado empregado o seu salário integral"[23].

A alimentação fornecida *in natura* no estabelecimento da empresa também não integra a base de cálculo, ainda que não haja vinculação ao Programa de Alimentação do Trabalhador[24].

O STF entendeu que o pagamento de vale-transporte em dinheiro não descaracteriza seu caráter indenizatório, não sujeito à contribuição (STF, RE n. 478.410/SP, rel. Min. Eros Grau, mar. 2010).

De outro lado, integram a base de cálculo os valores pagos a título de distribuição de lucro ou participação em resultado que não tenham observado a periodicidade mínima estabelecida pelo art. 3º, § 2º, da Lei n. 10.101/2000, com a redação da Lei n. 12.832/2013[25]. Sobre a participação em lucros e resultados, aliás, é excluída da base

---

[22] "3. É pacífico o entendimento desta Corte de que não incide contribuição previdenciária sobre a verba paga pelo empregador ao empregado durante os primeiros quinze dias de afastamento por motivo de doença, porquanto não constitui salário" (STJ, 2ª Turma, AgRgREsp 1100424/PR, Herman Benjamin, mar. 2010); "2. É dominante no STJ o entendimento segundo o qual não é devida a contribuição previdenciária sobre a remuneração paga pelo empregador ao empregado, durante os primeiros dias do auxílio-doença, à consideração de que tal verba, por não consubstanciar contraprestação a trabalho, não tem natureza salarial. Precedentes: REsp n. 720817/SC, 2ª Turma, Min. Franciulli Netto, DJ de 5-9-2005" (STJ, 1ª Turma, REsp n. 836.531/SC, Min. Teori Albino Zavascki, ago. 2006).

[23] Redação dada pela Lei n. 9.876/99.

[24] "PROGRAMA DE ALIMENTAÇÃO DO TRABALHADOR – SALÁRIO *IN NATURA* – DESNECESSIDADE DE INSCRIÇÃO NO PROGRAMA DE ALIMENTAÇÃO DO TRABALHADOR-PAT – NÃO INCIDÊNCIA DA CONTRIBUIÇÃO PREVIDENCIÁRIA. 1. Quando o pagamento é efetuado *in natura*, ou seja, o próprio empregador fornece a alimentação aos seus empregados, com o objetivo de proporcionar o aumento da produtividade e eficiência funcionais, não sofre a incidência da contribuição previdenciária, sendo irrelevante se a empresa está ou não inscrita no Programa de Alimentação ao Trabalhador – PAT. 2. Recurso especial não provido" (STJ, 2ª Turma, REsp n. 1051294/PR, rel. Min. Eliana Calmon, fev. 2009).

[25] Lei n. 10.101/2000: "Art. 3º A participação de que trata o art. 2º não substitui ou complementa a remuneração devida a qualquer empregado, nem constitui base de incidência de qualquer encargo trabalhista, não se lhe aplicando o princípio da habitualidade. § 2º É vedado o pagamento de qualquer antecipação ou distribuição de

de cálculo da contribuição do segurado pelo art. 28, § 9º, *j*, da Lei n. 8.212/91, mas há controvérsias no ponto[26]. Tenha-se em conta, também, a Súmula 310 do STJ: "O auxílio-creche não integra o salário de contribuição."

Embora o art. 22, I, da Lei n. 8.212/91 refira-se à remuneração "paga, devida ou creditada", a base econômica que pode ser objeto de tributação restringe-se à remuneração "paga ou creditada", conforme se vê da redação do art. 195, I, *a*, da Constituição, já abordado.

Assim, não têm suporte válido o lançamento e a cobrança de contribuição sobre remuneração tida pelos auditores fiscais como devida[27], mas que não tenha sido paga ou creditada ao empregado ao menos na contabilidade da empresa e/ou no contracheque do empregado, pois é inconstitucional a expressão "devida" constante do art. 22, I, da Lei n. 8.212/91 na redação da Lei n. 9.876/99.

Cabe às empresas apurar e recolher a contribuição, a seu cargo, sobre as remunerações dos empregados e avulsos até o dia 20 do mês seguinte ao de competência. Considera-se mês de competência o mês trabalhado[28]. Veja-se a lei:

DA ARRECADAÇÃO E RECOLHIMENTO DAS CONTRIBUIÇÕES

Art. 30. A arrecadação e o recolhimento das contribuições ou de outras importâncias devidas à Seguridade Social obedecem às seguintes normas: (Redação dada pela Lei n. 8.620, de 5-1-1993)

---

valores a título de participação nos lucros ou resultados da empresa em mais de 2 (duas) vezes no mesmo ano civil e em periodicidade inferior a 1 (um) trimestre civil. (Redação dada pela Lei n. 12.832, de 2013)".

[26] Vide: CALCINI, Fábio Pallaretti; CHILO, Fábio Augusto. "Contribuições previdenciárias e a Participação nos Lucros e Resultados – PLR: A jurisprudência do CARF". *Revista de Estudos Tributários*, n. 122, jul.-ago. 2018, p. 9-32.

[27] Na hipótese de o Auditor Fiscal entender que determinados pagamentos a autônomo encobriam efetiva relação de emprego, poderá efetuar o lançamento das contribuições não recolhidas a este título, mas tomando como base de cálculo apenas os valores efetivamente pagos ou creditados, e não os que, considerando o vínculo empregatício, eram devidos mas não foram pagos nem creditados, como o décimo terceiro.

[28] Tal conceito foi objeto de discussão ainda à luz de redação anterior, dada pela Lei n. 9.876, de 26 de novembro de 1999, quando o vencimento ocorria no dia 2 do mês seguinte ao de competência. Surgiram dúvidas quanto ao mês a ser considerado como de competência, se seria o mês trabalhado ou o mês em que ocorresse o pagamento do empregado. Mas o STJ firmou posição no sentido de que mês de competência é o trabalhado, de maneira que o dia 2 do mês seguinte ao de competência era o dia 2 do mês imediatamente subsequente ao trabalhado, ainda que o salário propriamente pudesse ser pago, posteriormente, até o 5º dia útil: "CONTRIBUIÇÃO PREVIDENCIÁRIA SOBRE O PAGAMENTO DE SALÁRIOS. FATO GERADOR. DATA DO RECOLHIMENTO. 1. O fato gerador da contribuição previdenciária do empregado não é o efetivo pagamento da remuneração, mas a relação laboral existente entre o empregador e o obreiro. 2. O alargamento do prazo conferido ao empregador pelo art. 459 da CLT para pagar a folha de salários até o dia cinco (05) do mês subsequente ao laborado não influi na data do recolhimento da contribuição previdenciária, porquanto ambas as leis versam relações jurídicas distintas; a saber: a relação tributária e a relação trabalhista. 3. As normas de natureza trabalhista e previdenciária revelam nítida compatibilidade, devendo o recolhimento da contribuição previdenciária ser efetuado a cada mês, após vencida a atividade laboral do período, independentemente da data do pagamento do salário do empregado. 4. Em sede tributária, os eventuais favores fiscais devem estar expressos na norma de instituição da exação, em nome do princípio da legalidade. 5. Raciocínio inverso conduziria a uma liberação tributária não prevista em lei, toda vez que o empregador não adimplisse com as suas obrigações trabalhistas, o que se revela desarrazoado à luz da lógica jurídica. 6. Recurso desprovido" (STJ, 1ª Turma, unânime, Resp n. 219.667/RS, rel. Min. Luiz Fux fev. 2003).

I – a empresa é obrigada a:

a) arrecadar as contribuições dos segurados empregados e trabalhadores avulsos a seu serviço, descontando-as da respectiva remuneração;

b) recolher os valores arrecadados na forma da alínea *a* deste inciso, a contribuição a que se refere o inciso IV do art. 22 desta Lei, assim como as contribuições a seu cargo incidentes sobre as remunerações pagas, devidas ou creditadas, a qualquer título, aos segurados empregados, trabalhadores avulsos e contribuintes individuais a seu serviço até o dia 20 (vinte) do mês subsequente ao da competência; (Redação dada pela Lei n. 11.933, de 2009).

Está consolidado na Súmula 688 do STF o entendimento de que "É legítima a incidência da contribuição previdenciária sobre o 13º salário".

As contribuições sobre o salário de dezembro e sobre o décimo terceiro salário devem ser pagas, antecipadamente, até o dia 20 de dezembro, conforme o art. 7º da Lei n. 8.620/93 e o art. 216, § 1º, do Regulamento[29]. Veja-se a lei:

> Art. 7º O recolhimento da contribuição correspondente ao décimo terceiro salário deve ser efetuado até o dia 20 de dezembro ou no dia imediatamente anterior em que haja expediente bancário.

Além de suportarem com recursos próprios, enquanto contribuintes, esta contribuição e as adiante abordadas, as empresas são obrigadas, enquanto responsáveis tributárias por substituição, a reter de seus empregados e a recolher as contribuições por eles devidas, o que detalhamos no item específico relativo às contribuições dos segurados.

Algumas empresas sujeitam-se, enquanto contribuintes, à retenção das contribuições por outras empresas colocadas na posição de substitutas tributárias. É o caso das prestadoras de serviços mediante cessão de mão de obra. Por força do art. 31 da Lei n. 8.212/91[30], cabe à empresa tomadora dos serviços reter 11% do valor bruto da Nota

---

[29] Regulamento da Previdência Social (Decreto n. 3.048/99): "CAPÍTULO VII – DO SALÁRIO DE CONTRIBUIÇÃO Art. 214. Entende-se por salário de contribuição: [...] § 6º A gratificação natalina – décimo terceiro salário – integra o salário de contribuição, exceto para o cálculo do salário de benefício, sendo devida a contribuição quando do pagamento ou crédito da última parcela ou na rescisão do contrato de trabalho. § 7º A contribuição de que trata o § 6º incidirá sobre o valor bruto da gratificação, sem compensação dos adiantamentos pagos, mediante aplicação, em separado, da tabela de que trata o art. 198 e observadas as normas estabelecidas pelo Instituto Nacional do Seguro Social. [...] CAPÍTULO VIII – DA ARRECADAÇÃO E RECOLHIMENTO DAS CONTRIBUIÇÕES – Seção I, Das Normas Gerais de Arrecadação Art. 216. A arrecadação e o recolhimento das contribuições e de outras importâncias devidas à seguridade social, observado o que a respeito dispuserem o Instituto Nacional do Seguro Social e a Secretaria da Receita Federal, obedecem às seguintes normas gerais: § 1º O desconto da contribuição do segurado incidente sobre o valor bruto da gratificação natalina – décimo terceiro salário – é devido quando do pagamento ou crédito da última parcela e deverá ser calculado em separado, observado o § 7º do art. 214, e recolhida, juntamente com a contribuição a cargo da empresa, até o dia vinte do mês de dezembro, antecipando-se o vencimento para o dia útil imediatamente anterior se não houver expediente bancário no dia vinte. (Redação dada pelo Decreto n. 4.729, de 9-6-2003)".

[30] Lei n. 8.212/91, com a redação das Leis n. 9.711/98, 11.941/2009 e 11.933/2009: "Art. 31. A empresa contratante de serviços executados mediante cessão de mão de obra, inclusive em regime de trabalho temporário, deverá reter 11% (onze por cento) do valor bruto da nota fiscal ou fatura de prestação de serviços

Fiscal por conta das contribuições previdenciárias devida pela empresa prestadora dos serviços. A presunção da base de cálculo é inerente a esse tipo de substituição tributária e não descaracteriza a contribuição, porquanto a lei assegura a compensação ou restituição de eventuais recolhimentos feitos a maior em face do efetivamente devido, considerada a base de cálculo real e a alíquota respectiva. Efetivamente, a empresa prestadora apurará a contribuição devida no mês, conforme a base de cálculo que lhe é própria (total da remuneração dos empregados e avulsos) e deduzirá a retenção sofrida, recolhendo o saldo devedor ou solicitando a restituição daquilo pago a maior. A substituição tributária cumpre, assim, o fim de diminuir as possibilidades de inadimplemento, facilitar a fiscalização e ampliar as garantias de recebimento do crédito. O STF, quando do julgamento do RE n. 603.191, relatora a Ministra Ellen Gracie, em agosto de 2011, reconheceu a constitucionalidade de tal sistemática de arrecadação:

> DIREITO TRIBUTÁRIO. SUBSTITUIÇÃO TRIBUTÁRIA. RETENÇÃO DE 11% ART. 31 DA LEI 8.212/91, COM A REDAÇÃO DA LEI 9.711/98. CONSTITUCIONALIDADE... 4. A retenção e recolhimento de 11% sobre o valor da nota fiscal é feita por conta do montante devido, não descaracterizando a contribuição sobre a folha de salários na medida em que a antecipação é em seguida compensada pelo contribuinte com os valores por ele apurados como efetivamente devidos forte na base de cálculo real. Ademais, resta assegurada a restituição de eventuais recolhimentos feitos a maior. 5. Inexistência de extrapolação da base econômica do art. 195, I, a, da Constituição, e de violação ao princípio da capacidade contributiva e à vedação do confisco, estampados nos arts. 145, § 1º, e 150, IV, da Constituição. Prejudicados os argumentos relativos à necessidade de lei complementar, esgrimidos com base no art. 195, § 4º, com a remissão que faz ao art. 154, I, da Constituição, porquanto não se trata de nova contribuição. 6. Recurso extraordinário a que se nega provimento. 7. Aos recursos sobrestados, que aguardavam a análise da matéria por este STF, aplica-se o art. 543-B, § 3º, do CPC. (STF, Plenário, RE n. 603.191/MT, Min. Ellen Gracie, ago. 2011)

---

e recolher, em nome da empresa cedente da mão de obra, a importância retida até o dia 20 (vinte) do mês subsequente ao da emissão da respectiva nota fiscal ou fatura, ou até o dia útil imediatamente anterior se não houver expediente bancário naquele dia, observado o disposto no § 5º do art. 33 desta Lei. § 1º O valor retido de que trata o *caput* deste artigo, que deverá ser destacado na nota fiscal ou fatura de prestação de serviços, poderá ser compensado por qualquer estabelecimento da empresa cedente da mão de obra, por ocasião do recolhimento das contribuições destinadas à Seguridade Social devidas sobre a folha de pagamento dos seus segurados. § 2º Na impossibilidade de haver compensação integral na forma do parágrafo anterior, o saldo remanescente será objeto de restituição. § 3º Para os fins desta Lei, entende-se como cessão de mão de obra a colocação à disposição do contratante, em suas dependências ou nas de terceiros, de segurados que realizem serviços contínuos, relacionados ou não com a atividade-fim da empresa, quaisquer que sejam a natureza e a forma de contratação. [...] § 4º Enquadram-se na situação prevista no parágrafo anterior, além de outros estabelecidos em regulamento, os seguintes serviços: I – limpeza, conservação e zeladoria; II – vigilância e segurança; III – empreitada de mão de obra; IV – contratação de trabalho temporário na forma da Lei n. 6.019, de 3 de janeiro de 1974. § 5º O cedente da mão de obra deverá elaborar folhas de pagamento distintas para cada contratante. § 6º Em se tratando de retenção e recolhimento realizados na forma do *caput* deste artigo, em nome de consórcio, de que tratam os arts. 278 e 279 da Lei n. 6.404, de 15 de dezembro de 1976, aplica-se o disposto em todo este artigo, observada a participação de cada uma das empresas consorciadas, na forma do respectivo ato constitutivo".

Note-se, porém, que só tem aplicação quando se tratar de cessão de mão de obra ou legalmente equiparada. O § 3º conceitua a cessão de mão de obra como sendo a "colocação à disposição do contratante, em suas dependências ou nas de terceiros, de segurados que realizem serviços contínuos". Em tais contratos, o objeto é um determinado número de horas diárias de trabalhadores, por exemplo, relacionados às atividades de vigilância ou de limpeza, à disposição do contratante. O § 4º é exemplificativo, além do que estabelece equiparação da empreitada de mão de obra aos contratos de cessão de mão de obra, mas não abre espaço para que, por atos infralegais, sejam considerados como de cessão de mão de obra serviços que não reúnam as características inerentes a este tipo de contratação, hipótese em que se terá ilegalidade.

O art. 30, VI, da Lei n. 8.212/91, por sua vez, estabelece hipótese de responsabilidade tributária do dono da obra relativamente às contribuições devidas pelo construtor e desde relativamente às contribuições devidas por subempreiteira, assegurando, contudo, a possibilidade de retenção e o direito a ressarcimento[31].

Deve-se destacar, neste particular, que a lei, em vez de simplesmente se referir às atividades inerentes à construção civil e de deixar ao intérprete descortinar sua amplitude, referiu-se expressamente à "construção, reforma ou acréscimo", delimitando seu âmbito de incidência. São relevantes, pois, tais definições. "Construção" implica a edificação de prédio novo, abrangendo todas as suas fases, desde as fundações até o acabamento. "Reforma" implica alteração em características do prédio, mediante modificações nas divisórias ou aberturas ou substituição de materiais com vista à melhoria na aparência ou na funcionalidade. "Acréscimo" envolve ampliação, com aumento de área. As obrigações atinentes a construções, reformas e acréscimos estão submetidas ao regime de responsabilidade solidária. Outra é a situação de serviços que possam ser enquadrados como de simples manutenção, não alcançados pela norma. A pintura, por exemplo, embora seja inerente à construção civil, pois todo o prédio construído é pintado, ao menos internamente, de maneira que a pintura faz parte do acabamento da construção, não pode ser considerada, separadamente, como construção. De fato, se a pintura, como parte de um empreendimento maior, não desborda da construção, porque lhe é inerente, de outro lado, tomada separadamente, não pode ser considerada como obra de construção. Pintar um prédio, considerada esta atividade separadamente,

---

[31] Lei n. 8.212/91: "Art. 30. A arrecadação e o recolhimento das contribuições ou de outras importâncias devidas à Seguridade Social obedecem às seguintes normas: (Redação dada pela Lei n. 8.620, de 5-1-93) [...] VI – o proprietário, o incorporador definido na Lei n. 4.591, de 16 de dezembro de 1964, o dono da obra ou condômino da unidade imobiliária, qualquer que seja a forma de contratação da construção, reforma ou acréscimo, são solidários com o construtor, e estes com a subempreiteira, pelo cumprimento das obrigações para com a Seguridade Social, ressalvado o seu direito regressivo contra o executor ou contratante da obra e admitida a retenção de importância a este devida para garantia do cumprimento dessas obrigações, não se aplicando, em qualquer hipótese, o benefício de ordem; (Redação dada pela Lei n. 9.528, de 10-12-97)".

não é construí-lo. Assim considerada, a pintura enquadra-se num quarto conceito, o de conservação ou manutenção, não apanhado pelo dispositivo legal em discussão.

Outro aspecto que merece relevo é que as contribuições sobre o pagamento de empregados provavelmente constituam as maiores obrigações para com a seguridade social relacionadas às obras de construção civil, mas que o dispositivo legal não restringe às mesmas a responsabilidade estabelecida, pois se refere genericamente às "obrigações para com a Seguridade Social", de modo que abrange também, por exemplo, as contribuições retidas dos empregados, bem como as contribuições sobre a remuneração de contribuintes individuais e, ainda, as retidas destes, dentre outras que digam respeito à obra.

Caberá ao proprietário, incorporador, dono da obra ou condômino, quando dos pagamentos ao construtor, exigir a comprovação do recolhimento das contribuições previdenciárias, sob pena de caracterização da sua responsabilidade solidária. Em face disso, inclusive, a lei os autoriza à retenção da respectiva importância no caso da não comprovação do recolhimento pelo construtor.

Contudo, quanto aos efeitos da solidariedade estabelecida, cabe esclarecer que não autoriza o Fisco a efetuar o lançamento contra o responsável pelo simples fato de não apresentar à fiscalização, quando solicitado, as guias comprobatórias do pagamento, pelo construtor, das contribuições relativas à obra. Impõe-se que o Fisco verifique se o construtor efetuou ou não os recolhimentos. De fato, não há que se confundir a causa que atrai a responsabilidade solidária do dono da obra (ausência da documentação exigida comprobatória do pagamento pelo contribuinte) com a pendência da obrigação tributária em si. A responsabilidade solidária recai sobre obrigações que precisam ser apuradas adequadamente, junto aos empreiteiros/construtores contribuintes, de modo a se verificar a efetiva base de cálculo e a existência de pagamentos já realizados, até porque, na solidariedade, o pagamento efetuado por um dos obrigados aproveita aos demais, nos termos do art. 125, I, do CTN[32]. A análise da documentação do construtor é, assim, indispensável ao lançamento. Existindo obrigação e verificada a inadimplência, ter-se-á a possibilidade de exigi-la de um ou de outro, forte na solidariedade, sem benefício de ordem, conforme se infere do art. 124, parágrafo único, do CTN[33].

3.2.2. *Contribuição de 1% a 3% a título de SAT/RAT – art. 22, II, da Lei n. 8.212/91*

Além da contribuição de 20% sobre os pagamentos aos segurados empregados e avulsos (22,5% no caso das instituições financeiras, conforme item adiante), as empresas

---

[32] CTN: "Art. 125. Salvo disposição de lei em contrário, são os seguintes os efeitos da solidariedade: I – o pagamento efetuado por um dos obrigados aproveita aos demais; [...]".

[33] CTN: "Art. 124. São solidariamente obrigadas: I – as pessoas que tenham interesse comum na situação que constitua o fato gerador da obrigação principal; II – as pessoas expressamente designadas por lei. Parágrafo único. A solidariedade referida neste artigo não comporta benefício de ordem".

têm a obrigação de pagar, também, um adicional para financiamento da aposentadoria especial e de benefícios decorrentes de incapacidade decorrente de riscos ambientais do trabalho que se tem denominado SAT (seguro de acidente do trabalho) ou RAT (risco ambiental do trabalho).

Tal exação não constitui propriamente uma contribuição autônoma, havendo quem diga que tampouco seria preciso considerá-la um adicional à contribuição de 20%, mas a *parte variável da contribuição das empresas* sobre a remuneração dos empregados e avulsos. Neste sentido, voto condutor do Desembargador Federal Wellington Mendes de Almeida proferido junto à 1ª Seção do TRF4:

> Da análise do dispositivo acima (art. 22 da Lei n. 8.212/91, com a redação dada pela Lei n. 9.528/97), extrai-se o entendimento de que não foram criadas duas contribuições previdenciárias incidentes sobre a folha de salários, nem se trata, no inciso II, de um adicional à contribuição prevista no inciso I. Cuida-se, isto sim, de uma única contribuição, a cargo do empregador, incidente sobre as remunerações pagas ou creditadas, durante o mês, aos segurados empregados que lhe prestem serviços. A destinação de parte da contribuição para o financiamento dos benefícios concedidos em decorrência de incapacidade laborativa decorrente dos riscos ambientais do trabalho não descaracteriza a unicidade da contribuição previdenciária, pois estas prestações não são estranhas ao Plano de Benefícios da Previdência Social, ou seja, não há desvio de destinação. A diversidade de alíquotas visa a distribuir entre os contribuintes de forma proporcional, os riscos de cada atividade, não implicando em tratamento discriminatório[34].

A Lei n. 8.212/91[35], no art. 22, II, com a redação da Lei n. 9.732/98, estabelece as *alíquotas de 1%, 2% ou 3%* conforme o *grau risco da atividade preponderante da empresa* seja considerado leve, médio ou grave.

> Art. 22. A contribuição a cargo da empresa, destinada à Seguridade Social, além do disposto no art. 23, é de:
>
> [...]
>
> II – para o financiamento do benefício previsto nos arts. 57 e 58 da Lei n. 8.213, de 24 de julho de 1991[36], e daqueles concedidos em razão do grau de incidência de incapacidade

---

[34] Excerto do voto condutor proferido pelo Desembargador Federal Wellington Mendes de Almeida quando do julgamento, pela 1ª Seção do TRF4, dos EIAC 1999.71.00.022739-0, em 5 de setembro de 2001.

[35] A contribuição denominada SAT surgiu com o art. 15 da Lei n. 6.367/76, que previa um acréscimo na contribuição sobre a folha de salários, no montante de 0,4 a 2,5% dependendo do grau de risco. A Lei n. 7.787/89, em seu art. 3º, II, também cuidou da matéria, fixando alíquota única de 2%. Em seguida, passou-se ao regime atual, estabelecido pela Lei n. 8.212/91.

[36] Lei n. 8.213/91: "Art. 57. A aposentadoria especial será devida, uma vez cumprida a carência exigida nesta Lei, ao segurado que tiver trabalhado sujeito a condições especiais que prejudiquem a saúde ou a integridade física, durante 15 (quinze), 20 (vinte) ou 25 (vinte e cinco) anos, conforme dispuser a lei. (Redação da Lei n. 9.032/95) [...] Art. 58. A relação dos agentes nocivos químicos, físicos e biológicos ou associação de agentes prejudiciais à saúde ou à integridade física considerados para fins de concessão da aposentadoria especial de que trata o artigo anterior será definida pelo Poder Executivo. (Redação da Lei n. 9.528/97) [...]".

laborativa decorrente dos riscos ambientais do trabalho, sobre o total das remunerações pagas ou creditadas, no decorrer do mês, aos segurados empregados e trabalhadores avulsos[37]:

a) 1% (um por cento) para as empresas em cuja atividade preponderante o risco de acidentes do trabalho seja considerado leve;

b) 2% (dois por cento) para as empresas em cuja atividade preponderante esse risco seja considerado médio;

c) 3% (três por cento) para as empresas em cuja atividade preponderante esse risco seja considerado grave.

[...]

§ 3º O Ministério do Trabalho e da Previdência Social poderá alterar, com base nas estatísticas de acidentes do trabalho, apuradas em inspeção, o enquadramento de empresas para efeito da contribuição a que se refere o inciso II deste artigo, a fim de estimular investimentos em prevenção de acidentes.

Sendo parte da contribuição das empresas prevista no art. 195, I, *a*, da CF, sua instituição por lei ordinária foi adequada.

Chegou-se a discutir, de outro lado, se o inciso II do art. 22, ao utilizar-se de conceito jurídico bastante indeterminado ("atividade preponderante") e implicar norma tributária em branco (necessitando integração por estatísticas que revelem os índices de acidentes do trabalho e os qualifiquem em graus de risco leve, médio e grave), estaria ou não atendendo à legalidade tributária estrita, que não admite delegação de competência normativa ao Executivo. O STF, diferentemente do que entendíamos[38], decidiu a questão pronunciando-se pela *constitucionalidade da contribuição ao SAT* sob o entendimento de que a lei dispôs sobre todos os aspectos da norma tributária impositiva e que não viola a legalidade tributária deixar ao Executivo a complementação dos conceitos, devendo este, quando da regulamentação, atentar para o conteúdo da lei, sob pena de ilegalidade a ser objeto de controle específico:

---

[37] Veja-se a redação revogada do inciso II do art. 22 da Lei. 8.212/91: "II – para o financiamento da complementação das prestações por acidente do trabalho, dos seguintes percentuais, incidentes sobre o total das remunerações pagas ou creditadas, no decorrer do mês, aos segurados empregados e trabalhadores avulsos: [...]".

[38] Sempre nos pareceu que a falta de definição, em lei, do que seja atividade preponderante – se definida pelo objeto social da empresa ou pelo número de empregados voltados a cada atividade, se contada na empresa como um todo ou por estabelecimento – acaba resultando em delegação indevida ao Executivo para não apenas regulamentar a aplicação da lei mas integrá-la. Tanto que tal conceito já sofreu modificações na sucessão de decretos regulamentadores ocorrida. Em face do princípio da legalidade em matéria tributária, consagrado no art. 150, I, da CF, não é dado ao Executivo, como regra, participar da definição dos elementos da hipótese de incidência, eis que as possibilidades de delegação são apenas as expressamente referidas no Texto Constitucional. Quanto aos graus de risco leve, médio e grave, a lei determina que serão definidos com base nas estatísticas sobre acidentes de trabalho, o que, de início, parece não implicar qualquer delegação normativa, mas, como a lei não especifica quais os percentuais a serem considerados para o enquadramento, acaba por deixar ao Executivo não apenas a aferição dos graus de risco, mas o juízo de valor quanto a sua gravidade. Havendo vício na lei quanto à graduação da alíquota, ter-se-ia que aplicar a alíquota menor.

CONSTITUCIONAL. TRIBUTÁRIO. CONTRIBUIÇÃO: SEGURO DE ACIDENTE DO TRABALHO – SAT. Lei n. 7.787/89, arts. 3º e 4º; Lei n. 8.212/91, art. 22, II, redação da Lei n. 9.732/98. Decretos n. 612/92, 2.173/97 e 3.048/99. C.F., art. 195, § 4º; art. 154, II; art. 5º, II; art. 150, I. I. – Contribuição para o custeio do Seguro de Acidente do Trabalho – SAT: Lei n. 7.787/89, art. 3º, II; Lei n. 8.212/91, art. 22, II: alegação no sentido de que são ofensivos ao art. 195, § 4º, c/c art. 154, I, da Constituição Federal: improcedência. Desnecessidade de observância da técnica da competência residual da União, C.F., art. 154. I. Desnecessidade de lei complementar para a instituição da contribuição para o SAT. II. – O art. 3º, II, da Lei n. 7.787/89 não é ofensivo ao princípio da igualdade, por isso que o art. 4º da mencionada Lei n. 7.787/89 cuidou de tratar desigualmente aos desiguais. III. – As Leis n. 7.787/89, art. 3º, II, e 8.212/91, art. 22, II, definem, satisfatoriamente, todos os elementos capazes de fazer nascer a obrigação tributária válida. O fato de a lei deixar para o regulamento a complementação dos conceitos de "atividade preponderante" e "grau de risco leve, médio e grave" não implica ofensa ao princípio da legalidade genérica, C.F., art. 5º, II, e da legalidade tributária, C.F., art. 150, I. IV. – Se o regulamento vai além do conteúdo da lei, a questão não é de inconstitucionalidade, mas de ilegalidade, matéria que não integra o contencioso constitucional. V. – Recurso extraordinário não conhecido. (STF, Plenário, unânime, RE n. 343.446/SC, rel. Min. Carlos Velloso, mar. 2003)

Regulamentando o dispositivo legal, três decretos sucederam-se na definição do modo pelo qual se deveria identificar a *atividade preponderante* com vista ao cálculo da contribuição ao SAT. O Decreto n. 612/92 estabelecia o critério do maior número de empregados por estabelecimento. O Decreto n. 2.173/97, por sua vez, previu, como critério para a identificação da atividade preponderante, o maior número de segurados da empresa como um todo, no que foi seguido pelo Decreto n. 3.048/99, art. 202[39]. O STJ, no REsp n. 464.749/SC, realizou o controle de legalidade preconizado pelo STF, dizendo da *necessidade de verificação da atividade preponderante por estabelecimento*, e não por empresa[40].

Os §§ 6º e 7º do art. 57 da Lei n. 8.213/91, com a redação dada pela Lei n. 9.732/98, ao cuidar da aposentadoria especial, impõem, ainda, um *acréscimo, na alíquota do SAT,*

---

[39] Decreto n. 3048/99: "Art. 202 [...] § 3º Considera-se preponderante a atividade que ocupa, na empresa, o maior número de segurados empregados e trabalhadores avulsos".

[40] "PREVIDENCIÁRIO. SEGURO ACIDENTE DO TRABALHO. SAT. CONTRIBUIÇÃO. LEI 8.212/91. BASE DE CÁLCULO. 1. Na base de cálculo da contribuição para o SAT, deve prevalecer a empresa por unidade isolada, identificada por seu CGC. 2. A Lei n. 8.212/91, art. 22, II, não autoriza seja adotada como base de cálculo a remuneração dos empregados da empresa como um todo. 3. O Decreto n. 2.173/97 afastou-se da lei para estabelecer além do previsto. 4. Recurso especial provido" (STJ, 2ª Turma, unânime, REsp n. 499.299/SC, rel. Min. Eliana Calmon, jun. 2003). Eis excerto do voto condutor: "Assim sendo, não se pode chancelar o Decreto n. 2.173/97 que, como os demais, veio a tentar categorizar as empresas por unidade total e não por estabelecimento isolado e identificado por CGC próprio, afastando-se do objetivo preconizado pelo art. 22 da Lei n. 8.212/91. No caso dos autos, a empresa alega separar em estabelecimentos distintos as atividades industriais, comerciais, granjas, depósitos e administração (escritórios)". Vide, também, no mesmo sentido, o REsp n. 464.749/SC, da 1ª Turma do STJ, julgado à unanimidade em agosto de 2003.

de 12, 9 ou 6 pontos percentuais especificamente sobre a remuneração do segurado que exerça atividade que permita a concessão de *aposentadoria especial* após quinze, vinte ou vinte e cinco anos de contribuição, e não sobre a folha como um todo. Nesses casos, pois, a alíquota poderá chegar a 15%. Veja-se:

> Art. 57. A aposentadoria especial será devida, uma vez cumprida a carência exigida nesta Lei, ao segurado que tiver trabalhado sujeito a condições especiais que prejudiquem a saúde ou a integridade física, durante 15 (quinze), 20 (vinte) ou 25 (vinte e cinco) anos, conforme dispuser a lei. (Redação dada pela Lei n. 9.032, de 28-4-1994)
>
> [...]
>
> § 6º O benefício previsto neste artigo será financiado com os recursos provenientes da contribuição de que trata o inciso II do art. 22 da Lei n. 8.212, de 24 de julho de 1991, cujas alíquotas serão acrescidas de doze, nove ou seis pontos percentuais, conforme a atividade exercida pelo segurado a serviço da empresa permita a concessão de aposentadoria especial após quinze, vinte ou vinte e cinco anos de contribuição, respectivamente. (Redação dada pela Lei n. 9.732, de 11-12-1998)
>
> § 7º O acréscimo de que trata o parágrafo anterior incide exclusivamente sobre a remuneração do segurado sujeito às condições especiais referidas no *caput*. (Parágrafo incluído pela Lei n. 9.732, de 11-12-1998)

A Lei n. 10.666/2003, por sua vez, prevê que poderá haver redução de até 50% ou aumento de até 100% em razão do desempenho da empresa relativamente aos níveis de frequência, gravidade e custo dos acidentes de trabalho verificados. O desempenho da empresa em relação à sua respectiva atividade é aferido pelo Fator Acidentário de Prevenção – FAP –, conforme regulamentado pelo art. 202-A do Decreto n. 3.048/99, com a redação do Decreto n. 6.957/2009[41]. A contestação do índice atribuído a cada

---

[41] Decreto n. 3.048/99, com as atualizações posteriores, inclusive do Decreto n. 6.957/2009: "Art. 202-A. As alíquotas constantes nos incisos I a III do art. 202 serão reduzidas em até cinquenta por cento ou aumentadas em até cem por cento, em razão do desempenho da empresa em relação à sua respectiva atividade, aferido pelo Fator Acidentário de Prevenção – FAP. § 1º O FAP consiste num multiplicador variável num intervalo contínuo de cinco décimos (0,5000) a dois inteiros (2,0000), aplicado com quatro casas decimais, considerado o critério de arredondamento na quarta casa decimal, a ser aplicado à respectiva alíquota. § 2º Para fins da redução ou majoração a que se refere o *caput*, proceder-se-á à discriminação do desempenho da empresa, dentro da respectiva atividade econômica, a partir da criação de um índice composto pelos índices de gravidade, de frequência e de custo que pondera os respectivos percentis com pesos de cinquenta por cento, de trinta e cinco por cento e de quinze por cento, respectivamente. § 4º Os índices de freqüência, gravidade e custo serão calculados segundo metodologia aprovada pelo Conselho Nacional de Previdência Social, levando-se em conta: I – para o índice de frequência, os registros de acidentes e doenças do trabalho informados ao INSS por meio de Comunicação de Acidente do Trabalho – CAT e de benefícios acidentários estabelecidos por nexos técnicos pela perícia médica do INSS, ainda que sem CAT a eles vinculados; II – para o índice de gravidade, todos os casos de auxílio-doença, auxílio-acidente, aposentadoria por invalidez e pensão por morte, todos de natureza acidentária, aos quais são atribuídos pesos diferentes em razão da gravidade da ocorrência, como segue: a) pensão por morte: peso de cinquenta por cento; b) aposentadoria por invalidez: peso de trinta por cento; e c) auxílio-doença e auxílio-acidente: peso de dez por cento para cada um; e III – para o índice de custo, os valores dos benefícios de natureza acidentária pagos ou devidos pela Previdência Social, apurados da seguinte forma: a) nos casos de auxílio-doença, com base no tempo de afastamento do trabalhador, em meses

empresa pode ser objeto de contestação e de recurso na esfera administrativa, com efeito suspensivo, nos termos do art. 202-B do Decreto n. 3.048/99, incluído pelo Decreto n. 7.126/2010.

Eis o art. 10 da Lei n. 10.666/2003:

> Art. 10. A alíquota de contribuição de um, dois ou três por cento, destinada ao financiamento do benefício de aposentadoria especial ou daqueles concedidos em razão do grau de incidência de incapacidade laborativa decorrente dos riscos ambientais do trabalho, poderá ser reduzida, em até cinquenta por cento, ou aumentada, em até cem por cento, conforme dispuser o regulamento, em razão do desempenho da empresa em relação à respectiva atividade econômica, apurado em conformidade com os resultados obtidos a partir dos índices de frequência, gravidade e custo, calculados segundo metodologia aprovada pelo Conselho Nacional de Previdência Social.

Mas o FAP tem sido questionado sob a perspectiva da garantia da legalidade tributária estrita, porquanto a Lei n. 10.666/2003 é redigida de modo demasiadamente aberto. Aponta-se integração normativa indevida por parte do Executivo, que teria extrapolado a função regulamentar. Veja-se, nesse ponto, o entendimento de Fábio Pallaretti Calcini:

> [...] o art. 10 da Lei n. 10.666/2003 é extremamente vago e impreciso, não produzindo, ao menos, padrões (*Standards*) capazes de se chegar ao entendimento de que o legislador neste caso tão somente praticou uma declaração regulamentar interna (*intra legem*), pois inexistem critérios legais razoáveis a serem observados pelo regulamento. Ora, permite-se a majoração da alíquota em até 100%, conforme dispuser o regulamento... Nota-se que o único critério para a majoração da alíquota em até 100% decorrerá da vaga e indeterminada expressão "decorrerá do desempenho da empresa em relação à respectiva atividade econômica". Mais do que isso, este único e vago critério será preenchido e estruturado por atos administrativos, ou seja, apurados segundo métodos aprovados pelo Conselho da Previdência Social, em conformidade com os resultados obtidos a partir dos índices de frequência, de gravidade e de custo. O que se percebe, com clareza meridiana, é que o legislador, efetivamente, abdicou do exercício da atividade legislativa, realizando o que

---

e fração de mês; e b) nos casos de morte ou de invalidez, parcial ou total, mediante projeção da expectativa de sobrevida do segurado, na data de início do benefício, a partir da tábua de mortalidade construída pela Fundação Instituto Brasileiro de Geografia e Estatística – IBGE para toda a população brasileira, considerando-se a média nacional única para ambos os sexos. § 5º O Ministério da Previdência Social publicará anualmente, sempre no mesmo mês, no Diário Oficial da União, os róis dos percentis de frequência, gravidade e custo por Subclasse da Classificação Nacional de Atividades Econômicas – CNAE e divulgará na rede mundial de computadores o FAP de cada empresa, com as respectivas ordens de frequência, gravidade, custo e demais elementos que possibilitem a esta verificar o respectivo desempenho dentro da sua CNAE-Subclasse. § 7º Para o cálculo anual do FAP, serão utilizados os dados de janeiro a dezembro de cada ano, até completar o período de dois anos, a partir do qual os dados do ano inicial serão substituídos pelos novos dados anuais incorporados. § 8º Para a empresa constituída após janeiro de 2007, o FAP será calculado a partir de 1º de janeiro do ano seguinte ao que completar dois anos de constituição. § 9º Excepcionalmente, no primeiro processamento do FAP serão utilizados os dados de abril de 2007 a dezembro de 2008. § 10. A metodologia aprovada pelo Conselho Nacional de Previdência Social indicará a sistemática de cálculo e a forma de aplicação de índices e critérios acessórios à composição do índice composto do FAP".

entendemos por delegação externa, atribuindo ao Poder Executivo a competência de praticar atos de competência exclusiva do Poder Legislativo, o que fere o princípio da legalidade tributária, juntamente com a separação dos Poderes (art. 2º) e a impossibilidade de delegação. [...] Não se deve, ainda, olvidar que o Fator Acidentário Previdenciário – FAP –, criado pelo impugnado art. 10 da lei n. 10.666/2003, é aplicado sobre as alíquotas de 1% a 3%, previstas no art. 22, inciso II, da Lei n. 8.212/91, da contribuição do SAT, que já incumbiu ao regulamento a função de definir e esclarecer a expressão "atividade preponderante" e os graus de risco em "leve, médio e grave". Ora, é uma indeterminação sobre outra indeterminação. Significa dizer, por conseguinte, que estamos diante de uma contribuição onde o critério quantitativo relacionado à alíquota está remetido quase que inteiramente – ou totalmente – aos critérios e subjetivismos do Poder Executivo, em total detrimento do princípio da estrita legalidade[42].

Esse, aliás, é o entendimento dominante na doutrina. Andrei Pitten Velloso destaca que "Na metodologia instituída pela Lei n. 10.666/2003, em que as alíquotas oscilam em função do FAP, o SAT viola escancaradamente os princípios da tipicidade fechada e da reserva absoluta de lei, manifestações precípuas da estrita legalidade tributária..."[43]. Gustavo Masina e Rafael Nichele também se posicionam assim: "[...] o aumento de alíquotas do RAT por decretos do Poder Executivo, forte na delegação outorgada pelo art. 10 da Lei n. 10.666/2003, é inconstitucional, por violar o princípio da legalidade estrita (tipicidade fechada) previsto no art. 150, I, da CRFB, sem que daí decorra qualquer contrariedade ao entendimento consolidado no Supremo Tribunal Federal"[44]; "[...] a regulamentação do FAP incluiu eventos que não guardam vinculação com as condições ambientais de trabalho, conforme dispõe o art. 10 da Lei n. 10.666/2003"[45].

O TRF4 vem entendendo constitucional a metodologia adotada para o FAP:

> CONTRIBUIÇÃO AO SAT. PEDIDO DE SUSPENSÃO DE EXIGIBILIDADE DO FAP. AUSÊNCIA DE AFRONTA AO PRINCÍPIO DA LEGALIDADE. 1 – A regulamentação da metodologia do FAP através dos Decretos n. 6.042/2007 e 6.957/2009 não implica afronta ao princípio da legalidade insculpido no artigo 150, inciso I, da CF, já que as disposições essenciais à cobrança da contribuição se encontram delineadas nas Leis n. 8.212/91 e 10.666/2003. 2 – A disposição acerca da flexibilização das alíquotas, que garante a aplicação prática dos fatores de redução (50%) e de majoração (100%) não implica em extrapolamento das disposições legais contidas na Lei n. 10.666/2003. (TRF4,

---

[42] CALCINI, Fábio Pallaretti. "FAP – Fator Acidentário Previdenciário: Reflexões acerca da legalidade em matéria tributária". *RDDT*, 175/56, abr. 2010.

[43] VELLOSO, Andrei Pitten. "O FAP e o arbitrário reenquadramento das empresas nas faixas de risco do SAT/RAT". *RDDT*, 180/7, set. 2010.

[44] MASINA, Gustavo. "A inconstitucionalidade do art. 10 da Lei n. 10.666/2003. O aumento de alíquotas da contribuição prevista no art. 22, ii, da lei n. 8.212/91 por meio de decretos. O FAP – Fator Acidentário de Prevenção". *RDDT*, 178/85, jul. 2010.

[45] NICHELE, Rafael. "Inconstitucionalidade e ilegalidades do FAP – Fator Acidentário de Prevenção". *RDDT*, 177/130, jun. 2010.

AC 5000010-47.2010.404.7214, Primeira Turma, Relatora p/ Acórdão Maria de Fátima Freitas Labarrère, D.E. 29-3-2012)

O STF reconheceu a repercussão geral da matéria no RE n. 684.261 RG, relator o Ministro Luiz Fux, em junho de 2012. Atualmente, a análise de mérito está afetada ao RE n. 677.725. Em janeiro de 2019, ainda não se contava com uma solução.

A contribuição ao SAT, portanto, constitui a parte variável da contribuição da empresa sobre a remuneração de empregados e avulsos, sendo de 1%, 2% ou 3% conforme o grau de risco da atividade preponderante na empresa, sujeitando-se, ainda, um acréscimo de 6, 9 ou 12 pontos percentuais relativamente à remuneração dos empregados e avulsos sujeitos à aposentadoria especial e admitindo, ainda, redução de até 50% ou aumento de até 100% em razão do desempenho da empresa relativamente aos níveis de frequência, gravidade e custo dos acidentes de trabalho verificados, aferido pelo Fator Acidentário de Prevenção – FAP.

3.2.3. *Contribuição adicional de 2,5% devida pelas instituições financeiras e assemelhadas – art. 22, § 1º, da Lei n. 8.212/91*

A par da contribuição de 20% sobre a remuneração dos empregados e dos avulsos, o § 1º do art. 22 da Lei n. 8.212/91, com a redação da Lei n. 9.876/99, instituiu, ainda, uma contribuição adicional de 2,5% a ser suportada pelas instituições financeiras e assemelhados que arrola:

> Art. 22. A contribuição a cargo da empresa, destinada à Seguridade Social, além do disposto no art. 23, é de:
> [...]
> § 1º No caso de bancos comerciais, bancos de investimentos, bancos de desenvolvimento, caixas econômicas, sociedades de crédito, financiamento e investimento, sociedades de crédito imobiliário, sociedades corretoras, distribuidoras de títulos e valores mobiliários, empresas de arrendamento mercantil, cooperativas de crédito, empresas de seguros privados e de capitalização, agentes autônomos de seguros privados e de crédito e entidades de previdência privada abertas e fechadas, além das contribuições referidas neste artigo e no art. 23, é devida a contribuição adicional de dois vírgula cinco por cento sobre a base de cálculo definida nos incisos I e III deste artigo. (Redação dada pela Lei n. 9.876, de 26-11-1999)

Cuida-se de uma contribuição adicional sobre as bases de cálculo relativas à remuneração dos empregados e avulsos (art. 22, I) e dos segurados individuais como autônomos e diretores não empregados (art. 22, II).

O STF entende que o adicional exigido das instituições financeiras encontra suporte no princípio da capacidade contributiva e também no § 9º do art. 195 da CF, acrescentado pela Emenda Constitucional n. 47/2005, que autoriza que as contribuições tenham alíquotas ou bases de cálculo diferenciadas em razão da atividade econômica, da utilização intensiva de mão de obra, do porte da empresa ou da condição estrutural do mercado de trabalho[46]. Aliás, no RE n. 599.309 RG, em junho de 2018, analisou o mérito dessa questão com repercussão geral consolidando seu entendimento com a seguinte conclusão: "É constitucional a contribuição adicional de 2,5% (dois e meio por cento) sobre a folha de salários instituída para as instituições financeiras e assemelhadas pelo art. 3º, § 2º, da Lei n. 7.787/1989, ainda que considerado o período anterior à Emenda Constitucional (EC) 20/1998"[47].

3.2.4. *Contribuições em substituição às contribuições sobre o pagamento de empregados e avulsos – art. 195, § 13, da CF*

As preocupações com a carga tributária sobre a folha de salários são constantes. Nossa Constituição elege a busca do pleno emprego como princípio da ordem econômica (art. 170, VIII, da CF), mas a elevada carga tributária, ao onerar demasiadamente a contratação de empregados, somada aos também elevados encargos trabalhistas, encarece e dificulta as contratações, além de induzir à informalidade. Daí a importância de se buscar outra matriz tributária, em que o financiamento da seguridade social não tenha o valor da folha de salários como referência.

O § 13 ao art. 195 da Constituição enseja a substituição total ou parcial da contribuição sobre a folha e demais pagamentos a pessoa física (art. 195, I, *a*) pela incidente sobre a receita ou o faturamento (art. 195, I, *b*) como instrumento para a desoneração da contratação formal de trabalhadores.

O STJ submeteu à sistemática dos recursos repetitivos a questão controvertida acerca da "possibilidade de inclusão do ICMS na base de cálculo da Contribuição Previdenciária sobre a Receita Bruta, instituída pela MP n. 540/2011, convertida na Lei n. 12.546/2011", que reproduz a discussão sobre a exclusão do ICMS da base de cálculo da Cofins, de modo que se deve ficar atento à decisão de mérito que virá[48].

Anteriormente ao advento da EC n. 42/2003, esse tipo de substituição era incompatível com o texto constitucional, pois só poderiam ser instituídas novas contribuições com observância da técnica de exercício da competência residual, prevista no art. 195, § 4º, que exige lei complementar, não cumulatividade e fato gerador e base de cálculo diversos daqueles das contribuições já previstas nos incisos do art. 195. Não obstante,

---

[46] STF, Plenário, RE n. 598572/SP, rel. Min. Edson Fachin, mar. 2016.
[47] STF, RE n. 599309/SP, rel. Min. Ricardo Lewandowski, julgamento em 6-6-2018.
[48] STJ, ProAfR no REsp n. 1624297/RS, rel. Min. Regina Helena Costa, Primeira Seção, julgado em 8-5-2018, *DJe* 17-5-2018. Afetou também os REsps n. 1.638.772/SC e 1.629.001/SC.

já vinha sendo praticada, ainda que ao arrepio da Constituição, devendo-se ter bem presente que o advento da EC n. 42/2003 não tem o efeito de convalidar tais normas que jamais tiveram validade e que, portanto, não puderam ser recepcionadas.

3.2.4.1. Contribuição previdenciária das empresas de tecnologia da informação e comunicação e outras – arts. 7º a 9º da Lei n. 12.546/2011

Os arts. 7º a 9º da Lei n. 12.546/2011 tratam da substituição das contribuições sobre a folha por nova contribuição sobre a receita bruta para diversas empresas. Já sofreram mais de sete alterações em suas redações, inclusive pela Lei n. 13.670/2018.

A substituição alcança empresas como as que prestam serviços de tecnologia da informação (TI), de tecnologia da informação e comunicação (TIC) e serviços de *call center*, bem como empresas do setor de construção civil e de transporte metroviário e rodoviário coletivo de passageiros, dentre outras. As empresas do setor hoteleiro chegaram a ser incluídas nesse regime substitutivo, mas dele foram retiradas mediante revogação do inciso II do referido art. 7º.

Vale ter em conta que a contribuição substitutiva sobre a receita não é idêntica para todos os setores abrangidos pela substituição. As alíquotas variam, o que se vê já do *caput* do art. 7º-A da Lei n. 12.546/2011, com a redação da Lei n. 13.202/2015:

> Art. 7º-A. A alíquota da contribuição sobre a receita bruta prevista no art. 7º será de 4,5% (quatro inteiros e cinco décimos por cento), exceto para as empresas de *call center* referidas no inciso I, que contribuirão à alíquota de 3% (três por cento), e para as empresas identificadas nos incisos III, V e VI, todos do *caput* do art. 7º, que contribuirão à alíquota de 2% (dois por cento).

Como há empresas que têm por objeto tanto atividades sujeitas às contribuições substitutivas como a outras atividades, o art. 9º da Lei n. 12.546/2011, com a redação das Leis n. 12.715/2012, 13.043/2014 e 13.670/2018, estabelece critérios para que paguem pelas duas modalidades, ocorrendo a substituição quanto à parcela da receita bruta das atividades que ensejam a substituição, como se vê do seu § 1, inciso I:

> § 1º No caso de empresas que se dedicam a outras atividades além das previstas nos arts. 7º e 8º, o cálculo da contribuição obedecerá:
>
> I – ao disposto no *caput* desses artigos quanto à parcela da receita bruta correspondente às atividades neles referidas;
>
> II – ao disposto no art. 22 da Lei n. 8.212, de 24 de julho de 1991, reduzindo-se o valor da contribuição dos incisos I e III do *caput* do referido artigo ao percentual resultante da razão entre a receita bruta de atividades não relacionadas aos serviços de que tratam o *caput* do art. 7º desta Lei ou à fabricação dos produtos de que tratam os incisos VII e VIII do *caput* do art. 8º desta Lei e a receita bruta total.

O rol de empresas sujeitas à contribuição substitutiva, constante do art. 9º da Lei n. 12.526/2011, é bastante dinâmico, tendo sido ampliado por diversas vezes e, mais recentemente, reduzido pela Lei n. 13.670/2018. As alterações decorrem do acompanhamento dos efeitos da substituição tanto sobre a arrecadação quanto sobre a finalidade extrafiscal pretendida, de reduzir a pressão sobre a folha de salários e aumentar a oferta de empregos.

3.2.4.2. Contribuição previdenciária dos clubes de futebol profissional – art. 22, § 6º, a 11-A da Lei n. 8.212/91

A Lei n. 8.212/91, com a redação da Lei n. 9.528/97, dá tratamento específico aos clubes de futebol profissional, instituindo contribuição diversa, em substituição à contribuição sobre o pagamento de empregados e avulsos:

> Art. 22. A contribuição a cargo da empresa, destinada à Seguridade Social, além do disposto no art. 23, é de:
>
> [...]
>
> § 6º A contribuição empresarial da associação desportiva que mantém equipe de futebol profissional destinada à Seguridade Social, em substituição à prevista nos incisos I e II deste artigo, corresponde a cinco por cento da receita bruta, decorrente dos espetáculos desportivos de que participem em todo território nacional em qualquer modalidade desportiva, inclusive jogos internacionais, e de qualquer forma de patrocínio, licenciamento de uso de marcas e símbolos, publicidade, propaganda e de transmissão de espetáculos desportivos. (Parágrafo *incluído* pela Lei n. 9.528, de 10-12-1997)
>
> § 7º Caberá à entidade promotora do espetáculo a responsabilidade de efetuar o desconto de cinco por cento da receita bruta decorrente dos espetáculos desportivos e o respectivo recolhimento ao Instituto Nacional do Seguro Social, no prazo de até dois dias úteis após a realização do evento. (Parágrafo *incluído* pela Lei n. 9.528, de 10-12-1997)
>
> § 8º Caberá à associação desportiva que mantém equipe de futebol profissional informar à entidade promotora do espetáculo desportivo todas as receitas auferidas no evento, discriminando-as detalhadamente. (Parágrafo incluído pela Lei n. 9.528, de 10-12-1997)
>
> § 9º No caso de a associação desportiva que mantém equipe de futebol profissional receber recursos de empresa ou entidade, a título de patrocínio, licenciamento de uso de marcas e símbolos, publicidade, propaganda e transmissão de espetáculos, esta última ficará com a responsabilidade de reter e recolher o percentual de cinco por cento da receita bruta decorrente do evento, inadmitida qualquer dedução, no prazo estabelecido na alínea "b", inciso I, do art. 30 desta Lei. (Parágrafo incluído pela Lei n. 9.528, de 10-12-1997)
>
> § 10. Não se aplica o disposto nos §§ 6º ao 9º às demais associações desportivas, que devem contribuir na forma dos incisos I e II deste artigo e do art. 23 desta Lei. (Parágrafo *incluído* pela Lei n. 9.528, de 10-12-1997)
>
> § 11. O disposto nos §§ 6º ao 9º deste artigo aplica-se à associação desportiva que mantenha equipe de futebol profissional e atividade econômica organizada para a produção e circulação de bens e serviços e que se organize regularmente, segundo um dos tipos

regulados nos arts. 1.039 a 1.092 da Lei n. 10.406, de 10 de janeiro de 2002 – Código Civil. (Redação dada pela Lei n. 11.345, de 2006).

§ 11-A. O disposto no § 11 deste artigo aplica-se apenas às atividades diretamente relacionadas com a manutenção e administração de equipe profissional de futebol, não se estendendo às outras atividades econômicas exercidas pelas referidas sociedades empresariais beneficiárias. (Incluído pela Lei n. 11.505, de 2007).

Resta expresso que tal contribuição é devida pela associação desportiva que mantém equipe de futebol profissional em substituição à contribuição sobre os pagamentos a empregados e avulsos e ao adicional ao SAT.

Incide esta contribuição dos clubes de futebol, como visto, sobre a "receita bruta" decorrente de espetáculos esportivos, de patrocínio, licenciamento de uso de marcas e símbolos e de publicidade.

Ocorre que a Lei n. 9.528/97 adveio anteriormente à EC n. 42/2003, que acresceu o § 13 ao art. 195 da Constituição, sendo, portanto, inconstitucional, na medida em que, quando do seu advento, além de cada uma das contribuições previstas nos incisos I a III do art. 195[49], somente era possível a instituição de nova contribuição no exercício da competência residual, mediante lei complementar e com fatos geradores e bases de cálculo diversos dos das contribuições já existentes, requisitos descumpridos.

A Lei n. 9.528/97 acabou por sobrepor à Cofins (contribuição sobre a receita instituída com suporte no art. 195, I, *b*, da Constituição) uma nova contribuição sobre a receita, infringindo, desta forma, o art. 195, § 4º, da CF.

Por certo que não encontra amparo no art. 195, I, *a*, já que não constitui contribuição sobre o salário dos empregados e demais remunerações pagas a pessoa física por trabalho prestado, mas de contribuição que, de modo inválido, veio substituir as contribuições sobre o pagamento de empregados e avulsos. Sérgio Pinto Martins também identifica tal inconstitucionalidade:

> A base de cálculo estabelecida para os clubes de futebol é inconstitucional, pois não tem previsão na Constituição. Esta dispõe que a contribuição das empresas é calculada sobre a folha de salários (art. 195, I). A contribuição determinada nos §§ 6º a 9º do art. 22 da Lei n. 8.212 substitui a contribuição da empresa, sem que haja permissão constitucional para esse fim. Logo, somente por lei complementar é que se poderia instituir tal contribuição (§ 4º do art. 195 da Constituição)[50].

O TRF4 declarou a inconstitucionalidade:

CONTRIBUIÇÃO PREVIDENCIÁRIA. CLUBES DE FUTEBOL PROFISSIONAL. BASE DE CÁLCULO. RECEITAS DE PATROCÍNIO E PUBLICIDADE. INCONSTITUCIONALIDADE. LEI N. 8.212/1991, ART. 22, § 6º. CF, ART. 195, INCISO I E

---

[49] O inciso IV do art. 195 também só surgiu com a EC n. 42/2003.
[50] MARTINS, Sergio Pinto. *Direito da seguridade social*. 20. ed. São Paulo: Atlas, 2004, p. 206-207.

§ 4º. 1. A partir da Lei n. 9.528/1997, a contribuição previdenciária devida pelos clubes de futebol profissional deixou de incidir sobre a folha de salários, passando a recair sobre a receita bruta decorrente de espetáculos esportivos e de verbas de patrocínio, publicidade e licenciamento de uso de marcas e símbolos. 2. Segundo a redação original do artigo 195 da Constituição Federal, a base de cálculo da contribuição a cargo da empresa incidia sobre a folha de salários, o faturamento e o lucro. Mesmo sob a ótica da equiparação entre faturamento e receita bruta proveniente da venda de mercadorias e serviços, considerada constitucional pelo STF, na ADC n. 1, não é possível alargar o conceito de faturamento, para que nele se incluam os valores recebidos em decorrência de contratos de patrocínio e publicidade, sob pena de violar o dispositivo constitucional. 3. A CF/88 admite a instituição de outras fontes de custeio da seguridade social, além das mencionadas no inciso I do art. 195, de acordo com o § 4º desse dispositivo, porém exige o atendimento dos requisitos postos no art. 154, inciso I (veiculação por lei complementar, não cumulatividade e fato gerador e base de cálculo diversos das contribuições já previstas nos incisos do art. 195). Em se tratando de nova fonte de custeio – receitas de patrocínio e publicidade –, a contribuição dos clubes de futebol profissional não poderia ter sido criada por lei ordinária. 4. A Emenda Constitucional n. 20/1998, que considera todas as receitas do contribuinte como integrantes da base de cálculo das contribuições de seguridade social, inclusive receitas financeiras, não possui o condão de legitimar legislação anterior. Isso porque o ordenamento constitucional posterior não recepciona lei inválida, originalmente viciada por inconstitucionalidade. 5. Suscita-se o incidente de arguição de inconstitucionalidade do art. 22, § 6º, da Lei n. 8.212/1991, perante a Corte Especial. (TRF4, AC 2002.71.13.001664-1, Primeira Turma, relator Joel Ilan Paciornik, D.E. 20-10-2009)

Sendo inconstitucional a contribuição sobre a receita bruta, substitutiva da contribuição sobre o pagamento de empregados e avulsos, os clubes se sujeitam à contribuição supostamente substituída, devida por quaisquer empresas e equiparados, inclusive entidades de qualquer natureza ou finalidade.

3.2.4.3. Contribuição da pessoa jurídica dedicada à produção rural – art. 25, I e II, da Lei n. 8.870/98

A **Lei n. 8.870/94**, em seu **art. 25**, determinou que a **pessoa jurídica** dedicada à **produção rural** passasse a contribuir para a previdência social não mais sobre a folha de salários, mas, isto sim, sobre a comercialização da sua produção. Atualmente, tem a seguinte redação:

Art. 25. A contribuição devida à seguridade social pelo empregador, pessoa jurídica, que se dedique à produção rural, em substituição à prevista nos incisos I e II do art. 22 da Lei n. 8.212, de 24 de julho de 1991, passa a ser a seguinte: (redação a Lei n. 10.256/2001)

I – 1,7% (um inteiro e sete décimos por cento) da receita bruta proveniente da comercialização da sua produção; (redação da Lei n. 13.606/2018)

II – um décimo por cento da receita bruta proveniente da comercialização de sua produção, para o financiamento da complementação das prestações por acidente de trabalho.

À época do advento da Lei n. 8.870/94, ainda não havia autorização para a substituição das contribuições sobre a folha por outra contribuição sobre a receita, de que hoje trata o § 13 do art. 195 (EC n. 42/2003), além do que outras contribuições só poderiam ser instituídas mediante lei complementar e sobre bases distintas das já tributadas. Por isso, essa contribuição substitutiva do art. 25 da Lei n. 8.870/94 foi considerada inconstitucional pelo TRF4, conforme acórdão do incidente de arguição de inconstitucionalidade que segue:

> ART. 25, *CAPUT*, INCISOS I E II, E § 1º, DA LEI N. 8.870/94. CONTRIBUIÇÃO À SEGURIDADE SOCIAL SOBRE A PRODUÇÃO RURAL, EQUIVALENTE A FATURAMENTO. SAT. SENAR. EMPREGADOR PESSOA JURÍDICA. COFINS. DUPLA INCONSTITUCIONALIDADE (CF, ART. 195, I, E SEU § 4º). BITRIBUTAÇÃO. 1. O STF, ao julgar a ADIn n. 1103-1/DF, em 18-12-1996, DJU de 25-4-1997, na qual a Confederação Nacional da Indústria visava a declaração de inconstitucionalidade do *caput* e parágrafos do art. 25 da Lei n. 8.870/94, não conheceu da ação quanto ao *caput*, "por falta de pertinência temática entre os objetivos da requerente e a matéria impugnada", declarando inconstitucional o § 2º desse dispositivo legal: "sobre o valor estimado da produção agrícola própria, considerado seu preço de mercado", nova fonte de custeio da Seguridade Social não prevista no art. 195, I, somente autorizada pelo art. 195, § 4º, mediante lei complementar, prevista no art. 154, I, da Lei Magna. 2. Na oportunidade, como visto, não foi julgada a inconstitucionalidade do *caput* e também dos incisos I e II do art. 25 da Lei n. 8.870/94, estes objeto da presente arguição. 3. A modificação da base de cálculo das contribuições sociais do empregador rural pessoa jurídica para a produção rural foi motivada pelo maior retorno financeiro, pois a contribuição sobre a folha de pagamento, dada a histórica informalidade das relações de trabalho desenvolvidas no meio rural e a mecanização da produção agrícola, não satisfazia a necessária e obrigatória previsão de cobertura total de financiamento da previdência e assistência social do homem do campo. 4. O art. 25, *caput*, incisos I e II e § 1º da Lei n. 8.870/94, ao enquadrar o empregador, pessoa jurídica, como contribuinte sobre a receita bruta proveniente da comercialização de sua produção rural, à alíquota de 2,5%, 0,1% para o SAT e 0,25% para o Senar, contrariou frontalmente o artigo 195, §§ 4º e 8º, da CF/88, ocasionando dupla inconstitucionalidade sob o aspecto material, não se tratando de um simples alargamento da sujeição passiva para atingir contribuinte diverso, mas também bitributação, porque fez incidir novamente o tributo sobre o faturamento, que é previsto no artigo 195, § 8º, da Carta Magna. 5. O produtor rural pessoa jurídica é equiparado a empresa, assim como a receita bruta da comercialização da produção rural é equiparada a faturamento, sobre o qual já incide a Cofins (art. 195, I, *b*), esgotando a possibilidade constitucional de instituição de contribuição, através de lei ordinária, sobre a mesma base de cálculo. 6. O art. 195, § 4º, c/c 154, I, da CF/88 impede a superposição de contribuição à Seguridade Social com mesmo fato gerador. Não se assemelha o caso concreto à admissão constitucional da mesma base de cálculo para a Cofins (art. 195, I), PIS (art. 239), contribuição aos entes de

cooperação integrantes do sistema S (art. 240), hipóteses em que a Carta Magna autoriza a superposição tributária sobre fatos geradores símeis, em razão de terem fundamentos de validade diferenciados, possuindo gênese em dispositivos dispersos. 7. Igualmente atingido pela inconstitucionalidade o § 1º do art. 25 da Lei n. 8.870/94, que modificou a base de cálculo da contribuição ao Senar para 0,1% sobre a produção rural, aumentada para 0,25% pela Lei n. 10.256/2001, subsiste a contribuição nos moldes do art. 3º, I, da Lei n. 8.315/91, que criou esse serviço, à alíquota de 2,5% sobre a folha de salários. 8. Muito embora entenda o STF que o conceito de faturamento engloba o produto da venda da produção, nos moldes da Lei n. 8.870/94, há de ser insofismavelmente reconhecida a inconstitucionalidade ventilada porque o art. 195, § 4º, da CF/88 possibilita a genetização de outras fontes de custeio que não aquelas previstas expressamente. 9. Acolhida a arguição de inconstitucionalidade, integralmente, para declarar inconstitucional o art. 25, *caput*, incisos I e II e § 1º da Lei n. 8.870/94. (TRF4, INAMS 1999.71.00.021280-5, relator Álvaro Eduardo Junqueira, publicado em 6-12-2006)

O STF reconheceu a repercussão geral dessa discussão sobre a constitucionalidade do art. 25 da Lei n. 8.870/94 no RE n. 700.922 RG, mas, em janeiro de 2019, ainda não decidira o mérito.

3.2.4.4. Contribuição do empregador rural pessoa física – art. 25 da Lei n. 8.212/91

A **Lei n. 8.212/91**, casualmente também em seu **art. 25** (não confundir com a contribuição da pessoa jurídica estabelecida pelo art. 25 da Lei n. 8.870/94 de que tratamos no item anterior), institui contribuição patronal a ser paga pelo **empregador rural pessoa física**. O art. 25-A equipara a tal empregador rural o consórcio simplificado de produtores rurais que contrate trabalhadores para prestação de serviços, exclusivamente, aos seus integrantes, submetendo tal consórcio à mesma contribuição[51]. O Regulamento da Previdência Social (Decreto n. 3.048/99) trata dessa contribuição em seus arts. 200 a 200-B.

Note-se que não se trata de contribuição do empregador rural enquanto segurado (art. 195, II, da CF), mas enquanto empregador (art. 195, I, CF). Também contribuirá

---

[51] Lei n. 8.212/91, com a redação da Lei n. 10.256/2001: "Art. 22B. As contribuições de que tratam os incisos I e II do art. 22 desta Lei são substituídas, em relação à remuneração paga, devida ou creditada ao trabalhador rural contratado pelo consórcio simplificado de produtores rurais de que trata o art. 25A, pela contribuição dos respectivos produtores rurais, calculada na forma do art. 25 desta Lei. [...] Art. 25A. Equipara-se ao empregador rural pessoa física o consórcio simplificado de produtores rurais, formado pela união de produtores rurais pessoas físicas, que outorgar a um deles poderes para contratar, gerir e demitir trabalhadores para prestação de serviços, exclusivamente, aos seus integrantes, mediante documento registrado em cartório de títulos e documentos. § 1º O documento de que trata o *caput* deverá conter a identificação de cada produtor, seu endereço pessoal e o de sua propriedade rural, bem como o respectivo registro no Instituto Nacional de Colonização e Reforma Agrária – Incra ou informações relativas a parceria, arrendamento ou equivalente e a matrícula no Instituto Nacional do Seguro Social – INSS de cada um dos produtores rurais. § 2º O consórcio deverá ser matriculado no INSS em nome do empregador a quem hajam sido outorgados os poderes, na forma do regulamento. § 3º Os produtores rurais integrantes do consórcio de que trata o *caput* serão responsáveis solidários em relação às obrigações previdenciárias".

como segurado[52], por certo, mas não é disso que se trata agora. Vale destacar, desde já, ainda, que, embora se trate de contribuição do empregador rural pessoa física, interessa às pessoas jurídicas do setor, porquanto, ao adquirirem os produtos do produtor rural pessoa física, as pessoas jurídicas assumem a condição de substitutas tributárias relativamente a tal contribuição, sendo delas a obrigação de recolher nesse caso.

Dispõe o art. 25, com a redação que lhe foi atribuída pelas Leis n. 9.528/97 e 10.256/2001:

CAPÍTULO VI – DA CONTRIBUIÇÃO DO PRODUTOR RURAL E DO PESCADOR

Art. 25. A contribuição do empregador rural pessoa física, em substituição à contribuição de que tratam os incisos I e II do art. 22, e a do segurado especial, referidos, respectivamente, na alínea "a" do inciso V e no inciso VII do art. 12 desta Lei, destinada à Seguridade Social, é de: (Redação dada pela Lei n. 10.256, de 2001).

I – 1,2% (um inteiro e dois décimos por cento) da receita bruta proveniente da comercialização da sua produção; (redação da Lei n. 13.606/2018);

II – suspenso pela RSF 15/2017.

§ 1º O segurado especial de que trata este artigo, além da contribuição obrigatória referida no *caput*, poderá contribuir, facultativamente, na forma do art. 21 desta Lei. (Redação dada pela Lei n. 8.540, de 22-12-1992)

§ 2º A pessoa física de que trata a alínea "a" do inciso V do art. 12 contribui, também, obrigatoriamente, na forma do art. 21 desta Lei. (Redação dada pela Lei n. 8.540, de 22-12-1992)

§ 3º Integram a produção, para os efeitos deste artigo, os produtos de origem animal ou vegetal, em estado natural ou submetidos a processos de beneficiamento ou industrialização rudimentar, assim compreendidos, entre outros, os processos de lavagem, limpeza, descaroçamento, pilagem, descascamento, lenhamento, pasteurização, resfriamento, secagem, fermentação, embalagem, cristalização, fundição, carvoejamento, cozimento, destilação, moagem, torrefação, bem como os subprodutos e os resíduos obtidos através desses processos. (Parágrafo acrescentado pela Lei n. 8.540, de 22-12-1992)

§ 4º (Revogado pela Lei n. 11.718/2008)

§ 9º (VETADO)

§ 10. Integra a receita bruta de que trata este artigo, além dos valores decorrentes da comercialização da produção relativa aos produtos a que se refere o § 3º deste artigo, a receita proveniente: (Incluído pela Lei n. 11.718, de 2008).

I – da comercialização da produção obtida em razão de contrato de parceria ou meação de parte do imóvel rural; (Incluído pela Lei n. 11.718, de 2008).

---

[52] A pessoa física, proprietária ou não, que explora atividade agropecuária ou pesqueira, em caráter permanente ou temporário, diretamente ou por intermédio de prepostos e com auxílio de empregados, utilizados a qualquer título, ainda que de forma não contínua, também é contribuinte individual e deverá contribuir nessa qualidade, conforme prevê, inclusive, o § 2º deste art. 25 da Lei n. 8.212/91, com a redação da Lei n. 8.540/92, remetendo aos arts. 12, V, *a*, e 21: "Art. 25 [...] § 2º A pessoa física de que trata a alínea 'a' do inciso V do art. 12 contribui, também, obrigatoriamente, na forma do art. 21 desta Lei".

II – da comercialização de artigos de artesanato de que trata o inciso VII do § 10 do art. 12 desta Lei; (Incluído pela Lei n. 11.718, de 2008).

III – de serviços prestados, de equipamentos utilizados e de produtos comercializados no imóvel rural, desde que em atividades turística e de entretenimento desenvolvidas no próprio imóvel, inclusive hospedagem, alimentação, recepção, recreação e atividades pedagógicas, bem como taxa de visitação e serviços especiais; (Incluído pela Lei n. 11.718, de 2008).

IV – do valor de mercado da produção rural dada em pagamento ou que tiver sido trocada por outra, qualquer que seja o motivo ou finalidade; e (Incluído pela Lei n. 11.718, de 2008).

V – de atividade artística de que trata o inciso VIII do § 10 do art. 12 desta Lei. (Incluído pela Lei n. 11.718, de 2008).

§ 11. Considera-se processo de beneficiamento ou industrialização artesanal aquele realizado diretamente pelo próprio produtor rural pessoa física, desde que não esteja sujeito à incidência do Imposto Sobre Produtos Industrializados – IPI. (Incluído pela Lei n. 11.718, de 2008).

§ 12. Não integra a base de cálculo da contribuição de que trata o *caput* deste artigo a produção rural destinada ao plantio ou reflorestamento, nem o produto animal destinado à reprodução ou criação pecuária ou granjeira e à utilização como cobaia para fins de pesquisas científicas, quando vendido pelo próprio produtor e por quem a utilize diretamente com essas finalidades e, no caso de produto vegetal, por pessoa ou entidade registrada no Ministério da Agricultura, Pecuária e Abastecimento que se dedique ao comércio de sementes e mudas no País. (Incluído pela Lei n. 13.606/2018)

§ 13. O produtor rural pessoa física poderá optar por contribuir na forma prevista no *caput* deste artigo ou na forma dos incisos I e II do *caput* do art. 22 desta Lei, manifestando sua opção mediante o pagamento da contribuição incidente sobre a folha de salários relativa a janeiro de cada ano, ou à primeira competência subsequente ao início da atividade rural, e será irretratável para todo o ano-calendário. (Incluído pela Lei n. 13.606/2018)

Como se vê, consta de modo inequívoco que tal contribuição substitui a contribuição sobre o pagamento de empregados e avulsos e o adicional ao SAT.

O § 13 deixa claro que a substituição das contribuições sobre o pagamento de empregados e avulsos e do adicional ao SAT pela contribuição sobre a receita bruta proveniente da comercialização da produção rural é **opcional** para o produtor rural pessoa física. Para a opção, a cada ano, basta que proceda ao recolhimento da primeira contribuição mensal pelo modo preferido.

Note-se, porém, que o art. 30, III, da Lei n. 8.212/91, com a redação da Lei n. 11.933/2009, coloca as empresas adquirente, consumidora, consignatária ou a cooperativa na posição de **substitutas tributárias** dessa contribuição do produtor rural pessoa física[53]. O art. 200, § 7º, do Decreto n. 3.048/99 reforça que a contribuição "será

---

[53] Lei n. 8.212/91: "Art. 30. A arrecadação e o recolhimento das contribuições ou de outras importâncias devidas à Seguridade Social obedecem às seguintes normas: (Redação dada pela Lei n. 8.620/93) [...] III – a empresa adquirente, consumidora ou consignatária ou a cooperativa são obrigadas a recolher a contribuição

recolhida [...] pela empresa adquirente, consumidora ou consignatária ou a cooperativa, que ficam sub-rogadas no cumprimento das obrigações do produtor rural pessoa física [...], independentemente de as operações de venda ou consignação terem sido realizadas diretamente com estes ou com intermediário pessoa física, exceto nos casos do inciso II".

Essa contribuição é válida e aplicável desde o advento da Lei n. 10.256/2001, sendo certo que a nova redação do inciso I, dada pela Lei n. 13.606/2018, impede que se prossiga discutindo a higidez e a completude da norma tributária, porquanto tanto o *caput* como o inciso provêm de leis posteriores à EC n. 20/98.

Mas já houve muita controvérsia sobre essa contribuição substitutiva do art. 25 da Lei n. 8.212/91 à luz da redação atribuída pela Lei n. 8.540/92, contrastada com o parâmetro constitucional então vigente.

Considerou-se que, à época do advento da Lei n. 8.540/92, não era admitida tal contribuição substitutiva, até porque nova contribuição para a previdência não poderia repetir as bases folha, faturamento e lucro e teria de sobrevir por lei complementar, nos termos do art. 195, § 4º, da CF. Eis a ementa do RE n. 363.852, em que o STF firmou sua posição:

> [...] CONTRIBUIÇÃO SOCIAL – COMERCIALIZAÇÃO DE BOVINOS – PRODUTORES RURAIS PESSOAS NATURAIS – SUB-ROGAÇÃO – LEI N. 8.212/91 – ARTIGO 195, INCISO I, DA CARTA FEDERAL – PERÍODO ANTERIOR À EMENDA CONSTITUCIONAL N. 20/98 – UNICIDADE DE INCIDÊNCIA – EXCEÇÕES – COFINS E CONTRIBUIÇÃO SOCIAL – PRECEDENTE – INEXISTÊNCIA DE LEI COMPLEMENTAR. Ante o texto constitucional, não subsiste a obrigação tributária sub-rogada do adquirente, presente a venda de bovinos por produtores rurais, pessoas naturais, prevista nos artigos 12, incisos V e VII, 25, incisos I e II, e 30, inciso IV, da Lei n. 8.212/91, com as redações decorrentes das Leis n. 8.540/92 e n. 9.528/97. Aplicação de leis no tempo – considerações[54].

No RE n. 596.177[55], o STF atribuiu à orientação firmada no RE n. 363.852 eficácia de repercussão geral para os fins do art. 543-B do CPC, ou seja, para que passasse a ser aplicado pelos demais tribunais, inclusive com vista a eventual retratação de acórdãos contrários ao entendimento adotado. O Senado Federal, por sua vez, exercendo a competência que lhe é conferida pelo art. 52, X, da CF e em atenção ao entendimento firmado pelo STF no RE n. 363.852, editou a Resolução n. 15/2017, suspendendo a execução do art. 25 da Lei n. 8.212/91 com a redação da Lei n. 8.540/92.

---

de que trata o art. 25 até o dia 20 (vinte) do mês subsequente ao da operação de venda ou consignação da produção, independentemente de essas operações terem sido realizadas diretamente com o produtor ou com intermediário pessoa física, na forma estabelecida em regulamento; (Redação dada pela Lei n. 11.933/2009)".

[54] STF, Tribunal Pleno, RE n. 363852, rel. Min. Marco Aurélio, fev. 2010.

[55] STF, Tribunal Pleno, RE n. 596177, rel. Min. Ricardo Lewandowski, ago. 2011.

Já no RE n. 718.874[56], o STF decidiu que "a Lei n. 10.256/2001 [...] reintroduziu o empregador rural como sujeito passivo da contribuição, com alíquota de 2% da receita bruta da comercialização da sua produção", então já autorizada pela EC n. 20/98. Firmou a seguinte posição: "É constitucional formal e materialmente a contribuição social do empregador rural pessoa física, instituída pela Lei n. 10.256/2001, incidente sobre a receita bruta obtida com a comercialização de sua produção".

Finalmente, em sede de Embargos Declaratórios no RE n. 718.874, em maio de 2018, o STF esclareceu que a RSF n. 15/2017 não se aplica à Lei n. 10.256/2001 e não afeta de modo algum o quanto decidido no RE n. 718.874. Destacou, também, que a inexistência de alteração de jurisprudência implicava o descabimento da modulação de efeitos do julgamento.

Têm sido julgadas procedentes Ações Rescisórias ajuizadas pela União (Fazenda Nacional) de modo não prevaleçam *ad aeternum* acórdãos que asseguravam aos sujeitos passivos o não pagamento da contribuição já sob a égide da Lei n. 10.256/2001. Veja-se, por todas, a AR 5009212-78.2018.4.04.0000, afetada e decidida pela Corte Especial do TRF4 em 2018.

Os indébitos relativos ao período de vigência da redação atribuída ao art. 25 da Lei n. 8.212/91 pela Lei n. 8.540/92 (entre 1993 e 2001, portanto) vêm tendo a sua restituição dificultada pelo entendimento de que só caberia a devolução da diferença entre a contribuição substitutiva considerada inválida naquele período e o quanto teria sido devido das contribuições sobre a folha indevidamente substituídas. Efetivamente, passou-se a discutir sobre a repristinação da contribuição sobre a folha para os empregadores rurais pessoas físicas no período em que teriam pago ou sofrido retenção indevidamente da contribuição sobre a receita da comercialização da sua produção. *Data venia*, tal entendimento extrapola o objeto das lides em que simplesmente se discute a contribuição sobre a receita da comercialização, então inconstitucional. A procedência deve implicar a repetição do todo. Não há como impor o cálculo do devido a título de outra contribuição para limitar a repetição apenas à diferença. Desborda do processo. Ademais, se é devida outra contribuição, cabe ao contribuinte pagá-la espontaneamente ou ao Fisco lançá-la de ofício, isso tudo sujeito, por certo, ao prazo decadencial extintivo do crédito tributário. Não é papel do Judiciário equacionar tal questão. Ademais, o entendimento da Primeira Seção do TRF4, caso prevaleça, acabará por impedir as execuções por cálculo do exequente, levando a liquidações por arbitramento complexas em que caberá ao Judiciário definir o valor devido a título de contribuição sobre a folha que sequer foi discutida nos autos. É confundir a jurisdição com o apoio ao Fisco, com o zelo pelos interesses do erário. É transformar o Juiz em agente fiscal. Tais

---
[56] STF, Tribunal Pleno, RE n. 718.874, rel. Min. Alexandre de Moraes, mar. 2017.

liquidações serão morosas e acabarão por inviabilizar ou retardar as execuções, com violação do acesso à Justiça e à razoável duração do processo. Teremos então, a situação lamentável de o contribuinte ganhar, mas não levar; a jurisdição, sem efetividade. No RE n. 959.870 RG/PR, rel. min. Dias Toffoli, out. 2016, o Tribunal Pleno do STF decidiu que "é infraconstitucional a controvérsia relativa à base de cálculo aplicável à contribuição previdenciária do empregador rural pessoa física, bem como a sua compensação, restituição ou lançamento, em razão da declaração de inconstitucionalidade da contribuição incidente sobre a comercialização de sua produção rural".

3.2.4.5. Contribuição da agroindústria – art. 22-A da Lei n. 8.212/91

A Lei n. 8.212/91, com a redação da Lei n. 10.256/2001, prevê contribuição específica para as agroindústrias incidente sobre o valor da receita bruta proveniente da comercialização da produção, em substituição à contribuição sobre o pagamento de empregados e avulsos e ao adicional ao SAT:

> Art. 22A. A contribuição devida pela agroindústria, definida, para os efeitos desta Lei, como sendo o produtor rural pessoa jurídica cuja atividade econômica seja a industrialização de produção própria ou de produção própria e adquirida de terceiros, incidente sobre o valor da receita bruta proveniente da comercialização da produção, em substituição às previstas nos incisos I e II do art. 22 desta Lei, é de: (Artigo incluído pela Lei n. 10.256, de 9-7-2001)
> I – dois vírgula cinco por cento destinados à Seguridade Social; (Incluído pela Lei n. 10.256, de 9-7-2001)
> II – zero vírgula um por cento para o financiamento do benefício previsto nos arts. 57 e 58 da Lei n. 8.213, de 24 de julho de 1991, e daqueles concedidos em razão do grau de incidência de incapacidade para o trabalho decorrente dos riscos ambientais da atividade. (Incluído pela Lei n. 10.256, de 9-7-2001)
> § 1º (VETADO) (Incluído pela Lei n. 10.256, de 9-7-2001)
> § 2º O disposto neste artigo não se aplica às operações relativas à prestação de serviços a terceiros, cujas contribuições previdenciárias continuam sendo devidas na forma do art. 22 desta Lei. (Incluído pela Lei n. 10.256, de 9-7-2001)
> § 3º Na hipótese do § 2º, a receita bruta correspondente aos serviços prestados a terceiros será excluída da base de cálculo da contribuição de que trata o *caput*. (Incluído pela Lei n. 10.256, de 9-7-2001)
> [...]

Incide sobre a receita bruta proveniente da comercialização da produção, em sobreposição à Cofins, sem que houvesse, à época da sua instituição, a autorização atualmente constante do novo § 13 do art. 195 da Constituição, acrescentado pela EC n. 42/2003.

Trata-se, portanto, de nova contribuição instituída sem lei complementar e sem observância da vedação à proibição de incidência sobre o mesmo fato gerador e base de cálculos das contribuições ordinárias ou nominadas, ou seja, sem atender aos requisitos indispensáveis ao exercício da competência residual.

É, pois, inconstitucional tal contribuição substitutiva da contribuição sobre o pagamento de empregados e avulsos, de modo que as agroindústrias se sujeitam, em verdade, às contribuições supostamente substituídas.

Lembre-se que, relativamente às agroindústrias, o art. 25, § 2º, da Lei n. 8.870/94, posteriormente revogado pela Lei n. 10.256/2001[57], já havia instituído substituição da contribuição sobre a folha na sua parte agrícola por contribuição calculada sobre o valor estimado da produção agrícola, tendo sido declarado inconstitucional pelo STF[58].

Discute-se, também, se a exclusão do ICMS da base de cálculo das contribuições sobre a receita – Cofins e PIS – pode ser aplicada também à contribuição substitutiva das agroindustriais, porquanto o fundamento seria o mesmo[59].

3.3. Contribuição sobre a remuneração de segurados contribuintes individuais

A contribuição da empresa e equiparados sobre o pagamento de administradores e autônomos, dentre outros contribuintes individuais, só passou a ser prevista

---

[57] Lei n. 8.870/94, na redação original, atualmente já alterada ou revogada pela Lei n. 10.526/2001: "Art. 25. A contribuição prevista no art. 22 da Lei n. 8.212, de 24 de julho de 1991, devida à seguridade social pelo empregador, pessoa jurídica, que se dedique à produção rural, passa a ser a seguinte: I – dois e meio por cento da receita bruta proveniente da comercialização de sua produção; II – um décimo por cento da receita bruta proveniente da comercialização de sua produção, para o financiamento da complementação das prestações por acidente de trabalho. § 2º O disposto neste artigo se estende às pessoas jurídicas que se dediquem à produção agroindustrial, quanto à folha de salários de sua parte agrícola, mediante o pagamento da contribuição prevista neste artigo, a ser calculada sobre o valor estimado da produção agrícola própria, considerado seu preço de mercado".

[58] "CONTRIBUIÇÃO DEVIDA À SEGURIDADE SOCIAL POR EMPREGADOR, PESSOA JURÍDICA, QUE SE DEDICA À PRODUÇÃO AGROINDUSTRIAL (§ 2º DO ART. 25 DA LEI N. 8.870, DE 15-4-94, QUE ALTEROU O ART. 22 DA LEI N. 8.212, DE 24-7-91): CRIAÇÃO DE CONTRIBUIÇÃO QUANTO À PARTE AGRÍCOLA DA EMPRESA, TENDO POR BASE DE CÁLCULO O VALOR ESTIMADO DA PRODUÇÃO AGRÍCOLA PRÓPRIA, CONSIDERADO O SEU PREÇO DE MERCADO. DUPLA INCONSTITUCIONALIDADE (CF, art. 195, I E SEU § 4º) PRELIMINAR: PERTINÊNCIA TEMÁTICA. 1. Preliminar: ação direta conhecida em parte, quanto ao § 2º do art. 25 da Lei n. 8.870/94; não conhecida quanto ao *caput* do mesmo artigo, por falta de pertinência temática entre os objetivos do requerente e a matéria impugnada. 2. Mérito. O art. 195, I, da Constituição prevê a cobrança de contribuição social dos empregadores, incidentes sobre a folha de salários, o faturamento e o lucro; desta forma, quando o § 2º do art. 25 da Lei n. 8.870/94 cria contribuição social sobre o valor estimado da produção agrícola própria, considerado o seu preço de mercado, é ele inconstitucional porque usa uma base de cálculo não prevista na Lei Maior. 3. O § 4º do art. 195 da Constituição prevê que a lei complementar pode instituir outras fontes de receita para a seguridade social; desta forma, quando a Lei n. 8.870/94 serve-se de outras fontes, criando contribuição nova, além das expressamente previstas, é ela inconstitucional, porque é lei ordinária, insuscetível de veicular tal matéria. 4. Ação direta julgada procedente, por maioria, para declarar a inconstitucionalidade do § 2º da Lei n. 88.870/94" (STF, Plenário, maioria, ADI 1.103/DF, Rel. p/ o acórdão Min. Maurício Correa, dez. 1996).

[59] WOCZIKOSKY, Adler. "Direito à exclusão do ICMS da base de cálculo da contribuição previdenciária patronal devida pelas agroindústrias sob a ótica do julgamento do Supremo Tribunal Federal no RE n. 572.706/RG". *Revista de Estudos Tributários*, n. 120, mar.-abr. 2018, p. 25-38.

constitucionalmente como contribuição ordinária para o custeio da seguridade social a partir da EC n. 20/98, que deu nova redação ao art. 195, I, da Constituição, alterando--lhe a redação e acrescendo-lhe a alínea *a*. Atualmente, resta instituída pelo art. 22, III, da Lei n. 8.212/91.

Anteriormente, fora instituída contribuição sobre o pagamento de administradores e autônomos pela Lei n. 7.787/89 e também pela própria Lei n. 8.212/91, mas sem suporte constitucional, restando, por isso, reconhecida a sua inconstitucionalidade pelo STF, conforme visto quando da análise da respectiva norma de competência. Foi instituída mais uma vez, em seguida, como nova contribuição de custeio da seguridade social, desta feita através de lei complementar (LC n. 84/96), no exercício da competência residual estabelecida pelo art. 195, § 4º, da Constituição Federal. Com o advento da EC n. 20/98, não mais se fazendo necessária lei complementar, a Lei n. 9.876/99 revogou a LC n. 84/96 e inseriu a respectiva contribuição, novamente, no texto da própria Lei n. 8.212/91, através da alteração da redação do inciso III do seu art. 22.

3.3.1. Contribuição de 20% – art. 22, III, da Lei n. 8.212/91

O art. 22, III, da Lei n. 8.212/91, com a redação da Lei n. 9.876/99, assim dispõe:

> Art. 22. A contribuição a cargo da empresa, destinada à Seguridade Social, além do disposto no art. 23, é de:
>
> [...]
>
> III – vinte por cento sobre o total das remunerações pagas ou creditadas a qualquer título, no decorrer do mês, aos segurados contribuintes individuais que lhe prestem serviços; (Inciso incluído pela Lei n. 9.876, de 26-11-1999)

Importa saber, portanto, quem são os contribuintes individuais, rol constante do art. 12, V, da Lei n. 8.212/91, com a redação das Leis n. 9.876/99, 10.403/2002 e 11.718/2008, nele incluídos os já referidos administradores (alínea *f*) e autônomos (alínea *g*):

> CAPÍTULO I – DOS CONTRIBUINTES
> SEÇÃO I – DOS SEGURADOS
> Art. 12. São segurados obrigatórios da Previdência Social as seguintes pessoas físicas:
> V – como contribuinte individual: (Redação dada pela Lei n. 9.876, de 1999).
> a) a pessoa física, proprietária ou não, que explora atividade agropecuária, a qualquer título, em caráter permanente ou temporário, em área superior a 4 (quatro) módulos fiscais; ou, quando em área igual ou inferior a 4 (quatro) módulos fiscais ou atividade pesqueira, com auxílio de empregados ou por intermédio de prepostos; ou ainda nas hipóteses dos §§ 10 e 11 deste artigo; (Redação dada pela Lei n. 11.718, de 2008).

b) a pessoa física, proprietária ou não, que explora atividade de extração mineral – garimpo, em caráter permanente ou temporário, diretamente ou por intermédio de prepostos, com ou sem o auxílio de empregados, utilizados a qualquer título, ainda que de forma não contínua; (Redação dada pela Lei n. 9.876, de 1999).

c) o ministro de confissão religiosa e o membro de instituto de vida consagrada, de congregação ou de ordem religiosa; (Redação dada pela Lei n. 10.403, de 2002).

d) revogada; (Redação dada pela Lei n. 9.876, de 1999).

e) o brasileiro civil que trabalha no exterior para organismo oficial internacional do qual o Brasil é membro efetivo, ainda que lá domiciliado e contratado, salvo quando coberto por regime próprio de previdência social; (Redação dada pela Lei n. 9.876, de 1999).

f) o titular de firma individual urbana ou rural, o diretor não empregado e o membro de conselho de administração de sociedade anônima, o sócio solidário, o sócio de indústria, o sócio gerente e o sócio cotista que recebam remuneração decorrente de seu trabalho em empresa urbana ou rural, e o associado eleito para cargo de direção em cooperativa, associação ou entidade de qualquer natureza ou finalidade, bem como o síndico ou administrador eleito para exercer atividade de direção condominial, desde que recebam remuneração; (Incluído pela Lei n. 9.876, de 1999).

g) quem presta serviço de natureza urbana ou rural, em caráter eventual, a uma ou mais empresas, sem relação de emprego; (Incluído pela Lei n. 9.876, de 1999).

h) a pessoa física que exerce, por conta própria, atividade econômica de natureza urbana, com fins lucrativos ou não; (Incluído pela Lei n. 9.876, de 1999).

A contribuição de 20% sobre a remuneração dos contribuintes individuais é devida pelas empresas enquanto contribuintes, sem prejuízo da retenção da contribuição devida pelos próprios contribuintes individuais que lhes prestam serviços, devendo a empresa recolhê-las até o dia 20 do mês seguinte ao da competência, por determinação do art. 4º da Lei n. 10.666/2003:

Art. 4º Fica a empresa obrigada a arrecadar a contribuição do segurado contribuinte individual a seu serviço, descontando-a da respectiva remuneração, e a recolher o valor arrecadado juntamente com a contribuição a seu cargo até o dia 20 (vinte) do mês seguinte ao da competência, ou até o dia útil imediatamente anterior se não houver expediente bancário naquele dia. (Redação dada pela Lei n. 11.933, de 2009).

§ 1º As cooperativas de trabalho arrecadarão a contribuição social dos seus associados como contribuinte individual e recolherão o valor arrecadado até o dia 20 (vinte) do mês subsequente ao de competência a que se referir, ou até o dia útil imediatamente anterior se não houver expediente bancário naquele dia. (Redação dada pela Lei n. 11.933, de 2009).

§ 2º A cooperativa de trabalho e a pessoa jurídica são obrigadas a efetuar a inscrição no Instituto Nacional do Seguro Social – INSS dos seus cooperados e contratados, respectivamente, como contribuintes individuais, se ainda não inscritos.

§ 3º O disposto neste artigo não se aplica ao contribuinte individual, quando contratado por outro contribuinte individual equiparado a empresa ou por produtor rural pessoa física ou por missão diplomática e repartição consular de carreira estrangeiras, e nem ao brasileiro civil que trabalha no exterior para organismo oficial internacional do qual o Brasil é membro efetivo.

O vencimento da contribuição sobre a remuneração de contribuintes individuais, assim, coincide com o da contribuição sobre a remuneração de empregados e avulsos, conforme dispõe a Lei n. 8.212/91:

> Art. 30. A arrecadação e o recolhimento das contribuições ou de outras importâncias devidas à Seguridade Social obedecem às seguintes normas: (Redação dada pela Lei n. 8.620, de 5-1-1993)
>
> I – a empresa é obrigada a:
>
> a) arrecadar as contribuições dos segurados empregados e trabalhadores avulsos a seu serviço, descontando-as da respectiva remuneração;
>
> b) recolher os valores arrecadados na forma da alínea *a* deste inciso, a contribuição a que se refere o inciso IV do art. 22 desta Lei, assim como as contribuições a seu cargo incidentes sobre as remunerações pagas, devidas ou creditadas, a qualquer título, aos segurados empregados, trabalhadores avulsos e contribuintes individuais a seu serviço até o dia 20 (vinte) do mês subsequente ao da competência; (Redação dada pela Lei n. 11.933, de 2009).

3.3.2. *Contribuição adicional de 2,5% devida pelas instituições financeiras – art. 22, § 1º, da Lei n. 8.212/91*

As instituições financeiras estão sujeitas, ainda, à contribuição adicional de 2,5% sobre a remuneração dos contribuintes individuais, conforme o § 1º do art. 22 da Lei n. 8.212/91, com a redação da Lei n. 9.876/99:

> Art. 22. A contribuição a cargo da empresa, destinada à Seguridade Social, além do disposto no art. 23, é de:
>
> [...]
>
> § 1º No caso de bancos comerciais, bancos de investimentos, bancos de desenvolvimento, caixas econômicas, sociedades de crédito, financiamento e investimento, sociedades de crédito imobiliário, sociedades corretoras, distribuidoras de títulos e valores mobiliários, empresas de arrendamento mercantil, cooperativas de crédito, empresas de seguros privados e de capitalização, agentes autônomos de seguros privados e de crédito e entidades de previdência privada abertas e fechadas, além das contribuições referidas neste artigo e no art. 23, é devida a contribuição adicional de dois vírgula cinco por cento sobre a base de cálculo definida nos incisos I e III deste artigo. (Redação dada pela Lei n. 9.876, de 26-11-1999)

Lembre-se que o STF considerou constitucional esse adicional devido pelas instituições financeiras. No RE n. 599.309 RG, em junho de 2018, concluiu: "É constitucional a contribuição adicional de 2,5% (dois e meio por cento) sobre a folha de salários instituída para as instituições financeiras e assemelhadas pelo art. 3º, § 2º, da Lei n. 7.787/1989, ainda que considerado o período anterior à Emenda Constitucional (EC) 20/1998"[60].

4. Contribuição previdenciária de serviço de 15% devida pelas empresas tomadoras de serviços de cooperativas – art. 22, IV, da Lei n. 8.212/91

A Lei n. 9.876/99, ao incluir o inciso IV no art. 22 da Lei n. 8.212/91, instituiu contribuição a ser paga pela empresa tomadora de serviços, na posição de contribuinte, sobre o valor da nota fiscal relativa a serviços prestados por cooperativas de trabalho.

Vejamos o teor do dispositivo:

> Art. 22. A contribuição a cargo da empresa, destinada à Seguridade Social, além do disposto no art. 23, é de:
> [...]
> IV – quinze por cento sobre o valor bruto da nota fiscal ou fatura de prestação de serviços, relativamente a serviços que lhe são prestados por cooperados por intermédio de cooperativas de trabalho. (Inciso incluído pela Lei n. 9.876, de 26-11-1999)

A Lei n. 10.666/2003, por sua vez, instituiu adicional à referida contribuição relativamente a atividades que permitam a concessão de aposentadoria especial aos cooperados:

> Art. 1º As disposições legais sobre aposentadoria especial do segurado filiado ao Regime Geral de Previdência Social aplicam-se, também, ao cooperado filiado à cooperativa de trabalho e de produção que trabalha sujeito a condições especiais que prejudiquem a sua saúde ou a sua integridade física.
>
> § 1º Será devida contribuição adicional de nove, sete ou cinco pontos percentuais, a cargo da empresa tomadora de serviços de cooperado filiado a cooperativa de trabalho, incidente sobre o valor bruto da nota fiscal ou fatura de prestação de serviços, conforme a atividade exercida pelo cooperado permita a concessão de aposentadoria especial após quinze, vinte ou vinte e cinco anos de contribuição, respectivamente.

Conforme já abordamos ao cuidar da base econômica prevista no art. 195, I, *a*, especificamente em face da potencialidade semântica da referência a pagamento ou creditamento a "pessoa física", tal contribuição desbordou da base econômica ali dada à tributação, que, mesmo com a redação da EC n. 20/98, enseja a tributação, a título ordinário, das remunerações à pessoa física, e não à pessoa jurídica. Tendo em conta que a cooperativa é, por certo, pessoa jurídica e que os pagamentos são feitos à cooperativa contratada, e não diretamente aos cooperados, revela-se, na Lei n. 9.876/99, uma nova

---
[60] STF, RE n. 599.309/SP, rel. Min. Ricardo Lewandowski, julgamento em 6-6-2018.

contribuição que só por lei complementar poderia ter sido instituída, conforme o art. 195, § 4º, da Constituição.

A inconstitucionalidade do inciso IV no art. 22 da Lei n. 8.212/91 já foi inclusive reconhecida pelo Pleno do STF no RE n. 595.838, em abril de 2014, sob a relatoria do Ministro Dias Toffoli, em acórdão assim ementado:

> EMENTA. Recurso extraordinário. Tributário. Contribuição Previdenciária. Artigo 22, inciso IV, da Lei n. 8.212/91, com a redação dada pela Lei n. 9.876/99. Sujeição passiva. Empresas tomadoras de serviços. Prestação de serviços de cooperados por meio de cooperativas de Trabalho. Base de cálculo. Valor Bruto da nota fiscal ou fatura. Tributação do faturamento. *Bis in idem*. Nova fonte de custeio. Artigo 195, § 4º, CF. 1. O fato gerador que origina a obrigação de recolher a contribuição previdenciária, na forma do art. 22, inciso IV da Lei n. 8.212/91, na redação da Lei n. 9.876/99, não se origina nas remunerações pagas ou creditadas ao cooperado, mas na relação contratual estabelecida entre a pessoa jurídica da cooperativa e a do contratante de seus serviços. 2. A empresa tomadora dos serviços não opera como fonte somente para fins de retenção. A empresa ou entidade a ela equiparada é o próprio sujeito passivo da relação tributária, logo, típico "contribuinte" da contribuição. 3. Os pagamentos efetuados por terceiros às cooperativas de trabalho, em face de serviços prestados por seus cooperados, não se confundem com os valores efetivamente pagos ou creditados aos cooperados. 4. O art. 22, IV da Lei n. 8.212/91, com a redação da Lei n. 9.876/99, ao instituir contribuição previdenciária incidente sobre o valor bruto da nota fiscal ou fatura, extrapolou a norma do art. 195, inciso I, a, da Constituição, descaracterizando a contribuição hipoteticamente incidente sobre os rendimentos do trabalho dos cooperados, tributando o faturamento da cooperativa, com evidente bis in idem. Representa, assim, nova fonte de custeio, a qual somente poderia ser instituída por lei complementar, com base no art. 195, § 4º – com a remissão feita ao art. 154, I, da Constituição. 5. Recurso extraordinário provido para declarar a inconstitucionalidade do inciso IV do art. 22 da Lei n. 8.212/91, com a redação dada pela Lei n. 9.876/99.

Ou seja, *é inconstitucional a contribuição* em questão, com a agravante de que a Lei n. 9.876/99, simultaneamente à inclusão do inciso IV no art. 22 da Lei n. 8.212/91, revogou expressamente a LC n. 84/96 que impunha à própria cooperativa de trabalho, enquanto contribuinte, o pagamento de contribuição de 15% sobre o valor pago a seus cooperados. Assim, temos uma nova contribuição inconstitucional e a anterior, que era suportada pelas próprias cooperativas, revogada, de modo que nenhuma delas é devida a contar da vigência da Lei n. 9.876/99.

A Resolução do Senado Federal n. 10/2016 suspendeu a execução do inciso IV do art. 22 da Lei n. 8.212/91 em atenção ao quanto decidido pelo STF no RE n. 595.838.

Capítulo VII
Contribuições de seguridade social previdenciárias dos segurados

LEANDRO PAULSEN

1. Competência para instituir contribuição previdenciária do trabalhador e dos demais segurados

O art. 195 da Constituição, em seu inciso II, com a redação da EC n. 20/98, prevê a contribuição previdenciária do trabalhador e demais segurados para o Regime Geral de Previdência Social:

> Art. 195. A seguridade social será financiada [...] mediante recursos provenientes [...] das seguintes contribuições sociais:
> [...]
> II – do trabalhador e dos demais segurados da previdência social, não incidindo contribuição sobre aposentadoria e pensão concedidas pelo regime geral de previdência social de que trata o art. 201;

O texto original do art. 195, II, já previa a contribuição "dos trabalhadores", mas apenas destes, não fazendo referência a outros segurados[1]. Na época, tendo sido colocado como segurado obrigatório do regime geral de previdência, pela Lei n. 9.506/97, "o exercente de mandato eletivo federal, estadual ou municipal, desde que não vinculado a regime próprio de previdência social", mediante acréscimo da alínea *h* ao art. 12, I, da Lei n. 8.212/91, o Supremo Tribunal Federal reconheceu a inconstitucionalidade do novo dispositivo por entender que o agente político não se enquadrava no conceito

---

[1] Redação original: "Art. 195 [...] II – dos trabalhadores;".

de trabalhador[2-3]. Em virtude de declaração de inconstitucionalidade em decisão definitiva do Supremo Tribunal Federal, nos autos do Recurso Extraordinário n. 351.717-1 – Paraná, o Senado Federal suspendeu a execução da alínea "h" através da Resolução n. 26, de 21 de junho de 2005.

Mas, como visto, a redação atual do inciso II do art. 195 da Constituição, dada pela EC n. 20/98, prevê a contribuição não só do trabalhador, mas também "dos demais segurados da previdência social", o que está em consonância com o caráter contributivo da seguridade social, estampado no art. 201 da Constituição: "Art. 201. A previdência social será organizada sob a forma de regime geral, de caráter contributivo e de filiação obrigatória [...]". A contribuição do trabalhador e dos demais segurados assume, assim, o caráter de contribuição estritamente previdenciária. No art. 195, II, não há referência a contribuição dos usuários dos serviços de saúde e dos destinatários das políticas de assistência social porque a saúde é direito de todos, assegurado o acesso universal[4], e a assistência é prestada aos necessitados, que sequer capacidade contributiva teriam. A saúde e a assistência, portanto, diferentemente da previdência, não têm caráter contributivo[5].

---

[2] Excerto do voto condutor do Min. Carlos Velloso no RE n. 351.717-1/PR, out. 2003: "[...] a Lei n. 9.506, de 30-10-97, art. 13, § 1º, tornou segurado obrigatório do regime geral de previdência social o exercente de mandato eletivo federal, estadual ou municipal, desde que não vinculado a regime próprio de previdência social. A citada Lei n. 9.506, de 1997, teve por finalidade extinguir o Instituto de Previdência dos Congressistas – IPC, conforme consta de sua ementa e está expresso no seu art. 1º. A questão a ser perquirida, então, é esta: poderia a lei ordinária criar nova figura de segurado obrigatório da previdência social? Estaria a lei instituindo nova fonte de custeio da seguridade social? Se afirmativa a resposta a esta última indagação, somente com observância da técnica da competência residual da União é que seria possível a mencionada instituição (C.F., art. 195, § 4º). [...] Registre-se que, quando editada a Lei n. 9.506, de 1977, vigia o art. 195, II, C.F., com esta redação: 'Art. 195. [...] II – dos trabalhadores;'. É dizer, o trabalhador seria segurado da previdência social, certo que trabalhador, no caso, seria aquele que prestasse serviço a entidade de direito privado ou mesmo entidade de direito público, desde que abrangido pelo regime celetista. A contribuição social seria devida por esse trabalhador. A Lei n. 9.506, de 1997, ao acrescentar a alínea 'h' ao inciso I do art. 12 da Lei n. 8.212, de 1991, tornando segurado obrigatório do regime geral de previdência social o exercente de mandato eletivo federal, estadual ou municipal, desde que não vinculado a regime próprio de previdência social, inovou sobremaneira: fez do agente político o trabalhador indicado no inciso II do art. 195 da Constituição".

[3] Vejamos a ementa: "CONSTITUCIONAL. TRIBUTÁRIO. PREVIDÊNCIA SOCIAL. CONTRIBUIÇÃO SOCIAL: PARLAMENTAR: EXERCENTE DE MANDATO ELETIVO FEDERAL, ESTADUAL ou MUNICIPAL. Lei n. 9.506, de 30-10-97. Lei n. 8.212, de 24-7-91. C.F., art. 195, II, sem a EC n. 20/98; art. 195, § 4º; art. 154, I. I. – A Lei n. 9.506/97, § 1º do art. 13, acrescentou a alínea h ao inc. I do art. 12 da Lei n. 8.212/91, tornando segurado obrigatório do regime geral de previdência social o exercente de mandato eletivo, desde que não vinculado a regime próprio de previdência social. II. – Todavia, não poderia a lei criar figura nova de segurado obrigatório da previdência social, tendo em vista o disposto no art. 195, II, C.F. Ademais, a Lei n. 9.506/97, § 1º do art. 13, ao criar figura nova de segurado obrigatório, instituiu fonte nova de custeio da seguridade social, instituindo contribuição social sobre o subsídio de agente político. A instituição dessa nova contribuição, que não estaria incidindo sobre 'a folha de salários, o faturamento e os lucros' (C.F., art. 195, I, sem a EC n. 20/98), exigiria a técnica da competência residual da União, art. 154, I, ex vi do disposto no art. 195, § 4º, ambos da C.F. É dizer, somente por lei complementar poderia ser instituída citada contribuição. III. – Inconstitucionalidade da alínea h do inc. I do art. 12 da Lei n. 8.212/91, introduzida pela Lei n. 9.506/97, § 1º do art. 13. IV. – R.E. conhecido e provido. (STF, Plenário, unânime, RE n. 351.717-1/PR, rel. Min. Carlos Velloso, out. 2003)".

[4] CF: "Art. 196. A saúde é direito de todos e dever do Estado, garantido mediante políticas sociais e econômicas que visem à redução do risco de doença e de outros agravos e ao acesso universal e igualitário às ações e serviços para sua promoção, proteção e recuperação".

[5] CF: "Art. 203. A assistência social será prestada a quem dela necessitar, independentemente de contribuição à seguridade social [...]".

Trabalhador é todo aquele que trabalha, que desenvolve atividade econômica, independentemente de ser empregado, autônomo, empresário[6] ou servidor público. As contribuições dos autônomos e do servidor público não abrangido por regime próprio de previdência sempre foram admitidas enquanto segurados do regime geral, com suporte na referência constitucional à contribuição do trabalhador.

Segurados são as pessoas filiadas ao regime geral de previdência social, titulares potenciais dos benefícios garantidos pelo sistema.

O trabalhador empregado e todas as demais pessoas físicas que exercem atividade econômica (avulsos, autônomos, empresários, produtores rurais, agentes políticos etc.) são segurados obrigatórios do regime geral de previdência social, que admite, ainda, segurados facultativos (dona de casa ou estudante).

O produtor, o parceiro, o meeiro e o arrendatário rurais, o pescador artesanal e o assemelhado, que exerçam essas atividades individualmente ou em regime de economia familiar, ainda que com auxílio eventual de terceiros, bem como seus respectivos cônjuges ou companheiros e filhos maiores de catorze anos ou a eles equiparados, desde que trabalhem, comprovadamente, com o grupo familiar respectivo, são segurados obrigatórios do regime geral de previdência social como segurados especiais e têm tratamento específico com fundamento constitucional próprio, qual seja, o § 8º do art. 195 da Constituição Federal, conforme item adiante.

É importante ter em conta, ainda, que o próprio inciso II do art. 195 estabelece imunidade à contribuição previdenciária do Regime Geral de Previdência Social das aposentadorias e pensões ao dispor: "não incidindo contribuição sobre aposentadoria e pensão concedidas pelo regime geral de previdência". Tal não significa que aposentados e pensionistas, subjetivamente considerados, sejam imunes, isso porque, no caso de permanecerem em atividade ou voltarem a exercer atividade vinculada ao RGPS, contribuirão relativamente às mesmas. Em resumo, os benefícios de aposentadoria e pensão são imunes, mas não salários e remunerações que o aposentado ou pensionista perceba.

Aos servidores públicos, nos seus regimes próprios de previdência, só foi assegurada a imunidade até o patamar do benefício máximo do regime geral, podendo ser cobrada contribuição quanto ao que sobejar. Mas, relativamente aos servidores públicos, que se sujeitam a regime próprio e, apenas supletivamente, ao regime geral, fazemos abordagem específica adiante.

2. Das diversas classes de segurados

A Lei n. 8.212/91, ao dispor sobre os contribuintes pessoas físicas, estabelece segurados obrigatórios (art. 12) e segurados facultativos (art. 14) do regime geral e exclui

---

[6] O novo Código Civil, em seu art. 966, considera empresário "quem exerce profissionalmente atividade econômica organizada para a produção ou a circulação de bens ou de serviços".

do mesmo os servidores públicos e os militares amparados por regime próprio de previdência (art. 13).

A Lei n. 8.212/91 qualifica como *segurados obrigatórios na qualidade de empregado*, dentre outros:

- aquele que presta serviço de natureza urbana ou rural à empresa, em caráter não eventual, sob sua subordinação e mediante remuneração, inclusive como diretor empregado;
- aquele que, contratado por empresa de trabalho temporário, definida em legislação específica, presta serviço para atender a necessidade transitória de substituição de pessoal regular e permanente ou a acréscimo extraordinário de serviços de outras empresas;
- o servidor público ocupante de cargo em comissão, sem vínculo efetivo com a União, Autarquias, inclusive em regime especial, e Fundações Públicas Federais.
- O exercente de mandato eletivo federal, estadual ou municipal, desde que não vinculado a regime próprio de previdência social.

O exercente de mandato eletivo federal, estadual ou municipal, desde que não vinculado a regime próprio de previdência social, já fora considerado segurado empregado pela Lei n. 9.506/97, ao acrescentar a alínea *h* ao art. 12, I, da Lei n. 8.212/91, mas, como visto quando da análise da norma de competência, o STF acabou reconhecendo a inconstitucionalidade desse dispositivo, sob o argumento de que não poderia figurar como segurado por não restar abrangido pela referência constitucional a "trabalhador". A execução da alínea *h* foi, então, suspensa pela Resolução do Senado Federal n. 26/2005. Atualmente, alargada a norma de competência para trabalhador e "demais segurados", o exercente de mandato eletivo figura como segurado por força da Lei n. 10.887/2004, que acresceu validamente a alínea *j* ao inciso I do art. 12 da Lei n. 8.212/91[7].

---

[7] Lei n. 8.212/91: "DOS CONTRIBUINTES. Dos Segurados. Art. 12. São segurados obrigatórios da Previdência Social as seguintes pessoas físicas: I – como empregado: a) aquele que presta serviço de natureza urbana ou rural à empresa, em caráter não eventual, sob sua subordinação e mediante remuneração, inclusive como diretor empregado; b) aquele que, contratado por empresa de trabalho temporário, definida em legislação específica, presta serviço para atender a necessidade transitória de substituição de pessoal regular e permanente ou a acréscimo extraordinário de serviços de outras empresas; c) o brasileiro ou estrangeiro domiciliado e contratado no Brasil para trabalhar como empregado em sucursal ou agência de empresa nacional no exterior; d) aquele que presta serviço no Brasil a missão diplomática ou a repartição consular de carreira estrangeira e a órgãos a ela subordinados, ou a membros dessas missões e repartições, excluídos o não brasileiro sem residência permanente no Brasil e o brasileiro amparado pela legislação previdenciária do país da respectiva missão diplomática ou repartição consular; e) o brasileiro civil que trabalha para a União, no exterior, em organismos oficiais brasileiros ou internacionais dos quais o Brasil seja membro efetivo, ainda que lá domiciliado e contratado, salvo se segurado na forma da legislação vigente do país do domicílio; f) o brasileiro ou estrangeiro domiciliado e contratado no Brasil para trabalhar como empregado em empresa domiciliada no exterior, cuja maioria do capital votante pertença a empresa brasileira de capital nacional; g) o servidor público ocupante de cargo em comissão, sem vínculo efetivo com a União, Autarquias, inclusive em regime especial, e Fundações Públicas Federais; (Alínea acrescentada pela Lei n. 8.647, de 13-4-1993) h) (Execução suspensa pela Resolução do Senado

Como *empregado doméstico*, a Lei n. 8.212/91 qualifica aquele que presta serviço de natureza contínua a pessoa ou família, no âmbito residencial desta, em atividades sem fins lucrativos[8].

Como *contribuinte individual* são qualificados, dentre outros, a pessoa física que exerce, por conta própria, atividade econômica de natureza urbana, com fins lucrativos ou não (alínea *h*), quem presta serviço de natureza urbana ou rural, em caráter eventual, a uma ou mais empresas, sem relação de emprego (alínea *g*), o titular de firma individual urbana ou rural, o diretor não empregado e o membro de conselho de administração de sociedade anônima, o sócio solidário, o sócio de indústria, o sócio-gerente e o sócio-cotista que recebam remuneração decorrente de seu trabalho em empresa urbana ou rural, e o associado eleito para cargo de direção em cooperativa, associação ou entidade de qualquer natureza ou finalidade, bem como o síndico ou administrador eleito para exercer atividade de direção condominial, desde que recebam remuneração (alínea *f*)[9].

Como *trabalhador avulso* consta quem presta, a diversas empresas, sem vínculo empregatício, serviços de natureza urbana ou rural definidos no regulamento[10].

Federal n. 26, de 2005) i) o empregado de organismo oficial internacional ou estrangeiro em funcionamento no Brasil, salvo quando coberto por regime próprio de previdência social; (Incluído pela Lei n. 9.876, de 1999) j) o exercente de mandato eletivo federal, estadual ou municipal, desde que não vinculado a regime próprio de previdência social; (Incluído pela Lei n. 10.887, de 2004) [...]. § 6º Aplica-se o disposto na alínea *g* do inciso I do *caput* ao ocupante de cargo de Ministro de Estado, de Secretário Estadual, Distrital ou Municipal, sem vínculo efetivo com a União, Estados, Distrito Federal e Municípios, suas autarquias, ainda que em regime especial, e fundações. (Incluído pela Lei n. 9.876, de 1999)".

[8] Lei n. 8.212/91: "Art. 12. São segurados obrigatórios da Previdência Social as seguintes pessoas físicas: [...] II – como empregado doméstico: aquele que presta serviço de natureza contínua a pessoa ou família, no âmbito residencial desta, em atividades sem fins lucrativos;".

[9] Lei n. 8.212/91: "Art. 12. São segurados obrigatórios da Previdência Social as seguintes pessoas físicas: [...] V – como contribuinte individual: (Redação dada pela Lei n. 9.876, de 1999). a) a pessoa física, proprietária ou não, que explora atividade agropecuária, a qualquer título, em caráter permanente ou temporário, em área superior a 4 (quatro) módulos fiscais; ou, quando em área igual ou inferior a 4 (quatro) módulos fiscais ou atividade pesqueira, com auxílio de empregados ou por intermédio de prepostos; ou ainda nas hipóteses dos §§ 10 e 11 deste artigo; (Redação dada pela Lei n. 11.718, de 2008) b) a pessoa física, proprietária ou não, que explora atividade de extração mineral – garimpo, em caráter permanente ou temporário, diretamente ou por intermédio de prepostos, com ou sem o auxílio de empregados, utilizados a qualquer título, ainda que de forma não contínua; (Redação dada pela Lei n. 9.876, de 1999) c) o ministro de confissão religiosa e o membro de instituto de vida consagrada, de congregação ou de ordem religiosa; (Redação dada pela Lei n. 10.403, de 2002) d) revogada; (Redação dada pela Lei n. 9.876, de 1999) e) o brasileiro civil que trabalha no exterior para organismo oficial internacional do qual o Brasil é membro efetivo, ainda que lá domiciliado e contratado, salvo quando coberto por regime próprio de previdência social; (Redação dada pela Lei n. 9.876, de 1999) f) o titular de firma individual urbana ou rural, o diretor não empregado e o membro de conselho de administração de sociedade anônima, o sócio solidário, o sócio de indústria, o sócio gerente e o sócio cotista que recebam remuneração decorrente de seu trabalho em empresa urbana ou rural, e o associado eleito para cargo de direção em cooperativa, associação ou entidade de qualquer natureza ou finalidade, bem como o síndico ou administrador eleito para exercer atividade de direção condominial, desde que recebam remuneração; (Incluído pela Lei n. 9.876, de 1999) g) quem presta serviço de natureza urbana ou rural, em caráter eventual, a uma ou mais empresas, sem relação de emprego; (Incluído pela Lei n. 9.876, de 1999) h) a pessoa física que exerce, por conta própria, atividade econômica de natureza urbana, com fins lucrativos ou não; (Incluído pela Lei n. 9.876, de 1999)".

[10] Lei n. 8.212/91: "Art. 12. São segurados obrigatórios da Previdência Social as seguintes pessoas físicas: [...] VI – como trabalhador avulso: quem presta, a diversas empresas, sem vínculo empregatício, serviços de natureza urbana ou rural definidos no regulamento;".

Como *segurado especial*, "a pessoa física residente no imóvel rural ou em aglomerado urbano ou rural próximo a ele que, individualmente ou em regime de economia familiar, ainda que com o auxílio eventual de terceiros a título de mútua colaboração", seja produtor, explorando atividade agropecuária em área de até quatro módulos fiscais ou atuando como seringueiro ou extrativista vegetal, ou seja, pescador artesanal[11].

---

[11] Lei n. 8.212/91: "Art. 12. São segurados obrigatórios da Previdência Social as seguintes pessoas físicas: [...] VII – como segurado especial: a pessoa física residente no imóvel rural ou em aglomerado urbano ou rural próximo a ele que, individualmente ou em regime de economia familiar, ainda que com o auxílio eventual de terceiros a título de mútua colaboração, na condição de: (Redação dada pela Lei n. 11.718, de 2008) a) produtor, seja proprietário, usufrutuário, possuidor, assentado, parceiro ou meeiro outorgados, comodatário ou arrendatário rurais, que explore atividade: (Incluído pela Lei n. 11.718, de 2008) 1. agropecuária em área de até 4 (quatro) módulos fiscais; ou (Incluído pela Lei n. 11.718, de 2008) 2. de seringueiro ou extrativista vegetal que exerça suas atividades nos termos do inciso XII do *caput* do art. 2º da Lei n. 9.985, de 18 de julho de 2000, e faça dessas atividades o principal meio de vida; (Incluído pela Lei n. 11.718, de 2008) b) pescador artesanal ou a este assemelhado, que faça da pesca profissão habitual ou principal meio de vida; e (Incluído pela Lei n. 11.718, de 2008) c) cônjuge ou companheiro, bem como filho maior de 16 (dezesseis) anos de idade ou a este equiparado, do segurado de que tratam as alíneas *a* e *b* deste inciso, que, comprovadamente, trabalhem com o grupo familiar respectivo. (Incluído pela Lei n. 11.718, de 2008). § 1º Entende-se como regime de economia familiar a atividade em que o trabalho dos membros da família é indispensável à própria subsistência e ao desenvolvimento socioeconômico do núcleo familiar e é exercido em condições de mútua dependência e colaboração, sem a utilização de empregados permanentes. (Redação dada pela Lei n. 11.718, de 2008) [...]. § 7º Para serem considerados segurados especiais, o cônjuge ou companheiro e os filhos maiores de 16 (dezesseis) anos ou os a estes equiparados deverão ter participação ativa nas atividades rurais do grupo familiar. (Incluído pela Lei n. 11.718, de 2008) § 8º O grupo familiar poderá utilizar-se de empregados contratados por prazo determinado ou trabalhador de que trata a alínea *g* do inciso V do *caput* deste artigo, à razão de no máximo 120 (cento e vinte) pessoas por dia no ano civil, em períodos corridos ou intercalados ou, ainda, por tempo equivalente em horas de trabalho, não sendo computado nesse prazo o período de afastamento em decorrência da percepção de auxílio-doença. (Redação dada pela Lei n. 12.873/2013) § 9º Não descaracteriza a condição de segurado especial: (Incluído pela Lei n. 11.718, de 2008) I – a outorga, por meio de contrato escrito de parceria, meação ou comodato, de até 50% (cinquenta por cento) de imóvel rural cuja área total não seja superior a 4 (quatro) módulos fiscais, desde que outorgante e outorgado continuem a exercer a respectiva atividade, individualmente ou em regime de economia familiar; (Incluído pela Lei n. 11.718, de 2008) II – a exploração da atividade turística da propriedade rural, inclusive com hospedagem, por não mais de 120 (cento e vinte) dias ao ano; (Incluído pela Lei n. 11.718, de 2008) III – a participação em plano de previdência complementar instituído por entidade classista a que seja associado, em razão da condição de trabalhador rural ou de produtor rural em regime de economia familiar; (Incluído pela Lei n. 11.718, de 2008) IV – ser beneficiário ou fazer parte de grupo familiar que tem algum componente que seja beneficiário de programa assistencial oficial de governo; (Incluído pela Lei n. 11.718, de 2008) V – a utilização pelo próprio grupo familiar, na exploração da atividade, de processo de beneficiamento ou industrialização artesanal, na forma do § 11 do art. 25 desta Lei; e (Incluído pela Lei n. 11.718, de 2008) VI – a associação em cooperativa agropecuária; e (Redação dada pela Lei n. 12.873/2013) VII – a incidência do Imposto Sobre Produtos Industrializados – IPI sobre o produto das atividades desenvolvidas nos termos do § 14 deste artigo. (Redação dada pela Lei n. 12.873/2013) § 10. Não é segurado especial o membro de grupo familiar que possuir outra fonte de rendimento, exceto se decorrente de: (Incluído pela Lei n. 11.718, de 2008) I – benefício de pensão por morte, auxílio-acidente ou auxílio-reclusão, cujo valor não supere o do menor benefício de prestação continuada da Previdência Social; (Incluído pela Lei n. 11.718, de 2008) II – benefício previdenciário pela participação em plano de previdência complementar instituído nos termos do inciso IV do § 9º deste artigo; (Incluído pela Lei n. 11.718, de 2008) III – exercício de atividade remunerada em período não superior a 120 (cento e vinte) dias, corridos ou intercalados, no ano civil, observado o disposto no § 13 deste artigo; (Redação dada pela Lei n. 12.873/2013) IV – exercício de mandato eletivo de dirigente sindical de organização da categoria de trabalhadores rurais; (Incluído pela Lei n. 11.718, de 2008) V – exercício de mandato de vereador do município onde desenvolve a atividade rural, ou de dirigente de cooperativa rural constituída exclusivamente por segurados especiais, observado o disposto no § 13 deste artigo; (Incluído pela Lei n. 11.718, de 2008) VI – parceria ou meação outorgada na forma e condições estabelecidas no inciso I do § 9º deste artigo; (Incluído pela Lei n.

Segurado facultativo, por sua vez, é o maior de 14 (catorze) anos de idade que se filiar, espontaneamente, ao Regime Geral de Previdência Social, mediante contribuição[12].

Tendo em conta que o regime geral de previdência social tem caráter contributivo, todos os segurados contribuirão para a previdência, como requisito para a aquisição do direito aos benefícios.

2.1. Filiação e contribuição relativamente às diversas atividades desenvolvidas pela pessoa física

Importa considerar, ainda, preliminarmente, a norma constante do art. 12, § 2º, da Lei n. 8.212/91, que diz da filiação cumulativa relativamente a cada uma das diferentes atividades desempenhadas pela pessoa física:

Art. 12. São segurados obrigatórios da Previdência Social as seguintes pessoas físicas:

[...]

11.718, de 2008) VII – atividade artesanal desenvolvida com matéria-prima produzida pelo respectivo grupo familiar, podendo ser utilizada matéria-prima de outra origem, desde que a renda mensal obtida na atividade não exceda ao menor benefício de prestação continuada da Previdência Social; e (Incluído pela Lei n. 11.718, de 2008) VIII – atividade artística, desde que em valor mensal inferior ao menor benefício de prestação continuada da Previdência Social. (Incluído pela Lei n. 11.718, de 2008) § 11. O segurado especial fica excluído dessa categoria: (Incluído pela Lei n. 11.718, de 2008) I – a contar do primeiro dia do mês em que: (Incluído pela Lei n. 11.718, de 2008) a) deixar de satisfazer as condições estabelecidas no inciso VII do *caput* deste artigo, sem prejuízo do disposto no art. 15 da Lei n. 8.213, de 24 de julho de 1991, ou exceder qualquer dos limites estabelecidos no inciso I do § 9º deste artigo; (Incluído pela Lei n. 11.718, de 2008) b) enquadrar-se em qualquer outra categoria de segurado obrigatório do Regime Geral de Previdência Social, ressalvado o disposto nos incisos III, V, VII e VIII do § 10 e no § 14 deste artigo, sem prejuízo do disposto no art. 15 da Lei n. 8.213, de 24 de julho de 1991; (Redação dada pela Lei n. 12.873/2013) c) tornar-se segurado obrigatório de outro regime previdenciário; e (Redação dada pela Lei n. 12.873/2013) d) participar de sociedade empresária, de sociedade simples, como empresário individual ou como titular de empresa individual de responsabilidade limitada em desacordo com as limitações impostas pelo § 14 deste artigo; (Incluído pela Lei n. 12.873/2013) II – a contar do primeiro dia do mês subsequente ao da ocorrência, quando o grupo familiar a que pertence exceder o limite de: (Incluído pela Lei n. 11.718, de 2008) a) utilização de trabalhadores nos termos do § 8º deste artigo; (Incluído pela Lei n. 11.718, de 2008) b) dias em atividade remunerada estabelecidos no inciso III do § 10 deste artigo; e (Incluído pela Lei n. 11.718, de 2008) c) dias de hospedagem a que se refere o inciso II do § 9º deste artigo. (Incluído pela Lei n. 11.718, de 2008) § 12. Aplica-se o disposto na alínea *a* do inciso V do *caput* deste artigo ao cônjuge ou companheiro do produtor que participe da atividade rural por este explorada. (Incluído pela Lei n. 11.718, de 2008) § 13. O disposto nos incisos III e V do § 10 e no § 14 deste artigo não dispensa o recolhimento da contribuição devida em relação ao exercício das atividades de que tratam os referidos dispositivos. (Redação dada pela Lei n. 12.873/2013) § 14. A participação do segurado especial em sociedade empresária, em sociedade simples, como empresário individual ou como titular de empresa individual de responsabilidade limitada de objeto ou âmbito agrícola, agroindustrial ou agroturístico, considerada microempresa nos termos da Lei Complementar n. 123, de 14 de dezembro de 2006, não o exclui de tal categoria previdenciária, desde que, mantido o exercício da sua atividade rural na forma do inciso VII do *caput* e do § 1º, a pessoa jurídica componha-se apenas de segurados de igual natureza e sedie-se no mesmo Município ou em Município limítrofe àquele em que eles desenvolvam suas atividades. (Incluído pela Lei n. 12.873/2013) § 15. (VETADO). (Incluído pela Lei n. 12.873/2013).

[12] "Art. 14. É segurado facultativo o maior de 14 (catorze) anos de idade que se filiar ao Regime Geral de Previdência Social, mediante contribuição, na forma do art. 21, desde que não incluído nas disposições do art. 12."

§ 2º Todo aquele que exercer, concomitantemente, mais de uma atividade remunerada sujeita ao Regime Geral de Previdência Social é obrigatoriamente filiado em relação a cada uma delas.

Assim, a pessoa física que tenha mais de uma atividade econômica recolherá como contribuinte obrigatório relativamente a cada uma delas, observado, porém, na soma das diversas atividades, o teto mensal correspondente ao maior salário de contribuição.

2.2. Nova filiação do aposentado que volta a exercer atividade que o vincule ao regime geral

O aposentado que permanece em atividade continua recolhendo, assim como o aposentado que, tendo passado à inatividade, retorna à atividade:

Art. 12. São segurados obrigatórios da Previdência Social as seguintes pessoas físicas:

[...]

§ 4º O aposentado pelo Regime Geral de Previdência Social-RGPS que estiver exercendo ou que voltar a exercer atividade abrangida por este Regime é segurado obrigatório em relação a essa atividade, ficando sujeito às contribuições de que trata esta Lei, para fins de custeio da Seguridade Social. (Parágrafo incluído pela Lei n. 9.032, de 28-4-1995)

O STF já se pronunciou no sentido da constitucionalidade dessa contribuição:

[...] CONTRIBUIÇÃO PREVIDENCIÁRIA DO APOSENTADO QUE RETORNA À ATIVIDADE. POSSIBILIDADE. PRINCÍPIO DA SOLIDARIEDADE [...] 6. Esta SUPREMA CORTE tem entendimento firme no sentido da possibilidade de incidência da contribuição previdenciária sobre a remuneração do segurado aposentado que retorna à atividade. (STF, RE n. 1164899 ED, rel. Min. Alexandre de Moraes, Primeira Turma, nov. 2018)

Tal se justifica e se legitima constitucionalmente em razão da universalidade e da solidariedade que inspiram o custeio da seguridade social.

2.3. Filiação do servidor público ao regime geral quanto às demais atividades que desenvolva

O servidor público amparado por regime próprio de previdência é excluído do regime geral.

Aquele que estiver vinculado a regime próprio de previdência, como servidor público, mas também desenvolver atividade que o caracterize como segurado obrigatório do regime geral de previdência, porém, contribuirá para ambos.

O § 1º do art. 13 da Lei n. 8.212/91 prevê expressamente tais situações:

Art. 13. O servidor civil ocupante de cargo efetivo ou o militar da União, dos Estados, do Distrito Federal ou dos Municípios, bem como o das respectivas autarquias e fundações, são excluídos do Regime Geral de Previdência Social consubstanciado nesta Lei, desde que amparados por regime próprio de previdência social. (Redação dada pela Lei n. 9.876, de 26-11-1999)

§ 1º Caso o servidor ou o militar venham a exercer, concomitantemente, uma ou mais atividades abrangidas pelo Regime Geral de Previdência Social, tornar-se-ão segurados obrigatórios em relação a essas atividades. (Incluído pela Lei n. 9.876/99)

Assim, quanto à atividade que o caracteriza como segurado obrigatório do regime geral, contribuirá como qualquer outro trabalhador, observado o teto do maior salário de contribuição, como se servidor público não fosse.

Na atividade alheia ao serviço público, portanto, o servidor está para a previdência social como qualquer outro segurado.

O servidor ocupante de cargo em comissão, por sua vez, após o advento da EC n. 20/98, passou a ser, na própria atividade pública, obrigatoriamente vinculado ao regime geral de previdência social. É o que se vê do § 13 do art. 40 da CF, acrescido pela EC n. 20/98:

§ 13 Ao servidor ocupante, exclusivamente, de cargo em comissão declarado em lei de livre nomeação e exoneração bem como de outro cargo temporário ou de emprego público, aplica-se o regime geral de previdência social.

Essa previsão legal é bastante pertinente, porquanto os cargos em comissão são de livre nomeação e exoneração, não provendo um vínculo estável ao servidor, de modo a vinculá-lo a regimes próprios de previdência. A filiação obrigatória desses trabalhadores ao regime geral de previdência social é, efetivamente, mais adequada.

3. Contribuição do segurado empregado, inclusive do doméstico, e do trabalhador avulso – art. 20 da Lei n. 8.212/91

Os segurados empregados, inclusive o doméstico, e o segurado trabalhador avulso, assim definidos nos termos dos incisos I, II e IV do art. 12 da Lei n. 8.212/91, referidos no item em que cuidamos das diversas classes de segurados, são obrigados ao pagamento de contribuição previdenciária nos moldes do art. 20 da mesma Lei, com a redação das Leis n. 8.620/93 e 9.032/95, que dispõe:

CAPÍTULO III – DA CONTRIBUIÇÃO DO SEGURADO

SEÇÃO I – DA CONTRIBUIÇÃO DOS SEGURADOS EMPREGADO, EMPREGADO DOMÉSTICO E TRABALHADOR AVULSO

Art. 20. A contribuição do empregado, inclusive o doméstico, e a do trabalhador avulso é calculada mediante a aplicação da correspondente *alíquota sobre o seu salário de contribuição mensal*, de forma não cumulativa [...].

§ 2º O disposto neste artigo aplica-se também aos segurados empregados e trabalhadores avulsos que prestem serviços a microempresas. (Incluído pela Lei n. 8.620, de 5-1-1993)

A base de cálculo da contribuição previdenciária do empregado e do avulso é o seu salário de contribuição mensal.

Analisando-se o art. 28 da Lei n. 8.212/91, que define o salário de contribuição, vê-se o salário de contribuição do empregado doméstico corresponde à remuneração registada na CTPS:

CAPÍTULO IX – DO SALÁRIO DE CONTRIBUIÇÃO

Art. 28. Entende-se por salário de contribuição:

[...]

II – para o empregado doméstico: a remuneração registrada na Carteira de Trabalho e Previdência Social, observadas as normas a serem estabelecidas em regulamento para comprovação do vínculo empregatício e do valor da remuneração;

Já para os demais empregados e para o trabalhador avulso, corresponde à remuneração mensal que percebem, observados os limites mínimo e máximo estabelecidos:

CAPÍTULO IX – DO SALÁRIO DE CONTRIBUIÇÃO

Art. 28. Entende-se por salário de contribuição:

I – para o empregado e trabalhador avulso: a remuneração auferida em uma ou mais empresas, assim entendida a totalidade dos rendimentos pagos, devidos ou creditados a qualquer título, durante o mês, destinados a retribuir o trabalho, qualquer que seja a sua forma, inclusive as gorjetas, os ganhos habituais sob a forma de utilidades e os adiantamentos decorrentes de reajuste salarial, quer pelos serviços efetivamente prestados, quer pelo tempo à disposição do empregador ou tomador de serviços nos termos da lei ou do contrato ou, ainda, de convenção ou acordo coletivo de trabalho ou sentença normativa; (Redação dada pela Lei n. 9.528, de 10-12-1997)

O § 7º do art. 28 da Lei n. 8.212/91, com a redação da Lei n. 8.870/94, dispõe no sentido de que o décimo terceiro salário integra o salário de contribuição, sendo certo, ainda, que, desde o advento da Lei n. 8.620/93, é feito cálculo em separado da contribuição previdenciária sobre o décimo terceiro, conforme a orientação do STJ[13]:

---

[13] O STJ, à luz da redação original, dizia que não podia a regulamentação determinar cálculo em separado quando a lei simplesmente dizia que o décimo terceiro integrava o salário de contribuição. A Lei n. 8.620/93 inovou determinando expressamente o cálculo em separado. A Lei n. 8.870/94 veio novamente dizer que o décimo terceiro integra o salário de contribuição. A argumentação constante do julgado do STJ que entende ainda aplicável a Lei n. 8.620/93 não parece consistente ao dizer que o novo § 7º do art. 28 veio apenas ressalvar que não seria levado em conta para efeito de cálculo de benefício, de modo que estaria cuidando de matéria de benefícios e não de contribuição. Ora, a Lei n. 8.212/91 cuida do custeio, não de benefícios. O art. 28 é o artigo que dispõe sobre o salário de contribuição, não sobre cálculo dos benefícios. Note-se que a redação do § 7º é a mesma, antes e depois da Lei n. 8.620/93. Foi revogada tacitamente pela Lei n. 8.620/93 e a revogou: " § 7º O décimo terceiro salário (gratificação natalina) integra o salário de contribuição, na forma

CONTRIBUIÇÃO PREVIDENCIÁRIA. GRATIFICAÇÃO NATALINA. CÁLCULO EM SEPARADO. LEGALIDADE. MATÉRIA PACIFICADA EM RECURSO ESPECIAL REPRESENTATIVO DE CONTROVÉRSIA (REsp 1.066.682/SP).

1. A Primeira Seção, em recurso especial representativo de controvérsia, processado e julgado sob o regime do art. 543-C do CPC, proclamou o entendimento no sentido de ser legítimo o cálculo, em separado, da contribuição previdenciária sobre o 13º salário, a partir do início da vigência da Lei n. 8.620/93 (REsp 1.066.682/SP, rel. Min. Luiz Fux, Primeira Seção, DJe 1º-2-2010).

(STJ, Primeira Turma, AgRg no REsp 898.932/PR, rel. Min. Arnaldo Esteves Lima, Primeira Turma, ago. 2011)

Assim, o décimo terceiro salário, em verdade, não integra propriamente o salário de contribuição (não é somado ao salário do mês de dezembro), constituindo, isto sim, isoladamente, outro salário de contribuição para fins de cálculo de contribuição específica sobre o décimo terceiro. Vejamos as Leis:

Lei n. 8.212/91:

Art. 28 [...]

§ 7º O *décimo terceiro salário (gratificação natalina) integra o salário de contribuição*, exceto para o cálculo de benefício, na forma estabelecida em regulamento. (Redação dada pela Lei n. 8.870, de 15-4-1994)

---

estabelecida em regulamento."; "§ 7º O décimo terceiro salário (gratificação natalina) integra o salário de contribuição, exceto para o cálculo de benefício, na forma estabelecida em regulamento. (Redação dada pela Lei n. 8.870, de 15-4-94)". Ao dizer que o décimo terceiro integra, determina que seja considerado por dentro, como parte integrante. Não disse que o décimo terceiro configuraria um salário de contribuição autônomo, em separado, paralelo. Se integra, deve ser considerado na apuração. Veja-se o precedente do STJ sob a égide da redação original: "PROCESSUAL CIVIL. ADMINISTRATIVO E TRIBUTÁRIO. CONTRIBUIÇÃO SOCIAL SOBRE O 13º SALÁRIO [...] DECRETOS N. 612/92 E 2173/97. LEI FEDERAL N. 8.212/91. CÁLCULO EM SEPARADO. ILEGALIDADE. PRECEDENTES JURISPRUDENCIAIS DO STJ. 1 [...] 2. A contribuição previdenciária, incide sobre o total das remunerações pagas aos empregados, inclusive a do 13º salário. (Precedentes). 3. A teor do disposto no § 7º do art. 28 da Lei n. 8212/91, é descabida e ilegal a contribuição previdenciária incidente sobre a gratificação natalina calculada mediante aplicação, em separado, da tabela relativa às alíquotas e salários de contribuição, conforme previsto no § 7º do art. 70 do Decreto n. 612/92. 4. Recurso especial provido, para afastar a incidência do regulamento, calculando-se a contribuição na forma da Lei n. 8.212/91" (STJ, 1ªTurma, unânime, REsp n. 463.521/PR, rel. Min. Luiz Fux, maio 2003). Entendimento expresso no sentido de que o regime da Lei n. 8.620/93 não foi ab-rogado pela Lei n. 8.870/94: "[...] CONTRIBUIÇÃO PREVIDENCIÁRIA. DÉCIMO TERCEIRO SALÁRIO. CÁLCULO EM SEPARADO [...] AUSÊNCIA DE PREQUESTIONAMENTO [...] 2. Segundo entendimento do STJ, era indevido, no período de vigência da Lei n. 8.212/91, o cálculo em separado da contribuição previdenciária sobre a gratificação natalina em relação ao salário do mês de dezembro. Todavia, a situação foi alterada com a edição da Lei n. 8.620/93, que estabeleceu expressamente essa forma de cálculo em separado. Precedentes: EDcl no REsp n. 726213, 1ªTurma, Min. José Delgado, DJ de 19-9-2005; REsp n. 572251, 2ªTurma, Min. Franciulli Netto, DJ de 13-6-2005. REsp n. 329123, 2ªTurma, Min. Castro Meira, DJ de 28-10-2003. 3. Assim, a contar da competência de 1993, é legítima a modalidade de cálculo da contribuição sobre o 13º salário em separado dos valores da remuneração do mês de dezembro. No particular, a Lei n. 8.630/93 não foi ab-rogada pelo art. 1º da Lei n. 8.870/94, segundo o qual o 13º salário integra o salário de contribuição, com exceção do cálculo de benefício. São normas que tratam de matéria diversa e que, por isso mesmo, têm sua vigência resguardada pela reserva da especialidade 4. Recurso especial parcialmente conhecido e, nessa parte, desprovido" (STJ, 1ªTurma, REsp n. 813215/SC, rel. Min. Teori Albino Zavascki, ago. 2006).

Lei n. 8.620/93:

Art. 7º O recolhimento da contribuição correspondente ao décimo terceiro salário deve ser efetuado até o dia 20 de dezembro ou no dia imediatamente anterior em que haja expediente bancário. [...] § 2º A contribuição de que trata este artigo incide sobre o valor bruto do décimo terceiro salário, mediante aplicação, em separado, das alíquotas estabelecidas nos arts. 20 e 22 da Lei n. 8.212, de 24 de julho de 1991.

O § 1º do art. 216 do Regulamento da Previdência Social (Decreto n. 3.048/99), com a redação do Decreto n. 4.729/2003[14] também determina o cálculo em separado da contribuição sobre o décimo terceiro salário.

A revelação de capacidade contributiva a ser tributada é o produto do trabalho, tendo o inciso I do art. 28 da Lei n. 8.212/91 posto como regra que a totalidade dos rendimentos integra o salário de contribuição. Note-se, ainda, que no § 9º do mesmo art. 28 há inúmeras verbas expressamente excluídas do salário de contribuição, dentre elas diversas rubricas de natureza indenizatória. Vejamos o seu texto, atualizado até a Lei n. 13.756/2018:

§ 9º Não integram o salário de contribuição para os fins desta Lei, exclusivamente: (Redação dada pela Lei n. 9.528, de 10-12-1997)

a) os valores recebidos a título de bolsa-atleta, em conformidade com a Lei n. 10.891, de 9 de julho de 2004. (Redação dada pela Lei n. 13.756, de 2018)

b) as ajudas de custo e o adicional mensal recebidos pelo aeronauta nos termos da Lei n. 5.929, de 30 de outubro de 1973;

c) a parcela "in natura" recebida de acordo com os programas de alimentação aprovados pelo Ministério do Trabalho e da Previdência Social, nos termos da Lei n. 6.321, de 14 de abril de 1976;

---

[14] Regulamento da Previdência Social (Decreto n. 3.048/99): "CAPÍTULO VII DO SALÁRIO DE CONTRIBUIÇÃO Art. 214. Entende-se por salário de contribuição: [...] § 6º A gratificação natalina – décimo terceiro salário – integra o salário de contribuição, exceto para o cálculo do salário de benefício, sendo devida a contribuição quando do pagamento ou crédito da última parcela ou na rescisão do contrato de trabalho. § 7º A contribuição de que trata o § 6º incidirá sobre o valor bruto da gratificação, sem compensação dos adiantamentos pagos, mediante aplicação, em separado, da tabela de que trata o art. 198 e observadas as normas estabelecidas pelo Instituto Nacional do Seguro Social. CAPÍTULO VIII – DA ARRECADAÇÃO E RECOLHIMENTO DAS CONTRIBUIÇÕES; [...] Seção I – Das Normas Gerais de Arrecadação Art. 216. A arrecadação e o recolhimento das contribuições e de outras importâncias devidas à seguridade social, observado o que a respeito dispuserem o Instituto Nacional do Seguro Social e a Secretaria da Receita Federal, obedecem às seguintes normas gerais: § 1º O desconto da contribuição do segurado incidente sobre o valor bruto da gratificação natalina – décimo terceiro salário – é devido quando do pagamento ou crédito da última parcela e deverá ser calculado em separado, observado o § 7º do art. 214, e recolhida, juntamente com a contribuição a cargo da empresa, até o dia vinte do mês de dezembro, antecipando-se o vencimento para o dia útil imediatamente anterior se não houver expediente bancário no dia vinte. (Redação dada pelo Decreto n. 4.729, de 9-6-2003) § 1º-A. O empregador doméstico pode recolher a contribuição do segurado empregado a seu serviço e a parcela a seu cargo relativas à competência novembro até o dia 20 de dezembro, juntamente com a contribuição referente à gratificação natalina – décimo terceiro salário – utilizando-se de um único documento de arrecadação. (Incluído pelo Decreto n. 6.722, de 2008). § 2º Se for o caso, a contribuição de que trata o § 1º será atualizada monetariamente a partir da data prevista para o seu recolhimento, utilizando-se o mesmo indexador definido para as demais contribuições arrecadadas pelo Instituto Nacional do Seguro Social".

d) as importâncias recebidas a título de férias indenizadas e respectivo adicional constitucional, inclusive o valor correspondente à dobra da remuneração de férias de que trata o art. 137 da Consolidação das Leis do Trabalho-CLT; (Redação dada pela Lei n. 9.528, de 10-12-91997).

e) as importâncias: (Alínea alterada e itens de 1 a 5 acrescentados pela Lei n. 9.528, de 10-12-1997)

1. previstas no inciso I do art. 10 do Ato das Disposições Constitucionais Transitórias;

2. relativas à indenização por tempo de serviço, anterior a 5 de outubro de 1988, do empregado não optante pelo Fundo de Garantia do Tempo de Serviço-FGTS;

3. recebidas a título da indenização de que trata o art. 479 da CLT;

4. recebidas a título da indenização de que trata o art. 14 da Lei n. 5.889, de 8 de junho de 1973;

5. recebidas a título de incentivo à demissão;

6. recebidas a título de abono de férias na forma dos arts. 143 e 144 da CLT; (Redação dada pela Lei n. 9.711, de 1998)

7. recebidas a título de ganhos eventuais e os abonos expressamente desvinculados do salário; (Redação dada pela Lei n. 9.711, de 1998)

8. recebidas a título de licença-prêmio indenizada; (Redação dada pela Lei n. 9.711, de 1998)

9. recebidas a título da indenização de que trata o art. 9º da Lei n. 7.238, de 29 de outubro de 1984; (Redação dada pela Lei n. 9.711, de 1998)

f) a parcela recebida a título de vale-transporte, na forma da legislação própria;

g) a ajuda de custo, em parcela única, recebida exclusivamente em decorrência de mudança de local de trabalho do empregado, na forma do art. 470 da CLT; (Redação dada pela Lei n. 9.528, de 10-12-1997)

h) as diárias para viagens; (Redação dada pela Lei n. 13.467, de 2017)

i) a importância recebida a título de bolsa de complementação educacional de estagiário, quando paga nos termos da Lei n. 6.494, de 7 de dezembro de 1977;

j) a participação nos lucros ou resultados da empresa, quando paga ou creditada de acordo com lei específica[15];

l) o abono do Programa de Integração Social-PIS e do Programa de Assistência ao Servidor Público-Pasep; (Alínea acrescentada pela Lei n. 9.528, de 10-12-1997)

m) os valores correspondentes a transporte, alimentação e habitação fornecidos pela empresa ao empregado contratado para trabalhar em localidade distante da de sua residência, em canteiro de obras ou local que, por força da atividade, exija deslocamento e estada, observadas as normas de proteção estabelecidas pelo Ministério do Trabalho; (Alínea acrescentada pela Lei n. 9.528, de 10-12-1997)

n) a importância paga ao empregado a título de complementação ao valor do auxílio-doença, desde que este direito seja extensivo à totalidade dos empregados da empresa; (Alínea acrescentada pela Lei n. 9.528, de 10-12-1997)

---

[15] Vide: CALCINI, Fábio Pallaretti; CHILO, Fábio Augusto. "Contribuições previdenciárias e a Participação nos Lucros e Resultados – PLR: A jurisprudência do CARF". *Revista de Estudos Tributários*, n. 122, jul.-ago. 2018, p. 9-32.

o) as parcelas destinadas à assistência ao trabalhador da agroindústria canavieira, de que trata o art. 36 da Lei n. 4.870, de 1º de dezembro de 1965; (Alínea acrescentada pela Lei n. 9.528, de 10-12-1997)

p) o valor das contribuições efetivamente pago pela pessoa jurídica relativo a programa de previdência complementar, aberto ou fechado, desde que disponível à totalidade de seus empregados e dirigentes, observados, no que couber, os arts. 9º e 468 da CLT; (Alínea acrescentada pela Lei n. 9.528, de 10-12-1997)

q) o valor relativo à assistência prestada por serviço médico ou odontológico, próprio da empresa ou por ela conveniado, inclusive o reembolso de despesas com medicamentos, óculos, aparelhos ortopédicos, próteses, órteses, despesas médico-hospitalares e outras similares; (Redação dada pela Lei n. 13.467, de 2017)

r) o valor correspondente a vestuários, equipamentos e outros acessórios fornecidos ao empregado e utilizados no local do trabalho para prestação dos respectivos serviços; (Alínea acrescentada pela Lei n. 9.528, de 10-12-1997)

s) o ressarcimento de despesas pelo uso de veículo do empregado e o reembolso-creche pago em conformidade com a legislação trabalhista, observado o limite máximo de seis anos de idade, quando devidamente comprovadas as despesas realizadas; (Alínea acrescentada pela Lei n. 9.528, de 10-12-1997)

t) o valor relativo a plano educacional, ou bolsa de estudo, que vise à educação básica de empregados e seus dependentes e, desde que vinculada às atividades desenvolvidas pela empresa, à educação profissional e tecnológica de empregados, nos termos da Lei n. 9.394, de 20 de dezembro de 1996, e: (Redação dada pela Lei n. 12.513/2011)

1. não seja utilizado em substituição de parcela salarial; e (Incluído pela Lei n. 12.513/2011)

2. o valor mensal do plano educacional ou bolsa de estudo, considerado individualmente, não ultrapasse 5% (cinco por cento) da remuneração do segurado a que se destina ou o valor correspondente a uma vez e meia o valor do limite mínimo mensal do salário de contribuição, o que for maior; (Incluído pela Lei n. 12.513/2011)

u) a importância recebida a título de bolsa de aprendizagem garantida ao adolescente até catorze anos de idade, de acordo com o disposto no art. 64 da Lei n. 8.069, de 13 de julho de 1990; (Alínea acrescentada pela Lei n. 9.528, de 10-12-1997)

v) os valores recebidos em decorrência da cessão de direitos autorais; (Alínea acrescentada pela Lei n. 9.528, de 10-12-1997)

x) o valor da multa prevista no § 8º do art. 477 da CLT. (Alínea acrescentada pela Lei n. 9.528, de 10-12-1997)

y) o valor correspondente ao vale-cultura. (Incluído pela Lei n. 12.761, de 2012)

z) os prêmios e os abonos. (Incluído pela Lei n. 13.467, de 2017)

Chamo atenção para a alínea "h" que exclui do salário de contribuição as diárias para viagem, sem restrições. Note-se que é produto da Lei n. 13.467/2017. Anteriormente a essa Lei, que, além de alterar a redação da alínea "h", revogou o § 8º do art. 28 da Lei n. 8.212/91, as diárias excedentes a cinquenta por cento da remuneração mensal integravam o salário de contribuição. Ponderávamos, à época, que tal norma só podia ser considerada como enunciadora da presunção de que, em tal hipótese, as diárias estivessem, em verdade, cumprindo função remuneratória, e não simplesmente indenizatória de despesas necessárias ao trabalho distante da sede. Havendo comprovação de que a natureza fosse efetivamente indenizatória, não poderia incidir a contribuição. Agora, com a referência genérica a diárias, resta claro que essa rubrica, quando adequada à natureza que lhe é própria, não integra o salário de contribuição, independentemente do seu valor.

O § 2º do art. 28 estabelece que o salário-maternidade será considerado salário de contribuição: "§ 2º O salário-maternidade é considerado salário de contribuição". O STJ chancela tal incidência: "3. O salário-maternidade tem natureza salarial e integra a base de cálculo da contribuição previdenciária, consoante reiterada jurisprudência do STJ"[16]. Note-se que nenhum outro benefício previdenciário servirá de base de cálculo de contribuição previdenciária, nem mesmo a aposentadoria ou a pensão, estes inclusive imunes por força do próprio art. 195, II, da CF, conforme já exposto.

No sítio da Receita Federal do Brasil, há "Tabela de incidência de contribuição" que especifica a posição da Receita Federal quanto às verbas que compõem ou não a base de cálculo da contribuição previdenciária[17].

Os §§ 3º e 4º do art. 28 da Lei n. 8.212/91 estabelecem o limite mínimo do salário de contribuição como sendo o salário mínimo ou piso da categoria, ou, ainda, o mínimo garantido por lei ao menor aprendiz:

> § 3º O limite mínimo do salário de contribuição corresponde ao piso salarial, legal ou normativo, da categoria ou, inexistindo este, ao salário mínimo, tomado no seu valor mensal, diário ou horário, conforme o ajustado e o tempo de trabalho efetivo durante o mês. (Redação dada pela Lei n. 9.528, de 10-12-1997)
>
> § 4º O limite mínimo do salário de contribuição do menor aprendiz corresponde à sua remuneração mínima definida em lei.

O limite máximo, por sua vez, foi estabelecido no § 5º com previsão de reajustamento periódico, que deve ser simultâneo e equivalente ao reajuste dos benefícios:

> § 5º O limite máximo do salário de contribuição é de Cr$ 170.000,00 (cento e setenta mil cruzeiros), reajustado a partir da data da entrada em vigor desta Lei, na mesma época e com os mesmos índices que os do reajustamento dos benefícios de prestação continuada da Previdência Social.

---

[16] STJ, 2ª Turma, REsp n. 853.730/SC, rel. Min. Eliana Calmon, jun. 2008.
[17] Veja-se: < http://idg.receita.fazenda.gov.br/orientacao/tributaria/pagamentos-e-parcelamentos/emissao-e-pagamento-de-darf-das-gps-e-dae/calculo-de-contribuicoes-previdenciarias-e-emissao-de-gps/tabela-de-incidencia-de-contribuicao>.

O art. 20 da Lei n. 8.212/91 estabeleceu alíquotas de 8 a 11%[18] conforme os patamares de salário de contribuição, prevendo que seriam reajustados na mesma época e com os mesmos índices que os do reajustamento dos benefícios.

Todos os anos são editadas portarias interministeriais estabelecendo a tabela de contribuição mensal. A Portaria MECON (do Ministro da Economia) n. 9, de 15 de janeiro de 2019, estabeleceu os limites mínimos e máximos e a tabela para o ano de 2019. A base de cálculo mínima foi equivalente ao salário mínimo, de R$ 998,00; a máxima, de R$ 5.839,45. Vejamos a tabela:

TABELA DE CONTRIBUIÇÃO MENSAL EMPREGADOS E AVULSOS

Tabela de contribuição dos segurados empregado, empregado doméstico e trabalhador avulso, para pagamento de remuneração em 2019	
Salário de contribuição (R$)	Alíquota para fins de recolhimento ao INSS (%)
Até 1.751,81	8,00
de 1.751,81 a R$ 2.919,72	9,00
de R$ 2.919,73 até R$ 5.839,45	11,00

Com isso, se o empregado percebe salário superior ao limite máximo, e.g., um salário de R$ 10.000,00, a contribuição por ele devida e, portanto, dele retida na fonte, será calculada tendo por base não o valor total do seu salário, mas o limite máximo do salário de contribuição. Contribuirá, nesses casos, sobre a parte do seu salário que não extrapole o limite máximo para fins de cálculo da contribuição. Os benefícios futuros, lembre-se, também restam limitados por tal patamar, razão pela qual os trabalhadores que percebem mais que o limite, para poderem auferir, na inatividade, proventos equivalentes à sua remuneração da ativa, têm de aderir a regimes de previdência complementar ou realizar investimentos outros que tenham o potencial de lhes prover a diferença.

Outro ponto a destacar é que constitui ilícito grave o empregador anotar salário inferior ao real, o que por vezes fazem para, com isso, reduzir fraudulentamente a contribuição previdenciária a ser retida e a sua própria enquanto empregador. O art. 297 do Código Penal, com a redação da Lei n. 9.983/2000, ao descrever o crime de falsificação de documento público, elenca, de modo expresso, que incorre nas penas de dois a seis anos de reclusão e multa quem "insere ou faz inserir [...]

---

[18] Houve um período em que, com vista à compensação pela incidência da CPMF no saque em conta corrente, a Lei n. 9.311/96, através do seu art. 17, previu redução de alíquota relativamente aos salários e remunerações até três salários mínimos. Em face de tal norma, as alíquotas de 8% e 9% ficam reduzidas para 7,65% e 8,65%. Com a extinção da CPMF, contudo, as alíquotas retomaram seu patamar original.

na Carteira de Trabalho e Previdência Social do empregado ou em documento que deva produzir efeito perante a previdência social, declaração falsa ou diversa da que deveria ter sido escrita".

A Lei n. 8.212/91 obriga o empregador doméstico e a empresa que remuneram seus empregados e trabalhadores avulsos à retenção e ao recolhimento, na qualidade de substitutos tributários, das contribuições por eles devidas:

> DA ARRECADAÇÃO E RECOLHIMENTO DAS CONTRIBUIÇÕES
>
> Art. 30. A arrecadação e o recolhimento das contribuições ou de outras importâncias devidas à Seguridade Social obedecem às seguintes normas: (Redação dada pela Lei n. 8.620, de 5-1-1993)
>
> I – a empresa é obrigada a:
>
> a) arrecadar as contribuições dos segurados empregados e trabalhadores avulsos a seu serviço, descontando-as da respectiva remuneração;
>
> b) recolher os valores arrecadados na forma da alínea *a* deste inciso, a contribuição a que se refere o inciso IV do art. 22 desta Lei, assim como as contribuições a seu cargo incidentes sobre as remunerações pagas, devidas ou creditadas, a qualquer título, aos segurados empregados, trabalhadores avulsos e contribuintes individuais a seu serviço até o dia 20 (vinte) do mês subsequente ao da competência; (Redação dada pela Lei n. 11.933, de 2009).
>
> [...]
>
> V – o empregador doméstico é obrigado a arrecadar e a recolher a contribuição do segurado empregado a seu serviço, assim como a parcela a seu cargo, até o dia 7 do mês seguinte ao da competência; (Redação dada pela Lei Complementar n. 150, de 2015)

Note-se que, para as empresas, o prazo para recolhimento vai até o diz 20 do mês seguinte ao de competência, enquanto, para o empregador doméstico, o vencimento ocorre já no dia 7 do mês seguinte ao de competência. Conforme já destacamos quando da análise das contribuições devidas pelas empresas sobre a folha de salários, o STJ firmou posição no sentido de que mês de competência é o mês trabalhado.

A contribuição sobre o salário de dezembro e sobre o décimo terceiro salário deve ser paga antecipadamente, até o dia 20 de dezembro, conforme o art. 216, § 1º, do Regulamento.

4. Contribuição dos segurados contribuintes individual e facultativo – art. 21 da Lei n. 8.212/91

A Lei n. 8.212/91 vincula obrigatoriamente ao Regime Geral de Previdência Social, como contribuinte individual, o autônomo, o titular de firma individual, o sócio-gerente e outros, tal como se vê do inciso V do seu art. 12, com a redação da Lei n. 9.876/99, já abordado quando cuidamos das classes de segurados.

Em seu art. 14, por sua vez, permite que qualquer pessoa maior de 14 anos se filie ao Regime Geral em caráter facultativo, mediante contribuição. Sendo requisitos para a caracterização como segurado facultativo a idade superior a 14 anos e o não desenvolvimento de atividades remuneradas que coloquem a pessoa como contribuinte obrigatório, enquadram-se como possíveis segurados facultativos, por exemplo, estudantes e donas de casa.

Os arts. 21 e 28 da Lei n. 8.212/91, com a redação da Lei n. 9.876/99, disciplinam a contribuição dos segurados contribuintes individuais, sobre a remuneração por eles auferida no mês, e dos segurados facultativos, sobre o valor por queiram, observados, em ambos os casos, o valor mínimo e máximo admitidos para o salário de contribuição:

CAPÍTULO IX – DO SALÁRIO DE CONTRIBUIÇÃO

Art. 28. Entende-se por salário de contribuição:

[...]

III – para o contribuinte individual: a remuneração auferida em uma ou mais empresas ou pelo exercício de sua atividade por conta própria, durante o mês, observado o limite máximo a que se refere o § 5º. (Redação dada pela Lei n. 9.876, de 26-11-1999)

IV – para *o segurado facultativo: o valor por ele declarado*, observado o limite máximo a que se refere o § 5º. (Inciso incluído pela Lei n. 9.876, de 26-11-1999)

O salário de contribuição pode variar entre os valores mínimo e máximo. Conforme já referido em item anterior, esses valores, em 2019, foram de R$ 998,00 e R$ 5.839,45, nos termos da Portaria MECON n. 9, de 15 de janeiro de 2019. O contribuinte individual pagará sobre a sua remuneração, observados os limites. O segurado facultativo optará pelo valor que, dentro dos limites, melhor lhe convir, sendo certo que os benefícios serão calculados considerando o valor das contribuições.

Note-se que a Lei n. 8.212/91, na sua redação atual, não prevê mais escala de salários-base para fins de apuração da base de cálculo das contribuições e repercussão em benefícios, com diversas classes e interstícios mínimos para progressão de uma classe para outra. A escala de salários-base existia porque o salário de benefício, base para o cálculo dos benefícios, era calculado pela média dos últimos 36 salários de contribuição do segurado, de modo que não se podia admitir que alguém contribuísse sempre pelo mínimo e, quando chegasse próximo da carência para a obtenção do benefício de aposentadoria, passasse a pagar pelo máximo para obter o maior benefício possível, sem que tivesse contribuído ao longo do tempo para tanto. Após a EC n. 20/98, foi promulgada a Lei n. 9.876/99, que extinguiu o salário-base, salvo para os filiados até o seu advento[19], sendo que a Lei n. 10.666/2003

---

[19] Lei n. 9.876/99: "Art. 4º Considera-se salário de contribuição, para os segurados contribuinte individual e facultativo filiados ao Regime Geral de Previdência Social até o dia anterior à data de publicação desta Lei, o salário-base, determinado conforme o art. 29 da Lei n. 8.12, de 1991, com a redação vigente naquela data.

extinguiu a própria escala transitória[20]. Só se falará em salário-base, pois, para pagamento de contribuições em atraso relativas a tais períodos. No regime atual, a base de cálculo é o salário de contribuição do segurado contribuinte individual ou facultativo.

A alíquota será, normalmente, de 20% sobre o salário de contribuição. Cabe frisar, porém, que, embora a alíquota seja de 20% a cargo do contribuinte individual, há a possibilidade de dedução de até 9%, acarretando, na prática, um encargo de 11%, quando preste serviços a pessoas jurídicas que também contribuem. É o que veremos no próximo item, relativo à retenção.

Há alíquotas especiais para segurados que optem pela exclusão do direito à aposentadoria por tempo de contribuição. A LC n. 123/2006 estabelece, para tal hipótese, contribuição pela alíquota de 11% sobre o valor mínimo do salário de contribuição. Tal opção pode ser reconsiderada pelo segurado mediante recolhimento da diferença de 9% acrescida de juros. A Lei n. 12.470/2011, para o caso de a opção ser feita por microempreendedor individual ou por segurado facultativo que se dedique ao trabalho doméstico em sua residência, estabelece contribuição pela alíquota de 5%.

É o que se vê da redação atualizada do art. 21 da Lei n. 8.212/91:

CAPÍTULO III – DA CONTRIBUIÇÃO DO SEGURADO

[...]

SEÇÃO II – DA CONTRIBUIÇÃO DOS SEGURADOS CONTRIBUINTE INDIVIDUAL E FACULTATIVO

Art. 21. A alíquota de contribuição dos segurados contribuinte individual e facultativo será de vinte por cento sobre o respectivo salário de contribuição. (Redação dada pela Lei n. 9.876, de 1999).

§ 1º Os valores do salário de contribuição serão reajustados, a partir da data de entrada em vigor desta Lei na mesma época e com os mesmos índices que os do reajustamento dos benefícios de prestação continuada da Previdência Social. (Redação dada pela Lei n. 9.711, de 1998) (Renumerado pela Lei Complementar n. 123, de 2006)

§ 2º No caso de opção pela exclusão do direito ao benefício de aposentadoria por tempo de contribuição, a alíquota de contribuição incidente sobre o limite mínimo mensal do salário de contribuição será de: (Redação dada pela Lei n. 12.470, de 2011)

---

§ 1º O número mínimo de meses de permanência em cada classe da escala de salários-base de que trata o art. 29 da Lei n. 8.212, de 1991, com a redação anterior à data de publicação desta Lei, será reduzido, gradativamente, em doze meses a cada ano, até a extinção da referida escala. § 2º Havendo a extinção de uma determinada classe em face do disposto no § 1º, a classe subsequente será considerada como classe inicial, cujo salário-base variará entre o valor correspondente ao da classe extinta e o da nova classe inicial. § 3º Após a extinção da escala de salários-base de que trata o § 1º, entender-se-á por salário de contribuição, para os segurados contribuinte individual e facultativo, o disposto nos incisos III e IV do art. 28 da Lei n. 8.212, de 1991, com a redação dada por esta Lei".

[20] Lei n. 10.666/2003: "Art. 9º Fica extinta a escala transitória de salário-base, utilizada para fins de enquadramento e fixação do salário de contribuição dos contribuintes individual e facultativo filiados ao Regime Geral de Previdência Social, estabelecida pela: [...]".

I – 11% (onze por cento), no caso do segurado contribuinte individual, ressalvado o disposto no inciso II, que trabalhe por conta própria, sem relação de trabalho com empresa ou equiparado e do segurado facultativo, observado o disposto na alínea *b* do inciso II deste parágrafo; (Incluído pela Lei n. 12.470, de 2011)

II – 5% (cinco por cento): (Incluído pela Lei n. 12.470, de 2011)

a) no caso do microempreendedor individual, de que trata o art. 18-A da Lei Complementar n. 123, de 14 de dezembro de 2006; e (Incluído pela Lei n. 12.470, de 2011)

b) do segurado facultativo sem renda própria que se dedique exclusivamente ao trabalho doméstico no âmbito de sua residência, desde que pertencente a família de baixa renda. (Incluído pela Lei n. 12.470, de 2011)

§ 3º O segurado que tenha contribuído na forma do § 2º deste artigo e pretenda contar o tempo de contribuição correspondente para fins de obtenção da aposentadoria por tempo de contribuição ou da contagem recíproca do tempo de contribuição a que se refere o art. 94 da Lei n. 8.213, de 24 de julho de 1991, deverá complementar a contribuição mensal mediante recolhimento, sobre o valor correspondente ao limite mínimo mensal do salário de contribuição em vigor na competência a ser complementada, da diferença entre o percentual pago e o de 20% (vinte por cento), acrescido dos juros moratórios de que trata o § 3º do art. 5º da Lei n. 9.430, de 27 de dezembro de 1996. (Redação dada pela Lei n. 12.470, de 2011)

§ 4º Considera-se de baixa renda, para os fins do disposto na alínea *b* do inciso II do § 2º deste artigo, a família inscrita no Cadastro Único para Programas Sociais do Governo Federal – CadÚnico cuja renda mensal seja de até 2 (dois) salários mínimos. (Redação dada pela Lei n. 12.470, de 2011)

§ 5º A contribuição complementar a que se refere o § 3º deste artigo será exigida a qualquer tempo, sob pena de indeferimento do benefício. (Incluído pela Lei n. 12.507, de 2011)

Eis tabela vigente em 2019:

TABELA DE CONTRIBUIÇÃO MENSAL CONTRIBUINTE INDIVIDUAL E FACULTATIVO

Tabela para contribuinte individual e facultativo 2019		
Salário de Contribuição (R$)	Alíquota	Valor
R$ 998,00	5% (não dá direito a Aposentadoria por Tempo de Contribuição e Certidão de Tempo de Contribuição)*	R$ 49,90
R$ 998,00	11% (não dá direito a Aposentadoria por Tempo de Contribuição e Certidão de Tempo de Contribuição)**	R$ 109,78
R$ 998,00 até R$ 5.839,45	20%	Entre R$ 199,60 (salário mínimo) e R$ 1.167,89 (teto)

* Alíquota exclusiva do microempreendedor individual e do(a) segurado(a) facultativo de baixa renda que se dedique exclusivamente ao trabalho doméstico no âmbito de sua residência. Lei n. 12.470/2011.
** Alíquota exclusiva do Plano Simplificado de Previdência. Lei Complementar n. 123/2006.

A apuração e recolhimento da contribuição pelos *segurados facultativos* cabe a *eles próprios*. Veja-se, neste sentido, o art. 30, II, da Lei n. 8.212/91, com a redação da Lei n. 9.876/99:

> Art. 30 [...]
>
> II – os segurados contribuinte individual e facultativo estão obrigados a recolher sua contribuição por iniciativa própria, até o dia quinze do mês seguinte ao da competência; (Redação dada pela Lei n. 9.876, de 26-11-1999)

Relativamente aos contribuintes individuais, a situação é mais complexa. Isso porque podem prestar serviços a pessoas físicas, que não estão obrigadas a qualquer retenção, ou a pessoas jurídicas, estas colocadas por lei como responsáveis tributárias, obrigadas à retenção e ao recolhimento. Como os contribuintes individuais prestam serviços, normalmente, a diversas pessoas, físicas e jurídicas, submeter-se-ão às retenções pelas pessoas jurídicas e terão de complementar os valores devidos relativamente à parcela da remuneração que não tenha sofrido retenção. Além disso, deverão atentar para que não seja extrapolado o limite máximo do salário de contribuição em face da sobreposição de retenções.

De fato, as empresas a que os contribuintes individuais prestam serviços foram colocadas, pelo art. 4º da Lei n. 10.666/2003, na posição de responsáveis tributárias por substituição:

> Art. 4º Fica a empresa obrigada a arrecadar a contribuição do segurado contribuinte individual a seu serviço, descontando-a da respectiva remuneração, e a recolher o valor arrecadado juntamente com a contribuição a seu cargo até o dia 20 (vinte) do mês seguinte ao da competência, ou até o dia útil imediatamente anterior se não houver expediente bancário naquele dia. (Redação dada pela Lei n. 11.933, de 2009) (Produção de efeitos)
>
> § 1º As cooperativas de trabalho arrecadarão a contribuição social dos seus associados como contribuinte individual e recolherão o valor arrecadado até o dia 20 (vinte) do mês subsequente ao de competência a que se referir, ou até o dia útil imediatamente anterior se não houver expediente bancário naquele dia. (Redação dada pela Lei n. 11.933, de 2009) (Produção de efeitos)
>
> § 2º A cooperativa de trabalho e a pessoa jurídica são obrigadas a efetuar a inscrição no Instituto Nacional do Seguro Social – INSS dos seus cooperados e contratados, respectivamente, como contribuintes individuais, se ainda não inscritos.
>
> § 3º O disposto neste artigo não se aplica ao contribuinte individual, quando contratado por outro contribuinte individual equiparado a empresa ou por produtor rural pessoa física ou por missão diplomática e repartição consular de carreira estrangeiras, e nem ao brasileiro civil que trabalha no exterior para organismo oficial internacional do qual o Brasil é membro efetivo.

As empresas que contratam autônomos, portanto, têm a obrigação de reter e de recolher a contribuição por eles devida.

Em face disso, os contribuintes individuais (autônomo ou outro), nessa nova sistemática, têm de ficar atentos, devendo noticiar às empresas a que prestem serviços as retenções que já tenham sofrido naquele mês por outras empresas, de modo que não seja extrapolado o limite do salário de contribuição. A empresa que recebe do autônomo declarações de retenção prestadas por outras empresas sabe que não poderá proceder à retenção senão sobre o valor que falte para alcançar o teto do salário de contribuição.

De outro lado, caso as contribuições retidas tenham, em seu conjunto, considerado salário de contribuição inferior ao mínimo, terá o contribuinte que complementar o pagamento, nos termos do art. 5º da mesma Lei n. 10.666/2003:

> Art. 5º O contribuinte individual a que se refere o art. 4º é obrigado a complementar, diretamente, a contribuição até o valor mínimo mensal do salário de contribuição, quando as remunerações recebidas no mês, por serviços prestados a pessoas jurídicas, forem inferiores a este.

Também haverá a necessidade de complementação por parte do contribuinte individual relativamente às rendas advindas de serviços prestados a pessoas físicas, observado, no conjunto, o teto do salário de contribuição.

Vejam-se os dispositivos do Regulamento da Previdência Social (Decreto n. 3.048/99):

> CAPÍTULO VIII – DA ARRECADAÇÃO E RECOLHIMENTO DAS CONTRIBUIÇÕES
> SEÇÃO I – DAS NORMAS GERAIS DE ARRECADAÇÃO
>
> Art. 216. A arrecadação e o recolhimento das contribuições e de outras importâncias devidas à seguridade social, observado o que a respeito dispuserem o Instituto Nacional do Seguro Social e a Secretaria da Receita Federal, obedecem às seguintes normas gerais:
>
> I – a empresa é obrigada a:
>
> a) arrecadar a contribuição do segurado empregado, do trabalhador avulso e do contribuinte individual a seu serviço, descontando-a da respectiva remuneração; (Redação dada pelo Decreto n. 4.729, de 2003)
>
> b) recolher o produto arrecadado na forma da alínea "a" e as contribuições a seu cargo incidentes sobre as remunerações pagas, devidas ou creditadas, a qualquer título, inclusive adiantamentos decorrentes de reajuste salarial, acordo ou convenção coletiva, aos segurados empregado, contribuinte individual e trabalhador avulso a seu serviço, e sobre o valor bruto da nota fiscal ou fatura de serviço, relativo a serviços que lhe tenham sido prestados por cooperados, por intermédio de cooperativas de trabalho, até o dia vinte do mês seguinte àquele a que se referirem as remunerações, bem como as importâncias retidas na forma do art. 219, até o dia vinte do mês seguinte àquele da emissão da nota fiscal ou fatura, antecipando-se o vencimento para o dia útil imediatamente anterior quando não houver expediente bancário no dia vinte; (Redação dada pelo Decreto n. 6.722, de 2008)
>
> II – os segurados contribuinte individual, quando exercer atividade econômica por conta própria ou prestar serviço a pessoa física ou a outro contribuinte individual, produtor rural pessoa física, missão diplomática ou repartição consular de carreira estrangeiras, ou quando

tratar-se de brasileiro civil que trabalha no exterior para organismo oficial internacional do qual o Brasil seja membro efetivo, ou ainda, na hipótese do § 28, e o facultativo estão obrigados a recolher sua contribuição, por iniciativa própria, até o dia quinze do mês seguinte àquele a que as contribuições se referirem, prorrogando-se o vencimento para o dia útil subsequente quando não houver expediente bancário no dia quinze, facultada a opção prevista no § 15; (Redação dada pelo Decreto n. 4.729, de 2003)

Embora a contribuição do contribuinte individual seja de 20%, a lei estabelece a possibilidade de dedução de 45% da contribuição da empresa incidente sobre a remuneração que tenha pago ou creditado ao contribuinte individual, limitada a dedução a 9% do salário de contribuição, o que, na prática, faz com que o valor a ser retido alcance 11% do salário de contribuição. São os §§ 4º e 5º do art. 30 da Lei n. 8.212/91 que cuidam da matéria:

> CAPÍTULO X – DA ARRECADAÇÃO E RECOLHIMENTO DAS CONTRIBUIÇÕES
> Art. 30. A arrecadação e o recolhimento das contribuições ou de outras importâncias devidas à Seguridade Social obedecem às seguintes normas: (Redação dada pela Lei n. 8.620, de 5-1-1993)
> [...]
> II – os segurados contribuinte individual e facultativo estão obrigados a recolher sua contribuição por iniciativa própria, até o dia quinze do mês seguinte ao da competência; (Redação dada pela Lei n. 9.876, de 26-11-1999)
> [...]
> § 4º Na hipótese de o contribuinte individual prestar serviço a uma ou mais empresas, poderá deduzir, da sua contribuição mensal, quarenta e cinco por cento da contribuição da empresa, efetivamente recolhida ou declarada, incidente sobre a remuneração que esta lhe tenha pago ou creditado, limitada a dedução a nove por cento do respectivo salário de contribuição. (Parágrafo incluído pela Lei n. 9.876, de 26-11-1999)
> § 5º Aplica-se o disposto no § 4º ao cooperado que prestar serviço a empresa por intermédio de cooperativa de trabalho. (Parágrafo incluído pela Lei n. 9.876, de 26-11-1999)

Fábio Zambitte Ibrahim bem explica a sistemática de dedução e seus efeitos:

> O parâmetro para o cálculo do valor a deduzir é a contribuição da empresa sobre o valor pago ou creditado ao segurado. Assim, se, por exemplo, o contribuinte individual recebeu R$ 1.000,00 de certa empresa, ele poderá deduzir de 45% de R$ 200,00, ou seja, R$ 90,00[21].
> Assim, sua contribuição, ao invés de R$ 200,00 (20% de R$ 1.000,00), seria no valor de R$ 110,00[22]. Veja que, neste caso, o segurado contribui com o equivalente a 11% do

---

[21] Nota do original: "No caso, a contribuição da empresa é de 20% sobre a remuneração do contribuinte individual, ou seja, R$ 200,00".

[22] Nota do original: "Em diversas situações, as contribuições das empresas serão idênticas às contribuições dos contribuintes individuais, já que a alíquota é a mesma e a base de cálculo por ser coincidente. Entretanto,

seu salário de contribuição, que é a alíquota máxima dos segurados empregado, avulso e doméstico. A Lei tenta dar tratamento equânime ao individual.

Entretanto, esta dedução é limitada, no exemplo, a 9% de R$ 1.000,00, que seria o salário de contribuição do trabalhador. Nesta hipótese, o limite é o valor de R$ 90,00 – idêntico ao calculado como dedução. Tal situação gera, com frequência, certa perplexidade, pois se o limite é exatamente o valor a deduzir, qual a razão da limitação?

O problema reside no exemplo dado. A remuneração do trabalhador foi inferior ao teto do salário de contribuição e, por isso, o limite foi igual ao valor da dedução, já que esta nada mais é do que 45% de 20% da remuneração, que é igual aos 9% (45% × 20% = 9%).

Quando o exemplo é modificado para, digamos, remuneração de R$ 10.000,00, o limite irá agir. Nesta situação, a contribuição da empresa será de R$ 2.000,00 (20% de R$ 10.000,00). O valor da dedução, *a priori*, seria de R$ 900,00 (45% de R$ 2.000,00). Todavia, tal valor é restringido a 9% do salário de contribuição do trabalhador, que não é R$ 10.000,00, mas, em valores atuais, de R$ 1.869,34[23]. Daí o limite é de R$ 168,24 (9% de R$ 1.869,34).

No segundo exemplo, a remuneração do contribuinte individual extrapola o teto do salário de contribuição, o que faz com que o limite do valor a deduzir tenha função. Caso não fosse assim, teríamos situação absurda, na qual o contribuinte individual não só teria direito à dedução plena de sua contribuição, nada pagando à previdência, como também saldo a seu favor.

Também neste exemplo, o resultado final visa a atingir contribuição semelhante ao empregado sobre a alíquota máxima (11%). É exatamente o que ocorre, pois 11% de R$ 1.869,34 = R$ 205,62, que é o valor final da contribuição do segurado (R$ 357,87 – R$ 168,24 = R$ 205,62). Ora, mas, se a ideia é esta, poderia o legislador adotar de uma vez a contribuição de 11% para o contribuinte individual. Bastaria afirmar que o individual que presta serviços à empresa contribuiria com 11%, enquanto que, sobre os valores recebidos de pessoa física, contribuiria com 20%.

[...] caberá à empresa já efetuar a retenção da cotização devida pelo individual, na alíquota de 11%, sendo a responsabilidade pelo recolhimento exclusiva desta, cabendo inclusive a aplicabilidade da presunção absoluta de que o desconto foi feito à época devida e de modo correto, imputada a cobrança de quaisquer diferenças somente à empresa, nunca ao segurado – art. 33, § 5º, da Lei n. 8.212/91.

Resta claro, assim, que, efetuada a dedução prevista em lei, o montante a ser retido pela pessoa jurídica e recolhido a título de contribuição do contribuinte individual é de 11% sobre a remuneração que lhe tenha sido destinada, observado como base de cálculo o limite máximo do salário de contribuição.

A empresa que efetua a retenção relativamente aos valores pagos a contribuinte individual tem prazo até o dia 20 do mês seguinte ao da competência para efetuar o recolhimento, nos termos do art. 4º da Lei n. 10.666/2003, já transcrito.

---

nunca se deve confundir a contribuição da empresa (art. 195, I, a, da CRFB/88) com a contribuição do trabalhador (art. 195, II, da CFRF/88)".

[23] Trata-se do limite vigente anteriormente. Desde 1º de maio de 2004, como visto, é de R$ 2.508,72.

Já o próprio contribuinte individual e o segurado facultativo têm prazo até o dia quinze do mês seguinte ao da competência para o recolhimento da contribuição ou da sua complementação, nos termos do art. 30, II, da Lei n. 8.212/91.

5. Contribuição do segurado especial – art. 195, § 8º, da CF e art. 25 da Lei n. 8.212/91

Todo segurado do regime geral de previdência social está abrangido pela norma do art. 195, II, da CF, que diz da instituição de contribuição do trabalhador e demais segurados, já analisada. Mas o § 8º do art. 195 da Constituição Federal, considerando as peculiaridades da atividade econômica de determinados pessoas vinculadas ao meio rural e ao pesqueiro, traz regra específica determinando que contribuam sobre o resultado da comercialização da sua produção. Vejamos o dispositivo, com a redação que lhe foi dada pela EC n. 20/98:

> § 8º O produtor, o parceiro, o meeiro e o arrendatário rurais e o pescador artesanal[24], bem como os respectivos cônjuges, que exerçam suas atividades em regime de economia familiar, sem empregados permanentes, contribuirão para a seguridade social mediante a aplicação de uma alíquota sobre o resultado da comercialização da produção e farão jus aos benefícios nos termos da lei.

Note-se que essa proteção é reservada apenas a tais pessoas que exercem sua atividade em regime de economia familiar e sem empregados permanentes. A lei de custeio da seguridade social – Lei n. 8.212/91 – atribui a tais pessoas qualidade de segurados especiais. Vejamos seu art. 12, inciso VII e § 1º, com a redação da Lei n. 11.718/2008:

> Art. 12. São segurados obrigatórios da Previdência Social as seguintes pessoas físicas:
> [...]
> VII – como segurado especial: a pessoa física residente no imóvel rural ou em aglomerado urbano ou rural próximo a ele que, individualmente ou em regime de economia familiar, ainda que com o auxílio eventual de terceiros a título de mútua colaboração, na condição de:
> a) produtor, seja proprietário, usufrutuário, possuidor, assentado, parceiro ou meeiro outorgados, comodatário ou arrendatário rurais, que explore atividade:
> 1. agropecuária em área de até 4 (quatro) módulos fiscais; ou
> 2. de seringueiro ou extrativista vegetal que exerça suas atividades nos termos do inciso XII do *caput* do art. 2º da Lei n. 9.985, de 18 de julho de 2000, e faça dessas atividades o principal meio de vida;

---

[24] A redação original alcançava expressamente também o garimpeiro: "§ 8º O produtor, o parceiro, o meeiro e o arrendatário rurais, o garimpeiro e o pescador artesanal, bem como os respectivos cônjuges, que exerçam suas atividades em regime de economia familiar, sem empregados permanentes, contribuirão para a seguridade social mediante a aplicação de uma alíquota sobre o resultado da comercialização da produção e farão jus aos benefícios nos termos da lei".

b) pescador artesanal ou a este assemelhado, que faça da pesca profissão habitual ou principal meio de vida; e

c) cônjuge ou companheiro, bem como filho maior de 16 (dezesseis) anos de idade ou a este equiparado, do segurado de que tratam as alíneas *a* e *b* deste inciso, que, comprovadamente, trabalhem com o grupo familiar respectivo.

§ 1º Entende-se como regime de economia familiar a atividade em que o trabalho dos membros da família é indispensável à própria subsistência e ao desenvolvimento socioeconômico do núcleo familiar e é exercido em condições de mútua dependência e colaboração, sem a utilização de empregados permanentes.

Veja-se que o inciso VII do art. 12 da Lei n. 8.212/91 qualifica como segurado obrigatório especial "a pessoa física residente no imóvel rural ou em aglomerado urbano ou rural próximo a ele que, individualmente ou em regime de economia familiar, ainda que com o auxílio eventual de terceiros a título de mútua colaboração", seja produtor, explorando atividade agropecuária em área de até quatro módulos fiscais ou atuando como seringueiro ou extrativista vegetal, ou pescador artesanal ou, ainda, o cônjuge, companheiro ou filho maior de 16 anos do segurado que trabalhe com o grupo familiar respectivo, conforme a redação atribuída dada a tal inciso pela Lei n. 11.718/2008.

Os demais produtores rurais, não enquadrados na categoria de segurados especiais, contribuem enquanto contribuintes individuais. Aliás, o art. 12, V, da Lei n. 8.212/91, com a redação das Leis n. 9.876/99 e 11.718/2008, dispõe que são segurados "V – como contribuinte individual: [...] a) a pessoa física, proprietária ou não, que explora atividade agropecuária, a qualquer título, em caráter permanente ou temporário, em área superior a 4 (quatro) módulos fiscais; ou, quando em área igual ou inferior a 4 (quatro) módulos fiscais ou atividade pesqueira, com auxílio de empregados ou por intermédio de prepostos; ou ainda nas hipóteses dos §§ 10 e 11 deste artigo".

Vale destacar também que o § 10 do art. 12 da Lei n. 8.212./91, com a redação da Lei n. 11.718/2008, exclui da categoria de segurado especial, ainda, o membro de grupo familiar que possuir outra fonte de rendimentos, excetuando apenas alguns rendimentos como, e.g., os percebidos pelo "exercício de mandato eletivo de dirigente sindical de organização da categoria de trabalhadores rurais".

Por sua vez, a migração da condição de segurado especial para a de segurado contribuinte individual, pela perda das características de segurado especial, é regulada pelo § 11 do art. 12 da Lei n. 8.212/91, com a redação da Lei n. 11.718/2008.

A contribuição do segurado especial é instituída pelo art. 25 da Lei n. 8.212/91, nos seguintes termos:

CAPÍTULO VI

DA CONTRIBUIÇÃO DO PRODUTOR RURAL E DO PESCADOR

Art. 25. A contribuição [...] do segurado especial, referidos, respectivamente, [...] no inciso VII do art. 12 desta Lei, destinada à Seguridade Social, é de: (Redação dada pela Lei n. 10.256, de 9-7-2001)

I – 1,2% (um inteiro e dois décimos por cento) da receita bruta proveniente da comercialização da sua produção; (Redação dada pela Lei n. 13.606, de 2018) (Produção de efeito)

II – (Execução suspensa pela Resolução do Senado Federal n. 15, de 2017)

[...]

§ 3º Integram a produção, para os efeitos deste artigo, os produtos de origem animal ou vegetal, em estado natural ou submetidos a processos de beneficiamento ou industrialização rudimentar, assim compreendidos, entre outros, os processos de lavagem, limpeza, descaroçamento, pilagem, descascamento, lenhamento, pasteurização, resfriamento, secagem, fermentação, embalagem, cristalização, fundição, carvoejamento, cozimento, destilação, moagem, torrefação, bem como os subprodutos e os resíduos obtidos através desses processos. (Parágrafo *incluído* pela Lei n. 8.540, de 22-12-1992)

A contribuição sobre o resultado da comercialização da produção é válida relativamente aos segurados especiais na condição de segurados, pois, além de esta não estar delimitada pelo texto da alínea *a* do inciso I do art. 195 da Constituição, tendo por base constitucional, sim, o inciso II do art. 195, há a previsão expressa do § 8º do mesmo artigo do texto constitucional.

Cabe-nos observar, quanto à contribuição do segurado especial, ainda, o art. 30, IV, da Lei n. 8.212/91:

> Art. 30. A arrecadação e o recolhimento das contribuições ou de outras importâncias devidas à Seguridade Social obedecem às seguintes normas: (Redação dada pela Lei n. 8.620, de 5-1-1993)
>
> [...]
>
> IV – a empresa adquirente, consumidora ou consignatária ou a cooperativa ficam sub-rogadas nas obrigações da pessoa física [...] do segurado especial pelo cumprimento das obrigações do art. 25 desta Lei, independentemente de as operações de venda ou consignação terem sido realizadas diretamente com o produtor ou com intermediário pessoa física, exceto no caso do inciso X deste artigo, na forma estabelecida em regulamento; (Redação dada pela Lei n. 9.528, de 10-12-1997)

O inciso X refere o segurado especial que comercialize a sua produção, e.g. diretamente no varejo ao consumidor pessoa física. Nessa e em algumas outras hipóteses nele referidas, não será atribuída ao adquirente a condição de substituto tributário, cabendo ao próprio segurado especial providenciar o recolhimento da contribuição devida.

6. Contribuição dos servidores públicos para os regimes próprios de previdência

Os servidores públicos estão submetidos a regime de previdência social que, forte na EC n. 41/2003, tem caráter não apenas contributivo, mas também solidário, com contribuições dos entes públicos e dos servidores ativos e inativos e dos pensionistas.

A competência da União para a instituição de contribuição previdenciária relativamente aos seus servidores, para o custeio do seu regime próprio de previdência, tem três suportes constitucionais.

O primeiro é o próprio art. 149 da Constituição, que outorga à União competência para instituir contribuições sociais como instrumento da sua atuação nessa área. A previdência social é um dos ramos da seguridade social, na abrangente esfera da ordem social.

Entendêssemos que o art. 195, ao disciplinar a seguridade social, inclusive a previdência, estaria cuidando apenas do regime geral de previdência, poderia a contribuição do servidor ser instituída com suporte direto no art. 149 da Constituição, tão somente.

Mas o art. 195, II, da CF – que na sua redação original previa a contribuição do trabalhador[25], e, agora, prevê a contribuição do trabalhador e demais segurados[26] – já foi invocado pelo Supremo Tribunal Federal quando da análise de Medida Provisória que cuidou da contribuição dos servidores federais[27]. Disse o STF, na oportunidade, que as contribuições já previstas nos incisos do art. 195 podiam ser instituídas por lei ordinária, dentre elas a do servidor público, considerada como abrangida pela alínea II.

A Constituição é expressa ao estabelecer que o regime de previdência dos servidores de quaisquer esferas tem caráter contributivo. Essa previsão, que surgiu com a EC n. 3/93 e que constava originalmente do § 6º do art. 40 como relativa aos servidores federais, passou ao próprio *caput* por força da EC n. 20/98 e tornou-se aplicável também aos servidores estaduais e municipais. Eis o *caput* do art. 40, com a redação atual, que lhe foi dada pela EC n. 41/2003:

> Art. 40. Aos servidores titulares de cargos efetivos da União, dos Estados, do Distrito Federal e dos Municípios, incluídas suas autarquias e fundações, é assegurado regime de previdência de caráter contributivo e solidário, mediante contribuição do respectivo ente público, dos servidores ativos e inativos e dos pensionistas, observados critérios que preservem o equilíbrio financeiro e atuarial e o disposto neste artigo.

---

[25] CF, redação original: "Art. 195 [...] II – dos trabalhadores;".

[26] CF, com a redação da EC n. 20/90: "Art. 195 [...] II – do trabalhador e dos demais segurados da previdência social, não incidindo contribuição sobre aposentadoria e pensão concedidas pelo regime geral de previdência social de que trata o art. 201;".

[27] "PREVIDÊNCIA SOCIAL. – Na ADIn 1.135, com eficácia *erga omnes* inclusive para esta Corte, entendeu esta que a Medida Provisória 560/94 reviveu constitucionalmente a contribuição social dos servidores públicos ao estabelecer nova tabela progressiva de alíquotas, o que valeu pela própria reinstituição do tributo, devendo, portanto, ser observada a regra da anterioridade mitigada do art. 195, § 6º, da Constituição, o que implica dizer que essa contribuição, com base na referida Medida Provisória e suas sucessivas reedições, só pode ser exigida após o decurso de noventa dias da data de sua publicação. – Não a teve por inconstitucional formalmente, até porque esta Corte (assim, nos RREE 146733 e 138284, ambos julgados pelo Plenário) só exige lei complementar para a hipótese do § 4º do art. 195 da Constituição (e isso por causa da determinação, em sua parte final, de obediência ao art. 154, I) que não é a das fontes de custeio previstas nos incisos I, II (como ocorre no caso) e III do mesmo art. 195. [...]" (STF, 1ª Turma, REx 221.731-8, rel. Min. Moreira Alves, nov. 1999, *DJU* n. 35-E de 18-2-2000 p. 103).

A contribuição dos servidores públicos federais (de qualquer dos Poderes da União, suas autarquias e fundações) para a manutenção do respectivo regime próprio de previdência, é disciplinada pelo art. 4º da Lei n. 10.887/2004, com a redação da Lei n. 12.618/2012.

Sua alíquota é linear, de 11%, e incide sobre a chamada base de contribuição, que é a base de cálculo da contribuição dos servidores federais para seu regime próprio de previdência. A base de contribuição corresponde ao vencimento do cargo efetivo, acrescido das vantagens pecuniárias permanentes, adicionais de caráter individual ou quaisquer outras vantagens, excluídas rubricas indenizatórias como diárias e ajuda de custo para mudança de sede, indenização de transporte, bem como salário-família, auxílio-alimentação, o auxílio-creche, parcelas remuneratórias pagas em decorrência de local de trabalho, parcela percebida em decorrência do exercício de cargo em comissão ou de função comissionada ou gratificada, abono de permanência, adicional de férias, adicional noturno, adicional por serviço extraordinário, parcelas pagas a título de assistência à saúde suplementar e assistência pré-escolar, parcela paga a servidor público indicado para integrar conselho ou órgão deliberativo, na condição de representante do governo, de órgão ou de entidade da administração pública do qual é servidor, auxílio-moradia e algumas gratificações de atividade como o Bônus de Eficiência e Produtividade na Atividade Tributária e Aduaneira, recebida pelos servidores da carreira Tributária e Aduaneira da Receita Federal do Brasil, tudo nos termos do art. 4º, § 1º, da Lei n. 10.887/2004, com a redação das Leis n. 12.618/2012, 12.688/2012, 13.328/2016 e 13.464/2017. Existe a possibilidade de algumas das rubricas remuneratórias que não integram a base de cálculo serem acrescidas a ela para efeito de cálculo de benefício por opção dos servidores ocupantes de cargos efetivos, nos termos do § 2º do art. 4º da Lei n. 10.887/2004.

Vale destacar que o servidor ocupante de cargo efetivo que tenha completado as exigências para a aposentadoria voluntária no regime próprio de previdência, mas que opte por permanecer em atividade faz jus ao chamado abono de permanência. Esse abono equivale ao valor da contribuição previdenciária, de modo que o servidor que permanece na ativa é ressarcido desse ônus tributário mensal, tudo conforme o art. 7º da Lei n. 10.887/2004.

A contribuição do servidor é retida e recolhida pelo órgão que o remunera, conforme o art. 8º-A da Lei n. 10.887/2004, incluído pela Lei n. 12.350/2010.

Quanto à instituição de contribuições pelos Estados, pelo Distrito Federal e pelos Municípios para a manutenção de regimes próprios de previdência relativamente aos seus servidores, tem suporte expresso no mesmo art. 40 que, desde a redação da EC n. 20/98, prevê o caráter contributivo dos regimes de previdência dos servidores nas diversas esferas.

Cabe ter em conta que o art. 149, § 1º, desde a sua redação original, ainda como parágrafo único, estabelecia expressamente a competência de tais entes políticos para a instituição de contribuição cobrada de seus servidores para o custeio, em benefício dos mesmos, de sistemas de previdência e assistência[28] e, na redação da EC n. 41/2003, apenas de regime previdenciário. Veja-se a redação atual, após a EC n. 41/2003:

> Art. 149 [...]
>
> § 1º Os Estados, o Distrito Federal e os Municípios instituirão contribuição, cobrada de seus servidores, para o custeio, em benefício destes, do regime previdenciário de que trata o art. 40, cuja alíquota não será inferior à da contribuição dos servidores titulares de cargos efetivos da União.

Tendo em conta a nítida diferenciação, na Constituição Federal, entre previdência, assistência e saúde, conclui-se que jamais tiveram os Estados, Distrito Federal e Municípios competência para a instituição de contribuições visando ao custeio de serviços de saúde, mesmo de serviços prestados em favor dos próprios servidores. O Supremo Tribunal Federal, aliás, chegou a firmar a impossibilidade de o Estado instituir contribuição de seus servidores para a saúde, além do que há precedente do STJ no mesmo sentido:

> TRIBUTÁRIO. INSTITUIÇÃO PELOS ESTADOS DE CONTRIBUIÇÃO COMPULSÓRIA DESTINADA AO CUSTEIO DOS SERVIÇOS DE SAÚDE PRESTADOS AOS SEUS SERVIDORES. INCONSTITUCIONALIDADE [...] I – Falece aos Estados-membros competência para criar contribuição compulsória destinada ao custeio de serviços médicos, hospitalares, farmacêuticos e odontológicos prestados aos seus servidores. Precedentes. (STF, 2ª Turma, RE n. 655.877 AgR, rel. Min. Ricardo Lewandowski, abr. 2012)

Com a redação da EC n. 41/2003, como visto, não apenas se mantém tal impossibilidade como resta ainda mais restritiva a redação do § 1º do art. 149. De fato, com a EC n. 41/2003, não houve nenhum alargamento da competência; pelo contrário, ficou restrita à instituição de contribuição para a manutenção do regime previdenciário dos servidores.

6.1. Contribuição dos servidores inativos e pensionistas

O § 18 do art. 40 da CF, conforme a EC n. 41/2003, estabelece que os servidores inativos e pensionistas contribuam para o regime próprio de previdência:

> § 18. Incidirá contribuição sobre os proventos de aposentadorias e pensões concedidas pelo regime de que trata este artigo que superem o limite máximo estabelecido para os

---

[28] CF. Art. 149, parágrafo único, renumerado para § 1º pela EC n. 33/2001: "Art. 149 [...] § 1º Os Estados, o Distrito Federal e os Municípios poderão instituir contribuição, cobrada de seus servidores, para o custeio, em benefício destes, de sistemas de previdência e assistência social".

benefícios do regime geral de previdência social de que trata o art. 201, com percentual igual ao estabelecido para os servidores titulares de cargos efetivos.

Vê-se, deste dispositivo, que a imunidade dos proventos de aposentadoria e dos benefícios de pensão do regime geral de previdência (art. 195, II, da CF) encontra equivalência na norma do § 18 do art. 40 da CF, na redação da EC n. 41/2003, que, em interpretação *a contrario sensu*, reconhece imunidade também para os inativos e pensionistas do serviço público até o patamar do regime geral.

Tais normas apresentam-se válidas, não encontrando empeço em quaisquer cláusulas pétreas, como se verá adiante.

Mas a EC n. 41/2004 trouxe outra norma, esta sim viciada por violação à isonomia. Trata-se do seu art. 4º, que cuida da contribuição dos inativos e pensionistas que já se encontravam no gozo de benefícios, aos quais se pretendeu impor contribuição mais gravosa:

> Art. 4º Os servidores *inativos e os pensionistas* da União, dos Estados, do Distrito Federal e dos Municípios, incluídas suas autarquias e fundações, *em gozo de benefícios na data de publicação desta Emenda*, bem como os alcançados pelo disposto no seu art. 3º[29], contribuirão para o custeio do regime de que trata o art. 40 da Constituição Federal com percentual igual ao estabelecido para os servidores titulares de cargos efetivos.
>
> Parágrafo único. A contribuição previdenciária a que se refere o *caput* incidirá apenas sobre a parcela dos proventos e das pensões que supere:
>
> I – cinquenta por cento do limite máximo estabelecido para os benefícios do regime geral de previdência social de que trata o art. 201 da Constituição Federal, para os servidores inativos e os pensionistas dos Estados, do Distrito Federal e dos Municípios;
>
> II – sessenta por cento do limite máximo estabelecido para os benefícios do regime geral de previdência social de que trata o art. 201 da Constituição Federal, para os servidores inativos e os pensionistas da União.

É o que procuramos apontar em artigo que escrevemos com Arthur Maria Ferreira Neto[30]:

> CONCLUSÃO – Na primeira parte do presente estudo, buscou-se justificar a natureza solidária do sistema de Seguridade Social na Constituição de 1988, segundo o qual todos os membros da coletividade, jungidos pelo dever cívico de manter um sistema protetivo duradouro e eficiente, estariam potencialmente indicados a arcar com seu financiamento. A defesa da estruturação solidária da Seguridade Social não se justifica apenas com base em exigências concretas que se identificam através da análise sociológica do atual contexto

---

[29] O citado art. 3º, mencionado no art. 4º, refere-se à aposentadoria e pensão dos servidores que, até a data da publicação da Emenda, já tivessem direito adquirido aos benefícios: "Art. 3º É assegurada a concessão, a qualquer tempo, de aposentadoria aos servidores públicos, bem como pensão aos seus dependentes, que, até a data de publicação desta Emenda, tenham cumprido todos os requisitos para obtenção desses benefícios, com base nos critérios da legislação então vigente".

[30] PAULSEN, Leandro; FERREIRA NETO, Arthur Maria. "A nova contribuição de inativos e pensionistas". *Revista Dialética de Direito Tributário* n. 106, jul. 2004, p. 34-53.

social, mas primordialmente em razão de adoção expressa deste modelo pelo texto constitucional, conforme se lê no *caput* do art. 195 e, agora, também, expressamente, no *caput* do art. 40. A autorização constitucional para que a Seguridade Social seja custeada com base em parâmetros de solidariedade acaba por impedir seja vislumbrado caráter estritamente comutativo nas contribuições de inativos e pensionistas, segundo o qual a exigência da nova exação somente estaria constitucionalmente legitimada caso pudesse ser atribuído um benefício adicional àqueles que vierem a arcar com o novo ônus tributário.

Ao se realizar tais justificações, pretendeu-se evitar dois equívocos hermenêuticos.

Em primeiro lugar, não é nenhuma novidade afirmar que a boa exegese deve partir obrigatoriamente do texto da Constituição. Assim agindo, impede-se sejam aprioristicamente identificados os elementos essenciais das espécies tributárias, como se pudessem ser definidos antes de qualquer positivação constitucional. Fundam-se, portanto, em incontornável petição de princípio as posturas que defendem a inconstitucionalidade da contribuição de inativos e pensionistas com base em alegado desrespeito à "típica" natureza retributiva destas exações, afirmativa esta que é colocada no palco de debates independentemente de qualquer remissão à Carta Fundamental.

Além disso, sabe-se que a adequada interpretação da Constituição não pode fiar-se na leitura isolada de apenas um de seus artigos. Esta exegese desintegrada do texto constitucional[31] faz com que um único dispositivo venha a projetar efeitos jurídicos excessivamente amplos, os quais não lhe poderiam ser atribuídos caso confrontado aquele com os demais dispositivos concorrentes. Em última análise, a compreensão atomizada dos dispositivos constitucionais vem a comprometer a própria visão sistemática que deve ser adotada na interpretação da Constituição. Sempre prevalecerá, portanto, a leitura que conseguir melhor harmonizar o maior número de dispositivos da Constituição. Guiando-se por esta premissa, pretendeu-se definir o alcance jurídico dos artigos 195, *caput*, 195, § 5º, e 201, *caput*, sem a nenhum deles negar um conteúdo normativo mínimo. Conclui-se, pois, ser equivocada a identificação de natureza retributiva das contribuições com base apenas no conteúdo normativo indicado pela expressão "*caráter contributivo*" contida no art. 201 da Constituição, que não lhe é equivalente, sem dedicar qualquer relevância aos demais artigos pertinentes, em especial o *caput* do art. 195.

Na segunda seção do presente estudo, as seguintes conclusões foram alcançadas.

O estabelecimento da nova competência tributária, através da Emenda Constitucional n. 41/2003, para a criação de contribuição de Seguridade Social cobrada de inativos e pensionistas não veio a violar direito adquirido daqueles que já vinham percebendo legitimamente seus benefícios previdenciários. Isso porque não se pode confundir o direito ao recebimento da aposentadoria ou pensão com a incidência tributária sobre tais valores. O direito a qualquer benefício prestado pela Seguridade Social não pode ser adequadamente compreendido através de uma mentalidade estática do contexto jurídico dentro do qual este está inserido. De modo algum, pode-se assumir que o beneficiário, no momento da sua aposentação ou da concessão de pensão, tenha integrado ao seu patrimônio jurídico a pretensão a um benefício líquido imodificável. Na verdade, impor um novo gravame

---

[31] Sobre a falácia interpretativa da desintegração, veja-se TRIBE, Laurence; DORF, Michael. *On Reading the Constitution*. Cambridge (MA): Harvard University Press, 1991.

tributário, constitucionalmente autorizado, não equivale, de modo algum, à diminuição do benefício. Trata-se de relações jurídicas distintas.

Também não houve violação à segurança jurídica. A previsibilidade e a estabilidade das relações que necessariamente devem ser observadas quando da criação de nova contribuição de seguridade social restam atendidas mediante o cumprimento das exigências constitucionais específicas que garantem o contribuinte, quais sejam, a necessidade de observância da legalidade estrita (art. 150, I, da CF), da irretroatividade (art. 150, III, *a*, da CF) e da anterioridade nonagesimal (art. 195, § 6º, da CF).

Por fim, relativamente à possível afronta ao princípio da isonomia tributária, a questão necessitou enfrentamento em duas dimensões diferentes.

Primeiramente, a invocação genérica de violação à isonomia, em face tão só da previsão de tributação dos benefícios de aposentadoria e pensão do serviço público (art. 40 com a redação da EC n. 41/2003), não se sustenta. Isso porque, nos termos do § 18 do mesmo artigo, os aposentados e pensionistas do regime do serviço público também não serão tributados até o patamar do maior benefício do regime geral de previdência, justificando-se, de outro lado, a exigência sobre o que sobejar em face da capacidade contributiva diferenciada. Ou seja, a imunidade dos proventos de aposentadoria e dos benefícios de pensão do regime geral de previdência (art. 195, II, da CF) encontra equivalência na norma do § 18 do art. 40 da CF, na redação da EC n. 41/2003, que, em interpretação *a contrario sensu*, reconhece imunidade também para os inativos e pensionistas do serviço público até o patamar do regime geral. Assim, ao resguardar da imposição tributária, em medida equivalente, tanto o aposentado e o pensionista do regime geral, quanto o aposentado e o pensionista dos regimes específicos da União, Estados, Distrito Federal e Municípios, a EC n. 41/2003 observou os parâmetros de igualdade exigidos pelo texto constitucional.

De outro lado, contudo, acabou sendo desrespeitada a isonomia pelo parágrafo único do art. 4º da mesma Emenda Constitucional n. 41/2003. Isso porque este dispositivo constitucional determinou fossem tratados diferentemente aqueles já aposentados ou pensionistas do serviço público, ou que já tinham direito adquirido a tanto, relativamente aos servidores que venham a se aposentar e pensionistas, bem como aos aposentados e pensionistas do regime geral, além do que tratou diferentemente os servidores federais relativamente aos estaduais e municipais, numa inconsistência intrínseca, de modo algum justificável em face do princípio da capacidade contributiva. Para tal tratamento diferenciado, que implicou autorização para cobrança da contribuição abaixo do patamar do maior benefício do regime geral e sobre base de cálculo maior para os servidores estaduais e municipais que para os federais, não é possível vislumbrar qualquer critério racional justificador.

Desse modo, as conclusões finais alcançadas neste trabalho são:

1) a outorga de competência para a instituição da contribuição de inativos e pensionistas não pode ser, em si e de modo absoluto, pechada de inconstitucional, não apresentando qualquer vício a nova redação do art. 40 da Constituição;

2) inválida, porém, por ofensiva à isonomia tributária (art. 150, II, da CF), é a autorização de discriminação perpetrada pelo parágrafo único do art. 4º da EC 41, ao dar tratamento diferenciado entre os próprios inativos e pensionistas chamados a custear a Seguridade Social.

Consequentemente, mostra-se carente de suporte constitucional o parágrafo único do art. 4º da EC n. 41/2003, bem como o novo art. 3º-B da Lei n. 9.783/99, acrescido pelo art. 5º da MP 167, de 19 de fevereiro de 2004, *devendo ser reconhecido o direito de todos os contribuintes inativos e pensionistas a arcar com a exação de acordo com os parâmetros traçados no § 18º do art. 40 da Constituição, ou seja, apenas com base no montante que exceder o valor máximo do benefício pago pelo regime geral de previdência.*

O Supremo Tribunal Federal, quando do julgamento da ADIn 3.105-8/DF, em agosto de 2004, relator para o acórdão o Min. Cezar Peluso, aliás, decidiu nesse sentido para dizer da constitucionalidade das contribuições sobre aposentadorias e pensões dos servidores públicos, fazendo censura apenas, como nós, ao art. 4º da EC n. 41:

1. Inconstitucionalidade. Seguridade social. Servidor público. Vencimentos. Proventos de aposentadoria e pensões. Sujeição à incidência de contribuição previdenciária. Ofensa a direito adquirido no ato de aposentadoria. Não ocorrência. Contribuição social. Exigência patrimonial de natureza tributária. Inexistência de norma de imunidade tributária absoluta. Emenda Constitucional n. 41/2003 (art. 4º, *caput*). Regra não retroativa. Incidência sobre fatos geradores ocorridos depois do início de sua vigência. Precedentes da Corte. Inteligência dos arts. 5º, XXXVI, 146, III, 149, 150, I e III, 194, 195, *caput*, II e § 6º, da CF, e art. 4º, *caput*, da EC n. 41/2003. No ordenamento jurídico vigente, não há norma, expressa nem sistemática, que atribua à condição jurídico-subjetiva da aposentadoria de servidor público o efeito de lhe gerar direito subjetivo como poder de subtrair *ad aeternum* a percepção dos respectivos proventos e pensões à incidência de lei tributária que, anterior ou ulterior, os submeta à incidência de contribuição previdencial. Noutras palavras, não há, em nosso ordenamento, nenhuma norma jurídica válida que, como efeito específico do fato jurídico da aposentadoria, lhe imunize os proventos e as pensões, de modo absoluto, à tributação de ordem constitucional, qualquer que seja a modalidade do tributo eleito, donde não haver, a respeito, direito adquirido com o aposentamento. 2. Inconstitucionalidade. Ação direta. Seguridade social. Servidor público. Vencimentos. Proventos de aposentadoria e pensões. Sujeição à incidência de contribuição previdenciária, por força de Emenda Constitucional. Ofensa a outros direitos e garantias individuais. Não ocorrência. Contribuição social. Exigência patrimonial de natureza tributária. Inexistência de norma de imunidade tributária absoluta. Regra não retroativa. Instrumento de atuação do Estado na área da previdência social. Obediência aos princípios da solidariedade e do equilíbrio financeiro e atuarial, bem como aos objetivos constitucionais de universalidade, equidade na forma de participação no custeio e diversidade da base de financiamento. Ação julgada improcedente em relação ao art. 4º, *caput*, da EC n. 41/2003. Votos vencidos. Aplicação dos arts. 149, *caput*, 150, I e III, 194, 195, *caput*, II e § 6º, e 201, *caput*, da CF. Não é inconstitucional o art. 4º, *caput*, da Emenda Constitucional n. 41, de 19 de dezembro de 2003, que instituiu contribuição previdenciária sobre os proventos de aposentadoria e as pensões dos servidores públicos da União, dos Estados, do Distrito Federal e dos Municípios, incluídas suas autarquias e fundações. 3. Inconstitucionalidade. Ação direta. Emenda Constitucional (EC n. 41/2003, art. 4º, par. único I e II). Servidor público. Vencimentos. Proventos de aposentadoria e pensões. Sujeição à incidência de contribuição previdenciária. Bases de cálculo diferenciadas. Arbitrariedade. Tratamento discriminatório entre

servidores e pensionistas da União, de um lado, e servidores e pensionistas dos Estados, do Distrito Federal e dos Municípios, de outro. Ofensa ao princípio constitucional da isonomia tributária, que é particularização do princípio fundamental da igualdade. Ação julgada procedente para declarar inconstitucionais as expressões "cinquenta por cento do" e "sessenta por cento do", constante do art. 4º, par. único, I e II, da EC n. 41/2003. Aplicação dos arts. 145, § 1º, e 150, II, cc. art. 5º, *caput* e § 1º, e 60, § 4º, IV, da CF, com restabelecimento do caráter geral da regra do art. 40, § 18. São inconstitucionais as expressões "cinquenta por cento do" e "sessenta por cento do", constantes do par. único, incisos I e II, do art. 4º da Emenda Constitucional n. 41, de 19 de dezembro de 2003, e tal pronúncia restabelece o caráter geral da regra do art. 40, § 18, da Constituição da República, com a redação dada por essa mesma Emenda.

A contribuição dos aposentados e pensionistas de qualquer dos Poderes da União, suas autarquias e fundações, para a manutenção do respectivo regime próprio de previdência, é disciplinada pelo art. 5º da Lei n. 10.887/2004. Sua alíquota é linear, de 11%, e incide sobre a parcela dos proventos que supere o limite máximo estabelecido para os benefícios do regime geral de previdência social.

A contribuição do servidor inativo é retida e recolhida pelo órgão ou entidade que lhe paga o benefício previdenciário.

7. Contribuição do militar

Os militares contam como regime próprio de previdência, inconfundível com o dos servidores públicos (civis).

O art. 61 da CF, e.g., ao cuidar das leis de iniciativa do Presidente da República, cuida separadamente dos servidores públicos (inciso II, *c*) e dos militares das Forças Armadas (inciso II, *f*). Por força da EC n. 18/98, foi incluído o § 3º do art. 142 da CF, no sentido de que "§ 3º Os membros das Forças Armadas são denominados militares, aplicando-se-lhes, além das que vierem a ser fixadas em lei, as seguintes disposições [...]". O art. 42 da CF cuida dos militares dos Estados e do DF. Note-se que o art. 40 da CF é inaplicável aos militares, salvo quando haja remissão expressa à sua aplicação, como é o caso do seu § 9º, aplicável aos militares estaduais e distritais por determinação do art. 42, § 1º, da CF. A regra geral da inaplicabilidade do art. 40 aos militares decorre do fato de que cuida dos servidores públicos, anteriormente à EC n. 18/98 denominados servidores públicos civis.

A contribuição dos militares das Forças Armadas é regulada pela Lei n. 3.765/60, com a redação da MP n. 2.215-10/2001, que dispõe sobre as pensões militares. A contribuição para a pensão militar incide sobre as parcelas que compõem os proventos na inatividade, à alíquota de 7,5%, conforme o parágrafo único do art. 3º-A.

Dos militares são exigidas, ainda, contribuições para custeio de sistema especial de assistência médico-hospitalar, conhecidas como FUSEX, FUNSA e FUSMA. O STF tem entendido que as discussões sobre o FUSEX, FUNSA e FUSMA têm índole infraconstitucional[32]. O STJ, por sua vez, tem afirmado seu caráter tributário e a necessidade de observância irrestrita da legalidade, inclusive para fixação de alíquota e base de cálculo, razão pela qual reconheceu indevida a contribuição ao FUSEX no período em que instituída e alterada pelo Executivo e a considerou devida apenas após a vigência da MP n. 2.131/2000. Veja-se:

CONTRIBUIÇÃO PARA O FUSEX – NATUREZA TRIBUTÁRIA [...] 2. Esta Corte já firmou orientação no sentido de que a contribuição para o Fundo de Saúde do Exército – FUSEX, em razão da sua compulsoriedade, possui natureza tributária, de modo que não pode ter sua alíquota fixada ou alterada por ato infralegal. (STJ, 2ª Turma, AgRg no REsp 1085780/RS, rel. Min. Humberto Martins, set. 2009)

FUSEX. LEI 8.237/91 [...] NATUREZA JURÍDICA TRIBUTÁRIA [...] II – Quanto à sua natureza jurídica, observe-se que a contribuição para assistência médico-hospitalar, vertida ao Fundo de Saúde do Exército – FUSEX, mediante desconto obrigatório da remuneração do militar, por se tratar de prestação pecuniária compulsória, sem caráter sancionatório, instituída por lei, enquadra-se na definição de tributo prevista no art. 3º do Código Tributário Nacional, submetendo-se às limitações constitucionais ao poder de tributar e às normas gerais de direito tributário, que cobram atendimento ao preceito da reserva legal não apenas na criação do tributo (CF, 150, I), mas também na fixação da alíquota e da base de cálculo (CTN, art. 97). (STJ, 1ª Turma, REsp 1094735/PR, rel. Min. Francisco Falcão, fev. 2009)

CONTRIBUIÇÃO AO FUSEX. NATUREZA JURÍDICA TRIBUTÁRIA. ARTIGO 149 DA CF/88. FIXAÇÃO DE ALÍQUOTA POR ATO INFRALEGAL. IMPOSSIBILIDADE. PRINCÍPIO DA LEGALIDADE. MP 2.131/2000 [...] 1. O Fundo de Saúde do Exército (FUSEX) é custeado pelos próprios militares que gozam, juntamente com seus dependentes, de assistência médico-hospitalar, cuja contribuição é cobrada compulsoriamente dos servidores. A contribuição de custeio, por inserir-se no conceito de tributo previsto no art. 3º, do CTN, ostenta natureza jurídica tributária, sujeitando-se ao princípio da legalidade [...]. 2. A contribuição para o FUSEX, *a fortiori*, sofre a incidência das limitações constitucionais ao poder de tributar e as normas gerais de matéria tributária, consoante o artigo 149 [...]. 3. O princípio da legalidade, no direito tributário, impõe que todos os elementos da exação fiscal estejam previstos em lei, consubstanciando o denominado princípio da estrita legalidade, segundo o qual não apenas a integralidade da hipótese de incidência – em seus critérios material, espacial e temporal –, mas também a relação jurídico-tributária – em seus critérios pessoal e quantitativo –, devem, imprescindivelmente, constar em lei. 4. O Poder Executivo não pode, por delegação, proceder à instituição da alíquota do tributo em foco, haja vista constituir elemento integrante da própria norma jurídico-impositiva. 5. Destarte, somente após a vigência da MP 2.131/2000, de 28-12-2000, e suas reedições, disciplinando e reestruturando a remuneração dos militares das Forças Armadas, e alterando a Lei n. 6.880/80, passou a ser legitimamente considerado o percentual de 3,5% do valor do soldo, razão pela qual as quantias descontadas indevidamente, em momento anterior a essa data, devem ser devolvidas ao contribuinte. (STJ, 1ª Turma, REsp 900.015/RS, rel. Min. Luiz Fux, nov. 2008)

---

[32] AgRegAI 720.221-7, rel. Min. Ricardo Lewandoski, mar. 2009 e EDRE 482.857, 2ª Turma, rel. Min. Cezar Peluso, dez. 2007.

Capítulo VIII

Contribuições de seguridade social sobre a receita

LEANDRO PAULSEN

1. Competência para instituição de contribuição de seguridade social sobre a receita ou o faturamento

Neste capítulo, tratamos das contribuições sobre a receita voltadas ao financiamento da seguridade social. Mas as contribuições sobre a receita substitutivas de contribuições sobre a folha e demais pagamentos a pessoa física, amparadas no § 13 do art. 195 da CF, são tratadas em capítulo anterior atinente às contribuições previdenciárias das empresas.

A alínea *b* do inciso I do art. 195 da CF enseja a instituição de contribuição dos empregadores, empresas ou equiparados sobre "a receita ou faturamento":

Art. 195 [...]

I – do empregador, da empresa e da entidade a ela equiparada na forma da lei, incidentes sobre:

b) a receita ou o faturamento;

A redação original do art. 195, I, da Constituição referia, tão somente, "faturamento", o que deu ensejo a grandes discussões, na medida em que o legislador, ao instituir a contribuição denominada Cofins, pela LC n. 70/91, considerou como faturamento "a receita bruta das vendas de mercadorias, de mercadorias e serviços e de serviço de qualquer natureza" e, posteriormente, ao alterá-la pela Lei n. 9.718/98, ainda sob a égide da redação original do dispositivo constitucional, referiu-se, também, à "receita bruta", mas, desta feita, como "a totalidade das receitas auferidas pela pessoa jurídica".

O Supremo Tribunal Federal, chamado a se manifestar sobre a constitucionalidade da LC n. 70/91 através da ADC n. 1, entendeu que o faturamento, para efeitos fiscais, sempre fora considerado como a receita proveniente das vendas de mercadorias e serviços. Assim, como a LC n. 70/91, embora houvesse se referido à "receita bruta", expressamente a circunscrevera à "venda de mercadorias e serviços", não teria extrapolado a dimensão da base econômica que era dada à tributação pela redação original do art. 195, I, da Constituição[1].

Quando da discussão da inovação trazida pela Lei n. 9.718/98, que fez incidir a Cofins sobre a receita bruta como totalidade das receitas auferidas pela pessoa jurídica, muitos tribunais passaram a dizer da sua constitucionalidade sob o argumento simplista e equivocado de que o STF, na ADIN n. 1-1/DF, teria dito que faturamento e receita bruta seriam equivalentes para efeitos fiscais, quando, em verdade, como visto, o STF havia reconhecido a equivalência ao faturamento apenas da "receita bruta proveniente da venda de mercadorias e serviços". De fato, a noção de faturamento em matéria fiscal, quando do advento da Constituição de 1988, embora não fosse tão restrita a ponto de só alcançar as vendas acompanhadas de fatura, não autorizava fosse tomado como sinônimo de receita bruta, assim entendidas quaisquer receitas do contribuinte.

O alargamento posterior da base econômica passível de ser tributada, de faturamento para "receita ou faturamento", decorrente da EC n. 20/98, não teve o efeito de convalidar legislação anterior que fizera incidir a contribuição sobre a totalidade das receitas auferidas pela pessoa jurídica (conceito mais largo que o de faturamento), com extrapolação inconstitucional da competência outorgada, como fato gerador da contribuição nominada do art. 195, I, da CF. Isso porque a inconstitucionalidade vicia a norma na origem, não se podendo pretender a recepção de norma inválida.

Por ocasião do julgamento do RE n. 346.084/PR, em novembro de 2005, o STF reconheceu a inconstitucionalidade do § 1º do art. 3º da Lei n. 9.718/98:

CONSTITUCIONALIDADE SUPERVENIENTE – ARTIGO 3º, § 1º, DA LEI N. 9.718, DE 27 DE NOVEMBRO DE 1998 – EMENDA CONSTITUCIONAL N. 20, DE 15 DE DEZEMBRO DE 1998. O sistema jurídico brasileiro não contempla a figura da constitucionalidade superveniente. TRIBUTÁRIO – INSTITUTOS – EXPRESSÕES

---

[1] É esclarecedor o voto condutor do Min. Moreira Alves por ocasião do julgamento da referida ADC n. 1-1/DF: "Note-se que a Lei Complementar n. 70/91, ao considerar o faturamento como 'a receita bruta das vendas de mercadorias, de mercadorias e serviços e de serviços de qualquer natureza' nada mais fez do que lhe dar a conceituação de faturamento para efeitos fiscais, como bem assinalou o eminente Ministro Ilmar Galvão, no voto que proferiu no RE 150.764, ao acentuar que o conceito de receita bruta das vendas de mercadorias e de mercadorias e serviços 'coincide com o de faturamento, que, para efeitos fiscais, foi sempre entendido como o produto de todas as vendas, e não apenas das vendas acompanhadas de fatura, formalidade exigida tão somente nas vendas mercantis a prazo (art. 1º da Lei n. 187/36)'".

E VOCÁBULOS – SENTIDO. A norma pedagógica do artigo 110 do Código Tributário Nacional ressalta a impossibilidade de a lei tributária alterar a definição, o conteúdo e o alcance de consagrados institutos, conceitos e formas de direito privado utilizados expressa ou implicitamente. Sobrepõe-se ao aspecto formal o princípio da realidade, considerados os elementos tributários. CONTRIBUIÇÃO SOCIAL – PIS – RECEITA BRUTA – NOÇÃO – INCONSTITUCIONALIDADE DO § 1º DO ARTIGO 3º DA LEI N. 9.718/98. A jurisprudência do Supremo, ante a redação do artigo 195 da Carta Federal anterior à Emenda Constitucional n. 20/98, consolidou-se no sentido de tomar as expressões receita bruta e faturamento como sinônimas, jungindo-as à venda de mercadorias, de serviços ou de mercadorias e serviços. É inconstitucional o § 1º do artigo 3º da Lei n. 9.718/98, no que ampliou o conceito de receita bruta para envolver a totalidade das receitas auferidas por pessoas jurídicas, independentemente da atividade por elas desenvolvida e da classificação contábil adotada.

Assim, enquanto a LC n. 70/91 implicou exercício legítimo da competência tributária, a Lei n. 9.718/98 extrapolou a norma de competência, sendo mesmo viciada de inconstitucionalidade a ampliação da base de cálculo perpetrada por tal lei. Por isso, mesmo sob a égide da Lei n. 9.718/98, só se admitiu a incidência da Cofins sobre a receita que coubesse no conceito de faturamento, tendo o STF entendido que abrangia tanto o produto da venda de mercadorias e serviços como o produto de "todo o rol das demais atividades que integram o objeto social da empresa", mas não outras receitas que disso desbordassem, como a de aluguéis de imóveis ou financeiras para empresas não dedicadas a essas atividades.

O entendimento de que não poderia incidir sobre receitas acidentais, bem como o de que toda e qualquer empresa teria "faturamento", desimportando qual o seu objeto social, restou incorporado pela Lei n. 12.973/2014, que, a par de alterar a Lei n. 9.718/98, também alterou o art. 12 do Decreto-Lei n. 1.598/77, determinando a incidência da Cofins tanto sobre "o produto da venda de bens nas operações de conta própria", sobre "o preço da prestação de serviços em geral" e sobre "o resultado auferido nas operações de conta alheia", como, expressamente, também sobre "as receitas da atividade ou objeto principal da pessoa jurídica não compreendidas nos incisos I a III". Isso num momento em que o legislador até poderia ter ampliado a incidência para alcançar qualquer tipo de receita, porquanto já à luz da EC n. 20/98 que ampliou a competência tributária, alterando a redação do art. 195, I, da CF.

Reitero que já se vinha entendo que a receita proveniente da realização do objeto social das seguradoras, embora não constituísse venda de mercadorias e serviços, configurava faturamento tributável:

> PIS/Cofins: Base de Cálculo e Seguradoras [...] O Tribunal iniciou julgamento de embargos de declaração em agravo regimental em recurso extraordinário, afetado ao Pleno pela 2ª Turma, em que seguradora sustenta que as receitas de prêmios não integram a base de cálculo da Cofins, porquanto o contrato de seguro não envolve venda de mercadorias

ou prestação de serviços [...]. O Min. Cezar Peluso afirmou que o Tribunal estaria sendo instado a definir, de uma vez por todas, o que seria a noção de faturamento constante do art. 195, I, da CF, na redação que precedeu a EC n. 20/98. Asseverou que a palavra faturamento teria um conceito histórico, e, demonstrando o confronto entre a teoria que entende faturamento como sinônimo de receita de venda de bens e serviços daquela que o considera resultado das atividades empresariais, reputou a segunda mais conforme ao sentido jurídico-constitucional e à realidade da moderna vida empresarial [...]. Concluiu o relator que a proposta que submetia à Corte seria a de reconhecer que se devesse tributar tão somente e de modo preciso aquilo que cada empresa auferisse em razão do exercício das atividades que lhe fossem próprias e típicas enquanto conferissem o seu propósito e a sua razão de ser. Dessa forma, escapariam à incidência do tributo as chamadas receitas não operacionais em geral, as receitas financeiras atípicas e outras do mesmo gênero, desde que não constituíssem elemento principal da atividade. Não fugiriam à noção de faturamento, pois, as receitas tipicamente empresariais colhidas por bancos, seguradoras e demais empresas, que, pela peculiaridade do ramo de atuação, não se devotassem, contratual e estritamente, à venda de mercadorias ou à prestação de serviço. Salientou, por fim, não ser necessário desenvolver um rol exaustivo que correlacionasse todas as espécies possíveis de receitas aos variados tipos de atividades e objetos sociais e empresariais, bastando que se estabelecesse, com segurança, o critério jurídico, afirmando-se a tese de que a expressão faturamento corresponderia à soma das receitas oriundas das atividades empresariais típicas. Esta grandeza compreenderia, além das receitas de venda de mercadorias e serviços, as receitas decorrentes do exercício efetivo do objeto social da empresa, independentemente do seu ramo de atividade, sendo que tudo o que desbordasse dessa definição específica não poderia ser tributado. Após, pediu vista dos autos o Min. Marco Aurélio. (STF, EDAgR RE n. 400.479/RJ, rel. Min. Cezar Peluso, ago. 2009, cf. Informativo 556 do STF, ago. 2009)

Do mesmo modo, o STF e o STJ já vinham entendendo que a receita proveniente da locação de bens móveis, quando objeto social da empresa, configurava faturamento para fins de tributação pela Cofins cumulativa:

> COFINS. Locação de bens imóveis. Incidência. Agravo regimental improvido. O conceito de receita bruta sujeita à exação tributária envolve, não só aquela decorrente da venda de mercadorias e da prestação de serviços, mas a soma das receitas oriundas do exercício das atividades empresariais." (STF, 2ª T., RE n. 371258 AgR, rel. Min. Cezar Peluso, out. 2006) No RE n. 507.130, a matéria foi afetada ao Pleno do STF. Já no AgRegAI 259.950-5, em jun. 2009, a 2ª Turma considerou a controvérsia infraconstitucional, deixando de apreciar o mérito.
> ARTIGO 543-C, DO CPC. TRIBUTÁRIO. COFINS. LOCAÇÃO DE BENS MÓVEIS. INCIDÊNCIA [...] 1. A Contribuição para Financiamento da Seguridade Social – Cofins incide sobre as receitas provenientes das operações de locação de bens móveis, uma vez que "o conceito de receita bruta sujeita à exação tributária envolve, não só aquela decorrente da venda de mercadorias e da prestação de serviços, mas a soma das receitas oriundas do exercício das atividades empresariais" (Precedente do STF que versou sobre receitas decorrentes da locação de bens imóveis: RE n. 371.258 AgR, Relator(a): Min. Cezar Peluso,

Segunda Turma, julgado em 3-10-2006, DJ 27-10-2006)... 3. Consequentemente, a definição de faturamento/receita bruta engloba as receitas advindas das operações de locação de bens móveis, que constituem resultado mesmo da atividade econômica empreendida pela empresa. (STJ, Primeira Seção, REsp 929521/SP, Luiz Fux, set. 2009)

Súmula 423 do STJ: "A Contribuição para Financiamento da Seguridade Social – Cofins incide sobre as receitas provenientes das operações de locação de bens móveis". (maio 2010)

Também a receita da locação de imóveis já era considerada faturamento sujeito à Cofins cumulativa quando dissesse respeito ao próprio objeto social da empresa (STJ, Primeira Seção, REsp 929.521/SP, rel. Min. Luiz Fux, set. 2009: STJ, 2ª Turma, REsp 1.101.974/RJ, Humberto Martins, maio 2009).

Já a receita proveniente de receitas financeiras por empresas que não fossem instituições financeiras e para as quais, portanto, as receitas financeiras não constituíssem seu próprio objeto, era afastada da incidência da Cofins cumulativa[2].

Mas, embora faturamento e receita bruta sejam grandezas distintas, a EC n. 20/98 ampliou a base econômica para permitir a instituição de seguridade social sobre a "receita ou faturamento", de modo que a diferenciação de tais conceitos é desnecessária no que diz respeito às leis supervenientes, que regem o PIS e a Cofins, tanto no regime não cumulativo, como a Lei n. 10.833/2003, como no regime cumulativo, como a Lei n. 12.973/2014 ao alterar a Lei n. 9.718/98.

Após a EC n. 20/98, quaisquer receitas do contribuinte, reveladoras de capacidade contributiva, podem ser colocadas, por lei, como integrantes da base de cálculo da Cofins. Assim, não apenas as receitas provenientes da venda de mercadorias e serviços, mas também as receitas financeiras, as receitas com *royalties* etc.

A Lei n. 10.833/2003 instituiu o regime não cumulativo da Cofins quando já vigente a nova redação do art. 195, I, *a*, dada pela EC n. 20/98, de modo que não estava condicionada pelo conceito estrito de faturamento, sendo válida a determinação nela constante de incidência sobre "o total das receitas auferidas pela pessoa jurídica"[3]. Não obstante, não se pode interpretá-la de modo a que alcance rubricas que, em verdade, não revelem qualquer capacidade contributiva.

Efetivamente, embora o conceito de receita seja mais largo que o de faturamento, nem todo ingresso ou lançamento contábil a crédito constitui receita tributável. A análise

---

[2] STF, Pleno, RE n. 527602, Relator p/ Acórdão: Min. Marco Aurélio, ago. 2009.

[3] Lei n. 10.833/2003: "Art. 1º A Contribuição para o Financiamento da Seguridade Social – Cofins, com a incidência não cumulativa, tem como fato gerador o faturamento mensal, assim entendido o total das receitas auferidas pela pessoa jurídica, independentemente de sua denominação ou classificação contábil. § 1º Para efeito do disposto neste artigo, o total das receitas compreende a receita bruta da venda de bens e serviços nas operações em conta própria ou alheia e todas as demais receitas auferidas pela pessoa jurídica. [...]".

da amplitude da base econômica "receita" precisa ser analisada sob a perspectiva dos princípios constitucionais tributários, dentre os quais o da capacidade contributiva e o da isonomia. Nem tudo o que contabilmente seja considerado como receita poderá, tão só por isso, ser considerado como "receita tributável". Tampouco é dado à SRF ampliar por atos normativos o que se deva considerar como tal. A receita, para ser tributada, deve constituir riqueza reveladora de capacidade contributiva.

Assim é que, optando o legislador por tributar a receita pelo regime de competência, teria de assegurar aos contribuintes mecanismos para restituição ou compensação dos valores pagos quando a receita acabasse não sendo realizada, ou seja, quando a capacidade contributiva vislumbrada não se confirmasse. Nessa linha, a incidência sobre a receita de vendas inadimplidas, por exemplo, não se sustentaria, sob pena de chancelarmos a tributação de prejuízo, mas o STF firmou posição no sentido de admiti-la:

> TRIBUTÁRIO. CONSTITUCIONAL. COFINS/PIS. VENDAS INADIMPLIDAS. ASPECTO TEMPORAL DA HIPÓTESE DE INCIDÊNCIA. REGIME DE COMPETÊNCIA. EXCLUSÃO DO CRÉDITO TRIBUTÁRIO. IMPOSSIBILIDADE DE EQUIPARAÇÃO COM AS HIPÓTESES DE CANCELAMENTO DA VENDA. 1. O Sistema Tributário Nacional fixou o regime de competência como regra geral para a apuração dos resultados da empresa, e não o regime de caixa. (art. 177 da Lei n. 6.404/"76). 2. Quanto ao aspecto temporal da hipótese de incidência da Cofins e da contribuição para o PIS, portanto, temos que o fato gerador da obrigação ocorre com o aperfeiçoamento do contrato de compra e venda (entrega do produto), e não com o recebimento do preço acordado. O resultado da venda, na esteira da jurisprudência da Corte, apurado segundo o regime legal de competência, constitui o faturamento da pessoa jurídica, compondo o aspecto material da hipótese de incidência da contribuição ao PIS e da Cofins, consistindo situação hábil ao nascimento da obrigação tributária. O inadimplemento é evento posterior que não compõe o critério material da hipótese de incidência das referidas contribuições. 3. No âmbito legislativo, não há disposição permitindo a exclusão das chamadas vendas inadimplidas da base de cálculo das contribuições em questão. As situações posteriores ao nascimento da obrigação tributária, que se constituem como excludentes do crédito tributário, contempladas na legislação do PIS e da Cofins, ocorrem apenas quando fato superveniente venha a anular o fato gerador do tributo, nunca quando o fato gerador subsista perfeito e acabado, como ocorre com as vendas inadimplidas. 4. Nas hipóteses de cancelamento da venda, a própria lei exclui da tributação valores que, por não constituírem efetivos ingressos de novas receitas para a pessoa jurídica, não são dotados de capacidade contributiva. 5. As vendas canceladas não podem ser equiparadas às vendas inadimplidas porque, diferentemente dos casos de cancelamento de vendas, em que o negócio jurídico é desfeito, extinguindo-se, assim, as obrigações do credor e do devedor, as vendas inadimplidas – a despeito de poderem resultar no cancelamento das vendas e na consequente devolução da mercadoria –, enquanto não sejam efetivamente canceladas, importam em crédito para o vendedor oponível ao comprador. 6. Recurso extraordinário a que se nega provimento. (STF, Pleno, RE n. 586.482, nov. 2011, *DJe* 16-6-2012)

Do mesmo modo, não pode o legislador fazer incidir contribuição sobre indenizações[4] ou ressarcimentos e recuperações de custos tributários[5]. Assim, na repetição do indébito tributário, não incide Cofins[6]. Do mesmo modo, não incide Cofins sobre os créditos de ICMS, IPI, PIS e Cofins que evitam a cumulatividade de tais tributos; a sua utilização em compensação com tributo devido, o seu ressarcimento em dinheiro pelo Fisco ou mesmo o ingresso decorrente da cessão a terceiro não integram a base de cálculo das contribuições sobre a receita. Também não poderá incidir sobre os créditos presumidos de IPI, de que trata a Lei n. 9.363/96, que visam a compensar o PIS e a Cofins suportados de fato pelo exportador quando da aquisição de produtos[7].

---

[4] "Receita constitui um ingresso de soma de dinheiro ou qualquer outro bem ou direito susceptível de apreciação pecuniária decorrente de ato, fato ou negócio jurídico apto a gerar alteração positiva do patrimônio líquido da pessoa jurídica que a aufere, sem reservas, condicionamentos ou correspondências no passivo. Daí resulta a não incidência do PIS/Pasep e da Cofins sobre ingressos recebidos a título de reembolso ou de indenização por dano emergente, que não repercutem positivamente no patrimônio líquido de quem os recebe. No caso específico dos contratos de seguro, a não incidência abrange não apenas a indenização recebida pelo segurado como também as devoluções de prêmios nos casos de recusar da proposta ou renunciar ao contrato" (SEHN, Solon. "Não-incidência de PIS/Pasep e da Cofins sobre reembolsos e indenizações", *RDDT*, 162/58, mar. 2009).

[5] "Em qualquer hipótese, tratando-se de despesa ou custo anteriormente suportado, sua recuperação econômica em qualquer período posterior, enquanto suficiente para neutralizar a anterior diminuição patrimonial, não ostenta qualidade para ser rotulada de receita, pela ausência do requisito da contraprestação por atividade ou de negócio jurídico (materialidade), além de faltar o atributo da disponibilidade de riqueza nova. A recuperação de custo ou de despesa pode ser equiparada aos efeitos da indenização, pela similitude no caráter de recomposição patrimonial [...]. A recuperação de um valor anteriormente registrado como encargo tributário não tem o condão de transformá-lo automaticamente de despesa em receita, ainda que a forma adotada para sua escrituração em conta credora possa contribuir para a configuração de aumento do resultado do exercício da pessoa jurídica no momento da recuperação, efeito que, de concreto, traduz o retorno ao *status quo ante*, não reunindo condições de materializar ingresso de elemento novo que se qualifique no conceito de receita. [...] se o tributo a ser ressarcido incidiu em etapa econômica do processo produtivo e foi suportado como parte integrante do preço de insumos adquiridos pela empresa, o crédito assim concedido tem função de minimizar os custos de fabricação de produtos em razão de determinada política governamental. Dessa forma, tem nítida natureza de recuperação de custos [...], pelo que o valor do ressarcimento do tributo embutido no preço, ou do correspondente direito escriturado como crédito, melhor evidencia a sua índole se contabilizado em conta redutora dos próprios custos, jamais de conta de receita, por faltar-lhe os predicados para tal configuração. [...] 32. Não se qualifica como receita o ingresso financeiro que tem como causa o ressarcimento, ou recuperação de despesas e de custo anteriormente suportado pela pessoa jurídica, enquanto suficiente para neutralizar a anterior diminuição patrimonial. Equipara-se aos efeitos da indenização e, portanto, não ostenta qualidade para que possa ser rotulada de receita, pela ausência do requisito da contraprestação por atividade ou de negócio jurídico (materialidade), além de faltar o *animus* para obtenção de disponibilidade de nova riqueza. 33. A recuperação de tributo, anteriormente registrado como encargo, não tem o condão de transformá-lo automaticamente de despesa em receita. Enquanto há reconhecimento expresso da administração tributária para não incidência das contribuições da Cofins e do PIS 'sobre os valores recuperados a título de tributo pago indevidamente' (ADI-SRF n. 25/2003), equivoca-se no entendimento de que os valores ressarcidos a título de crédito presumido são passíveis de tributação, pela falsa premissa de estarem abrangidos pelo conceito de receita, pois se caracterizam, também, recuperação de custos" (MINATEL, José Antônio. "Conteúdo do conceito de receita e regime jurídico para sua tributação", *MP*, 2005, p. 218-219, 222, 224 e 259).

[6] ADI SRF 25/2003: "Art. 2º. Não há incidência da [...] Cofins e da PIS/Pasep sobre os valores recuperados a título de tributo pago indevidamente. Art. 3º. Os juros incidentes sobre o indébito tributário recuperado é receita nova e, sobre ela, incidem o IRPJ, a CSLL, a Cofins e a Contribuição para o PIS/Pasep".

[7] "CRÉDITO PRESUMIDO DE IPI. PIS E COFINS. BASE DE CÁLCULO. NÃO INCIDÊNCIA. 1. O legislador, em respeito à máxima econômica de que não se exportam tributos, criou o crédito presumido de IPI como um incentivo às exportações, ressarcindo o exportador de parte das contribuições ao PIS e à Cofins incidentes

Também não é dado ao legislador tributar todo e qualquer ingresso nas contas do contribuinte como se faturamento ou receita sua fossem, na medida em que eventualmente podem configurar ingressos em nome de terceiros.

Aliás, a Lei n. 9.718/98, em seu art. 3º, § 2º, III[8], chegou a determinar a exclusão, da base de cálculo da Cofins e do PIS, dos valores que, computados como receita, tivessem sido transferidos para outra pessoa jurídica. Ocorre que o dispositivo remetia a normas regulamentares que jamais foram editadas, restando, posteriormente, revogado pela MP n. 2.158-35/2001, tornada permanente por força da EC n. 32/2001. Ives Gandra da Silva Martins e Fátima Fernandes Rodrigues de Souza manifestaram-se, então, no sentido de que o referido inciso III constituía simples explicitação dos parâmetros constitucionais para a incidência das contribuições:

> Diante disso, força é reconhecer que o inciso III do § 2º do art. 3º da Lei n. 9.718/98 tem natureza meramente explicitadora de parâmetros já constantes das normas de competência relativas a Cofins. A nosso ver, a intenção legislativa não foi afastar superposição de incidências, e sim deixar claro os contornos do aspecto material da contribuição: faturamento como receita proveniente de venda de bens ou serviços realizada pelo contribuinte. Assim, negar ao inciso III do § 2º do art. 3º da Lei n. 9.718/98 caráter meramente explicitador e entender que a revogação dessas normas pelo art. 47, IV, *b* da MP 1991 – 18 e reedições implica vedar a exclusão das receitas repassadas a terceiros, significa fazer com que a Confins incida sobre algo diverso do que está previsto no art. 195, I da CF, seja em sua redação original, seja na redação da EC n. 20/98, violando a norma de competência. Significa, outrossim, burlar a norma contida no § 4º do mesmo art. 195, que, fazendo remissão ao art. 154, I da CF, subordina a instituição de outras fontes destinadas ao custeio da seguridade social, à veiculação por lei complementar, ao princípio da não cumulatividade [...]. Uma segunda inconstitucionalidade a considerar é que a exclusão preconizada pela MP 2037-25 leva ao desatendimento do princípio da capacidade contributiva, configura-se, também por esse fundamento, a sua inconstitucionalidade. [...] Resulta, portanto, que o fato de a Lei n. 9.718/98 ter incluído norma expressa com relação ao direito de deduzir da base de cálculo das contribuições ao PIS e Confins os ingressos transferidos a terceiros não atribui ao contribuinte nenhum direito novo que a legislação anterior já não lhe tivesse assegurado. Tal aplicação tem apenas mérito de deixar evidente o fato de que a norma não

---

sobre as matérias-primas adquiridas para a industrialização de produtos a serem exportados. 2. O crédito presumido previsto na Lei n. 9.363/96 não constitui receita da pessoa jurídica, mas mera recomposição de custos, razão por que não podem ser considerados na determinação da base de cálculo da contribuição ao PIS e da Cofins. Precedente da Primeira Turma. 3. Seria um contrassenso admitir que sobre o crédito presumido de IPI, criado justamente para desonerar a incidência do PIS e da Cofins sobre as matérias-primas utilizadas no processo de industrialização de produtos exportados, incidam essas duas contribuições" (STJ, 2ª Turma, REsp n. 1003029/RS, rel. Min. Castro Meira, ago. 2008).

[8] Lei n. 9.718/98: "Art. 3º O faturamento a que se refere o artigo anterior corresponde à receita bruta da pessoa jurídica [...] § 2º Para fins de determinação da base de cálculo das contribuições a que se refere o art. 2º, excluem-se da receita bruta: [...] III – os valores que, computados como receita, tenha sido transferidos para outra pessoa jurídica, observadas normas regulamentadoras expedidas pelo Poder Executivo".

pode ser interpretada de forma a desconhecer tal direito! Nem se diga que, por ter essa lei atribuído ao Executivo a tarefa de regulamentar a exclusão, restaria impedido o exercício desse direito, enquanto não expedida tal regulamentação. Isso equivaleria a admitir que pudesse a lei ordinária atribuir àquele Poder competência para estabelecer a base de cálculo das contribuições, o que, tratando-se de matéria sob reserva de lei formal, implicaria ofensa ostensiva ao art. 150, I, da CF e ao art. 97 do CTN[9].

Hoje, com a Lei n. 12.937/2014, resta claro que, quanto às operações em conta alheia, só incide sobre o resultado.

Mas, se, de um lado, só se pode instituir contribuição sobre a receita do contribuinte, e não sobre a receita de terceiros, de outro, não há direito constitucional dos contribuintes de deduzirem da base de cálculo despesas que tenham para com fornecedores de bens e serviços, ou seja, não há direito à tributação sobre o "lucro bruto", conforme pretenderam muitos contribuintes[10]. A empresa prestadora de serviço mediante cessão de mão de obra, por exemplo, não tem direito a pagar a Cofins apenas sobre a taxa de administração, excluindo da sua base de cálculo o montante dos salários e das contribuições sobre a folha. É, ela própria, empregadora e contribuinte relativamente aos tributos sobre a folha. Aliás, a Lei n. 6.019/74 é clara no sentido de estabelecer a responsabilidade da tomadora apenas em caráter subsidiário, ou seja, na hipótese de falência da empresa de trabalho temporário. Não há que se dizer, portanto, que os valores correspondentes aos salários e encargos não constituam receita da empresa de trabalho temporário. Tanto são receita sua que se prestam para satisfazer obrigação própria como empregadora e contribuinte. Do contrário, poderíamos chegar à conclusão de que toda e qualquer empresa simplesmente intermedeia a aquisição de bens e serviços, bastando para isso que especifique no contrato os seus custos, de modo que passassem a ser considerados meros repasses. Veja-se o precedente:

---

[9] MARTINS, Ives Gandra da Silva; SOUZA, Fátima Fernandes Rodrigues de. "Exclusão das receitas de terceiros da base de cálculo das contribuições ao PIS e Cofins devidas pelo contribuinte. Direito que decorre da norma de competência relativa a cada uma dessas contribuições e do princípio da capacidade contributiva. Inconstitucionalidade da MP 2.037 que pretendeu obstá-lo mediante a revogação do Inciso III do § 2º do art. 3º da Lei n. 9.718/98", *Revista Dialética de Direito Tributário*, n. 70, jul. 2001, p. 150-163.

[10] "PIS/COFINS. FATO GERADOR. CONCESSIONÁRIA DE VEÍCULOS. TRANSFERÊNCIA DE RECEITAS. FATURAMENTO. LUCRO BRUTO. INCIDÊNCIA. 1. A receita bruta da autora não é o *quantum* derivado da diferença entre o valor do automóvel vendido aos consumidores e o valor repassado para a montadora-fabricante a título do pagamento do respectivo veículo. 2. As montadoras vendem veículos novos para as concessionárias em perfeita operação de compra e venda mercantil, não operando ela como mera intermediante. Na revenda dos veículos e serviços a terceiros, o produto alcançado integra seu faturamento. 3. Não se pode inferir que a só distinção entre 'conta alheia' e 'nome próprio' é capaz de excluir, da receita bruta das concessionárias de automóveis, parte do faturamento da impetrante, por ser apurado em nome destas mas dirigir-se à conta alheia (da concedente). 4. Em que pese o art. 3º, § 2º, III, Lei n. 9.718/98, determinar que as receitas transferidas de uma pessoa jurídica para outra seriam abatidas do lucro bruto para, então, ter-se a base de cálculo do PIS e da Cofins, a norma não gozava de autoaplicabilidade, e foi revogada pela MP1991-18/2000" (TRF4, 1ª Turma, unânime, AC 2000.71.00.039618-0/RS, rel. Desa. Fed. Maria Lúcia Luz Leiria, ago. 2003).

PIS E COFINS [...] EMPRESAS PRESTADORAS DE SERVIÇO DE LOCAÇÃO DE MÃO DE OBRA TEMPORÁRIA (LEI 6.019/74). VALORES DESTINADOS AO PAGAMENTO DE SALÁRIOS E DEMAIS ENCARGOS TRABALHISTAS DOS TRABALHADORES TEMPORÁRIOS. INCLUSÃO NA BASE DE CÁLCULO. 17. [...] cuida-se de empresa prestadora de serviços de locação de mão de obra temporária (regida pela Lei n. 6.019/74 e pelo Decreto n. 73.841/74, consoante assentado no acórdão regional), razão pela qual, independentemente do regime normativo aplicável, os valores recebidos a título de pagamento de salários e encargos sociais dos trabalhadores temporários não podem ser excluídos da base de cálculo do PIS e da Cofins. (STJ, Primeira Seção, REsp 847641/RS, Luiz Fux, mar. 2009)

A questão está em bem distinguir as receitas de terceiros de simples valores destinados ao pagamento de terceiros pelo contribuinte[11].

Outro ponto outrora controverso, mas agora já definido pelo STF, diz respeito à pretensão dos contribuintes de excluir da base de cálculo da Cofins o ICMS destacado nas notas fiscais de venda de mercadorias. Sustentaram que o ICMS destacado não configuraria faturamento ou receita sua, mas do Fisco. Essa tese restou reforçada em outubro de 2014, quando o STF concluiu o julgamento do RE n. 240785, de relatoria do Ministro Marco Aurélio, dando razão ao contribuinte por 7 votos a 2. No RE n. 574.706 RG, em março de 2017, relatora a Ministra Carmen Lúcia, o STF reiterou o entendimento de que os contribuintes têm o direito de excluir o ICMS da base de cálculo do PIS e da Cofins. Por fim, na ADC 18, já em agosto de 2018, relator o Ministro Celso de Mello, sua excelência considerou a ação prejudicada, tendo como um dos fundamentos justamente o julgamento do RE n. 574.706[12].

Antes de adentrar o estudo das contribuições instituídas sobre o faturamento ou receita, impende ter em conta, ainda, a imunidade das receitas de exportação. Tal imunidade foi estabelecida pela EC n. 33/2001 ao acrescentar o § 2º, I, ao art. 149 da CF. Anteriormente ao advento da EC n. 33/2001, já se trilhava o rumo da desoneração das receitas de exportação mediante benefícios legais. Assim é que a Lei n. 9.004/95, ao dar

---

[11] "Os ingressos contábeis [...] somente constituirão receita tributável quando se destinarem a incorporar o patrimônio da empresa. Se esta última atuar como mera intermediária pela qual transitam valores destinados a outras pessoas jurídicas, então não haverá que se falar em auferimento de receita. Advertimos, todavia, que tal assertiva deve ser compreendida *cum modus in rebus*, sob pena de conduzir-nos a conclusões absurdas como a de excluir da receita bruta os valores pagos pela pessoa jurídica a seus fornecedores. Uma coisa é receita de terceiros, outra é receita própria que se utiliza para pagar prestadores de serviços ou fornecedores de mercadorias. Ambas não se confundem e têm tratamento tributário diverso. Quando a receita é alheia, contudo, a incidência do PIS/Cofins traz efeitos confiscatórios, violando o art. 150, IV, da Constituição, eis que o faturamento efetivamente tributado não pertence ao titular do ingresso – que não terá o seu patrimônio aumentado – mas sim a outrem" (MOREIRA, André Mendes. "PIS/Cofins – não-incidência sobre receitas de terceiros", *RDDT*, 141/37, jun. 2007).

[12] A questão foi o Assunto Especial da *Revista de Estudos Tributários*, n. 115, maio-jun. 2017, com artigos de Hugo de Brito Machado, Hugo Barroso Uelze e Roberto Biava Júnior, bem como entrevista com Cristiano Agrella Basaglia.

nova redação ao art. 5º da Lei n. 7.714/88, excluía da base de cálculo da contribuição ao PIS a receita da exportação de mercadorias nacionais. O art. 5º da Lei n. 7.714/88, na sua redação original, permitia excluir da base de cálculo da contribuição ao PIS apenas o valor da receita da exportação de produtos manufaturados nacionais. Quanto à Cofins, a isenção foi estabelecida pelo art. 7º da LC n. 70/91 e, posteriormente, constou do art. 14 da MP n. 1.858/99. Hoje, a desoneração assumiu nível constitucional, como norma negativa de competência tributária. Trata-se de imunidade que condiciona a instituição de quaisquer contribuições sociais, inclusive as de seguridade social, porquanto há uma relação de complementaridade entre o art. 149 e o art. 195 da CF. As contribuições PIS e Cofins, assim, não podem ser exigidas sobre receitas de exportação, sob pena de inconstitucionalidade.

2. Contribuições PIS e Cofins

Quando do advento da Constituição de 1988, havia duas contribuições vigentes incidindo sobre o faturamento: a contribuição ao PIS/Pasep, instituída pela LC n. 07/70, e a contribuição denominada Finsocial, instituída pelo DL n. 1.940/82.

Ambas foram recepcionadas: a) a contribuição PIS/Pasep para que continuasse vigendo em caráter permanente, conforme o art. 239; b) a contribuição Finsocial para que prosseguisse vigendo, temporariamente, até que instituída nova contribuição no exercício da competência ordinária do art. 195, I, sobre o faturamento, recepção esta feita e disciplinada pelo art. 56 do ADCT.

Com tais recepções expressas, restou excepcionada a vedação de *bis in idem* entre contribuições de seguridade social constante do art. 195, § 4º, da Constituição. Ou seja, prosseguiram coexistindo as duas contribuições sobre o faturamento, forte em fundamentos constitucionais distintos: os arts. 239 e 195, I, c/c o art. 56 do ADCT. O STF, aliás, pronunciou-se nesse sentido, afirmando a existência de suporte constitucional para incidência simultânea de ambas:

> [...] a existência de duas contribuições sobre o faturamento está prevista na própria Carta (art. 195, I, e 239), motivo singelo, mas bastante, não apenas para que não se possa falar em inconstitucionalidade, mas também para infirmar a ilação de que a contribuição do artigo 239 satisfaz a previsão do artigo 195, I, no que toca a contribuição calculada sobre o faturamento[13].

---

[13] Excerto do voto do Min. Ilmar Galvão no RE n. 150.164-1. Veja-se ainda, excerto do voto condutor do Min. Moreira Alves na ADC 1-1/DF: "[...] No tocante ao PIS/Pasep, é a própria Constituição Federal que admite que o faturamento do empregador seja base de cálculo para essa contribuição social e outra, como, no caso, é a Cofins. De feito, se o PIS/Pasep, que foi caracterizado, pelo art. 239 da Constituição, como contribuição social por lhe haver dado esse dispositivo constitucional permanente destinação previdenciária, houvesse exaurido a possibilidade de instituição, por lei, de outra contribuição social incidente sobre o faturamento dos

A contribuição Finsocial, recepcionada para vigência apenas temporária, restou substituída pela contribuição denominada Cofins em face da publicação da LC n. 70/91. Tratando-se de contribuição sobre base econômica já prevista no art. 195, I, ou seja, de contribuição ordinária ou nominada, em verdade não se fazia necessária a via da lei complementar, tanto que, posteriormente, passou a ser disciplinada, a Cofins, por leis ordinárias: Leis n. 9.718/98 e 10.833/2003.

A contribuição PIS/Pasep e a Cofins, por incidirem ambas sobre o faturamento, passaram a receber tratamento legislativo conjunto no que diz respeito a seus fatos geradores e bases de cálculo, o que se deu através da Lei n. 9.718/98.

Os dispositivos da Lei n. 9.718/98 somam-se aos demais dispositivos da LC n. 70/91, relativamente à Cofins, e aos demais dispositivos da Lei n. 9.715/98, relativamente à contribuição ao PIS/Pasep. Tais diplomas dispõem sobre o regime comum ou cumulativo das contribuições PIS e Cofins, aplicáveis à maior parte das empresas, dentre as quais as tributadas pelo imposto de renda com base no lucro presumido ou arbitrado, as imunes a impostos e as sociedades cooperativas, conforme dispõem o art. 10 da Lei n. 10.833/2003 e o art. 8º da Lei n. 10.637/2002 c/c o art. 16 da Lei n. 10.833/2003.

Os regimes não cumulativos das contribuições PIS/Pasep e Cofins, aplicáveis basicamente às empresas tributadas, quanto ao Imposto de Renda, com base no lucro real surgiram em momentos distintos. A Lei n. 10.637/2002 inaugurou a não cumulatividade relativamente à contribuição PIS/Pasep, que possui alíquota menor, de modo a que o Fisco pudesse analisar a repercussão que teria na arrecadação. Posteriormente, a Lei n. 10.833/2003 disciplinou a não cumulatividade da Cofins.

Sistemáticas específicas de tributação relacionadas à PIS e à Cofins são, ainda, as decorrentes da utilização, pelo legislador, das técnicas da substituição tributária para a frente e do regime monofásico[14].

Após o advento da EC n. 42/2003, que acresceu o inciso IV ao art. 195 da Constituição, passando a admitir a instituição de contribuição a cargo do importador de

---

empregadores, essa base de cálculo, por já ter sido utilizada, não estaria referida no inciso I do art. 195 que é o dispositivo da Constituição que disciplina, genericamente, as contribuições sociais, e que permite que, nos termos da lei (e, portanto, de lei ordinária), seja a seguridade social financiada por contribuição social incidente sobre o faturamento dos empregadores".

[14] "[...] a fixação da modalidade monofásica de apuração e cobrança da contribuição para o PIS e da Cofins ocorreu, na maioria dos casos, antes mesmo da criação da sistemática não cumulativa advinda com as MP's n. 66/2002 e 135/2003. É possível se inferir desse fato que o regime monofásico foi instituído para substituir a incidência cumulativa das contribuições ao longo de toda a cadeia de produção/importação e distribuição/comercialização daqueles produtos que então foram eleitos para se submeter 'concentração da tributação em determinada etapa do ciclo econômico'. Vale dizer: o que se objetiva com a fixação da sistemática monofásica de tributação, em geral, é simplesmente concentrar a obrigação pelo recolhimento das contribuições que seriam devidas ao longo da cadeia de circulação econômica em uma determinada etapa – via de regra, na produção ou importação da mercadoria sujeita a tal modalidade de tributação –, sem que isso represente redução da carga incidente sobre os respectivos produtos" (MARQUES, Thiago de Mattos. "Apuração de créditos de PIS/Cofins no regime monofásico...", *RDDT*, 170/129, nov. 2009).

bens e serviços, foram instituídas pela Lei n. 10.865/2004, ainda, as contribuições PIS/Pasep-Importação e Cofins-Importação. Estas não têm a receita como fato gerador, tampouco são dimensionadas com base nela, incidindo, sim, sobre a importação e tendo como base de cálculo o valor aduaneiro do bem importado ou o montante do pagamento pelo serviço importado, gerando, contudo, crédito para compensação com o PIS/Pasep e a Cofins devidos internamente no regime não cumulativo.

2.1. PIS e Cofins no regime comum ou cumulativo – LC n. 70/91 e Leis n. 9.715/98 e 9.718/98

Tanto a PIS quanto a Cofins são contribuições que têm a União como sujeito ativo, sendo administradas pela Receita Federal do Brasil. Tal decorre tacitamente da legislação no que diz respeito à Cofins, pois não faz qualquer delegação da condição de sujeito ativo, e expressamente quanto ao PIS:

Lei n. 9.715/98:

Art. 10. A administração e fiscalização da contribuição para o PIS/Pasep compete à Secretaria da Receita Federal.

Art. 11. O processo administrativo de determinação e exigência das contribuições para o PIS/Pasep, bem como o de consulta sobre a aplicação da respectiva legislação, serão regidos pelas normas do processo administrativo de determinação e exigência dos créditos tributários da União.

As contribuições PIS/Pasep e Cofins, no regime comum, que não admite apuração nem compensação de créditos, têm seu regramento básico disposto na Lei n. 9.718/98[15], que passou a produzir efeitos a contar de fevereiro de 1999[16].

Para dispor sobre tais contribuições, não se faz necessária lei complementar, pois já previstas nos arts. 195, I, *b*, e 239 da Constituição, de modo que não há vício formal na Lei n. 9.718/98, mesmo tendo revogado dispositivos da LC n. 70/91.

---

[15] A Lei n. 8.212/91, em seu art. 23, inciso I, previa a cobrança do Finsocial à alíquota de 2%: "Art. 23. As contribuições a cargo da empresa provenientes do faturamento e do lucro, destinadas à Seguridade Social, além do disposto no art. 22, são calculadas mediante a aplicação das seguintes alíquotas: I – 2% (dois por cento) sobre sua receita bruta, estabelecida segundo o disposto no § 1º do art. 1º do Decreto-Lei n. 1.940, de 25 de maio de 1982, com a redação dada pelo art. 22, do Decreto-Lei n. 2.397, de 21 de dezembro de 1987, e alterações posteriores; § 2º O disposto neste artigo não se aplica às pessoas de que trata o art. 25". Mas tal dispositivo restou revogado expressamente quando do advento da LC n. 70/91, que instituiu a Cofins, dispondo o art. 9º desta: "Art. 9º A contribuição social sobre o faturamento de que trata esta Lei Complementar não extingue as atuais fontes de custeio da Seguridade Social, salvo a prevista no art. 23, inciso I, da Lei n. 8.212, de 24 de julho de 1991, a qual deixará de ser cobrada a partir da data em que for exigível a contribuição ora instituída".

[16] Lei n. 9.718/98: "Art. 17. Esta Lei entra em vigor na data de sua publicação, produzindo efeitos: I – em relação aos arts. 2º a 8º, para os fatos geradores ocorridos a partir de 1º de fevereiro de 1999; II [...]".

Dispõem os arts. 2º e 3º da Lei n. 9.718/98, inclusive com as alterações da Lei n. 12.973/2014 e 13.043/2014:

> CAPÍTULO I – DA CONTRIBUIÇÃO PARA O PIS/PASEP E COFINS
>
> [...]
>
> Art. 2º As contribuições para o PIS/Pasep e a Cofins, devidas pelas pessoas jurídicas de direito privado, *serão calculadas com base no seu faturamento*, observadas a legislação vigente e as alterações introduzidas por esta Lei.
>
> Art. 3º O faturamento a que se refere o art. 2º compreende a receita bruta de que trata o art. 12 do Decreto-Lei n. 1.598, de 26 de dezembro de 1977.
>
> [...]
>
> § 2º Para fins de determinação da base de cálculo das contribuições a que se refere o art. 2º, excluem-se da receita bruta:
>
> I – as vendas canceladas e os descontos incondicionais concedidos;
>
> II – as reversões de provisões e recuperações de créditos baixados como perda, que não representem ingresso de novas receitas, o resultado positivo da avaliação de investimento pelo valor do patrimônio líquido e os lucros e dividendos derivados de participações societárias, que tenham sido computados como receita bruta;
>
> [...]
>
> IV – as receitas de que trata o inciso IV do *caput* do art. 187 da Lei n. 6.404, de 15 de dezembro de 1976, decorrentes da venda de bens do ativo não circulante, classificado como investimento, imobilizado ou intangível; e
>
> V – a receita decorrente da transferência onerosa a outros contribuintes do ICMS de créditos de ICMS originados de operações de exportação, conforme o disposto no inciso II do § 1º do art. 25 da Lei Complementar n. 87, de 13 de setembro de 1996;
>
> VI – a receita reconhecida pela construção, recuperação, ampliação ou melhoramento da infraestrutura, cuja contrapartida seja ativo intangível representativo de direito de exploração, no caso de contratos de concessão de serviços públicos.

Dispõe o referido art. 12 do DL n. 1.598/77, com as alterações da Lei n. 12.973/2014:

> Art. 12. A receita bruta compreende:
>
> I – o produto da venda de bens nas operações de conta própria;
>
> II – o preço da prestação de serviços em geral;
>
> III – o resultado auferido nas operações de conta alheia; e
>
> IV – as receitas da atividade ou objeto principal da pessoa jurídica não compreendidas nos incisos I a III.

Importa, aqui, atentar para a previsão da base de cálculo como a receita de qualquer atividade que constitua o objeto principal da pessoa jurídica, seja a venda de mercadorias e serviços ou qualquer outra atividade, como a financeira, a de incorporação imobiliária e a de seguros, o que corresponde à interpretação que já vinha sendo feita antes mesmo do advento da Lei n. 12.973/2014, conforme destacamos quando da norma de competência.

O fato gerador dessas contribuições ocorre mensalmente com a percepção da receita e a base de cálculo é a dimensão de tal receita que provém da atividade ou objeto principal da pessoa jurídica.

A alíquota da contribuição ao PIS/Pasep é de 0,65%, conforme previsão constante do art. 1º da MP n. 2.158-35/2001[17]. A alíquota de 1,65%, conforme estabelecido pelo art. 2º da Lei n. 10.637/2003, aplica-se apenas às empresas sujeitas ao regime não cumulativo, adiante abordado. Vejamos seus textos:

> MP 2.158-35/2001: Art. 1º A alíquota da contribuição para os Programas de Integração Social e de Formação do Patrimônio do Servidor Público – PIS/Pasep, devida pelas pessoas jurídicas a que se refere o § 1º do art. 22 da Lei n. 8.212, de 24 de julho de 1991, fica reduzida para sessenta e cinco centésimos por cento em relação aos fatos geradores ocorridos a partir de 1º de fevereiro de 1999.
>
> Lei n. 10.637/2003: Art. 2º Para determinação do valor da contribuição para o PIS/Pasep aplicar-se-á, sobre a base de cálculo apurada conforme o disposto no art. 1º, a alíquota de 1,65% (um inteiro e sessenta e cinco centésimos por cento).

Mas há entidades relativamente às quais a contribuição ao PIS/Pasep é calculada com base de cálculo e alíquota diversas, ou seja, com base na folha de salários, à alíquota de 1%, conforme se vê do art. 13 da MP n. 2.158-35/2001:

> Art. 13. A contribuição para o PIS/Pasep será determinada com base na folha de salários, à alíquota de um por cento, pelas seguintes entidades:
>
> I – templos de qualquer culto;
>
> II – partidos políticos;
>
> III – instituições de educação e de assistência social [...];
>
> IV – instituições de caráter filantrópico, recreativo, cultural, científico e as associações [...];
>
> V – sindicatos, federações e confederações;
>
> VI – serviços sociais autônomos, criados ou autorizados por lei;
>
> VII – conselhos de fiscalização de profissões regulamentadas;
>
> VIII – fundações de direito privado e fundações públicas instituídas ou mantidas pelo Poder Público;
>
> IX – condomínios de proprietários de imóveis residenciais ou comerciais; e
>
> X – a Organização das Cooperativas Brasileiras – OCB e as Organizações Estaduais de Cooperativas previstas no art. 105 e seu § 1º da Lei n. 5.764, de 16 de dezembro de 1971.

---

[17] Anteriormente, a Lei n. 9.715/98 já dispunha: "Art. 8º A contribuição será calculada mediante a aplicação, conforme o caso, das seguintes alíquotas: I – zero vírgula sessenta e cinco por cento sobre o faturamento; II – um por cento sobre a folha de salários; III – [...]".

Quanto à Cofins, a alíquota é de 3%, nos termos do art. 8º da Lei n. 9.718/98, que teve a sua constitucionalidade reconhecida pelo STF[18]. Veja-se o dispositivo legal: "Art. 8º Fica elevada para três por cento a alíquota da Cofins". A alíquota da Cofins de 7,6%, conforme estabelecido pela Lei n. 10.833/2003, aplica-se apenas às empresas sujeitas ao regime não cumulativo, adiante abordado. Há, pois, dualidade em tudo semelhante à do PIS/Pasep.

Embora a alíquota da Cofins cumulativa seja, em regra, de 3%, há dispositivos especiais nos arts. 4º, 5º, 8º-A e 8º-B da Lei n. 9.718/98. O art. 5º, § 4º, prevê até mesmo alíquotas específicas, em reais por metro cúbito de álcool, por exemplo, e seu § 8º prevê a possibilidade de o Executivo fixar coeficientes para redução de tais alíquotas, sistemática essa que vem tendo a sua constitucionalidade discutida[19].

A Lei n. 10.833/2003, arts. 30 a 36, estabelece casos de substituição tributária, obrigando determinadas empresas à retenção e ao recolhimento da Cofins de que são contribuintes outras empresas. É o que ocorre relativamente à prestação de serviços de limpeza, segurança, vigilância e locação de mão de obra, dentre outros. O prazo para recolhimento dos valores retidos consta do art. 35 da Lei n. 10.833/2003, com a redação da Lei n. 13.137/2015: "até o último dia útil do segundo decêndio do mês subsequente àquele mês em que tiver ocorrido o pagamento à pessoa jurídica fornecedora dos bens ou prestadora do serviço".

O art. 6º, II, da LC n. 70/91, que estabeleceu isenção para "as sociedades civis de que trata o art. 1º do Decreto-Lei n. 2.397, de 21 de dezembro de 1987", foi revogado pelo art. 56 da Lei n. 9.430/96. Tal revogação foi considerada válida pelo STF, porquanto não se tratava de matéria sujeita à reserva de lei complementar. Vejam-se os precedentes do STF e do STJ:

> Contribuição social sobre o faturamento – Cofins (CF, art. 195, I). [...] 2. Revogação pelo art. 56 da Lei n. 9.430/96 da isenção concedida às sociedades civis de profissão regulamentada pelo art. 6º, II, da Lei Complementar 70/91. Legitimidade. 3. Inexistência de relação hierárquica entre lei ordinária e lei complementar. Questão exclusivamente constitucional, relacionada à distribuição material entre as espécies legais. Precedentes. 4. A LC n. 70/91 é apenas formalmente complementar, mas materialmente ordinária, com relação aos dispositivos concernentes à contribuição social por ela instituída. ADC 1, Rel. Moreira Alves, RTJ 156/721. 5. Recurso extraordinário conhecido mas negado provimento. (STF, Pleno, RE n. 377457, rel. Min. Gilmar Mendes, set. 2008)
> LEGITIMIDADE DA EXIGÊNCIA DA COFINS EM RELAÇÃO A SOCIEDADES CIVIS DE PRESTAÇÃO DE SERVIÇOS DE PROFISSÃO LEGALMENTE

---

[18] STF, RE n. 336.134/RS, nov. 2002.

[19] O aumento da alíquota do PIS/Cofins incidente sobre os combustíveis e a inconstitucionalidade do Decreto n. 9.101/2017 é justamente o Assunto Especial da *Revista de Estudos Tributários*, n. 118, nov.-dez. 2017.

REGULAMENTADA. 1. O Pleno do STF, ao concluir o julgamento do RE 377.457-3/PR, decidiu que não existe relação hierárquica entre lei complementar e lei ordinária e que a possibilidade de revogação da isenção concedida pela LC n. 70/91 por meio da Lei n. 9.430/96 encerra questão exclusivamente constitucional concernente à distribuição material entre as espécies legais. Na mesma oportunidade, o Pretório Excelso, ponderando preceitos constitucionais relativos à matéria tributária (arts. 195, I, e 239), afirmou que a LC n. 70/91 é materialmente ordinária. Dessa forma, considerando que as leis confrontadas (art. 6º, II, da LC n. 70/91 e art. 56 da Lei n. 9.430/96) são materialmente ordinárias e ostentam normatização incompatível em si, é de se concluir pela prevalência do diploma mais moderno e, por conseguinte, pela legitimidade da revogação da isenção da Cofins (art. 2º, § 1º, da LICC – *lex posterior derrogat priori*). Esse entendimento foi posteriormente confirmado pelo STJ por ocasião de julgamento na sistemática instituída pelo art. 543-C do CPC, no recurso representativo da controvérsia REsp 826.428 – MG, Primeira Seção, rel. Min. Luiz Fux, julgado em 9-6-2010. (STJ, Segunda Turma, REsp 1308894/SP, rel. Min. Mauro Campbell Marques, abr. 2012)

2.2. PIS e Cofins não cumulativas – Leis n. 10.637/2002 e 10.833/2003

Preliminarmente à análise da dita não cumulatividade das contribuições PIS/Pasep e Cofins, importa ter em consideração alguns aspectos:

a) a não cumulatividade do PIS e da Cofins surgiu por força de leis ordinárias, e a EC n. 42/2003, ao acrescer o § 12 ao art. 195 da Constituição, apenas a refere a não cumulatividade, sem especificar os critérios a serem observados;

b) a receita é fenômeno que diz respeito a cada contribuinte individualmente considerado, não havendo que se falar propriamente em ciclo ou cadeia econômica;

c) a não cumulatividade em tributo sobre a receita é uma ficção que, justamente por ter em conta a receita, induz uma amplitude maior que a da não cumulatividade dos impostos sobre operações com produtos industrializados ou mesmo sobre a circulação de mercadorias.

Neste sentido, são as lições de Marco Aurélio Greco, que chama atenção para a necessidade de se interpretar os dispositivos da legislação específica tendo como referência, sempre e necessariamente, a base econômica que é objeto de tributação – a receita –, a racionalidade da sua incidência e a necessária coerência interna do seu regime jurídico:

> [...] como não há – subjacente à noção de receita – um ciclo econômico a ser considerado (posto ser fenômeno ligado a uma única pessoa), os critérios para definir a dedutibilidade de valores devem ser construídos em função da realidade "receita" como figura atrelada subjetivamente ao contribuinte, isoladamente considerado.
>
> [...] enquanto o processo formativo de um produto aponta no sentido de eventos de caráter físico a ele relativos, o processo formativo de uma receita aponta na direção de todos os elementos (físicos ou funcionais) relevantes para sua obtenção. Vale dizer, o universo de

elementos captáveis pela não cumulatividade de PIS/Cofins é mais amplo do que aquele, por exemplo, do IPI[20].

Restará claro da legislação, a par disso, que, diferentemente do que ocorre na não cumulatividade do IPI e do ICMS, no caso do PIS/Pasep e da Cofins, não há creditamento de valores destacados nas operações anteriores, mas apuração de créditos calculados em relação a despesas com bens e serviços utilizados na sua atividade econômica.

A não cumulatividade da contribuição ao PIS surgiu antes daquela relativa à Cofins. Cuidou da matéria a Lei n. 10.637/2002, decorrente de conversão da MP n. 66/2002. Infere-se do seu art. 8º que alcança, como regra, as empresas tributadas, pelo imposto de renda, com base no lucro real. Continuam sujeitas à legislação vigente anteriormente à MP n. 66/Lei n. 10.637, ou seja, às Leis n. 9.715/98 e 9.718/98, dentre outras, as pessoas jurídicas tributadas pelo imposto de renda com base no lucro presumido ou arbitrado e as imunes a impostos.

A Lei n. 10.637/2002, com a redação da Lei n. 12.973/2014, estabelece como fato gerador do PIS no regime não cumulativo o faturamento mensal, mas compreendido como o total das receitas auferidas, conforme seu art. 1º:

> Art. 1º A contribuição para o PIS/Pasep tem como fato gerador o faturamento mensal, assim entendido o total das receitas auferidas pela pessoa jurídica, independentemente de sua denominação ou classificação contábil.
>
> § 1º Para efeito do disposto neste artigo, o total das receitas compreende a receita bruta de que trata o art. 12 do Decreto-Lei n. 1.598, de 26 de dezembro de 1977, e todas as demais receitas auferidas pela pessoa jurídica com os respectivos valores decorrentes do ajuste a valor presente de que trata o inciso VIII do *caput* do art. 183 da Lei n. 6.404, de 15 de dezembro de 1976.

A base de cálculo é prevista nos §§ 2º e 3º do mesmo art. 1º, igualmente com a redação das Leis n. 11.945/2009 e 12.973/2014:

> § 2º A base de cálculo da Contribuição para o PIS/Pasep é o total das receitas auferidas pela pessoa jurídica, conforme definido no *caput* e no § 1º.
>
> § 3º Não integram a base de cálculo a que se refere este artigo, as receitas:
>
> I – decorrentes de saídas isentas da contribuição ou sujeitas à alíquota zero;
>
> II – (VETADO)
>
> III – auferidas pela pessoa jurídica revendedora, na revenda de mercadorias em relação às quais a contribuição seja exigida da empresa vendedora, na condição de substituta tributária;
>
> IV – (Revogado pela Lei n. 11.727, de 2008)

---

[20] GRECO, Marco Aurélio. "Não-cumulatividade no PIS e na Cofins". In: PAULSEN, Leandro (coord.). *Não--Cumulatividade das contribuições PIS/Pasep e Cofins*. Porto Alegre: IET e IOB/Thomson, 2004.

V – referentes a:

a) vendas canceladas e aos descontos incondicionais concedidos;

b) reversões de provisões e recuperações de créditos baixados como perda, que não representem ingresso de novas receitas, o resultado positivo da avaliação de investimentos pelo valor do patrimônio líquido e os lucros e dividendos derivados de participações societárias, que tenham sido computados como receita;

VI – de que trata o inciso IV do *caput* do art. 187 da Lei n. 6.404, de 15 de dezembro de 1976, decorrentes da venda de bens do ativo não circulante, classificado como investimento, imobilizado ou intangível;

VII – decorrentes de transferência onerosa a outros contribuintes do Imposto sobre Operações relativas à Circulação de Mercadorias e sobre Prestações de Serviços de Transporte Interestadual e Intermunicipal e de Comunicação – ICMS de créditos de ICMS originados de operações de exportação, conforme o disposto no inciso II do § 1º do art. 25 da Lei Complementar n. 87, de 13 de setembro de 1996.

VIII – financeiras decorrentes do ajuste a valor presente de que trata o inciso VIII do *caput* do art. 183 da Lei n. 6.404, de 15 de dezembro de 1976, referentes a receitas excluídas da base de cálculo da Contribuição para o PIS/Pasep;

IX – relativas aos ganhos decorrentes de avaliação de ativo e passivo com base no valor justo;

X – de subvenções para investimento, inclusive mediante isenção ou redução de impostos, concedidas como estímulo à implantação ou expansão de empreendimentos econômicos e de doações feitas pelo poder público;

XI – reconhecidas pela construção, recuperação, reforma, ampliação ou melhoramento da infraestrutura, cuja contrapartida seja ativo intangível representativo de direito de exploração, no caso de contratos de concessão de serviços públicos;

XII – relativas ao valor do imposto que deixar de ser pago em virtude das isenções e reduções de que tratam as alíneas "a", "b", "c" e "e" do § 1º do art. 19 do Decreto-Lei n. 1.598, de 26 de dezembro de 1977; e

XIII – relativas ao prêmio na emissão de debêntures.

O art. 2º da Lei n. 10.637/2002 estabelece a alíquota de 1,65% como regra, sem prejuízo das exceções previstas em seus parágrafos. Vejamos o *caput*:

Art. 2º Para determinação do valor da contribuição para o PIS/Pasep aplicar-se-á, sobre a base de cálculo apurada conforme o disposto no art. 1º, a alíquota de 1,65% (um inteiro e sessenta e cinco centésimos por cento).

O contribuinte do PIS no regime não cumulativo está definido no art. 4º como sendo a pessoa jurídica que aufere as receitas:

Art. 4º O contribuinte da contribuição para o PIS/Pasep é a pessoa jurídica que auferir as receitas a que se refere o art. 1º.

O art. 3º da Lei n. 10.637/2002, por sua vez, autoriza o desconto de créditos calculados em relação a bens adquiridos para revenda, bens e serviços utilizados como insumo, inclusive combustíveis e lubrificantes, aluguéis pagos a pessoa jurídica, despesas financeiras, máquinas e equipamentos adquiridos, energia elétrica e energia térmica etc. O crédito apropriado não aproveitado em determinado mês pode ser aproveitado nos meses subsequentes, comunicando-se, pois, os períodos. Não há previsão de correção monetária de tais créditos.

Também é viável o desconto de crédito apurado em relação às importações tributadas a título de PIS/Pasep-Importação, conforme o art. 15 da Lei n. 10.865/2004[21].

O prazo de pagamento do PIS não cumulativo resta estabelecido pelo art. 10 da Lei n. 10.637/2002, com a redação da Lei n. 11.933/2009:

> Art. 10. A contribuição de que trata o art. 1º desta Lei deverá ser paga até o 25º (vigésimo quinto) dia do mês subsequente ao de ocorrência do fato gerador. (Redação dada pela Lei n. 11.933, de 2009)

Já no que diz respeito à Cofins não cumulativa, surgiu com a MP n. 135/2003, convertida na Lei n. 10.833, de 29 de dezembro de 2003. Dispôs sobre a cobrança não cumulativa da Cofins (art. 1º) para as empresas que apuram o imposto de renda com base no lucro real, elevando a alíquota da Cofins, neste regime, para 7,6% (art. 2º). Há uma enorme gama de empresas que permanecem regidas pela legislação anterior, como as tributadas pelo imposto de renda com base no lucro presumido ou arbitrado, as pessoas jurídicas imunes a impostos e as sociedades cooperativas, dentre outras (art. 10). Reproduziu, assim, o que já havia sido feito com a contribuição ao PIS pela Lei n. 10.637/2002, decorrente da conversão da MP n. 66/2002.

O art. 27, § 2º, da Lei n. 10.865/2004 autorizou o Executivo a reduzir e restabelecer as alíquotas da Cofins sobre as receitas financeiras das pessoas jurídicas sujeitas ao regime não cumulativo até os percentuais especificados no seu art. 8º. O Decreto n. 5.164/2994 reduziu a alíquota a zero, tendo sido mantido pelo Decreto n. 5.442/2005. Mas o Decreto n. 8.426/2015 restabeleceu a alíquota no patamar de 4% a contar de 1º de julho de 2015. O STJ decidiu que "considerada legal a permissão dada ao administrador para reduzir tributos, também deve ser admitido o seu restabelecimento, pois

---

[21] Lei n. 10.865/2004: "CAPÍTULO IX. DO CRÉDITO [...] Art. 15. As pessoas jurídicas sujeitas à apuração da contribuição para o PIS/Pasep e da Cofins, nos termos dos arts. 2º e 3º das Leis n. 10.637, de 30 de dezembro de 2002, e 10.833, de 29 de dezembro de 2003, poderão descontar crédito, para fins de determinação dessas contribuições, em relação às importações sujeitas ao pagamento das contribuições de que trata o art. 1º desta Lei, nas seguintes hipóteses: (Redação dada pela Lei n. 11.727, de 2008) I – bens adquiridos para revenda; II – bens e serviços utilizados como insumo na prestação de serviços e na produção ou fabricação de bens ou produtos destinados à venda, inclusive combustível e lubrificantes; III – energia elétrica consumida nos estabelecimentos da pessoa jurídica; IV – aluguéis e contraprestações de arrendamento mercantil de prédios, máquinas e equipamentos, embarcações e aeronaves, utilizados na atividade da empresa; V – máquinas, equipamentos e outros bens incorporados ao ativo imobilizado, adquiridos para locação a terceiros ou para utilização na produção de bens destinados à venda ou na prestação de serviços. (Redação dada pela Lei n. 11.196, de 2005) § 1º [...]".

não se pode compartimentar o próprio dispositivo legal para fins de manter a tributação com base em redução indevida"[22].

O aspecto material da Cofins não cumulativa é estabelecido pelo art. 1º da Lei n. 10.833/2003, com a redação da Lei n. 12.973/2014:

> Art. 1º A Contribuição para o Financiamento da Seguridade Social – Cofins, com a incidência não cumulativa, incide sobre o total das receitas auferidas no mês pela pessoa jurídica, independentemente de sua denominação ou classificação contábil.

Mas não incide sobre receitas advindas da exportação de mercadorias e serviços, como decorrência da imunidade constitucional estampada no art. 149, § 2º, I, da CF por força da EC n. 33/2001, bem como sobre outras receitas previstas no art. 6º da Lei n. 10.833/2003:

> Art. 6º A Cofins não incidirá sobre as receitas decorrentes das operações de:
> I – exportação de mercadorias para o exterior;
> II – prestação de serviços para pessoa física ou jurídica residente ou domiciliada no exterior, cujo pagamento represente ingresso de divisas; (Redação dada pela Lei n. 10.865, de 2004)
> III – vendas a empresa comercial exportadora com o fim específico de exportação.
> § 1º Na hipótese deste artigo, a pessoa jurídica vendedora poderá utilizar o crédito apurado na forma do art. 3º, para fins de:
> I – dedução do valor da contribuição a recolher, decorrente das demais operações no mercado interno;
> II – compensação com débitos próprios, vencidos ou vincendos, relativos a tributos e contribuições administrados pela Secretaria da Receita Federal, observada a legislação específica aplicável à matéria.
> § 2º A pessoa jurídica que, até o final de cada trimestre do ano civil, não conseguir utilizar o crédito por qualquer das formas previstas no § 1º poderá solicitar o seu ressarcimento em dinheiro, observada a legislação específica aplicável à matéria.
> § 3º O disposto nos §§ 1º e 2º aplica-se somente aos créditos apurados em relação a custos, despesas e encargos vinculados à receita de exportação, observado o disposto nos §§ 8º e 9º do art. 3º.
> § 4º O direito de utilizar o crédito de acordo com o § 1º não beneficia a empresa comercial exportadora que tenha adquirido mercadorias com o fim previsto no inciso III do *caput*, ficando vedada, nesta hipótese, a apuração de créditos vinculados à receita de exportação.

Contribuinte da Cofins não cumulativa é a pessoa que auferir as receitas:

> Art. 5º O contribuinte da Cofins é a pessoa jurídica que auferir as receitas a que se refere o art. 1º.

---

[22] STJ, REsp n. 1586950/RS, rel. Min. Napoleão Nunes Maia Filho, rel. p/ Acórdão Min. Gurgel De Faria, Primeira Turma, julgado em 19-9-2017, *DJe* 9-10-2017.

No que diz respeito ao aspecto quantitativo (base de cálculo e alíquota), há um tratamento genérico e casos específicos, com alíquotas reduzidas.

Conforme a Lei n. 10.833/2003, a base de cálculo da Cofins não cumulativa é o total das receitas auferidas pela pessoa jurídica. Vejamos o texto do seu art. 1º, atualizado, inclusive pela Lei n. 12.973/2014:

> Art. 1º A Contribuição para o Financiamento da Seguridade Social – Cofins, com a incidência não cumulativa, incide sobre o total das receitas auferidas no mês pela pessoa jurídica, independentemente de sua denominação ou classificação contábil.
>
> § 1º Para efeito do disposto neste artigo, o total das receitas compreende a receita bruta de que trata o art. 12 do Decreto-Lei n. 1.598, de 26 de dezembro de 1977, e todas as demais receitas auferidas pela pessoa jurídica com os seus respectivos valores decorrentes do ajuste a valor presente de que trata o inciso VIII do *caput* do art. 183 da Lei n. 6.404, de 15 de dezembro de 1976.
>
> § 2º A base de cálculo da Cofins é o total das receitas auferidas pela pessoa jurídica, conforme definido no *caput* e no § 1º.

A locução "todas as demais receitas auferidas pela pessoa jurídica" dá enorme amplitude à base de cálculo da Cofins não cumulativa, em consonância com a competência atribuída pelo art. 195, I, *b*, da CF após a EC n. 20/98, que alargou a base tributável de faturamento para "receita ou faturamento".

A Lei n. 10.833/2003, no § 3º do art. 1º, com a redação da Lei n. 12.973/2014, exclui certas receitas da base de cálculo da Cofins não cumulativa:

> § 3º Não integram a base de cálculo a que se refere este artigo as receitas:
>
> I – isentas ou não alcançadas pela incidência da contribuição ou sujeitas à alíquota 0 (zero);
>
> II – de que trata o inciso IV do *caput* do art. 187 da Lei n. 6.404, de 15 de dezembro de 1976, decorrentes da venda de bens do ativo não circulante, classificado como investimento, imobilizado ou intangível;
>
> III – auferidas pela pessoa jurídica revendedora, na revenda de mercadorias em relação às quais a contribuição seja exigida da empresa vendedora, na condição de substituta tributária;
>
> IV – (Revogado)
>
> V – referentes a:
>
> a) vendas canceladas e aos descontos incondicionais concedidos;
>
> b) reversões de provisões e recuperações de créditos baixados como perda que não representem ingresso de novas receitas, o resultado positivo da avaliação de investimentos pelo valor do patrimônio líquido e os lucros e dividendos derivados de participações societárias, que tenham sido computados como receita;
>
> VI – decorrentes de transferência onerosa a outros contribuintes do Imposto sobre Operações relativas à Circulação de Mercadorias e sobre Prestações de Serviços de Transporte Interestadual e Intermunicipal e de Comunicação – ICMS de créditos de ICMS originados

de operações de exportação, conforme o disposto no inciso II do § 1º do art. 25 da Lei Complementar n. 87, de 13 de setembro de 1996.

VII – financeiras decorrentes do ajuste a valor presente de que trata o <u>inciso VIII do *caput* do art. 183 da Lei n. 6.404, de 15 de dezembro de 1976</u>, referentes a receitas excluídas da base de cálculo da Cofins;

VIII – relativas aos ganhos decorrentes de avaliação do ativo e passivo com base no valor justo;

IX – de subvenções para investimento, inclusive mediante isenção ou redução de impostos, concedidas como estímulo à implantação ou expansão de empreendimentos econômicos e de doações feitas pelo poder público;

X – reconhecidas pela construção, recuperação, reforma, ampliação ou melhoramento da infraestrutura, cuja contrapartida seja ativo intangível representativo de direito de exploração, no caso de contratos de concessão de serviços públicos;

XI – relativas ao valor do imposto que deixar de ser pago em virtude das isenções e reduções de que tratam as <u>alíneas "a", "b", "c" e "e" do § 1º do art. 19 do Decreto-Lei n. 1.598, de 26 de dezembro de 1977</u>; e

XII – relativas ao prêmio na emissão de debêntures.

A alíquota da Cofins é, em regra, de 7,6%[23], forte no art. 2º da Lei n. 10.833/2003:

Art. 2º Para determinação do valor da Cofins aplicar-se-á, sobre a base de cálculo apurada conforme o disposto no art. 1º, a alíquota de 7,6% (sete inteiros e seis décimos por cento).

A Lei n. 10.833/2003 ainda autoriza o Executivo a reduzir e a restabelecer a alíquota relativa à receita da venda de produtos químicos e farmacêuticos e destinados ao uso em laboratório que refere, sem que haja, contudo, previsão constitucional para tanto. A Constituição só atenua a legalidade relativamente aos impostos federais, nos termos do art. 153, § 1º, da Constituição, às contribuições de intervenção no domínio econômico relativas às atividades de importação e comercialização de combustíveis, previstas no § 4º do art. 177 da CF por força da EC n. 33/2001 e, ainda, à CPMF, conforme o art. 75, § 1º, do ADCT. Vejamos a Lei n. 10.833/2003:

Art. 2º [...]

§ 3º Fica o Poder Executivo autorizado a reduzir a 0 (zero) e a restabelecer a alíquota incidente sobre receita bruta decorrente da venda de produtos químicos e farmacêuticos, classificados nos Capítulos 29 e 30, sobre produtos destinados ao uso em hospitais, clínicas e consultórios médicos e odontológicos, campanhas de saúde realizadas pelo Poder Público, laboratório de anatomia patológica, citológica ou de análises clínicas, classificados nas posições 30.02, 30.06, 39.26, 40.15 e 90.18, e sobre sêmens e embriões da posição 05.11, todos da Tipi. (Redação da Lei n. 11.196/2005)

---

[23] Mas há inúmeras outras alíquotas para receitas específicas nos parágrafos do art. 2º.

A não cumulatividade da Cofins, por sua vez, decorre da possibilidade de desconto de créditos apurados, por exemplo, na aquisição de bens e serviços. A Lei n. 10.833/2003 estabelece um sistema de creditamento de Cofins mediante a aplicação da alíquota de 7,6% sobre o valor de bens adquiridos para revenda, bens e serviços utilizados como insumo na prestação de serviços e na produção ou fabricação de bens ou produtos destinados à venda, energia elétrica consumida no estabelecimento, aluguéis de prédios, máquinas e equipamentos, despesas financeiras, máquinas, equipamentos e outros bens incorporados ao ativo imobilizado, edificações e benfeitorias nos imóveis utilizados nas atividades da empresa, bens recebidos em devolução, armazenagem de mercadoria e frete na operação de venda, vale-transporte, vale-refeição ou vale-alimentação, fardamento ou uniforme fornecidos aos empregados por pessoa jurídica que explore as atividades de prestação de serviços de limpeza, conservação e manutenção (art. 3º). Veja-se o art. 3º da Lei n. 10.833/2003:

> Art. 3º Do valor apurado na forma do art. 2º a pessoa jurídica poderá descontar créditos calculados em relação a:
>
> I – bens adquiridos para revenda, exceto em relação às mercadorias e aos produtos referidos: (Redação dada pela Lei n. 10.865, de 2004) a) nos incisos III e IV do § 3º do art. 1º desta Lei; e (Incluído pela Lei n. 10.865, de 2004) b) no § 1º do art. 2º desta Lei; (Incluído pela Lei n. 10.865, de 2004)
>
> II – bens e serviços, utilizados como insumo na prestação de serviços e na produção ou fabricação de bens ou produtos destinados à venda, inclusive combustíveis e lubrificantes, exceto em relação ao pagamento de que trata o art. 2º da Lei n. 10.485, de 3 de julho de 2002, devido pelo fabricante ou importador, ao concessionário, pela intermediação ou entrega dos veículos classificados nas posições 87.03 e 87.04 da TIPI; (Redação dada pela Lei n. 10.865, de 2004)
>
> III – energia elétrica consumida nos estabelecimentos da pessoa jurídica;
>
> IV – aluguéis de prédios, máquinas e equipamentos, pagos a pessoa jurídica, utilizados nas atividades da empresa;
>
> V – valor das contraprestações de operações de arrendamento mercantil de pessoa jurídica, exceto de optante pelo Sistema Integrado de Pagamento de Impostos e Contribuições das Microempresas e das Empresas de Pequeno Porte – SIMPLES; (Redação dada pela Lei n. 10.865, de 2004)
>
> VI – máquinas, equipamentos e outros bens incorporados ao ativo imobilizado, adquiridos ou fabricados para locação a terceiros, ou para utilização na produção de bens destinados à venda ou na prestação de serviços; (Redação dada pela Lei n. 11.196/2005)
>
> VII – edificações e benfeitorias em imóveis próprios ou de terceiros, utilizados nas atividades da empresa;
>
> VIII – bens recebidos em devolução cuja receita de venda tenha integrado faturamento do mês ou de mês anterior, e tributada conforme o disposto nesta Lei;
>
> IX – armazenagem de mercadoria e frete na operação de venda, nos casos dos incisos I e II, quando o ônus for suportado pelo vendedor.

X – vale-transporte, vale-refeição ou vale-alimentação, fardamento ou uniforme fornecidos aos empregados por pessoa jurídica que explore as atividades de prestação de serviços de limpeza, conservação e manutenção. (Incluído pela Lei n. 11.898, de 2009)

XI – bens incorporados ao ativo intangível, adquiridos para utilização na produção de bens destinados a venda ou na prestação de serviços. (Incluído pela Lei n. 12.973, de 2014)

Marco Aurélio Greco destaca o inciso II do art. 3º, ressaltando que, ao se referir genericamente a bens e serviços utilizados como insumos, permitiria o cálculo de crédito relativamente a tudo o que dissesse respeito à receita da empresa numa perspectiva dinâmica:

> Em suma, o inciso II do artigo 3º das Leis em exame consagra o direito à dedução de todos os dispêndios ligados a bens e serviços cujo grau de inerência em relação aos fatores de produção diga respeito:
>
> a) à sua existência par ao contribuinte;
>
> b) ao seu fazer funcionar;
>
> c) ao seu continuar existindo e funcionando com as qualidades originais; e
>
> d) ao ter uma existência e um funcionamento com melhores qualidades, pois, ao passar a ter novas qualidades, o bem ou serviço passa a ser – em certa medida – "novo" perante o contribuinte.
>
> A aplicação do critério acima exposto conduz à conclusão de que um conjunto determinável de dispêndios está abrangido pelo dispositivo.
>
> Assim, por exemplo, todos aqueles ligados a bens e serviços que se apresentem como necessários para o funcionamento do fator de produção, cuja aquisição ou consumo configura *conditio sine qua non* da própria existência e/ou funcionamento estão abrangidos.
>
> Também estão abrangidos os bens e serviços ligados à ideia de continuidade ou manutenção do fator de produção, bem como os ligados à sua melhoria.
>
> Ficam de fora da previsão legal os dispêndios que se apresentem num grau de inerência que configure mera conveniência da pessoa jurídica contribuinte (sem alcançar perante o fator de produção o nível de uma utilidade ou necessidade) ou, ainda que ligados a um fator de produção, não interfiram com o seu funcionamento, continuidade, manutenção e melhoria[24].

Note-se, efetivamente, que as contribuições PIS e Cofins valem-se de um método próprio de não cumulatividade, em que o contribuinte deduz das contribuições devidas créditos por ele próprio apurados relativamente a despesas incorridas (art. 3º das Leis n. 10.637/2002 e 10.833/2003). As contribuições PIS e Cofins não incidem sobre operações; incidem sobre a receita, que é apurada mês a mês. Não há destaque a transferência jurídica a cada operação. A solução legislativa adotada para consagrar a não cumulatividade é o estabelecimento da apuração de uma série de créditos pelo próprio contribuinte para dedução do valor a ser recolhido a título de PIS e de Cofins.

---

[24] GRECO, Marco Aurélio. "Não-cumulatividade no PIS e na Cofins". In: PAULSEN, Leandro (coord.). *Não-Cumulatividade das contribuições PIS/Pasep e Cofins*. Porto Alegre: IET e IOB/Thomson, 2004.

Mas o legislador não é livre para definir o conteúdo da não cumulatividade. Seja com suporte direto na lei ordinária (não havia vedação a isso) ou no texto constitucional (passou a haver autorização expressa), certo é que a instituição de um sistema de não cumulatividade deve guardar atenção a parâmetros mínimos de caráter conceitual. A não cumulatividade pressupõe uma realidade de cumulação sobre a qual se aplica sistemática voltada a afastar os seus efeitos. Lembre-se que, forte na não cumulatividade, as alíquotas das contribuições foram mais do que dobradas (de 0,65% para 1,65%, de 3% para 7,6%), de modo que os mecanismos compensatórios têm de ser efetivos. Ainda que não haja uma sistemática constitucionalmente definida para o cálculo dos créditos de PIS e Cofins (para o IPI e para o ICMS há definição constitucional), certo é que temos de extrair um conteúdo mínimo do que se possa entender por não cumulatividade. Do contrário, a não cumulatividade acobertaria simples aumento de alíquotas, além do que o conteúdo da previsão constitucional ficaria ao alvedrio do legislador ordinário, o que subverte a hierarquia das normas.

Para que se possa falar em não cumulatividade, temos de pressupor mais de uma incidência. Apenas quando tivermos múltiplas incidências é que se justifica a técnica destinada a evitar que elas se sobreponham pura e simplesmente, onerando em cascata as atividades econômicas. Efetivamente, só se pode assegurar a apuração de créditos relativamente a despesas que, configurando receitas de outras empresas, tenham implicado pagamento de PIS e de Cofins anteriormente. E só podem apurar créditos aqueles que estão sujeitos ao pagamento das contribuições PIS e Cofins não cumulativas.

Tratando-se de tributo direto que incide sobre a totalidade das receitas auferidas pela empresa, configurem ou não faturamento, ou seja, digam ou não respeito à atividade que constitui seu objeto social, impõe-se que se permita a apuração de créditos relativamente a todas as despesas realizadas junto a pessoas jurídicas sujeitas à contribuição, necessárias à obtenção da receita. É que, em matéria de PIS e de Cofins sobre a receita, com suporte na ampliação da base econômica ditada pela EC n. 20/98, não se pode trabalhar limitado à ideia de crédito físico.

O legislador, nos arts. 3º da Lei n. 10.637/2002 e 3º da Lei n. 10.833/2003, bem como na sua regulamentação por atos infralegais, foi por demais casuístico, trabalhando desnecessariamente com um conceito de insumo sob a perspectiva física de utilização ou consumo na produção ou integração ao produto final. Assim, embora tenha admitido créditos relativamente ao consumo de energia elétrica, aluguéis de prédios, máquinas e equipamentos utilizados nas suas atividades etc., não alcançou a universalidade dos dispêndios que implicaram pagamento de PIS e Cofins por empresas que antecederam a contribuinte na cadeia produtiva[25].

---

[25] Vide: BRAGHINI, Ricardo. PIS e Cofins nas agroindústrias – Possibilidade de apropriação de créditos sobre os insumos utilizados na atividade rural, *Revista de Estudos Tributários*, n. 120, mar.-abr. 2018, p. 9-24.

É preciso, portanto, buscar interpretação que impeça o estabelecimento de critério restritivo para apuração de créditos e extensivo para a apuração da base de cálculo das contribuições, que incidem sobre o total das receitas auferidas pela pessoa jurídica. A coerência de um sistema de não cumulatividade de tributo direto sobre a receita exige que se considere o universo de receitas e o universo de despesas necessárias para obtê-las, considerados à luz da finalidade de evitar sobreposição das contribuições e, portanto, de eventuais ônus que a tal título já tenham sido suportados pelas empresas com quem se contratou. O crédito, em matéria de PIS e Cofins, não é um crédito meramente físico, que pressuponha, como no IPI, a integração do insumo ao produto final ou seu uso ou exaurimento no processo produtivo. A perspectiva é mais ampla e disso depende a razoabilidade do sistema instituído e, após a EC n. 42/2003, o próprio respeito ao critério constitucional.

A solução está em atribuir ao rol de dispêndios ensejadores de créditos constante dos arts. 3º da Lei n. 10.637/2002 e 3º da Lei n. 8.833/2003 e da respectiva regulamentação (e.g., IN n. 404/2004) caráter meramente exemplificativo. Restritivas são as vedações expressamente estabelecidas por lei. O art. 111 do CTN é inaplicável ao caso, porquanto não se trata, aqui, de suspensão ou exclusão do crédito tributário, outorga de isenção ou dispensa do cumprimento de obrigações tributárias acessórias. Trata-se de decorrência do próprio sistema de não cumulatividade instituído por lei e previsto constitucionalmente. Não se trata de estender qualquer previsão legal, mas de reconhecer o caráter casuístico e exemplificativo do rol estampado em lei.

A constitucionalidade da aplicação do regime não cumulativo às empresas prestadoras de serviços está sendo questionada com repercussão geral no RE n. 607.642 (Tema 337) sob alegação de violação à igualdade e à capacidade contributiva. Note-se, ademais, que tais empresas não participam, propriamente, de uma cadeia econômica, tendo na mão de obra sua principal despesa que, no entanto, não gera crédito. A submissão das prestadoras de serviço ao regime não cumulativo é, portanto, inadequada à ideia de não cumulatividade. O julgamento deve ocorrer ainda em 2019[26].

Importante, ainda, é a previsão constante do § 4º do mesmo art. 3º, no sentido da possibilidade de aproveitamento dos créditos nos meses subsequentes aos da sua apuração: "§ 4º O crédito não aproveitado em determinado mês poderá sê-lo nos meses subsequentes".

Resta, ainda, claro, que, quando apenas parte das receitas da empresa forem sujeitas à incidência não cumulativa, os créditos terão de ser apurados em relação aos respectivos custos específicos. É o que se vê do § 7º do art. 3º:

---

[26] A respeito da submissão das prestadoras de serviços ao regime não cumulativo das contribuições PIS e Cofins, vide: TRF4, 2ª Turma, AC 2004.71.08.010633-8, Rel. Leandro Paulsen, *DE* 25-4-2007; GUIMARÃES, Bruno. A "Não cumulatividade da PIS/Cofins para prestadores de serviços: Inconstitucionalidade por violação à isonomia tributária e o RE n. 607.642/RJ", *RET*, n. 116, jul.-ago. 2017; FERRAZ, Roberto. "A igualdade no aproveitamento de créditos na Cofins e PIS não cumulativos", *RDDT*, 149, fev. 2008.

§ 7º Na hipótese de a pessoa jurídica sujeitar-se à incidência não cumulativa da Cofins, em relação apenas à parte de suas receitas, o crédito será apurado, exclusivamente, em relação aos custos, despesas e encargos vinculados a essas receitas.

A Lei n. 10.865/2004, por sua vez, ao instituir a Cofins-Importação, admite o seu creditamento para fins de dedução da Cofins devida no regime não cumulativo, simetricamente ao que faz relativamente à contribuição ao PIS/Pasep.

O vencimento da obrigação atinente à Cofins não cumulativa está estabelecido no art. 11 da Lei n. 10.833:

> Art. 11. A contribuição de que trata o art. 1º desta Lei deverá ser paga até o 25º (vigésimo quinto) dia do mês subsequente ao de ocorrência do fato gerador. (Redação dada pela Lei n. 11.488, de 2007)
>
> Parágrafo único. Se o dia do vencimento de que trata o *caput* deste artigo não for dia útil, considerar-se-á antecipado o prazo para o primeiro dia útil que o anteceder. (Incluído pela Lei n. 11.488, de 2007)

Capítulo IX
Contribuições de seguridade social do importador

LEANDRO PAULSEN

1. Competência para instituição de contribuição de seguridade do importador de bens ou serviços

A EC n. 42/2003 acresceu às bases econômicas então vigentes mais uma:

> Art. 195. A seguridade social será financiada por toda a sociedade, de forma direta e indireta, nos termos da lei, mediante recursos provenientes dos orçamentos da União, dos Estados, do Distrito Federal e dos Municípios, e das seguintes contribuições sociais:
> [...]
> IV – do importador de bens ou serviços do exterior, ou de quem a lei a ele equiparar.

Com isso, tornou passível de tributação, para fins de custeio da seguridade social, o importador, forte na capacidade contributiva revelada pela importação, na medida em que "importador" é "aquele que importa"[27].

A EC n. 42/2003 também alterou o inciso II do § 2º do art. 149 da Constituição:

> Art. 149 [...]
> § 2º As contribuições sociais e de intervenção no domínio econômico de que trata o *caput* deste artigo:
> [...]
> II – incidirão também sobre a importação de produtos estrangeiros ou serviços;
> III – poderão ter alíquotas:

---

[27] FERREIRA, Aurélio Buarque de Holanda. *Novo dicionário da língua portuguesa*. 4. ed. Curitiba: Positivo, 2009, p. 1.079.

a) *ad valorem*, tendo por base o faturamento, a receita bruta ou o valor da operação e, no caso de importação, o valor aduaneiro;

b) específica, tendo por base a unidade de medida adotada.

§ 3º A pessoa natural destinatária das operações de importação poderá ser equiparada a pessoa jurídica, na forma da lei.

[...]

Note-se que tal dispositivo diz respeito às contribuições sociais, dentre as quais se situam as de seguridade social. Ademais, ao prever alíquota *ad valorem* tendo por base, na importação, o valor aduaneiro, não é incompatível com o art. 195, IV; antes, o completa.

A outorga de competência é estabelecida, pois, de modo detalhado, indicando que o importador pode ser chamado para o custeio da seguridade social e qual a base a ser considerada na instituição de contribuições sociais sobre a importação. Tratando-se de contribuição já prevista no art. 195, é válida sua instituição por lei ordinária, desde que respeitada tanto a finalidade quanto o sujeito (importador ou equiparado) e a base econômica (valor aduaneiro) que se permite sejam tributados.

Tal competência permitiu a instituição de contribuição para o custeio da seguridade social na importação de bens que já tinham sua importação sujeita ao pagamento do II[28], do IPI[29] e do ICMS[30], bem como de contribuições como o AFRMM, de intervenção no domínio econômico, e de serviços que já eram tributados pelo ISS[31] ou pelo próprio ICMS[32]. Ensejou, assim, o aumento da carga tributária suportada nas importações.

---

[28] Art. 153, I, da CF.

[29] A CF não prevê expressamente a incidência de IPI na importação. Mas o CTN dispõe: "Art. 46. O imposto, de competência da União, sobre produtos industrializados tem como fato gerador: I – o seu desembaraço aduaneiro, quando de procedência estrangeira;". Tal incidência também consta da lei instituidora e do regulamento. Lei n. 4.502/64: "Art. 2º. Constitui fato gerador do imposto: I – quanto aos produtos de procedência estrangeira o respectivo desembaraço aduaneiro;" RIPI/2002: "Art. 34. Fato gerador do imposto é (Lei n. 4.502, de 1964, art. 2º): I – o desembaraço aduaneiro de produto de procedência estrangeira;".

[30] CF, com a redação da EC n. 33/2001: "Art. 155. Compete aos Estados e ao Distrito Federal instituir impostos sobre: [...] II – operações relativas à circulação de mercadorias e sobre prestações de serviços de transporte interestadual e intermunicipal e de comunicação, ainda que as operações e as prestações se iniciem no exterior; [...] § 2º O imposto previsto no inciso II atenderá ao seguinte: [...] IX – incidirá também: a) sobre a entrada de bem ou mercadoria importados do exterior por pessoa física ou jurídica, ainda que não seja contribuinte habitual do imposto, qualquer que seja a sua finalidade, assim como sobre o serviço prestado no exterior, cabendo o imposto ao Estado onde estiver situado o domicílio ou o estabelecimento do destinatário da mercadoria, bem ou serviço; [...]". LC n. 87/96, com a redação da LC n. 114/2002: "Art. 2º O imposto incide sobre: [...] § 1º O imposto incide também: I – sobre a entrada de mercadoria ou bem importados do exterior, por pessoa física ou jurídica, ainda que não seja contribuinte habitual do imposto, qualquer que seja a sua finalidade; II [...]".

[31] LC n. 116/2003: "Art. 1º O Imposto Sobre Serviços de Qualquer Natureza, de competência dos Municípios e do Distrito Federal, tem como fato gerador a prestação de serviços constantes da lista anexa, ainda que esses não se constituam como atividade preponderante do prestador. § 1º O imposto incide também sobre o serviço proveniente do exterior do País ou cuja prestação se tenha iniciado no exterior do País. [...]".

[32] LC n. 87/96, com a redação da LC n. 114/2002: "Art. 2º O imposto incide sobre: [...] § 1º O imposto incide também: [...] II – sobre o serviço prestado no exterior ou cuja prestação se tenha iniciado no exterior".

1.1. Os conceitos de importação e de importador

Ao tratarmos do imposto sobre a "importação", alhures[33], abordamos o sentido técnico de tal palavra:

> "Importação" é o ato de trazer para o território nacional ou, como diz Aurélio, "fazer vir de outro país [...]"[34]. Mas, em seu sentido jurídico, não basta o simples ingresso físico. É imprescindível a entrada no território nacional para incorporação do bem à economia interna[35]. De fato, conforme adverte MISABEL DERZI, "somente se deve considerar entrada e importada aquela mercadoria estrangeira que ingressa no território nacional para uso comercial ou industrial e consumo, não aquela em trânsito, destinada a outro país"[36]. Também ALBERTO XAVIER ressalta que a importação "exprime o fenômeno pelo qual um produto estrangeiro entra no território nacional, sendo aí destinado a consumo. [...] O processo de importação inicia-se com o embarque da mercadoria no exterior, a que se sucede a entrada no território nacional e a destinação a consumo interno"[37]. Ou seja, faz--se necessário que o ingresso físico do produto estrangeiro se faça para sua incorporação à economia nacional. Do contrário, não teremos propriamente uma importação.
>
> Daí porque a simples entrada do automóvel de um turista no território nacional, de um quadro para exposição temporária num museu ou de uma máquina para exposição em feira, destinados a retornar ao país de origem, não configuram importação, assim como não a configura o ingresso de produto estrangeiro por porto ou aeroporto brasileiro para simples trânsito no território nacional, com destino a outro país. Tais hipóteses, aliás, são consideradas como de "admissão temporária", com suspensão do pagamento do imposto que não pode mesmo ser exigido nestes casos, pois não configurada importação em sentido jurídico. Este instituto jurídico da "admissão temporária", pois, não configura nenhum favor fiscal, mas simples mecanismo para conformação da tributação à amplitude da base econômica, de modo a não extrapolá-la.

Não é, pois, todo e qualquer ingresso físico que implica importação, mas a entrada no território nacional para incorporação à economia interna. Assim, o simples ingresso para trânsito e o ingresso temporário para posterior retorno não implicam importação.

Cabe-nos identificar, ainda, as particularidades da referência ao "importador" ou a "quem a lei a ele equiparar".

---

[33] PAULSEN, Leandro; MELO, José Eduardo Soares de. *Impostos federais, estaduais e municipais*. 11. ed. São Paulo: Saraiva, 2018, p. 18.

[34] FERREIRA, Aurélio Buarque de Holanda. *Novo dicionário da língua portuguesa*. 2. ed. Curitiba: Positivo, 2009, p. 1079.

[35] SOUZA, Fátima Fernandes Rodrigues de Souza. *Comentários ao Código Tributário Nacional*. v. I. Coord. Ives Gandra da Silva Martins. São Paulo: Saraiva, 1998, p. 166.

[36] BALEEIRO, Aliomar. *Direito tributário brasileiro*. 11. ed. Rio de Janeiro: Forense, 1999, p. 215. Nota de atualização de Misabel Derzi.

[37] XAVIER, Alberto. *Autorização para importação de regime de entreposto aduaneiro*, Aduaneiro (legislação). São Paulo: Resenha Tributária, 1978, p. 352.

É importador qualquer pessoa, física ou jurídica (sociedade empresária, sociedade simples[38], associação etc.), que realize ou em nome de quem seja realizado o ingresso de bem ou serviço no território nacional para sua incorporação à economia interna, ou seja, que promova a importação. De fato, a referência a "importador" não se circunscreve, necessariamente, ao importador como categoria profissional[39], alcançando, sim, todo aquele que promova a importação, ainda que em caráter eventual e seja qual for a sua finalidade.

O texto constitucional deixa, ainda, ao legislador ordinário, a possibilidade de, ao definir os aspectos da norma tributária impositiva, colocar, no polo passivo da relação jurídico-tributária, não apenas o importador, mas outras pessoas que a ele equiparar.

Equiparáveis a importador são, por exemplo:

a) o arrematante de produtos que tenham sido leiloados pela Receita Federal em razão da aplicação da pena de perdimento por importação irregular ou abandono;

b) o destinatário de remessa postal;

c) o adquirente de mercadoria entrepostada.

Fátima Fernandes Rodrigues de Souza também identifica o destinatário de remessa postal e o adquirente de mercadoria entrepostada como equiparados ao importador:

> É também considerado contribuinte (do imposto de importação) o destinatário da remessa postal internacional indicado pelo respectivo remetente, sempre que a encomenda revele destinação comercial ou exceda o mínimo para efeito de desoneração fiscal, bem como o adquirente de mercadoria entrepostada. Tais pessoas, inegavelmente, mantêm, como exige o art. 121, I, do CTN, relação direta com a situação que constitui o fato gerador do imposto, que, no caso, é a entrada que represente importação, razão pela qual são equiparadas ao importador, revestindo a condição de contribuintes[40].

Cabe esclarecer que, no regime de entreposto aduaneiro – em que a mercadoria estrangeira fica em recinto alfandegado com suspensão do pagamento do imposto –[41],

---

[38] Código Civil (Lei n. 10.406/2002): "Art. 982. Salvo as exceções expressas, considera-se empresária a sociedade que tem por objeto o exercício de atividade própria de empresário sujeito a registro (art. 967); e, simples, as demais. Parágrafo único. Independentemente de seu objeto, considera-se empresária a sociedade por ações; e, simples, a cooperativa".

[39] SOUZA, Fátima Fernandes Rodrigues de. *Comentários ao Código Tributário Nacional*. v. I. Coord. Ives Gandra da Silva Martins. São Paulo: Saraiva, 1998, p. 178.

[40] SOUZA, Fátima Fernandes Rodrigues de. *Comentários ao Código Tributário Nacional*. v. I. Coord. Ives Gandra da Silva Martins. São Paulo: Saraiva, 1998, p. 179.

[41] Decreto n. 6.759/2009: "DO ENTREPOSTO ADUANEIRO Seção I Do Entreposto Aduaneiro na Importação Art. 404. O regime especial de entreposto aduaneiro na importação é o que permite a armazenagem de mercadoria estrangeira em recinto alfandegado de uso público, com suspensão do pagamento dos impostos federais, da contribuição para o PIS/Pasep-Importação e da Cofins-Importação incidentes na importação [...]. Art. 405. O regime permite, ainda, a permanência de mercadoria estrangeira em: I – feira, congresso, mostra ou evento semelhante, realizado em recinto de uso privativo, previamente alfandegado para esse fim [...]; II – instalações portuárias de uso privativo misto, previstas na alínea 'b' do inciso II do § 2º do art. 4º da Lei

é admitido que a sua destinação acabe sendo o despacho para consumo[42]. Daí a possibilidade da equiparação.

Tais hipóteses são extraídas da experiência existente relativamente ao imposto sobre a importação, conforme os arts. 22 do CTN[43] e 31 do DL n. 37/66[44].

Tem-se, pois, a definição do importador (ou pessoa equiparada) como potencial contribuinte para a hipótese de importação regular, em que venha a ocorrer efetivamente o desembaraço aduaneiro, e do arrematante para a hipótese em que não seja ultimado o despacho aduaneiro, ou seja, para quando tenha ocorrido a decretação da perda do produto ingressado irregularmente ou do produto abandonado, assim considerado aquele não desembaraçado no prazo legal[45].

1.2. Os conceitos de bens e serviços

O dispositivo constitucional em questão admite a tributação do importador de "bens ou serviços".

---

n. 8.630, de 1993 [...]; III – plataformas destinadas à pesquisa e lavra de jazidas de petróleo e gás natural em construção ou conversão no País, contratadas por empresas sediadas no exterior [...]; e IV – estaleiros navais ou em outras instalações industriais localizadas à beira-mar, destinadas à construção de estruturas marítimas, plataformas de petróleo e módulos para plataformas [...]".

[42] Decreto n. 6.759/2009: "DO ENTREPOSTO ADUANEIRO Seção I Do Entreposto Aduaneiro na Importação Art. 409. A mercadoria deverá ter uma das seguintes destinações, em até quarenta e cinco dias do término do prazo de vigência do regime, sob pena de ser considerada abandonada (Decreto-Lei n. 1.455, de 1976, art. 23, inciso II, alínea 'd'): I – despacho para consumo; II – reexportação; III – exportação; ou IV – transferência para outro regime aduaneiro especial ou aplicado em áreas especiais".

[43] CTN: "Art. 22. Contribuinte do imposto é: I – o importador ou quem a lei a ele equiparar; II – o arrematante de produtos apreendidos ou abandonados".

[44] DL n. 37/66, na sua redação original: "Art. 31. É contribuinte do imposto: I – O importador, assim considerada qualquer pessoa que promova a entrada de mercadoria estrangeira no território nacional. II – O arrematante de mercadoria apreendida ou abandonada".

[45] Decreto n. 6.759/2009: "DO ABANDONO DE MERCADORIA OU DE VEÍCULO Art. 642. Considera-se abandonada a mercadoria que permanecer em recinto alfandegado sem que o seu despacho de importação seja iniciado no decurso dos seguintes prazos (Decreto-Lei n. 1.455, de 1976, art. 23, incisos II e III): I – noventa dias: a) da sua descarga; e b) do recebimento do aviso de chegada da remessa postal internacional sujeita ao regime de importação comum; II – quarenta e cinco dias: a) após esgotar-se o prazo de sua permanência em regime de entreposto aduaneiro; b) após esgotar-se o prazo de sua permanência em recinto alfandegado de zona secundária; e c) da sua chegada ao País, trazida do exterior como bagagem, acompanhada ou desacompanhada; e III – sessenta dias da notificação a que se refere o art. 640. § 1º Considera-se também abandonada a mercadoria que permaneça em recinto alfandegado, e cujo despacho de importação: I – não seja iniciado ou retomado no prazo de trinta dias da ciência (Decreto-Lei n. 1.455, de 1976, art. 23, inciso II; e Lei n. 9.779, de 1999, art. 18, *caput*): a) da relevação da pena de perdimento aplicada; ou b) do reconhecimento do direito de iniciar ou de retomar o despacho; ou II – tenha seu curso interrompido durante sessenta dias, por ação ou por omissão do importador (Decreto-Lei n. 1.455, de 1976, art. 23, inciso II, alínea 'b'). § 2º O prazo a que se refere a alínea 'b' do inciso II do *caput* é de setenta e cinco dias, contados da data de entrada da mercadoria no recinto. § 3º Na hipótese em que a mercadoria a que se refere a alínea 'c' do inciso II do *caput* que não se enquadre no conceito de bagagem, aplicam-se os prazos referidos na alínea 'a' do inciso I do *caput* ou na alínea 'b' do inciso II do *caput*, conforme o caso. § 4º No caso de bagagem de viajante saindo da Zona Franca de Manaus para qualquer outro ponto do território aduaneiro, o prazo estabelecido na alínea 'c' do inciso II do *caput* será contado da data de embarque do viajante. § 5º (§ 5º revogado pelo Decreto n. 7.213/2010)".

"Bens" é expressão com sentido extremamente amplo. De Plácido e Silva afirma que "toda coisa, todo direito, toda obrigação, enfim, qualquer elemento material ou imaterial, representando uma utilidade ou uma riqueza, integrado no patrimônio de alguém e passível de apreciação monetária, podem ser designados como bens"[46].

Em matéria tributária, importam operações reveladoras de capacidade contributiva e, portanto, com representação econômica.

A par disso, cuida-se, no caso, de tributar a importação de bens, ou seja, o ingresso de bens no território nacional para sua incorporação à economia interna, o que indica tratar-se, como regra, de bens com compleição física, podendo-se, ainda, imaginar abranger a energia elétrica.

Assim, "bens", na norma de competência em questão, são quaisquer produtos, primários ou industrializados, destinados ou não ao comércio, qualquer que seja a sua finalidade, aos quais se possa atribuir um valor em moeda.

Relativamente à incidência sobre a importação de "serviços", vejamos a lição de Aires Barreto:

> [...] não é todo e qualquer "fazer" que se subsume ao conceito, ainda que genérico, desse preceito constitucional. Serviço é conceito menos amplo, mais estrito que o conceito de trabalho constitucionalmente pressuposto. É como se víssemos o conceito de trabalho como gênero e o de serviço como espécie desse gênero. De toda a sorte, uma afirmação que parece evidente, a partir da consideração dos textos constitucionais que fazem referência ampla aos conceitos, é a de que a noção de trabalho corresponde, genericamente, a um "fazer". Pode-se mesmo dizer que trabalho é todo esforço humano, ampla e genericamente considerado. [...] É lícito afirmar, pois, que serviço é uma espécie de trabalho. É o esforço humano que se volta para outra pessoa; é fazer desenvolvido para outrem. O serviço é, assim, um tipo de trabalho que alguém desempenha para terceiros. Não é esforço desenvolvido em favor do próprio prestador, mas de terceiros. Conceitualmente, parece que são rigorosamente procedentes essas observações. O conceito de serviço supõe uma relação com outra pessoa, a quem se serve. Efetivamente, se é possível dizer-se que se fez um trabalho "para si mesmo", não o é afirmar-se que se prestou serviço "a si próprio". Em outras palavras, pode haver trabalho, sem que haja relação jurídica, mas só haverá serviço no bojo de uma relação jurídica[47].

José Eduardo Soares de Melo também entende que a prestação de serviço compreende um negócio (jurídico) pertinente a uma obrigação de fazer, de conformidade com as diretrizes de direito privado[48]. E observa que relevante é a noção de "prestação de serviço":

---

[46] SILVA, De Plácido e. *Vocabulário jurídico*. 19. ed. Rio de Janeiro: Forense, 2002, p. 121.

[47] BARRETO, Aires F. *ISS na Constituição e na lei*. 3. ed. São Paulo: Dialética, 2009, p. 29.

[48] PAULSEN, Leandro; MELO, José Eduardo Soares de. *Impostos federais, estaduais e municipais*. 11. ed. São Paulo: Saraiva, 2018, p. 361.

Não se pode considerar a incidência tributária restrita à figura de "serviço", como uma atividade realizada; mas, certamente, sobre a "prestação do serviço", porque esta é que tem a virtude de abranger os elementos imprescindíveis à sua configuração, ou seja, o prestador e o tomador, mediante a instauração de relação jurídica de direito privado, que irradia os naturais efeitos tributários. O tributo não incide unicamente sobre utilidade, comodidade, coisa, bem imaterial etc.[49].

Porém, tenha-se em conta que o STF, ao cuidar da base econômica do ISS no RE n. 651.703, entendeu que a referência a serviços não se adstringe às típicas obrigações de fazer. Nesse precedente, aparece como elemento conceitual da prestação de serviços de qualquer natureza o "oferecimento de uma utilidade para outrem, a partir de um conjunto de atividades materiais ou imateriais, prestadas com habitualidade e intuito de lucro, podendo estar conjugada ou não com a entrega de bens ao tomador". Essa orientação alarga o conceito de serviço para fins tributários.

1.3. Valor aduaneiro

O art. 149, § 2º, III, *a*, da Constituição, prevê que, no caso da importação, em sendo as alíquotas *ad valorem*, a base de cálculo das contribuições sociais (dentre as quais se inserem as de seguridade social), será o valor aduaneiro: "III – poderão ter alíquotas: a) *ad valorem*, tendo por base o faturamento, a receita bruta ou o valor da operação e, no caso de importação, o valor aduaneiro;".

Distingue-se a alíquota *ad valorem* da chamada alíquota específica porque aquela – *ad valorem* – é percentual a incidir sobre determinada base de cálculo, enquanto esta – a específica – consiste num determinado montante em dinheiro por unidade de medida do produto (quantidade, peso ou volume), bastando verificar a medida e multiplicar pela quantia indicada. A hipótese mais comum na tributação da importação é a de alíquotas *ad valorem*.

Determinando a Constituição que a contribuição social sobre a importação, em tendo alíquota *ad valorem*, seja calculada com suporte no valor aduaneiro, impõe-se que se analise o sentido de tal expressão.

Valor aduaneiro, na importação, não é necessariamente aquele pelo qual foi realizado o eventual negócio jurídico. O CTN, em seu art. 20, II, refere-se ao valor aduaneiro como "o preço normal que o produto, ou seu similar, alcançaria, ao tempo da importação, em uma venda em condições de livre concorrência, para entrega no porto ou lugar de entrada do produto no País". Mas Heleno Taveira Tôrres destaca que tal redação se deu

---

[49] MELO, José Eduardo Soares. *ISS – Aspectos teóricos e práticos*. Atualizada com a LC n. 116. 5. ed. São Paulo: Dialética, 2008, p. 38.

por influência da Definição do Valor de Bruxelas – DVB –, que entrou em vigor em 1953, e que, na Rodada do GATT, realizada no período de 1973 a 1979, em Tóquio, foi retomada a discussão acerca do modo de verificação do valor aduaneiro, restando concluída em 1994, no Uruguai:

> [...] intensificaram-se os esforços para atingir um modelo de valoração aduaneira que pudesse pôr fim ao protecionismo e evitar a discricionariedade, fundado em maior objetividade e na garantia de segurança jurídica. Surge, então, o Acordo sobre a Implementação do Artigo VII do GATT, chamado de Acordo de Valoração Aduaneira, que se aperfeiçoou na Rodada Uruguai de negociações, concluída em 1994. O Acordo tornou-se parte integrante do Acordo Geral sobre Tarifas Aduaneiras e Comércio – GATT, passando a ser obrigatório para todos os membros da Organização Mundial de Comércio – OMC, criada nesta rodada de negociações. Nesta oportunidade, ficou entendido que o valor aduaneiro de uma mercadoria importada deveria ser determinado mediante aplicação do chamado "valor de transação" e, na impossibilidade de alcançar esse objetivo, pelo emprego de outros cinco métodos, em ordem obrigatoriamente sucessiva e sequencial, a partir da demonstração fundamentada que o método anterior não se poderia aplicar à hipótese sob exame. O mencionado dispositivo do CTN quedou-se, assim, superado, pela introdução das conclusões da rodada Tóquio, do GATT, em 1979, razão pela qual o Decreto-Lei n. 37, de 18 de novembro de 1966, que à época fora elaborado à luz das regras da "Definição do Valor de Bruxelas – DVB", fora também alterado, com a redação dada pelo Decreto-Lei n. 2.472, de 1º de setembro de 1988, que passou a prever, em seu artigo 2º, como sendo a base de cálculo do imposto de importação, quando a alíquota fosse *ad valorem*, o "valor aduaneiro", apurado segundo normas do Artigo VII do GATT[50].

O conceito de valor aduaneiro é mesmo corrente no âmbito do comércio exterior, com referências expressas na legislação, de modo que se deve considerar a previsão constitucional como dizendo respeito ao sentido técnico da expressão, constante do próprio GATT.

Cabe considerar, conforme já afirmamos alhures[51], que a referência ao preço para entrega no porto ou lugar de entrada do produto no País faz com que a base de cálculo seja o preço CIF (*Cost, Insurance and Freight*), sigla esta que representa cláusula que obriga o vendedor tanto pela contratação e pagamento do frete como do seguro marítimo por danos durante o transporte.

Toda mercadoria submetida a despacho de importação está sujeita ao controle do correspondente valor aduaneiro[52], que é a base de cálculo do imposto sobre a importação e, por

---

[50] TÔRRES, Heleno Taveira. "PIS e Cofins na Constituição. Não-cumulatividade e incidência sobre importações de mercadorias e serviços", *RFDT*, 09/85, jun. 2004.

[51] PAULSEN, Leandro; MELO, José Eduardo Soares de. *Impostos federais, estaduais e municipais*. 11. ed. São Paulo: Saraiva, 2018, p. 40.

[52] Decreto n. 6.759/2009: "Art. 76. Toda mercadoria submetida a despacho de importação está sujeita ao controle do correspondente valor aduaneiro. Parágrafo único. O controle a que se refere o *caput* consiste na

força da previsão constitucional, também delimita a base de cálculo possível da contribuição social sobre a importação. Poderá, inclusive, ser recusada fé à documentação apresentada pelo importador e arbitrada a base de cálculo, conforme se vê do seguinte julgado do STJ:

> IMPOSTO DE IMPORTAÇÃO. VALORAÇÃO ADUANEIRA. MÉTODO DE AFERIÇÃO [...] 2. [...] assentou o aresto recorrido que: "1. No que pertine à valoração aduaneira, o preço normal é a base de cálculo *ex vi* do art. 20-II do CTN ('Art. 20 – A base de cálculo do imposto é [...] II – quando a alíquota seja *ad valorem*, o preço normal que o produto, ou seu similar, alcançaria, ao tempo da importação, em uma venda de livre concorrência, para entrega no porto ou lugar de entrada do produto no País'), do Acordo Geral de Tarifas e Comércio (GATT), que introduziu a valoração aduaneira, e da própria legislação ordinária que incorporou, por força do Tratado GATT, o estabelecido no art. VII. 2. A valoração aduaneira foi uma das formas revestidas de caráter legal, aplicável aos países que transacionam entre si, com a intenção de protegê-los quanto à remessa ao exterior de divisas indevidas, descaminho, contrabando, e corrigir a sonegação de impostos a serem recolhidos aos erários públicos respectivos, como já esclarecido, este sistema foi ratificado pelo Brasil em Tratado Internacional do GATT, e deve ser observado pela lei que lhes sobrevenha. Estas normas foram implementadas e sua aplicação normatizada pelo Decreto n. 1.355, de 30 de dezembro de 1994, Decreto n. 2.498, de 13 de fevereiro de 1998, Portaria n. 28 de 16 de fevereiro de 1998, Instruções Normativas n. 16, 17 e 18, todas de 16 de fevereiro de 1998. 3. Em consequência, cabível o Fisco recusar fé aos documentos apresentados pelo importador e efetuar arbitramento dos valores das mercadorias, respeitado o art. 148, do CTN, não ofendendo o ordenamento a exigência de garantia para imediato desembaraço aduaneiro (IN-SRF 16/98, art. 21) das mercadorias sujeitas à determinação de valor tributável pelo Fisco. Caso em que deverá o douto juízo monocrático formalizar a caução oferecida. [...]" (STJ, 1ª Turma, REsp 727.825/SC, rel. Min. Luiz Fux, dez. 2006)

O valor aduaneiro é estabelecido observando-se o inciso VII, n. 2, do GATT, nos termos do Decreto n. 92.930/86, que promulgou o Acordo sobre a Implementação do Código de Valoração Aduaneira do GATT, do Decreto n. 2.498/98, que dispõe sobre a aplicação do Acordo sobre a Implementação do Artigo VII do Acordo Geral sobre Tarifas e Comércio – GATT – 1994, e da IN SRF 16/98, que estabelece normas e procedimentos para o controle do valor aduaneiro de mercadoria importada. Vejamos dispositivos do Decreto n. 2.498/98, esclarecedores sobre o valor aduaneiro:

Dos elementos que integram o valor aduaneiro

Art. 17. No valor aduaneiro, independentemente do método de valoração utilizado, serão incluídos (parágrafo 2 do artigo 8 do Acordo de Valoração Aduaneira):

---

verificação da conformidade do valor aduaneiro declarado pelo importador com as regras estabelecidas no Acordo de Valoração Aduaneira. Art. 77. Integram o valor aduaneiro, independentemente do método de valoração utilizado [...]: I – o custo de transporte da mercadoria importada até o porto ou o aeroporto alfandegado de descarga ou o ponto de fronteira alfandegado onde devam ser cumpridas as formalidades de entrada no território aduaneiro; II – os gastos relativos à carga, à descarga e ao manuseio, associados ao transporte da mercadoria importada, até a chegada aos locais referidos no inciso I; e III – o custo do seguro da mercadoria durante as operações referidas nos incisos I e II".

I – o custo de transporte das mercadorias importadas até o porto ou local de importação;

II – os gastos relativos a carga, descarga e manuseio, associados ao transporte das mercadorias importadas, até o porto ou local de importação; e

III – o custo do seguro nas operações referidas nos incisos I e II.

Art. 18. Na apuração do valor aduaneiro segundo o método do valor de transação não serão considerados os seguintes encargos ou custos, desde que estejam destacados do preço efetivamente pago ou a pagar pela mercadoria importada, na respectiva documentação comprobatória:

I – encargos relativos à construção, instalação, montagem, manutenção ou assistência técnica, executados após a importação, relacionados com a mercadoria importada; e

II – o custo de transporte após a importação.

Art. 19. Os juros devidos em razão de contrato de financiamento firmado pelo importador e relativos à compra de mercadorias importadas não serão considerados como parte do valor aduaneiro, desde que (Decisão 3.1 do Comitê de Valoração Aduaneira):

I – o valor correspondente esteja destacado do preço efetivamente pago ou a pagar pelas mercadorias;

II – o comprador possa comprovar que:

a) o valor declarado como preço efetivamente pago ou a pagar corresponde de fato àquele praticado em operações de venda dessas mercadorias; e

b) a taxa de juros negociada não excede o nível comumente praticado nesse tipo de transação no momento e no país em que tenha sido concedido o financiamento.

Parágrafo único. O disposto neste artigo aplica-se:

a) independentemente de o financiamento ter sido concedido pelo vendedor, por uma instituição bancária ou por outra pessoa jurídica; e

b) ainda que as mercadorias sejam valoradas segundo um método diverso daquele baseado no valor de transação.

Art. 20. O valor aduaneiro de suporte físico que contenha dados ou instruções para equipamento de processamento de dados será determinado considerando unicamente o custo ou o valor do suporte propriamente dito, desde que o custo ou o valor dos dados ou instruções esteja destacado no documento de aquisição (Decisão 4.1 do Comitê de Valoração Aduaneira).

§ 1º O suporte físico a que se refere este artigo não compreende circuitos integrados, semicondutores e dispositivos similares, ou artigos que contenham esses circuitos ou dispositivos.

§ 2º Os dados ou instruções referidos no *caput* deste artigo não compreendem as gravações de som, cinema ou vídeo.

É importante considerar que o valor aduaneiro, sobre o qual é calculado o imposto sobre a importação e, agora, também a contribuição social sobre a importação, de que se cuida, não abrange o montante devido a título do próprio imposto sobre a importação e dos demais impostos eventualmente incidentes sobre a importação, como o IPI e o ICMS.

A Lei n. 10.865/2004 que, na instituição da contribuição de seguridade sobre a importação, alargou a base de cálculo, extrapolando o conceito de valor aduaneiro, incorreu em inconstitucionalidade por violação ao art. 149, § 2º, I, *a*, da Constituição[53], conforme se vê adiante quando da análise do aspecto quantitativo das contribuições PIS/Pasep-Importação e Cofins-Importação.

2. O PIS/Pasep-Importação e a Cofins-Importação – Lei n. 10.865/2004

O art. 195, IV, da CF, advindo com a EC n. 42/2003, ensejou a instituição de contribuição para o custeio da seguridade social a cargo do importador.

Tal se deu através da Lei n. 10.865/2004, que instituiu as contribuições denominadas PIS/Pasep-Importação e Cofins-Importação.

A instituição de ambas deu-se simultaneamente, inferindo-se do tratamento unitário que lhes é atribuído – revelado no fato de que os aspectos das respectivas hipóteses de incidência são os mesmos, com ressalva da alíquota diferenciada – que, na prática, configuram simples percentuais apartados de uma única contribuição sobre a importação.

A Lei n. 10.865/2004, expressamente, submete as novas contribuições ao processo administrativo-fiscal do Decreto n. 70.235/72, que rege os tributos administrados pela Secretaria da Receita Federal, bem como, quanto às questões materiais, em caráter supletivo, à legislação do imposto de renda, do imposto de importação e das contribuições PIS/Pasep e Cofins. De fato, como se verá, em face de incidir sobre a importação de bens e serviços, envolve institutos próprios dos impostos sobre o comércio exterior,

---

[53] "TRIBUTÁRIO. CONTRIBUIÇÃO PARA A SEGURIDADE SOCIAL. PIS-IMPORTAÇÃO. COFINS-IMPORTAÇÃO. LEI 10.865/2004. ART. 7º. LEI COMPLEMENTAR. DESNECESSIDADE. ANTERIORIDADE. ARTIGO 246 DA CF. VALOR ADUANEIRO. CONCEITO CONSTITUCIONAL. ART. 149, § 2º, I, A, DA CF/88. INCONSTITUCIONALIDADE. – Desnecessária a edição de lei complementar, eis que, em havendo expresso suporte constitucional decorrente da EC n. 42/2003, o exercício da competência tributária prevista no inciso IV do art. 195 pode-se dar através de lei ordinária. A exigência de lei complementar só existe para contribuições de seguridade social não previstas no texto constitucional, instituídas no exercício da competência residual de que trata o art. 195, § 4º, da Constituição. – O prazo da anterioridade tem início com a edição da medida provisória que institui ou majora o tributo e não a contar da data de publicação da sua lei de conversão. – A norma contida no art. 246 impede a regulamentação por medida provisória apenas daqueles pontos do texto constitucional que tiveram alterações até setembro de 2001, data de publicação da Emenda n. 32/2001. – O art. 7º da Lei n. 10.865/2004, ao fixar a base de cálculo do PIS/Pasep-Importação e da Cofins-Importação, extrapolou o conceito constitucional de valor aduaneiro, definindo-o como se pudesse abranger, também, na importação de bens, o ICMS devido na importação e o montante das próprias contribuições. – Violação ao art. 149, § 2º, I, a, da CF. – Suscitado incidente de arguição de inconstitucionalidade" (TRF4, 2ª Turma, AC 200472050033141, rel. Juiz Fed. Leandro Paulsen, set. 2005). "AGRAVO DE INSTRUMENTO. PIS-IMPORTAÇÃO. COFINS-IMPORTAÇÃO. LEI N. 10.865/2004. BASE DE CÁLCULO. VALOR ADUANEIRO. 1. A base de cálculo do PIS e da Cofins incidentes sobre a importação de bens e/ou serviços é apenas o 'valor aduaneiro', vale dizer, o valor da transação internacional, excluídos o montante de ICMS incidente sobre o desembaraço aduaneiro e o valor das próprias contribuições. 2. Agravo de instrumento improvido. Agravo regimental prejudicado" (TRF4, 1ª Turma, AI 200504010249227, rel. Des. Fed. Álvaro Eduardo Junqueira, ago. 2005).

assim como mantém relação íntima com as contribuições incidentes sobre a receita internamente (PIS/Pasep e Cofins) por ensejar creditamentos para fins de dedução no pagamento destas.

Vejamos o dispositivo remissivo constante da Lei n. 10.865/2004:

CAPÍTULO XI – DA ADMINISTRAÇÃO DO TRIBUTO

Art. 20. Compete à Secretaria da Receita Federal a administração e a fiscalização das contribuições de que trata esta Lei.

§ 1º As contribuições sujeitam-se às normas relativas ao processo administrativo fiscal de determinação e exigência do crédito tributário e de consulta de que trata o Decreto n. 70.235, de 6 de março de 1972, bem como, no que couber, às disposições da legislação do imposto de renda, do imposto de importação, especialmente quanto à valoração aduaneira, e da contribuição para o PIS/Pasep e da Cofins.

§ 2º A Secretaria da Receita Federal editará, no âmbito de sua competência, as normas necessárias à aplicação do disposto nesta Lei.

O aspecto material da hipótese de incidência do PIS/Pasep-Importação e da Cofins--Importação está descrito nos capítulos I e II da Lei n. 10.865/2004, sob as rubricas "Da incidência" e "Do fato gerador", respectivamente. As normas constantes de tais capítulos se completam, sendo indispensáveis à identificação das situações que geram as obrigações tributárias para o importador.

O art. 1º dispõe no sentido de que as contribuições incidem sobre a importação de produtos ou serviços, alcançando, portanto, toda a base econômica dada à tributação pelo art. 195, IV, da Constituição, que é a importação de bens ou serviços. Note-se que a referência a produtos implica a abrangência tanto de mercadorias (produtos destinados ao comércio) como de quaisquer outros bens, seja qual for a sua destinação. Eis o dispositivo legal:

CAPÍTULO I – DA INCIDÊNCIA

Art. 1º Ficam instituídas a Contribuição para os Programas de Integração Social e de Formação do Patrimônio do Servidor Público incidente na *Importação de Produtos Estrangeiros* ou Serviços – PIS/Pasep-Importação e a Contribuição Social para o Financiamento da Seguridade Social *devida pelo Importador* de Bens Estrangeiros ou Serviços do Exterior – *Cofins-Importação*, com base nos arts. 149, § 2º, inciso II, e 195, inciso IV, da Constituição Federal, observado o disposto no seu art. 195, § 6º.

§ 1º Os serviços a que se refere o *caput* deste artigo são os provenientes do exterior prestados por pessoa física ou pessoa jurídica residente ou domiciliada no exterior, nas seguintes hipóteses:

I – executados no País; ou

II – executados no exterior, cujo resultado se verifique no País.

§ 2º Consideram-se também estrangeiros:

I – bens nacionais ou nacionalizados exportados, que retornem ao País, salvo se:

a) enviados em consignação e não vendidos no prazo autorizado;

b) devolvidos por motivo de defeito técnico para reparo ou para substituição;

c) por motivo de modificações na sistemática de importação por parte do país importador;

d) por motivo de guerra ou de calamidade pública; ou

e) por outros fatores alheios à vontade do exportador;

II – os equipamentos, as máquinas, os veículos, os aparelhos e os instrumentos, bem como as partes, as peças, os acessórios e os componentes, de fabricação nacional, adquiridos no mercado interno pelas empresas nacionais de engenharia e exportados para a execução de obras contratadas no exterior, na hipótese de retornarem ao País.

O dispositivo estabelece a incidência sobre produtos estrangeiros. Mas a Lei n. 10.865/2004, tal como o DL n. 37/66 que cuida do imposto sobre a importação, também estabelece ficções, considerando estrangeiros os produtos nacionais exportados que retornem ao país, com ressalvas. Com isso, as contribuições acabam incidindo não apenas sobre a importação de produtos estrangeiros, mas também sobre a importação de produtos nacionais.

No caso do imposto sobre a importação, as ficções apresentam-se inconstitucionais, conforme, inclusive, já foi reconhecido pelo STF[54], mas isso em face de que a base econômica do imposto sobre a importação é a "importação de produtos estrangeiros". Já na hipótese do PIS/Pasep-Importação e da Cofins-Importação, a base econômica é a "importação de bens ou serviços", sem o qualificativo "estrangeiros", de modo que não há impedimento constitucional à tributação da importação de produto nacional que retorne ao país. Ou seja, a ficção que se mostra inconstitucional relativamente ao imposto sobre a importação é válida relativamente ao PIS/Pasep-Importação e à Cofins-Importação, pois compatível com a norma de competência do art. 195, IV, da Constituição.

Chamam atenção, ainda, as definições quanto ao que se deva considerar como importação de serviços. O § 1º coloca como critério básico a prestação de serviço "por pessoa física ou pessoa jurídica residente ou domiciliada no exterior", exigindo, ainda, que sejam "executados no País" ou "cujo resultado se verifique no País".

O art. 2º refere situações em que não incidem as contribuições. Mas, na maior parte das hipóteses do art. 2º, não poderiam mesmo ser exigidas as contribuições pela falta da ocorrência de importação propriamente, no sentido de entrada do produto para incorporação à economia interna, conforme tratado quando da análise da base econômica, ou em face da imunidade do importador:

---

[54] STF, RE n. 104.306-7/SP, mar. 1986.

Art. 2º As contribuições instituídas no art. 1º desta Lei não incidem sobre:

I – bens estrangeiros que, corretamente descritos nos documentos de transporte, chegarem ao País por erro inequívoco ou comprovado de expedição e que forem redestinados ou devolvidos para o exterior;

II – bens estrangeiros idênticos, em igual quantidade e valor, e que se destinem à reposição de outros anteriormente importados que se tenham revelado, após o desembaraço aduaneiro, defeituosos ou imprestáveis para o fim a que se destinavam, observada a regulamentação do Ministério da Fazenda;

III – bens estrangeiros que tenham sido objeto de pena de perdimento, exceto nas hipóteses em que não sejam localizados, tenham sido consumidos ou revendidos;

IV – bens estrangeiros devolvidos para o exterior antes do registro da declaração de importação, observada a regulamentação do Ministério da Fazenda;

V – pescado capturado fora das águas territoriais do País por empresa localizada no seu território, desde que satisfeitas as exigências que regulam a atividade pesqueira;

VI – bens aos quais tenha sido aplicado o regime de exportação temporária;

VII – bens ou serviços importados pelas entidades beneficentes de assistência social, nos termos do § 7º do art. 195 da Constituição Federal, observado o disposto no art. 10 desta Lei;

VIII – bens em trânsito aduaneiro de passagem, acidentalmente destruídos;

IX – bens avariados ou que se revelem imprestáveis para os fins a que se destinavam, desde que destruídos, sob controle aduaneiro, antes de despachados para consumo, sem ônus para a Fazenda Nacional; e

X – o custo do transporte internacional e de outros serviços, que tiverem sido computados no valor aduaneiro que serviu de base de cálculo da contribuição;

XI – valor pago, creditado, entregue, empregado ou remetido à pessoa física ou jurídica a título de remuneração de serviços vinculados aos processos de avaliação da conformidade, metrologia, normalização, inspeção sanitária e fitossanitária, homologação, registros e outros procedimentos exigidos pelo país importador sob o resguardo dos acordos sobre medidas sanitárias e fitossanitárias (SPS) e sobre barreiras técnicas ao comércio (TBT), ambos do âmbito da Organização Mundial do Comércio (OMC). (Incluído pela Lei n. 12.249/2010)

Parágrafo único. O disposto no inciso XI não se aplica à remuneração de serviços prestados por pessoa física ou jurídica residente ou domiciliada em país ou dependência com tributação favorecida ou beneficiada por regime fiscal privilegiado, de que trata os arts. 24 e 24-A da Lei n. 9.430, de 27 de dezembro de 1996. (Incluído pela Lei n. 12.249/2010)

Algumas das hipóteses, contudo, implicam simples opção do legislador de não tributar, como as dos incisos III e X. Isso porque, querendo, poderia ter equiparado ao importador o arrematante dos bens apreendidos e leiloados. O custo do transporte internacional, por sua vez, integra o valor aduaneiro – já analisado quando do tratamento da norma de competência – e, portanto, poderia integrar a base de cálculo da contribuição se o legislador assim dispusesse.

Vejamos, agora, as situações definidas como necessárias e suficientes ao surgimento das obrigações tributárias, que devem, necessariamente, ser interpretadas com a amplitude já referida nos artigos que disseram da incidência:

CAPÍTULO II – DO FATO GERADOR

Art. 3º O fato gerador será:

I – a entrada de bens estrangeiros no território nacional; ou

II – o pagamento, o crédito, a entrega, o emprego ou a remessa de valores a residentes ou domiciliados no exterior como contraprestação por serviço prestado.

§ 1º Para efeito do inciso I do *caput* deste artigo, consideram-se entrados no território nacional os bens que constem como tendo sido importados e cujo extravio venha a ser apurado pela administração aduaneira.

§ 2º O disposto no § 1º deste artigo não se aplica:

I – às malas e às remessas postais internacionais; e

II – à mercadoria importada a granel que, por sua natureza ou condições de manuseio na descarga, esteja sujeita a quebra ou a decréscimo, desde que o extravio não seja superior a 1% (um por cento).

§ 3º Na hipótese de ocorrer quebra ou decréscimo em percentual superior ao fixado no inciso II do § 2º deste artigo, serão exigidas as contribuições somente em relação ao que exceder a 1% (um por cento).

As contribuições têm por fato gerador a entrada dos produtos no território nacional. E, ainda, presume-se a entrada do produto supostamente extraviado, nos termos do § 1º, com vista a evitar que haja desvios e que, em face disso, o importador se exonere da tributação. Nas hipóteses de extravio que se tenha por efetivo, como ocorre relativamente às malas e remessas postais, sob a guarda das companhias aéreas e dos serviços de correio, o § 2º, I, afasta a presunção de entrada, não ocorrendo, pois, a exigência da contribuição. A hipótese do inciso II do § 2º diz respeito às mercadorias cujo manuseio implique perdas previsíveis, normais nas operações de descarga. Mas o dispositivo admite percentual de quebra bastante rígido, de apenas 1%.

Relativamente à importação de serviços, o fato gerador das contribuições será o pagamento, o creditamento ou a remessa de valores em contraprestação aos serviços prestados. O legislador não colocou, pois, a prestação dos serviços como fato gerador, mas a contraprestação por ela.

Importa considerar, ainda, o momento em que se deverá considerar ocorridos tais fatos geradores para fins de incidência das contribuições, ou seja, o aspecto temporal das hipóteses de incidência:

Art. 4º Para efeito de cálculo das contribuições, considera-se ocorrido o fato gerador:

I – na data do registro da declaração de importação de bens submetidos a despacho para consumo;

II – no dia do lançamento do correspondente crédito tributário, quando se tratar de bens constantes de manifesto ou de outras declarações de efeito equivalente, cujo extravio ou avaria for apurado pela autoridade aduaneira;

III – na data do vencimento do prazo de permanência dos bens em recinto alfandegado, se iniciado o respectivo despacho aduaneiro antes de aplicada a pena de perdimento, na situação prevista pelo art. 18 da Lei n. 9.779, de 19 de janeiro de 1999;

IV – na data do pagamento, do crédito, da entrega, do emprego ou da remessa de valores na hipótese de que trata o inciso II do *caput* do art. 3º desta Lei.

Parágrafo único. O disposto no inciso I do *caput* deste artigo aplica-se, inclusive, no caso de despacho para consumo de bens importados sob regime suspensivo de tributação do imposto de importação.

Também quanto a este aspecto da norma tributária impositiva, há plena equivalência ao que é previsto pelo DL n. 37/66 relativamente ao Imposto sobre a Importação. Considerar-se-á ocorrida a entrada dos bens estrangeiros no território nacional quando do registro da Declaração de Importação na hipótese de bens submetidos ao despacho aduaneiro para consumo.

Conforme já destacamos alhures[55], "considera-se como mercadoria 'despachada para consumo' qualquer mercadoria submetida ao despacho aduaneiro[56] com vista à incorporação à economia nacional, ou seja, produto de admissão aduaneira definitiva, de modo que o artigo regula o aspecto temporal para as importações que seguem o procedimento normal. Excluem-se os casos de admissão temporária, que sequer configuram importação propriamente, e as hipóteses em que não ocorre o despacho aduaneiro, como no caso do abandono da mercadoria ou mesmo de apreensão de mercadoria objeto de contrabando ou descaminho".

Na importação de serviços, considera-se ocorrido o fato gerador na data do pagamento, do crédito, da entrega, do emprego ou da remessa de valores em contraprestação ao serviço prestado.

O STJ, no REsp n. 1.118.815, julgado em agosto de 2010, destacou que o "art. 144 do CTN prescreve que o lançamento reporta-se à data da ocorrência do fato gerador e rege-se pela lei então vigente, ainda que posteriormente modificada ou revogada, por isso que, considerando-se ocorrido o fato gerador das contribuições na data do registro da declaração de importação, a lei vigente nesse momento rege o lançamento". Mas nega a possibilidade de o registro antecipado da declaração de importação, realizado antes mesmo da entrada da mercadoria no território nacional, possa ser considerado como momento da ocorrência do fato gerador, na medida em que não teria, ainda, ocorrido importação.

---

[55] PAULSEN, Leandro; MELO, José Eduardo Soares de. *Impostos federais, estaduais e municipais*. 11. ed. São Paulo: Saraiva, 2018, p. 28.

[56] DL n. 37/66: "Art. 44. Toda mercadoria procedente do exterior por qualquer via, destinada a consumo ou a outro regime, sujeita ou não ao pagamento do imposto, deverá ser submetida a despacho aduaneiro, que será processado com base em declaração apresentada à repartição aduaneira no prazo e na forma prescritos em regulamento" (Redação dada pelo Decreto-Lei n. 2.472, de 1º-9-1988).

O PIS/Pasep-Importação e a Cofins-Importação têm como sujeito ativo a própria União. Isso porque são contribuições instituídas pela União e não consta da lei instituidora qualquer delegação da condição de sujeito ativo da relação jurídica tributária a nenhuma outra pessoa jurídica de direito público, além do que o art. 20 da Lei n. 10.865/2004 expressamente prevê a administração do tributo pela Secretaria da Receita Federal, que é órgão da Administração Direta da União:

> CAPÍTULO XI – DA ADMINISTRAÇÃO DO TRIBUTO
>
> Art. 20. Compete à Secretaria da Receita Federal a administração e a fiscalização das contribuições de que trata esta Lei.
>
> [...]
>
> § 2º A Secretaria da Receita Federal editará, no âmbito de sua competência, as normas necessárias à aplicação do disposto nesta Lei.

A Lei n. 10.865/2004 aponta, ainda, os contribuintes e indica responsáveis solidários.

Contribuinte é a pessoa física ou jurídica que promova a entrada dos bens no território nacional, relativamente à importação de bens, e a pessoa física ou jurídica aqui domiciliada contratante dos serviços ou, supletivamente, beneficiária do serviço, relativamente à importação de serviços:

> CAPÍTULO III – DO SUJEITO PASSIVO
>
> Art. 5º São contribuintes:
>
> I – o importador, assim considerada a pessoa física ou jurídica que promova a entrada de bens estrangeiros no território nacional;
>
> II – a pessoa física ou jurídica contratante de serviços de residente ou domiciliado no exterior; e
>
> III – o beneficiário do serviço, na hipótese em que o contratante também seja residente ou domiciliado no exterior.
>
> Parágrafo único. Equiparam-se ao importador o destinatário de remessa postal internacional indicado pelo respectivo remetente e o adquirente de mercadoria entrepostada.

A equiparação, ao importador, do destinatário de remessa postal e do adquirente de mercadoria entrepostada, é válida, conforme expusemos quando da análise da norma de competência.

Responsáveis solidários são os arrolados no art. 6º:

> Art. 6º São responsáveis solidários:
>
> I – o adquirente de bens estrangeiros, no caso de importação realizada por sua conta e ordem, por intermédio de pessoa jurídica importadora;
>
> II – o transportador, quando transportar bens procedentes do exterior ou sob controle aduaneiro, inclusive em percurso interno;
>
> III – o representante, no País, do transportador estrangeiro;

IV – o depositário, assim considerado qualquer pessoa incumbida da custódia de bem sob controle aduaneiro; e

V – o expedidor, o operador de transporte multimodal ou qualquer subcontratado para a realização do transporte multimodal.

O aspecto quantitativo é definido pela indicação das bases de cálculo e das alíquotas a serem aplicadas. A base de cálculo, conforme destacamos quando da análise da norma de competência (item 1.3 deste capítulo), está condicionada constitucionalmente. O art. 149, § 2º, III, *a*, da Constituição estabelece que contribuição social sobre a importação terá como base o "valor aduaneiro"[57]. A expressão tem sentido próprio, há muito previsto na legislação que cuida da tributação do comércio exterior, sendo, inclusive, objeto da cláusula VII do GATT. O valor aduaneiro é o preço normal da mercadoria no mercado internacional posta no porto de chegada, com os encargos de transporte e seguro.

O art. 7º, I, da Lei n. 10.865/2004, com a redação da Lei n. 12.865/2013 limita-se a dispor no sentido de que a base de cálculo das contribuições PIS/Pasep-Importação e Cofins-Importação será "o valor aduaneiro", com isso guardando consonância com a norma constitucional e ensejando plena simetria com a base do imposto sobre a importação.

A redação original do art. 7º, I, contudo, extrapolava o conceito de valor aduaneiro, ao determinar as que a base de cálculo fosse integrada também pelo ICMS devido na importação e pelo montante das próprias contribuições sobre a importação. Em razão disso, foi buscado judicialmente o reconhecimento da inconstitucionalidade de parte do art. 7º, I. O STF decidiu a questão no RE n. 559.937, com efeito de repercussão geral, reconhecendo a inconstitucionalidade parcial do art. 7º da Lei n. 10.865/2004, de modo que respeite a referência constitucional ao "valor aduaneiro" como base de cálculo, sem outros acréscimos. Eis a ementa:

> Tributário. Recurso extraordinário. Repercussão geral. PIS/Cofins- Importação. Lei n. 10.865/2004. Vedação de *bis in idem*. Não ocorrência. Suporte direto da contribuição do importador (arts. 149, II, e 195, IV, da CF e art. 149, § 2º, III, da CF, acrescido pela EC n. 33/2001). Alíquota específica ou *ad valorem*. Valor aduaneiro acrescido do valor do ICMS e das próprias contribuições. Inconstitucionalidade. Isonomia. Ausência de afronta. 1. Afastada a alegação de violação da vedação ao *bis in idem*, com invocação do art. 195, § 4º, da CF. Não há que se falar sobre invalidade da instituição originária e simultânea de contribuições idênticas com fundamento no inciso IV do art. 195, com alíquotas apartadas para fins exclusivos de destinação. 2. Contribuições cuja instituição foi previamente prevista e autorizada, de modo expresso, em um dos incisos do art. 195

---

[57] CF: "Art. 149 [...] § 2º As contribuições sociais e de intervenção no domínio econômico de que trata o *caput* deste artigo: [...] II – incidirão também sobre a importação de produtos estrangeiros ou serviços; III – poderão ter alíquotas: a) *ad valorem*, tendo por base o faturamento, a receita bruta ou o valor da operação e, no caso de importação, o valor aduaneiro;".

da Constituição validamente instituídas por lei ordinária. Precedentes. 3. Inaplicável ao caso o art. 195, § 4º, da Constituição. Não há que se dizer que devessem as contribuições em questão ser necessariamente não cumulativas. O fato de não se admitir o crédito senão para as empresas sujeitas à apuração do PIS e da Cofins pelo regime não cumulativo não chega a implicar ofensa à isonomia, de modo a fulminar todo o tributo. A sujeição ao regime do lucro presumido, que implica submissão ao regime cumulativo, é opcional, de modo que não se vislumbra, igualmente, violação do art. 150, II, da CF. 4 Ao dizer que a contribuição ao PIS/Pasep-Importação e a Cofins-Importação poderão ter alíquotas *ad valorem* e base de cálculo o valor aduaneiro, o constituinte derivado circunscreveu a tal base a respectiva competência. 5. A referência ao valor aduaneiro no art. 149, § 2º, III, *a*, da CF implicou utilização de expressão com sentido técnico inequívoco, porquanto já era utilizada pela legislação tributária para indicar a base de cálculo do Imposto sobre a Importação. 6. A Lei n. 10.865/2004, ao instituir o PIS/Pasep-Importação e a Cofins--Importação, não alargou propriamente o conceito de valor aduaneiro, de modo que passasse a abranger, para fins de apuração de tais contribuições, outras grandezas nele não contidas. O que fez foi desconsiderar a imposição constitucional de que as contribuições sociais sobre a importação que tenham alíquota *ad valorem* sejam calculadas com base no valor aduaneiro, extrapolando a norma do art. 149, § 2º, III, *a*, da Constituição Federal. 7. Não há como equiparar, de modo absoluto, a tributação da importação com a tributação das operações internas. O PIS/Pasep-Importação e a Cofins-Importação incidem sobre operação na qual o contribuinte efetuou despesas com a aquisição do produto importado, enquanto a PIS e a Cofins internas incidem sobre o faturamento ou a receita, conforme o regime. São tributos distintos. 8. O gravame das operações de importação se dá não como concretização do princípio da isonomia, mas como medida de política tributária tendente a evitar que a entrada de produtos desonerados tenha efeitos predatórios relativamente às empresas sediadas no País, visando, assim, ao equilíbrio da balança comercial. 9. Inconstitucionalidade da seguinte parte do art. 7º, inciso I, da Lei n. 10.865/2004: "acrescido do valor do Imposto sobre Operações Relativas à Circulação de Mercadorias e sobre Prestação de Serviços de Transporte Interestadual e Intermunicipal e de Comunicação – ICMS incidente no desembaraço aduaneiro e do valor das próprias contribuições, por violação do art. 149, § 2º, III, *a*, da CF, acrescido pela EC n. 33/2001". 10. Recurso extraordinário a que se nega provimento. (STF, Tribunal Pleno, RE n. 559937, Rel. p/ Acórdão Min. Dias Toffoli, mar. 2013)

Após a decisão do STF, foi alterada a redação do inciso I do art. 7º, passando a referir como base de cálculo apenas "o valor aduaneiro", nos termos da redação que lhe deu a Lei n. 12.865/2013, conforme já destacado.

No que diz respeito à importação de serviços, estabeleceu como base de cálculo o valor pago, creditado ou remetido como contraprestação pelos serviços, acrescido do montante do ISS incidente sobre a operação e sobre o montante das próprias contribuições.

Vejamos:

CAPÍTULO IV – DA BASE DE CÁLCULO

Art. 7º A base de cálculo será:

I – o valor aduaneiro, na hipótese do inciso I do *caput* do art. 3º desta Lei; ou (Redação dada pela Lei n. 12.865/2013)[58]

II – o valor pago, creditado, entregue, empregado ou remetido para o exterior, antes da retenção do imposto de renda, acrescido do Imposto sobre Serviços de qualquer Natureza – ISS e do valor das próprias contribuições, na hipótese do inciso II do *caput* do art. 3º desta Lei.

No que diz respeito às alíquotas, atualmente estão em 2,1% para o PIS/Pasep-Importação e em 9,65% para a Cofins-Importação, por força do aumento imposto pela Lei n. 13.137/2015. Anteriormente, eram de 1,65% e 7,6%, respectivamente. Vejamos:

CAPÍTULO V – DAS ALÍQUOTAS

Art. 8º As contribuições serão calculadas mediante aplicação, sobre a base de cálculo de que trata o art. 7º desta Lei, das alíquotas:

I – na hipótese do inciso I do *caput* do art. 3º, de: (Redação dada pela Lei n. 13.137, de 2015)

a) 2,1% (dois inteiros e um décimo por cento), para a Contribuição para o PIS/Pasep--Importação; e (Incluído pela Lei n. 13.137, de 2015)

b) 9,65% (nove inteiros e sessenta e cinco centésimos por cento), para a Cofins-Importação; e (Incluído pela Lei n. 13.137, de 2015)

Os parágrafos do art. 8º estabelecem percentuais de PIS/Pasep-Importação e de Cofins-Importação diferenciados para alguns itens, como produtos farmacêuticos (2,76% e 13,03%) e produtos de perfumaria e higiene pessoal (3,52% e 16,48%). Além disso, reduzem a zero a alíquota de alguns produtos, como a do papel destinado à impressão de jornais, dentre outros. A lista de produtos sujeitos à alíquota zero, constante do § 12 do art. 8º da Lei n. 10.865/2004, tem sido seguidamente alterada e ampliada, inclusive pelas Leis n. 12.649/2012, 12.925/2014, 13.137/2015 e 13.169/2015.

Traz, também, no § 11 do art. 8º, autorização ao Executivo para reduzir alíquotas a zero e restabelecê-las relativamente a alguns produtos, como alguns químicos e farmacêuticos e outros destinados ao uso em hospitais, clínicas e consultórios médicos e odontológicos, campanhas de saúde e laboratórios de anatomia patológica, citológica ou de análises clínicas[59]. Esta delegação ao Executivo para integrar a norma tributária

---

[58] Eis a redação original: "I – o valor aduaneiro, assim entendido, para os efeitos desta Lei, o valor que servir ou que serviria de base para o cálculo do imposto de importação, acrescido do valor do Imposto sobre Operações Relativas à Circulação de Mercadorias e sobre Prestação de Serviços de Transporte Interestadual e Intermunicipal e de Comunicação – ICMS incidente no desembaraço aduaneiro e do valor das próprias contribuições, na hipótese do inciso I do *caput* do art. 3º desta Lei; ou".

[59] "Art. 8º [...] § 11. Fica o Poder Executivo autorizado a reduzir a 0 (zero) e a restabelecer as alíquotas do PIS/Pasep-Importação e da Cofins-Importação, incidentes sobre: I – produtos químicos e farmacêuticos classificados nos Capítulos 29 e 30 da NCM; II – produtos destinados ao uso em hospitais, clínicas e consultórios médicos e odontológicos, campanhas de saúde realizadas pelo Poder Público e laboratórios de anatomia patológica, citológica ou de análises clínicas, classificados nas posições 30.02, 30.06, 39.26, 40.15 e 90.18 da NCM. (Redação da Lei n. 11.196/2005)."

impositiva, mexendo em seu aspecto quantitativo, contudo, não encontra suporte constitucional.

As contribuições Cofins-Importação e PIS/Pasep-Importação são pagas, relativamente à importação de bens, na data do registro da Declaração de Importação, aliás como ocorre com o próprio Imposto sobre a Importação. Ou seja, é considerado ocorrido o fato gerador com o registro da Declaração de Importação e, incontinenti, é feito o pagamento das novas contribuições e do imposto sobre a importação eletronicamente, através do Siscomex. Também o IPI e o ICMS, quando devidos, são pagos antes do desembaraço. Há prazo específico para o regime de entreposto aduaneiro – em que a mercadoria estrangeira fica em recinto alfandegado com suspensão do pagamento do tributo, em que é admitida a nacionalização da mercadoria. Neste caso, o pagamento é feito quando se considera ocorrido o fato gerador, ou seja, no vencimento do prazo de permanência do bem no recinto alfandegado.

Na importação de serviços, o pagamento das contribuições é feito por ocasião do pagamento, crédito, entrega, emprego ou remessa da contraprestação (do preço do serviço), ou seja, quando se considera ocorrido o fato gerador.

É o que dispõe o art. 13 da Lei n. 10.865/2004:

CAPÍTULO VII – DO PRAZO DE RECOLHIMENTO

Art. 13. As contribuições de que trata o art. 1º desta Lei serão pagas:

I – na data do registro da declaração de importação, na hipótese do inciso I do *caput* do art. 3º desta Lei;

II – na data do pagamento, crédito, entrega, emprego ou remessa, na hipótese do inciso II do *caput* do art. 3º desta Lei;

III – na data do vencimento do prazo de permanência do bem no recinto alfandegado, na hipótese do inciso III do *caput* do art. 4º desta Lei.

Capítulo X

Contribuição de seguridade social sobre o lucro

LEANDRO PAULSEN

1. Competência para instituir contribuição sobre o lucro

A União tem competência para instituir contribuição das empresas sobre o lucro com vista ao custeio da seguridade social. Vejamos:

> Art. 195. A seguridade social será financiada por toda a sociedade, de forma direta e indireta, nos termos da lei, mediante recursos provenientes dos orçamentos da União, dos Estados, do Distrito Federal e dos Municípios, e das seguintes contribuições sociais:
> I – do empregador, da empresa e da entidade a ela equiparada na forma da lei, incidentes sobre:
> c) o lucro;

José Eduardo Soares de Melo discorre sobre o conceito de lucro:

> A figura jurídica do "lucro", evidentemente, não é captada nos quadrantes constitucionais, sendo conformada por tradicionais conceitos de direito privado.
>
> Na etimologia latina, *lucrum* equivale a ganho. O clássico Cândido Figueiredo entende lucro como sinônimo de ganho líquido.
>
> Derivado do latim *lucrum* ("ganho", "proveito", "vantagem"), entende-se, de modo amplo, *toda vantagem ou utilidade* que se possa ter ou tirar de uma coisa, ou de um negócio; tudo que venha *beneficiar* a *pessoa*, trazendo um engrandecimento ou enriquecimento a seu patrimônio, seja por meio de *bens materiais* ou simplesmente de vantagens, que melhore suas condições patrimoniais, entende-se um lucro. No sentido técnico do comércio, *lucro* restringe-se ao *resultado pecuniário*, obtido nos negócios.
>
> Para recorrer a outro sistema de ordenamento positivo, lucro (ou *profit*) significa *gain realized from business over and above expenses* – ou seja, "ganho realizado em atividades

econômicas acima e além das despesas", conforme Antônio Roberto Sampaio Dória. O autor explica que "[...] lucros, rendimentos ou ganhos são conceitos que se irmanam sob a acepção mais genérica de renda, fenômeno de índole eminentemente econômica, que o direito absorve e reveste de contornos próprios (ou seja, juridiciza-o) para aplicação de suas próprias normas, coercitivas, especialmente nas áreas comercial e fiscal"[1].

O texto constitucional não qualifica o lucro no art. 195, I, *c*. Deixa, assim, certa margem ao legislador ordinário que, ao exercer tal competência, só não poderá determinar a tributação do que não constituir acréscimo patrimonial decorrente do exercício da atividade da empresa ou entidade equiparada.

É importante destacar, desde já, que o legislador não tributa o lucro do mesmo modo a título de contribuição sobre o lucro e de imposto sobre a renda. Não há que se confundir as bases de cálculo da CSLL e do IRPJ. A rigor, nenhuma delas corresponde de modo absoluto ao lucro líquido, o lucro contábil.

A base de cálculo da CSLL é o chamado resultado ajustado, enquanto a do IRPJ é o lucro real, ambos obtidos a partir do lucro líquido, mas mediante adições, exclusões e compensações determinadas pela lei instituidora de cada tributo.

Temos, por certo, dois tributos incidindo sobre o lucro das empresas – a CSLL e o IR – ainda que com critérios distintos para a apuração das respectivas bases de cálculo. E não há impedimento a que tal aconteça, pois só são constitucionalmente vedados o *bis in idem* entre impostos (art. 154, I) e o *bis in idem* entre contribuições de seguridade social (art. 195, § 4º c/c o art. 154, I), mas não entre imposto e contribuição. Ademais, o próprio texto constitucional prevê a instituição de ambos os tributos sobre a renda/lucro (arts. 153, III, e 195, I, *c*).

2. Contribuição social sobre o lucro líquido (CSLL) – Lei n. 7.689/88

Tendo em vista a norma de competência prevista no art. 195 da Constituição, na sua redação original, a Lei n. 7.689/88 instituiu a contribuição social sobre o lucro das pessoas jurídicas:

> Art. 1º Fica instituída contribuição social sobre o lucro das pessoas jurídicas, destinada ao financiamento da seguridade social.

Há inúmeras medidas provisórias e leis posteriores que cuidaram da matéria.

A IN n. 1.700/2017 cuida da determinação[2] e do pagamento da Contribuição Social sobre o Lucro Líquido, consolidando a legislação sobre a matéria.

---

[1] MELO, José Eduardo Soares de. *Contribuições sociais no sistema tributário*. 7. ed. São Paulo: Malheiros, 2018, p. 257.

[2] A IN n. 1.700/2017 utiliza-se, tanto em sua rubrica, como em seu texto, da palavra "determinação" para indicar o cálculo tanto da base de cálculo como do valor a pagar. Anteriormente, a IN n. 390/2004 utilizava a palavra "apuração".

Trata-se de contribuição que tem como sujeito ativo a própria União, já que não houve delegação de tal condição a nenhuma outra pessoa jurídica de direito público. Pelo contrário, a lei instituidora previu a sua administração pela Secretaria da Receita Federal, órgão da administração direta da União[3] atualmente denominado Secretaria da Receita Federal do Brasil, forte na Lei n. 11.457/2007.

Contribuintes são as pessoas jurídicas domiciliadas no país e equiparadas, conforme o art. 4º da Lei n. 7.689/88:

> Art. 4º São contribuintes as pessoas jurídicas domiciliadas no País e as que lhes são equiparadas pela legislação tributária.

A contribuição sobre o lucro tem período de apuração trimestral. Alternativamente, as pessoas jurídicas tributadas pelo lucro real que optarem pelo pagamento por estimativa poderão ter período de apuração anual. É, portanto, apurada e paga com a mesma periodicidade que o imposto de renda. Veja-se a IN n. 1.700/2017:

> TÍTULO III
> DA BASE DE CÁLCULO
>
> Art. 28. A base de cálculo da CSLL, determinada segundo a legislação vigente na data da ocorrência do respectivo fato gerador, é o resultado ajustado, resultado presumido ou resultado arbitrado, correspondente ao período de apuração.
>
> Parágrafo único. As pessoas jurídicas sujeitas ao regime de tributação com base no lucro real, presumido ou arbitrado, conforme o caso, ficarão sujeitas ao mesmo critério para a determinação da base de cálculo da CSLL, mantidos os ajustes e as alíquotas previstos na legislação para cada tributo.
>
> TÍTULO V
> DOS PERÍODOS DE APURAÇÃO
>
> Art. 31. As bases de cálculo do IRPJ e da CSLL serão determinadas em períodos de apuração trimestrais, encerrados em 31 de março, 30 de junho, 30 de setembro e 31 de dezembro de cada ano-calendário, de acordo com as regras previstas na legislação de regência e as normas desta Instrução Normativa.
>
> § 1º Nos casos de incorporação, fusão ou cisão a apuração das bases de cálculo será efetuada na data do evento, observado o disposto no art. 239.
>
> § 2º Na extinção da pessoa jurídica pelo encerramento da liquidação, a apuração das bases de cálculo será efetuada na data desse evento, observado o disposto no art. 240.
>
> § 3º Alternativamente ao disposto no caput, o período de apuração será anual para as pessoas jurídicas sujeitas à tributação com base no lucro real que adotarem a opção pelo pagamento por estimativa previsto no Título VI deste Livro.

---

[3] Lei n. 7.689/88: "Art. 6º A administração e fiscalização da contribuição social de que trata esta lei compete à Secretaria da Receita Federal. Parágrafo único. Aplicam-se à contribuição social, no que couber, as disposições da legislação do imposto de renda referente à administração, ao lançamento, à consulta, à cobrança, às penalidades, às garantias e ao processo administrativo".

§ 4º As pessoas jurídicas que optarem pelo pagamento do IRPJ e da CSLL por estimativa a que se refere o Título VI deste Livro deverão apurar o lucro real e o resultado ajustado em 31 de dezembro de cada ano, exceto nas hipóteses mencionadas nos §§ 1º e 2º, quando a apuração deverá ser realizada na data desses eventos.

§ 5º Aplica-se o disposto no § 4º ainda que a pessoa jurídica tenha arbitrado o lucro e o resultado em qualquer trimestre do ano-calendário.

§ 6º Nas hipóteses previstas nos §§ 4º e 5º a apuração do lucro real e do resultado ajustado abrangerá todo o período de 1º de janeiro do ano-calendário, ou da data de início de atividades, até 31 de dezembro ou até a data dos eventos referidos nos §§ 1º e 2º, excetuando-se os trimestres em que a pessoa jurídica esteve submetida ao lucro e resultado arbitrados.

§ 7º A periodicidade de apuração e pagamento adotada pela pessoa jurídica para o IRPJ determina a periodicidade de apuração e pagamento da CSLL.

A Lei n. 7.689/88 diz que a base de cálculo "é o valor do resultado do exercício, antes da provisão para o imposto de renda"[4]. E com os ajustes (adições, exclusões ou compensações) prescritos ou autorizados pela legislação da CSLL. Daí falar-se em resultado ajustado. A IN n. 1.700/2017 assim dispõe:

CAPÍTULO II
DO CONCEITO DE LUCRO REAL E RESULTADO AJUSTADO

Art. 61. Lucro real é o lucro líquido do período de apuração antes da provisão para o IRPJ, ajustado pelas adições, exclusões ou compensações prescritas ou autorizadas pela legislação do IRPJ.

§ 1º Resultado ajustado é o lucro líquido do período de apuração antes da provisão para a CSLL, ajustado pelas adições, exclusões ou compensações prescritas ou autorizadas pela legislação da CSLL.

§ 2º A determinação do lucro real e do resultado ajustado será precedida da apuração do lucro líquido de cada período de apuração com observância das disposições das leis comerciais.

---

[4] Veja-se o art. 2º da Lei n. 7.689/88, com a redação das Leis n. 8.034/90 e 12.973/2014: "Art. 2º A base de cálculo da contribuição é o valor do resultado do exercício, antes da provisão para o imposto de renda. § 1º Para efeito do disposto neste artigo: a) será considerado o resultado do período-base encerrado em 31 de dezembro de cada ano; b) no caso de incorporação, fusão, cisão ou encerramento de atividades, a base de cálculo é o resultado apurado no respectivo balanço; c) o resultado do período-base, apurado com observância da legislação comercial, será ajustado pela 1 – adição do resultado negativo da avaliação de investimentos pelo valor de patrimônio líquido; 2 – adição do valor de reserva de reavaliação, baixada durante o período-base, cuja contrapartida não tenha sido computada no resultado do período-base; 3 – adição do valor das provisões não dedutíveis da determinação do lucro real, exceto a provisão para o Imposto de Renda; 4 – exclusão do resultado positivo da avaliação de investimentos pelo valor de patrimônio líquido; 5 – exclusão dos lucros e dividendos derivados de participações societárias em pessoas jurídicas domiciliadas no Brasil que tenham sido computados como receita; 6 – exclusão do valor, corrigido monetariamente, das provisões adicionadas na forma do item 3, que tenham sido baixadas no curso de período-base".

CAPÍTULO III
DOS AJUSTES DO LUCRO LÍQUIDO

Seção I
Das Adições

Art. 62. Na determinação do lucro real e do resultado ajustado serão adicionados ao lucro líquido do período de apuração:

I – os custos, as despesas, os encargos, as perdas, as provisões, as participações e quaisquer outros valores deduzidos na apuração do lucro líquido que, de acordo com a legislação do IRPJ ou da CSLL, não sejam dedutíveis na determinação do lucro real ou do resultado ajustado; e

II – os resultados, os rendimentos, as receitas e quaisquer outros valores não incluídos na apuração do lucro líquido que, de acordo com essa mesma legislação, devam ser computados na determinação do lucro real ou do resultado ajustado.

Parágrafo único. O Anexo I apresenta uma lista não exaustiva das adições ao lucro líquido do período de apuração, para fins de determinação do lucro real e do resultado ajustado.

Seção II
Das Exclusões

Art. 63. Na determinação do lucro real e do resultado ajustado poderão ser excluídos do lucro líquido do período de apuração:

I – os valores cuja dedução seja autorizada pela legislação do IRPJ ou da CSLL e que não tenham sido computados na apuração do lucro líquido do período de apuração; e

II – os resultados, os rendimentos, as receitas e quaisquer outros valores incluídos na apuração do lucro líquido que, de acordo com essa mesma legislação, não sejam computados no lucro real ou no resultado ajustado.

Parágrafo único. O Anexo II apresenta uma lista não exaustiva das exclusões do lucro líquido do período de apuração, para fins de determinação do lucro real e do resultado ajustado.

Seção III
Das Compensações

Art. 64. O lucro líquido, depois de ajustado pelas adições e exclusões prescritas ou autorizadas pela legislação do IRPJ, poderá ser reduzido pela compensação de prejuízos fiscais de períodos de apuração anteriores em até, no máximo, 30% (trinta por cento) do referido lucro líquido ajustado, observado o disposto nos arts. 203 a 213.

Parágrafo único. O lucro líquido, depois de ajustado pelas adições e exclusões prescritas ou autorizadas pela legislação da CSLL, poderá ser reduzido pela compensação de bases de cálculo negativas da CSLL de períodos de apuração anteriores em até, no máximo, 30% (trinta por cento) do referido lucro líquido ajustado, observado o disposto nos arts. 203 a 213.

Não há que se confundir o resultado ajustado, tributado a título de contribuição sobre o lucro líquido, com o lucro real, tributado pelo Imposto de Renda. O que difere é justamente que as adições, deduções e compensações admissíveis para a apuração de um não correspondem exatamente àquelas admitidas para fins de apuração da base de cálculo do outro.

A CSLL terá sua base de cálculo determinada conforme o *resultado presumido* quando a empresa tenha optado por apurar o Imposto de Renda pelo lucro presumido, o que envolve a adoção de base substitutiva tendo como referência percentual da receita bruta. Cuida-se de medida de simplificação da apuração e do recolhimento de tais tributos. Podem optar pelo lucro presumido empresas com receita bruta total, no ano-calendário anterior, até R$ 78.000.000,00 (setenta e oito milhões de reais) e cujas atividades não estejam obrigatoriamente sujeitas à apuração do lucro real, nos termos do art. 13 da Lei n. 9.718/98, com a redação da Lei n. 12.814/2013. Em vez de apurarem o lucro real e o resultado ajustado, apuram o lucro presumido, seguindo o art. 15 da Lei n. 9.249/95, com a redação da Lei n. 12.973/2014. A base de cálculo diz-se presumida porque, em verdade, o lucro pode ter sido maior, ou menor, que o percentual da receita apontado por lei. Sobre o lucro presumido, aplica-se a alíquota do imposto, chegando-se ao montante devido. Como o lucro é presumido, a pessoa jurídica fica dispensada da apuração do lucro real e das formalidades que lhe são inerentes. De outro lado, a CSLL terá sua base determinada pelo resultado arbitrado quando também no imposto de renda efetue pagamento conforme o lucro arbitrado. O parágrafo único do art. 226 da IN n. 1.700/2017 não deixa dúvida: "A pessoa jurídica que pagar o IRPJ com base no lucro arbitrado determinará a base de cálculo da CSLL com base no resultado arbitrado". As hipóteses de arbitramento são reguladas no referido art. 226 e a determinação do resultado arbitrado nos arts. 227 e 228.

Inexiste direito constitucional à dedução de prejuízos de períodos anteriores. A compensação de base de cálculo negativa é questão legal. Isso porque toda a tributação relacionada a fatos geradores ditos complexos ou de período dá-se por períodos de tempo, relativamente aos quais se afere a dimensão quantitativa do fato gerador para fins de apuração do montante devido, ou seja, a base de cálculo. Note-se que o lucro se insere nessa categoria, já que não é possível, a cada ingresso, saber se há ou não lucro, produto possível das inúmeras operações realizadas pela pessoa jurídica, só podendo ser aferido de modo definitivo ao final do período definido por lei, quando computadas as receitas e as despesas. Não há que se falar, pois, em comunicação automática de exercícios. Esta, quando admitida, constitui medida de política tributária estabelecida por lei, visando a minimizar os efeitos da carga tributária. O STF, inclusive, tem posição firmada no sentido da constitucionalidade de leis que limitaram a compensação de prejuízos passados[5].

---

[5] "1. Tributário. Imposto de Renda e Contribuição Social sobre o Lucro. Compensação de prejuízos. Constitucionalidade dos arts. 42 e 58 da Lei n. 8.981/95. Recurso extraordinário não provido. Precedentes. É constitucional a limitação de 30% para compensação dos prejuízos apurados nos exercícios anteriores, conforme disposto nos arts. 42 e 58 da Lei n. 8.981/95" (STF, 2ª Turma, RE n. 229412 AgR, rel. Min. Cezar Peluso, jun. 2009); "TRIBUTÁRIO. IMPOSTO DE RENDA E CONTRIBUIÇÃO SOCIAL. MEDIDA PROVISÓRIA N. 812, DE 31-12-94, CONVERTIDA NA LEI N. 8.981/95. ARTIGOS 42 E 58, QUE REDUZIRAM A 30% A PARCELA DOS PREJUÍZOS SOCIAIS APURADOS EM EXERCÍCIOS ANTERIORES, A SER DEDUZIDA DO LUCRO REAL, PARA APURAÇÃO DOS TRIBUTOS EM REFERÊNCIA. ALEGAÇÃO DE OFENSA AOS PRINCÍPIOS DO DIREITO

O STJ reconheceu, contudo, o direito das empresas de não pagarem CSLL sobre o chamado lucro inflacionário, que não corresponda a acréscimo patrimonial propriamente, mas a mera atualização monetária das demonstrações financeiras[6]:

IMPOSTO DE RENDA E CONTRIBUIÇÃO SOCIAL SOBRE O LUCRO LÍQUIDO. LUCRO INFLACIONÁRIO. NÃO INCIDÊNCIA. AGRAVO NÃO PROVIDO. 1. "Interpretando a Lei n. 7.689/88, a jurisprudência desta Corte, em reiterados precedentes, firmou-se no entendimento de que a Contribuição Social sobre o Lucro Líquido deve incidir apenas sobre o lucro real, não incidindo sobre o lucro inflacionário, que constitui mera atualização das demonstrações financeiras do balanço patrimonial" (EAg 1.019.831/GO, rel. Min. Hamilton Carvalhido, Primeira Seção, *DJe* 1º-2-2011). (STJ, Primeira Turma, AgRg no REsp 602.360/MG, rel. Min. Arnaldo Esteves Lima, maio 2012)

CONTRIBUIÇÃO SOCIAL SOBRE O LUCRO (LEI 7.689/88) – BASE DE CÁLCULO: LUCRO REAL X LUCRO INFLACIONÁRIO. 1. Não se confunde lucro inflacionário com lucro real. O primeiro engloba no seu quantitativo os ganhos reais da empresa devidamente atualizados. O ganho real, diferentemente, é unicamente o resultado da atividade econômica. Precedentes. 2. Jurisprudência desta Corte pacificada no sentido de que o imposto de renda e a contribuição social sobre o lucro não podem incidir sobre

---

ADQUIRIDO E DA ANTERIORIDADE E AOS ARTS. 148 E 150, IV, DA CF [...] Ausência, em nosso sistema jurídico, de direito adquirido a regime jurídico, notadamente ao regime dos tributos, que se acham sujeitos à lei vigente à data do respectivo fato gerador. Recurso não conhecido" (STF, 1ª Turma, RE n. 247.633/RS, rel. Min. Ilmar Galvão, 8-8-2000).

[6] Vide, também, por esclarecedor, o seguinte precedente: "CONTRIBUIÇÃO SOCIAL SOBRE O LUCRO – CSSL. CORREÇÃO MONETÁRIA. BASE DE CÁLCULO. LEI 7.689/88. EMBARGOS DE DIVERGÊNCIA. DISSENSO JURISPRUDENCIAL SUPERADO. SÚMULA 168/STJ. INCIDÊNCIA [...] 2. O Superior Tribunal de Justiça, em reiterados precedentes, firmou entendimento segundo o qual a base de cálculo do imposto de renda e da contribuição social sobre o lucro é o lucro real, excluído o lucro inflacionário (Precedentes das Turmas integrantes da Primeira Seção: REsp n. 415761/PR, Primeira Turma, publicado no DJ de 21-10-2002; AgRg no REsp n. 636344/PB, Primeira Turma, publicado no DJ de 04-12-2006; REsp n. 409300/PR, Segunda Turma, publicado no DJ de 1º-8-2006; REsp n. 610963/CE, Segunda Turma, publicado no DJ de 5-9-2005; e AgRg no REsp n. 409384/PR, Primeira Turma, publicado no DJ de 27-9-2004). 3. A correção monetária, posto não ser um *plus* que se acrescenta, mas um *minus* que se evita, não traduz acréscimo patrimonial, por isso que sua aplicação não gera qualquer incremento no capital, mas tão somente restaura dos efeitos corrosivos da inflação. 4. Os precedentes assentam que: (a) esta contribuição não pode incidir sobre o lucro inflacionário. A contribuição só pode incidir sobre o lucro real, o resultado positivo, o lucro líquido e não sobre a parte correspondente à mera atualização monetária das demonstrações financeiras; (b) o chamado lucro inflacionário não realizado não é lucro real. A correção monetária não representa qualquer acréscimo ao valor corrigido e visa preservar o valor aquisitivo da moeda através do tempo; (c) o art. 43, do CTN, estabelece que o imposto de competência da União, sobre a renda e proventos de qualquer natureza, tem como fato gerador a aquisição da disponibilidade econômica ou jurídica de renda e de proventos de qualquer natureza, sendo certo que lucro inflacionário não é renda, não é aumento de capital; (d) não se confunde lucro inflacionário com lucro real. O primeiro engloba no seu quantitativo os ganhos reais da empresa devidamente atualizados. O ganho real, diferentemente, é unicamente o resultado da atividade econômica; (e) as demonstrações financeiras devem refletir a situação patrimonial da empresa, com o lucro efetivamente apurado, que servirá de base de cálculo para a cobrança do imposto de renda, da contribuição social sobre o lucro e do imposto sobre o lucro líquido; e (f) a correção monetária não traduz acréscimo patrimonial. Sua aplicação não gera qualquer incremento no capital, mas tão somente o restaura dos efeitos corrosivos da inflação. Por este prisma, não há como fazer incidir, sobre a mera atualização monetária, Imposto de Renda, sob pena de tributar-se o próprio capital" (STJ, Primeira Seção, AgRg nos EREsp 436.302/PR, rel. Min. Luiz Fux, ago. 2007).

o lucro inflacionário, apenas sobre o lucro real. (STJ 2ª Turma, REsp 899.335/PB, rel. Min. Eliana Calmon, ago. 2008)

Não se tem autorizado a exclusão, ademais, dos juros pagos na devolução de depósitos judiciais, tampouco na repetição de indébitos, forte do precedente do STJ no REsp 1.138.695[7]. Considerando, porém, que esses juros consistem na Selic, a qual abrange também a própria correção monetária, bem como que a indisponibilidade dos recursos principais ao longo do tempo pode ter gerado custos financeiros ao titular do direito, esse entendimento adotado pelo STJ pode levar à tributação do próprio capital ou de montantes que, em verdade, estejam apenas compensando perdas efetivas e que, portanto, não deveriam ser vistos como lucro.

Diga-se, ainda, que, na apuração da base de cálculo, não podem ser excluídos os créditos presumidos de IPI do art. 1º da Lei n. 9.363/96[8].

Ainda quanto à apuração do lucro presumido, vale destacar, quanto ao enquadramento das prestadoras de serviços hospitalares no lucro presumido calculado pela alíquota de 8% e não na de 32%, que o STJ firmou posição no sentido de que "serviços hospitalares" se vinculam às atividades desenvolvidas pelos hospitais, mas, não necessariamente, prestados no interior do estabelecimento hospitalar e mediante internação, exigindo, porém, custos diferenciados do simples atendimento médico[9]. A partir da vigência da Lei n. 11.727/2008, esse enquadramento passou a se restringir às prestadoras organizadas sob a forma de sociedades empresárias e ao atendimento das normas da Anvisa[10].

A alíquota da CSLL é de 9% para as pessoas jurídicas em geral, mas as instituições financeiras estão sujeitas à alíquota de 15%, conforme o art. 3º da Lei n. 7.689/88, com a redação que lhe foi atribuída pela Lei n. 13.169/2015:

> Art. 3º A alíquota da contribuição é de:
>
> I – 20% (vinte por cento), no período compreendido entre 1º de setembro de 2015 e 31 de dezembro de 2018, e 15% (quinze por cento) a partir de 1º de janeiro de 2019, no caso das pessoas jurídicas de seguros privados, das de capitalização e das referidas nos incisos I a VII e X do § 1º do art. 1º da Lei Complementar n. 105, de 10 de janeiro de 2001; (Redação dada pela Lei n. 13.169, de 2015)
>
> II – 17% (dezessete por cento), no período compreendido entre 1º de outubro de 2015 e 31 de dezembro de 2018, e 15% (quinze por cento) a partir de 1º de janeiro de 2019, no caso das pessoas jurídicas referidas no inciso IX do § 1º do art. 1º da Lei Complementar n. 105, de 10 de janeiro de 2001;

---

[7] STJ, 2ª Turma, AgRgREsp 1466618, rel.Min. Mauro Campbell Marquest, out. 2014.

[8] STJ, 2ª Turma, AgRgREsp 1467009, rel. Min. Herman Benjamin, nov. 2014.

[9] STJ, REsp n. 951.251, rel. Min. Castro Meira, jun. 2009; AgRgREsp 520.545, rel. Min. Herman Benjamin, ago. 2014.

[10] STJ, 2ª Turma, AgRgREsp 1.475.062, rel. Min. Humberto Martins, nov. 2014.

III – 9% (nove por cento), no caso das demais pessoas jurídicas. (Incluído pela Lei n. 13.169, de 2015) (Produção de efeito)

De outro lado, o art. 38 da Lei n. 10.637/2002 institui um bônus de 1% para as empresas adimplentes (bônus de adimplência fiscal) que, nos últimos cinco anos-calendário, não tenham sofrido lançamento de ofício, débitos com exigibilidade suspensa, inscrição em dívida ativa, recolhimentos ou pagamentos em atraso ou falta ou atraso no cumprimento de obrigação acessória[11]. A negativa do benefício para empresas que ostentem débitos com exigibilidade suspensa nos parece ofensiva aos direitos de acesso ao Judiciário e de petição à Administração, estampados no art. 5º, XXXIV e XXXV, da CF. Recorrer ao Judiciário e obter liminar, depositar em juízo o montante exigido ou mesmo impugnar administrativamente o lançamento constituem exercício de direitos constitucionais, não podendo constituir critério de discrímen a justificar óbice ao gozo de benefício fiscal. A previsão, no § 4º do art. 38, de que, na hipótese de decisão definitiva, na esfera administrativa ou judicial, que implique desoneração integral da pessoa jurídica, as restrições atinentes a lançamento ou a débitos com exigibilidade suspensa serão desconsideradas desde a origem, não é suficiente para sanar o vício.

A CSLL apurada trimestralmente é paga em quota única no último dia do mês subsequente ao do encerramento do período de apuração, podendo o contribuinte optar pelo parcelamento em até três quotas, procedendo-se à sua atualização pela Selic. Na CSLL anual, há pagamentos mensais por estimativa até o último dia útil do mês

---

[11] Lei n. 10.637/2002: "Art. 38. Fica instituído, em relação aos tributos e contribuições administrados pela Secretaria da Receita Federal, bônus de adimplência fiscal, aplicável às pessoas jurídicas submetidas ao regime de tributação com base no lucro real ou presumido. § 1º O bônus referido no *caput*: I – corresponde a 1% (um por cento) da base de cálculo da CSLL determinada segundo as normas estabelecidas para as pessoas jurídicas submetidas ao regime de apuração com base no lucro presumido; II – será calculado em relação à base de cálculo referida no inciso I, relativamente ao ano-calendário em que permitido seu aproveitamento. § 2º Na hipótese de período de apuração trimestral, o bônus será calculado em relação aos 4 (quatro) trimestres do ano-calendário e poderá ser deduzido da CSLL devida correspondente ao último trimestre. § 3º Não fará jus ao bônus a pessoa jurídica que, nos últimos 5 (cinco) anos-calendário, se enquadre em qualquer das seguintes hipóteses, em relação a tributos e contribuições administrados pela Secretaria da Receita Federal: I – lançamento de ofício; II – débitos com exigibilidade suspensa; III – inscrição em dívida ativa; IV – recolhimentos ou pagamentos em atraso; V – falta ou atraso no cumprimento de obrigação acessória. § 4º Na hipótese de decisão definitiva, na esfera administrativa ou judicial, que implique desoneração integral da pessoa jurídica, as restrições referidas nos incisos I e II do § 3º serão desconsideradas desde a origem. § 5º O período de 5 (cinco) anos-calendário será computado por ano completo, inclusive aquele em relação ao qual dar-se-á o aproveitamento do bônus. § 6º A dedução do bônus dar-se-á em relação à CSLL devida no ano-calendário. § 7º A parcela do bônus que não puder ser aproveitada em determinado período poderá sê-lo em períodos posteriores, vedado o ressarcimento ou a compensação distinta da referida neste artigo. § 8º A utilização indevida do bônus instituído por este artigo implica a imposição da multa de que trata o inciso I do *caput* do art. 44 da Lei n. 9.430, de 27 de dezembro de 1996, duplicando-se o seu percentual, sem prejuízo do disposto no § 2º. (Redação dada pela Lei n. 11.488, de 2007) § 9º O bônus será registrado na contabilidade da pessoa jurídica beneficiária: I – na aquisição do direito, a débito de conta de Ativo Circulante e a crédito de Lucro ou Prejuízos Acumulados; II – na utilização, a débito da provisão para pagamento da CSLL e a crédito da conta de Ativo Circulante referida no inciso I. § 10. A Secretaria da Receita Federal estabelecerá as normas necessárias à aplicação deste artigo".

subsequente àquele a que se referir e ajuste anual, com pagamento de eventual saldo até o último dia do mês de março do ano subsequente. O pagamento é assim disciplinado nos arts. 55 a 57 da IN n. 1.700/2017.

Capítulo XI

Contribuições de interesse das categorias profissionais ou econômicas

ANDREI PITTEN VELLOSO

1. Fundamento constitucional

A Constituição de 1969 já conferia à União, no bojo do capítulo destinado ao "Sistema tributário", competência para instituir contribuições de "interesse de categorias profissionais", no mesmo preceito em que autorizava a criação de contribuições interventivas e de previdência social (art. 21, § 2º, I).

Preceito análogo consta no art. 149, *caput*, da Constituição de 1988, com a peculiaridade de que, no regime atual, a competência federal não se limita às contribuições de interesse das categorias profissionais, mas também abrange as de interesse das categorias *econômicas*. Cabe rememorar a sua redação:

> Art. 149. Compete exclusivamente à União instituir contribuições sociais, de intervenção no domínio econômico e *de interesse das categorias profissionais ou econômicas*, como instrumento de sua atuação nas respectivas áreas, observado o disposto nos arts. 146, III, e 150, I e III, e sem prejuízo do previsto no art. 195, § 6º, relativamente às contribuições a que alude o dispositivo.

Temos, portanto, duas espécies de contribuições corporativas: a) as de interesse das categorias profissionais (contribuições profissionais); e b) as de interesse das categorias econômicas (contribuições corporativo-econômicas).

Como veremos, elas assemelham-se em muitos aspectos, o que recomenda o seu estudo conjunto.

2. Natureza jurídica

As contribuições de interesse das categorias econômicas e profissionais são espécies do gênero "contribuição especial".

As contribuições profissionais, no entanto, podem assemelhar-se significativamente às taxas devidas em razão do exercício do poder de polícia, notadamente porque os Conselhos de Fiscalização Profissional exercem poder de polícia e são financiados pelos recursos advindos das contribuições corporativas.

Essa posição foi sustentada por Américo Lacombe sob a égide da Constituição de 1969, que também consagrava as contribuições de interesse das categorias profissionais ao lado das interventivas e das previdenciárias. Lacombe defendia que as anuidades exigidas pelas autarquias criadas para fiscalizar o exercício profissional decorrem do exercício do poder de polícia e constituem, portanto, genuínas taxas de polícia[1].

Poder-se-ia refutar tal concepção mediante o singelo argumento de que a Constituição trata as contribuições corporativas como verdadeiras contribuições, e não como taxas de polícia. Não obstante se tratar de argumento relevante, ele não exclui a possibilidade de o constituinte ter sido simplesmente atécnico, tratando verdadeira taxa de polícia como contribuição especial.

Para estremar as contribuições profissionais das taxas, é mister identificar diferenças substanciais, que as excluam da categoria das taxas e as incluam na das contribuições especiais.

Vislumbramos quatro razões fundamentais a sustentar o seu enquadramento na categoria das contribuições. Primeira, as contribuições corporativas são tributos *teleológicos*, que servem de instrumento para a realização de um fim específico. Essa é a razão mais débil, haja vista que as taxas também podem ser consideradas como tais, sempre que se destinem a custear serviços específicos. Segunda, a hipótese de incidência das contribuições corporativas não indica (*rectius*: não pode indicar) ação fiscalizatória dos Conselhos, mas ação ou fato correspondente ao sujeito passivo. Noutros termos, as contribuições corporativas não são tributos com hipótese de incidência vinculada. Terceira, a sua base de cálculo não diz respeito ao custo do serviço público, senão a dimensão econômica diversa (note-se, porém, que se a suposta contribuição tiver base de cálculo de taxa, qualificar-se-á como tal). Quarta, as contribuições referidas não se destinam a custear apenas o serviço de fiscalização, mas também outras atividades dos Conselhos que promovam os interesses da categoria. Esses dois últimos parecem ser os

---

[1] LACOMBE. *Contribuições profissionais*, p. 44-45. Registre-se que Lacombe não reconhecia a autonomia das contribuições sociais ou especiais, trabalhando com a tradicional classificação tricotômica dos tributos (imposto, taxa e contribuição de melhoria). Cf. *Contribuições profissionais*, p. 39-40.

traços distintivos fundamentais, que evidenciam não ter o constituinte incorrido em atecnia quando se reportou a tais tributos como contribuições[2].

Esse é o entendimento remansoso do Supremo Tribunal Federal, que além de diferenciar as contribuições corporativas dos impostos e das taxas, enquadra-as na categoria geral das contribuições especiais[3].

3. Espécies

Como dissemos, as contribuições corporativas dividem-se em profissionais e econômicas.

Elas diferenciam-se em função das categorias às quais estão vinculadas. Ambas concernem a atividades laborais, mas, apesar de relacionadas, não se confundem: as categorias profissionais dizem respeito ao ofício; e as econômicas, às áreas específicas de produção, comércio ou prestação de serviço.

A agricultura, por exemplo, não é profissão, mas atividade econômica. Por isso, a contribuição à CNA (Confederação Nacional da Agricultura) qualifica-se como contribuição corporativo-econômica, não como contribuição profissional. Já a contribuição à Contag (Confederação Nacional dos Trabalhadores na Agricultura) enquadra-se como contribuição profissional, pois, em que pese seja atinente a um segmento econômico determinado, destina-se ao custeio de confederação que se singulariza pela qualificação profissional dos seus filiados.

A distinção entre tais contribuições, no entanto, apresenta escassa relevância prática, porquanto ambas possuem idêntico assento constitucional (art. 149, *caput*) e estão sujeitas aos mesmos requisitos. É a distinção perante as figuras afins que merece ser enfocada detidamente.

4. Distinção perante figuras afins

4.1. Contribuição confederativa do art. 8º, IV, da CF

Antes de tudo, cumpre distinguir as contribuições corporativas cuja instituição é autorizada pelo art. 149, *caput*, da CF, de um lado, da contribuição sindical prevista

---

[2] Navarro Coêlho fundamenta a diversidade das contribuições corporativas perante as taxas de polícia no fato de o poder de polícia dos Conselhos não ser exercido de forma específica e divisível (*Comentários à Constituição de 1988 – Sistema tributário*, p. 126). A nosso juízo, esse aspecto diz respeito à validade das taxas, e não propriamente às suas notas características.

[3] Vide, por todos, o voto do Ministro Carlos Velloso neste precedente: STF, 2ª Turma, RE n. 129.930, rel. Min. Carlos Velloso, maio 1991.

no art. 8º, IV, da CF, de outro. A Constituição da República prevê esta contribuição nos seguintes termos:

> Art. 8º É livre a associação profissional ou sindical, observado o seguinte: [...]
>
> IV – a assembleia geral fixará a contribuição que, em se tratando de categoria profissional, será descontada em folha, para custeio do sistema confederativo da representação sindical respectiva, independentemente da contribuição prevista em lei.

Tal contribuição sindical, destinada ao custeio do sistema confederativo, não tem natureza heterônoma, haja vista não decorrer do poder de império estatal, mas da filiação *voluntária* ao sindicato[4].

É compulsória tão somente para os filiados e, portanto, pode deixar de sê-lo mediante o exercício do direito potestativo de desfiliação, reconhecido pelo preceito subsequente ao supratranscrito, nestes termos: "ninguém será obrigado a filiar-se ou a manter-se filiado a sindicato" (art. 8º, V, da CF).

Por não decorrer do mero exercício da atividade profissional, mas da filiação voluntária ao sistema sindical, a contribuição confederativa não se qualifica como tributo e pode ser fixada pela assembleia geral da associação sindical, haja vista não se submeter ao princípio da estrita legalidade que vige em matéria tributária (art. 150, I, da CF). Em contrapartida, não pode ser cobrada daqueles que não se filiaram à entidade sindical, consoante a remansosa jurisprudência do Supremo Tribunal Federal[5].

Caso a entidade sindical atribua caráter heterônomo à contribuição, exigindo-a de quem não se filiou à associação ou dela pretenda desfiliar-se, estará a exigir prestação

---

[4] Como assinala o STF, "o ato de associar-se ao sindicato gera o efeito necessário e suficiente para que a contribuição instituída possa ser cobrada" (Pleno, ADI 962 MC, rel. Min. Ilmar Galvão, nov. 1993, trecho do voto do relator).

[5] "A contribuição confederativa de que trata o art. 8º, IV, da Constituição, só é exigível dos filiados ao sindicato respectivo" (Súmula 666 do STF). Essa concepção, adotada a partir de 1996, veio a superar a questionável jurisprudência até então firmada, no sentido de que a contribuição sindical do art. 8º, IV, da Constituição seria compulsória e exigível de todos os integrantes da categoria, mesmo que não filiados, nos termos do art. 578 e seguintes da CLT (STF, Pleno, ADI 962 MC, rel. Min. Ilmar Galvão, nov. 1993; 1ª Turma, RMS 21.758, rel. Min. Sepúlveda Pertence, set. 1994). Após, passou-se a entender que a cobrança dos não filiados violaria o art. 8º, V, da CF, que estabelece a liberdade de sindicalização: "a contribuição confederativa, por não ser tributo, por não ser instituída por lei – C.F., art. 8º, IV – é obrigatória apenas para os filiados ao sindicato, convindo esclarecer que a Constituição, em seguida à instituição da contribuição confederativa – art. 8º, IV – dispôs, no inciso V do citado art. 8º, que 'ninguém será obrigado a filiar-se ou a manter-se filiado a sindicato'" (STF, 2ª RE n. 198.092, rel. Min. Carlos Velloso, ago. 1996, excerto do voto do Ministro Maurício Corrêa). Nessa linha é a jurisprudência do TST, cristalizada mediante a edição do seu Precedente Normativo 119: "A Constituição da República, em seus arts. 5º, XX e 8º, V, assegura o direito de livre associação e sindicalização. É ofensiva a essa modalidade de liberdade cláusula constante de acordo, convenção coletiva ou sentença normativa estabelecendo contribuição em favor de entidade sindical a título de taxa para custeio do sistema confederativo, assistencial, revigoramento ou fortalecimento sindical e outras da mesma espécie, obrigando trabalhadores não sindicalizados. Sendo nulas as estipulações que inobservem tal restrição, tornam-se passíveis de devolução os valores irregularmente descontados". Curioso é que se encontram precedentes recentes do STJ se reportando à posição antiga do STF, superada já em 1996. Vide STJ, 1ª Turma, REsp n. 881.969, rel. Min. Luiz Fux, nov. 2008.

pecuniária compulsória, de caráter efetivamente tributário (ou ao menos análogo ao tributário). Obviamente, tratar-se-á de tributo *inconstitucional*, em razão de ter sido instituído por ente incompetente e por instrumento diverso da lei[6].

Por outro lado, as contribuições corporativas do art. 149 são tributos, pois têm caráter heterônomo. A sua incidência prescinde de qualquer ato volitivo do contribuinte diverso do mero exercício da sua atividade profissional. Decorrem mediatamente do desempenho da atividade profissional e imediatamente da consequente filiação *compulsória* à entidade corporativa. Por conseguinte, o universo dos sujeitos passivos não é restrito àqueles que, por vontade própria, filiaram-se. Em contrapartida, somente podem ser instituídas por lei e hão de respeitar todas as demais limitações constitucionais ao poder de tributar.

As anuidades cobradas pelos conselhos fiscalizadores do exercício profissional são exemplos de contribuições corporativas do art. 149[7]. Qualificam-se como tributos por serem compulsórias: são devidas por todos aqueles que desempenham atividades profissionais sujeitas a fiscalização, independentemente do fato de quererem, ou não, vincular-se a tais conselhos.

São essas três espécies de contribuições corporativas que a Constituição de 1988 prevê: as contribuições tributárias do art. 149 e a contribuição sindical não tributária do art. 8º, IV.

Vale registrar que, não obstante a clareza dessa distinção, a Segunda Turma do STF identificou uma quarta espécie de contribuição corporativa, consistente na contribuição aludida pelo art. 513, *e*, da Consolidação das Leis do Trabalho (CLT), que estabelece como prerrogativa dos sindicatos "impor contribuições a todos aqueles que participam das categorias econômicas ou profissionais ou das profissões liberais representadas". Diversamente daquela do art. 8º, IV, da CF, a contribuição do art. 513, *e*, da CLT seria devida por todos os integrantes da categoria profissional, apesar de ser instituída em convenções coletivas da categoria[8]. Além disso, diferentemente das contribuições corporativas do art. 149, não teria caráter tributário, não estando sujeita, portanto, às limitações constitucionais ao poder de tributar (dentre as quais sobressai o princípio da legalidade estrita).

Não há como se sustentar o entendimento firmado nesse precedente. Se a contribuição não decorre da filiação, ato volitivo do trabalhador, e carece de natureza tributária, não pode ser exigida dos trabalhadores que não são filiados, pois os sindicatos não podem instituir obrigações heterônomas. Somente poderia ser-lhes exigida caso se revestisse de

---

[6] Vide, por todos, STF, 1ª Turma, AI 706.379 AgR, rel. Min. Cármen Lúcia, maio 2009.
[7] STF, Pleno, MS 21.797, rel. Min. Carlos Velloso, mar. 2000.
[8] "CONTRIBUIÇÃO – CONVENÇÃO COLETIVA. A contribuição prevista em convenção coletiva, fruto do disposto no artigo 513, alínea 'e', da Constituição Federal (*sic*), é devida por todos os integrantes da categoria profissional, não se confundindo com aquela versada na primeira parte do inciso IV do artigo 8º da Carta da República" (STF, 2ª Turma, RE n. 189.960, rel. Min. Marco Aurélio, nov. 2000).

natureza tributária, mas então deveria submeter-se às limitações constitucionais ao poder de tributar. Nunca poderia ser instituída por convenções coletivas, mas tão somente por lei.

Portanto, não há como se reconhecer que esse preceito da CLT foi recepcionado pela Carta Política de 1988, a qual estabeleceu a liberdade de filiação e desfiliação às entidades sindicais (art. 8º, V). Somente poderia subsistir se interpretado em consonância com a Constituição, de modo a excluir os trabalhadores não filiados do seu alcance.

4.2. Contribuições interventivas e para o FGTS

Há de se diferenciar, outrossim, as contribuições corporativo-econômicas das interventivas.

Aquelas são afetadas imediatamente à promoção dos interesses da categoria econômica, possuindo uma relação remota com a atuação no domínio econômico. São cobradas com vistas ao financiamento da entidade corporativa (uma confederação, por exemplo), que haverá de lutar pelos interesses da categoria. Não estão jungidas diretamente aos princípios constitucionais da ordem econômica.

As contribuições interventivas, de outra banda, são afetadas imediatamente à intervenção no domínio econômico e submetem-se integralmente aos princípios regentes da ordem econômica. Não estão vinculadas a interesses corporativos e muito menos ao financiamento de entidades corporativas. São meros instrumentos de atuação da União no domínio econômico[9].

Cabe lembrar, por fim, que a tradicional contribuição ao FGTS (a qual não se confunde com aquelas criadas pela LC n. 110/2001 para suprir deficiências financeiras do fundo) não é considerada, pelo STF, contribuição corporativa e nem mesmo tributo, porquanto não constituiria receita pública, senão prestação correlata a um direito social dos trabalhadores[10].

5. Contribuições corporativas sindicais

Como dissemos ao diferenciar as contribuições corporativas da contribuição sindical prevista no art. 8º, IV, da CRFB, esta, diversamente daquelas, caracteriza-se por não ter natureza heterônoma, o que impede seja cobrada de trabalhadores não filiados.

---

[9] A propósito, ao analisar a natureza jurídica da contribuição ao Incra, o Superior Tribunal de Justiça assentou que as Cides se distinguem das contribuições corporativas por serem "constitucionalmente destinadas a finalidades não diretamente referidas ao sujeito passivo, o qual não necessariamente é beneficiado com a atuação estatal e nem a ela dá causa (referibilidade)" (2ª Turma, REsp n. 995.564, rel. Min. Eliana Calmon, maio 2008). Nesse precedente, alude-se à decisão da 1ª Seção proferida no EREsp 770.451, set. 2006, em que após acirrada discussão se concluiu ter a contribuição ao Incra subsistido ao advento das Leis n. 7.789/89 e 8.212/91 por se tratar de contribuição interventiva, na linha do minucioso aditamento ao voto de lavra da Ministra Eliana Calmon.

[10] STF, Pleno, RE n. 100.249, rel. p/ ac. Min. Néri da Silveira, dez. 1987.

Já as contribuições corporativas são veros tributos e, como tais, estão sujeitas a todas as limitações constitucionais gerais ao poder de tributar, dentre as quais sobressai em importância prática o princípio da estrita legalidade tributária[11].

Agora, cabe-nos examinar as contribuições corporativas *sindicais*, que em muito se assemelham à contribuição confederativa do art. 8º, IV, da CF, haja vista também serem destinadas a financiar as atividades dos sindicatos.

5.1. Contribuição sindical anual: o "imposto" sindical

5.1.1 Supressão do caráter tributário

A contribuição sindical anual, indevidamente apelidada de "imposto sindical"[12], foi prevista originalmente pela Constituição de 1937, que, inspirada no modelo sindical do governo fascista italiano, autorizava os sindicatos regularmente reconhecidos pelo Estado a "impor contribuições" aos seus associados (art. 138)[13]. Atualmente, é regulada pelos arts. 578 e seguintes da Consolidação das Leis do Trabalho (CLT – Decreto-Lei n. 5.452/43).

Até o advento da reforma trabalhista de 2017, implementada pela Lei n. 13.467, de 13 de julho, a contribuição sindical era denominada "imposto sindical" pela própria CLT e ostentava natureza tributária, haja vista ser compulsória: era devida por todos os integrantes das categorias profissionais e econômicas representadas pela entidade sindical, independentemente de autorização.

Com a reforma, a contribuição passou a ser designada como tal ("contribuição sindical"), mas perdeu a sua natureza tributária, na medida em que a sua cobrança passou a depender de autorização expressa dos representados, deixando de ser compulsória.

Esta é a redação atual dos arts. 578 e 579 da CLT, que enfatiza a necessidade de autorização prévia e expressa para que a contribuição sindical possa ser cobrada:

CAPÍTULO III
DA CONTRIBUIÇÃO SINDICAL
SEÇÃO I
DA FIXAÇÃO E DO RECOLHIMENTO DO IMPOSTO SINDICAL

---

[11] A respeito, o Supremo Tribunal Federal já teve a oportunidade de afirmar: "A regência das contribuições sindicais há de se fazer mediante lei no sentido formal e material, conflitando com a Carta da República, considerada a forma, portaria do Ministro de Estado do Trabalho e Emprego, disciplinando o tema" (Pleno, ADI 3.206, rel. Min. Marco Aurélio, abr. 2005, trecho da ementa).

[12] O Código Tributário Nacional objetivou corrigir essa impropriedade, conferindo a denominação "contribuição sindical" ao "imposto sindical de que tratam os arts. 578 e seguintes da Consolidação das Leis do Trabalho" (art. 217, I, incluído pelo Decreto-Lei n. 27/66).

[13] Para Aliomar Baleeiro, tal preceito conferia efetiva "delegação do poder tributário" aos sindicatos, o que teria implicado a revogação do tributo já pela Constituição de 1946 (*Uma introdução à ciência das finanças*, p. 293).

> Art. 578. As contribuições devidas aos sindicatos pelos participantes das categorias econômicas ou profissionais ou das profissões liberais representadas pelas referidas entidades serão, sob a denominação de contribuição sindical, pagas, recolhidas e aplicadas na forma estabelecida neste Capítulo, desde que prévia e expressamente autorizadas. (Redação dada pela Lei n. 13.467, de 2017)
>
> Art. 579. O desconto da contribuição sindical está condicionado à autorização prévia e expressa dos que participarem de uma determinada categoria econômica ou profissional, ou de uma profissão liberal, em favor do sindicato representativo da mesma categoria ou profissão ou, inexistindo este, na conformidade do disposto no art. 591 desta Consolidação. (Redação dada pela Lei n. 13.467, de 2017)

Ajuizaram-se diversas ações diretas de inconstitucionalidade questionando a extinção da compulsoriedade – e, consequentemente, da natureza tributária – da contribuição sindical, em razão de alegados vícios materiais e formais, como a violação de lei complementar[14]. O Supremo Tribunal Federal julgou-as improcedentes, por não haver, segundo a ótica da maioria dos ministros, mácula alguma no fim da obrigatoriedade da contribuição sindical. Pelo contrário, consignou-se ser incompatível a cobrança compulsória com a liberdade de associação sindical, consagrada pelo art. 8º, *caput* e inciso V, o que implicaria a sua inexigibilidade inclusive no período pretérito ao advento da Lei n. 13.467/2017[15].

5.1.2. *Contribuição sindical rural*

A contribuição sindical rural, regulada pelo Decreto-Lei n. 1.166/71, assemelha-se à contribuição sindical de que tratam os arts. 578 a 591 da CLT (apelidada de "imposto sindical"). Possui, contudo, uma regulação específica, sendo cobrada nos termos do Decreto-Lei n. 1.166/71, com a redação dada pela Lei n. 9.701/98:

> Art. 1º Para efeito da cobrança da contribuição sindical rural prevista nos arts. 149 da Constituição Federal e 578 a 591 da Consolidação das Leis do Trabalho, considera-se: (Redação dada pela Lei n. 9.701, de 1998)
>
> I – trabalhador rural: (Redação dada pela Lei n. 9.701, de 1998)
>
> a) a pessoa física que presta serviço a empregador rural mediante remuneração de qualquer espécie; (Redação dada pela Lei n. 9.701, de 1998)
>
> b) quem, proprietário ou não, trabalhe individualmente ou em regime de economia familiar, assim entendido o trabalho dos membros da mesma família, indispensável à própria subsistência e exercido em condições de mútua dependência e colaboração, ainda que com ajuda eventual de terceiros; (Redação dada pela Lei n. 9.701, de 1998)

---

[14] A primeira ação a ser ajuizada foi a ADI 5794, de relatoria do Ministro Edson Fachin, à qual as demais foram apensadas.

[15] STF, Pleno, ADI 5.794, red. p/ ac. Min. Luiz Fux, jun. 2018. Ficaram vencidos os Ministros Edson Fachin, Dias Toffoli e Rosa Weber.

II – empresário ou empregador rural: (Redação dada pela Lei n. 9.701, de 1998)

a) a pessoa física ou jurídica que, tendo empregado, empreende, a qualquer título, atividade econômica rural;

b) quem, proprietário ou não, e mesmo sem empregado, em regime de economia familiar, explore imóvel rural que lhe absorva toda a força de trabalho e lhe garanta a subsistência e progresso social e econômico em área superior a dois módulos rurais da respectiva região; (Redação dada pela Lei n. 9.701, de 1998)

c) os proprietários de mais de um imóvel rural, desde que a soma de suas áreas seja superior a dois módulos rurais da respectiva região. (Redação dada pela Lei n. 9.701, de 1998)

A contribuição sindical rural podia ser cobrada de todos os integrantes da categoria profissional, independentemente de filiação à entidade sindical, por ostentar caráter tributário[16]. Essa possibilidade, no entanto, foi afastada pela Lei n. 13.467/2017, que a tornou facultativa, suprimindo a sua natureza tributária.

A alteração não foi expressa, senão implícita. A lei da reforma trabalhista não alterou os preceitos do Decreto-Lei n. 1.166/71, de forma que subsiste a referência do seu art. 1º, *caput*, ao art. 149 da Constituição da República e aos arts. 578 a 591 da CLT. A menção ao dispositivo constitucional, que autoriza a União a cobrar contribuições sociais, corporativas e interventivas, poderia fundamentar a conclusão de que a compulsoriedade da contribuição sindical rural não restou afetada pela Lei n. 13.467/2017. Porém, a alusão aos dispositivos da CLT impõe conclusão contrária, na medida em que tais preceitos condicionam expressamente a cobrança das contribuições sindicais à prévia e expressa autorização dos participantes das categorias profissionais ou econômicas.

Consectariamente, deve-se reconhecer que a contribuição sindical rural também deixou de integrar o domínio tributário.

5.2. Contribuição assistencial e mensalidade sindical

A contribuição assistencial objetiva custear a atuação dos sindicatos nas negociações coletivas e também os serviços que prestam gratuitamente aos trabalhadores, como assistência jurídica, médica etc.

Reputa-se ter ela assento no art. 513, alínea *e*, da CLT, que estabelece ser prerrogativa dos sindicatos: "impor contribuições a todos aqueles que participam das categorias econômicas ou profissionais ou das profissões liberais representadas"[17].

---

[16] STF, 1ªTurma, RE n. 180.745, rel. Min. Sepúlveda Pertence, mar. 1998; 2ªTurma, AI 498.686 AgR, rel. Min. Carlos Velloso, abr. 2005.

[17] Nesse sentido, vide a Portaria n. 160/2004 do Ministério de Estado do Trabalho e Emprego, apreciada na ADI 3.206.

Sem embargo, é evidente que os sindicatos não podem "impor contribuições a *todos* aqueles que participam das categorias econômicas ou profissionais ou das profissões liberais representadas". Podem exigi-las tão somente daqueles que lhes são filiados *voluntariamente*[18].

Idêntica situação se verifica com a denominada "contribuição associativa" (ou "mensalidade sindical"), que é fixada pelos sindicatos e, consequentemente, somente pode ser cobrada dos trabalhadores a eles voluntariamente filiados.

6. Contribuições devidas aos Conselhos de Fiscalização Profissional

6.1. Natureza das atividades desenvolvidas pelos Conselhos

Os Conselhos de Fiscalização Profissional – CFPs – são autarquias. Detêm personalidade jurídica de direito público. Gozam de autonomia administrativa e financeira.

Sua função precípua é a de fiscalizar as profissões legalmente regulamentadas, de modo a aferir se a liberdade de trabalho, ofício ou profissão garantida constitucionalmente (art. 5º, XIII)[19] é exercida em consonância com os parâmetros legais.

Obviamente, não se limitam a fiscalizar. Também punem as irregularidades apuradas. Desempenham, portanto, *poder de polícia*[20].

Por se tratar de funções típicas de Estado, as atividades ínsitas aos Conselhos de Fiscalização Profissional são indelegáveis a entidades privadas, consoante decidiu o Supremo Tribunal Federal ao pronunciar a inconstitucionalidade do art. 58 da Lei n. 9.649/98, que havia determinado a privatização dos serviços de fiscalização de profissões regulamentadas, a fim de lhes conferir autonomia perante o Poder Público e excluir o controle externo das suas contas, a cargo do Tribunal de Contas da União[21].

---

[18] STF, Plenário Virtual, ARE 1.018.459 RG, rel. Min. Gilmar Mendes, fev. 2017: "Recurso Extraordinário. Repercussão Geral. 2. Acordos e convenções coletivas de trabalho. Imposição de contribuições assistenciais compulsórias descontadas de empregados não filiados ao sindicato respectivo. Impossibilidade. Natureza não tributária da contribuição. Violação ao princípio da legalidade tributária. Precedentes. 3. Recurso extraordinário não provido. Reafirmação de jurisprudência da Corte".

[19] Eis a redação do preceito citado: "É livre o exercício de qualquer trabalho, ofício ou profissão, atendidas as qualificações profissionais que a lei estabelecer".

[20] Como bem expôs o Ministro Sepúlveda Pertence ao se manifestar sobre o pedido de medida liminar na ADI 1.717: "O que se discute aqui é uma das modalidades de poder de polícia mais sérios, porque envolve uma das liberdades fundamentais do cidadão, a do exercício profissional, acrescido, ademais, com poder tributário" (STF, Pleno, rel. Min. Sydney Sanches, set. 1999).

[21] Lê-se na ementa do precedente: "A interpretação conjugada dos artigos 5º, XIII, 22, XVI, 21, XXIV, 7º, parágrafo único, 149 e 175 da Constituição Federal, leva à conclusão, no sentido da indelegabilidade, a uma entidade privada, de atividade típica de Estado, que abrange até poder de polícia, de tributar e de punir, no que concerne ao exercício de atividades profissionais regulamentadas" (STF, Pleno, ADI 1.717, rel. Min. Sydney Sanches, nov. 2002).

Diante das firmes premissas desse posicionamento do STF, causa espécie constatar que ele *não é aplicado à Ordem dos Advogados do Brasil*, autarquia encarregada de fiscalizar e regular o exercício da advocacia. Afirma-se não constituir nem mesmo entidade da Administração Indireta, haja vista possuir "finalidade institucional"[22].

Nessa senda, a jurisprudência do Superior Tribunal de Justiça atribui à OAB natureza de autarquia *sui generis* (ou especial) e, com base nessa premissa, chancela o preceito do seu estatuto que a libera de "qualquer vínculo funcional ou hierárquico" com os órgãos da Administração Pública (art. 44, § 1º). Entende que a OAB não se reveste "da condição de autarquia administrativa, já que não busca realizar os fins da Administração, mas a sua própria missão constitucional e legal"[23]. Sem negar que ela desempenha serviço público típico e goza de imunidade tributária, o STJ libera-a até mesmo da fiscalização do Tribunal de Contas da União[24], tida como imposição constitucional inarredável para todos os demais Conselhos de Fiscalização Profissional.

O fundamento precípuo desse posicionamento assenta-se na previsão constitucional de que o "advogado é indispensável à administração da justiça" (art. 133). Entende-se que, se a advocacia é função essencial à justiça, "a entidade que a controla não pode estar sujeita, nem subordinada ao Poder, tendo plena independência e autonomia financeira, visto que é exclusivamente mantida pelos advogados"[25].

Ora, a Defensoria Pública, o Ministério Público e o Poder Judiciário também desempenham funções essenciais à justiça e, não obstante isso, estão integralmente sujeitos à fiscalização pelo Tribunal de Contas.

Por outro lado, os demais Conselhos de Fiscalização Profissional também se mantêm exclusivamente (ou fundamentalmente) com os recursos advindos das anuidades que cobram e, apesar disso, devem prestar contas ao TCU.

O pior é que, como veremos, esse questionável entendimento repercute na natureza jurídica das anuidades pagas à OAB. Mais precisamente, embasa a negação do seu caráter tributário.

6.2. Caráter tributário das anuidades cobradas pelos Conselhos

As anuidades cobradas pelos Conselhos de Fiscalização Profissional são espécies de contribuições corporativas e, portanto, subespécies do gênero tributo[26].

---

[22] STF, Pleno, ADI 3.026, rel. Min. Eros Grau, jun. 2006.
[23] STJ, 1ª Seção, EREsp 503.252, rel. Min. Castro Meira, ago. 2004, excerto do voto do relator.
[24] STJ, 1ª Seção, EREsp 503.252, rel. Min. Castro Meira, ago. 2004.
[25] STJ, 1ª Seção, EREsp 503.252, rel. Min. Castro Meira, ago. 2004, excerto do voto do relator.
[26] STF, Pleno, MS 21.797, rel. Min. Carlos Velloso, mar. 2000; STJ, 1ª Turma, REsp n. 652.554, rel. Min. José Delgado, set. 2004; 2ª Turma, REsp n. 1.074.932, rel. Min. Castro Meira, out. 2008.

Por terem natureza tributária, ostentam a nota da *compulsoriedade*. São cobradas independentemente da anuência dos profissionais, em razão do mero exercício de atividade sujeita à fiscalização.

Tal compulsoriedade advém do fato de a inscrição nos Conselhos ser imposta a todos aqueles que desempenham atividades sujeitas à sua fiscalização e, ainda que não formalizada, implicar o nascimento da obrigação jurídica de pagar a anuidade correlata.

Tem-se, portanto, a seguinte sucessão de eventos: (i) exercício de atividade sujeita à fiscalização de conselho profissional; (ii) inscrição automática; e (iii) nascimento da obrigação tributária de pagar a anuidade ao ente fiscalizador.

Pode ocorrer que a inscrição anteceda o início do exercício da atividade profissional. Nesta hipótese, as anuidades serão cobradas desde a data da inscrição, em virtude de ela gerar presunção do desempenho da atividade.

Surpreendente é que a jurisprudência sedimentada do Superior Tribunal de Justiça, a despeito de reconhecer a natureza tributária de todas as anuidades cobradas pelos Conselhos de Fiscalização Profissional, excepciona a devida à Ordem dos Advogados do Brasil (OAB). Reconhece que são prestações compulsórias, sem conotação de ato ilícito (o que, acrescentamos, amolda-as perfeitamente ao conceito de tributo do art. 3º do CTN)[27], mas nega o seu caráter tributário com base no argumento de não constituírem receita pública, "eis que não pode a OAB ser incluída no conceito de Fazenda Pública, nos termos do art. 2º, da Lei n. 6.830/80". Entende que, para "que se possa conceituar a contribuição devida à OAB como dívida ativa da Fazenda Pública, deveria ela, necessariamente, integrar o orçamento público, observar as normas de contabilidade pública, além de sujeitar-se ao procedimento estabelecido na Lei de Execução Fiscal, formalizando-se a inscrição com o Termo de Inscrição da Dívida Ativa, através de órgão competente"[28].

Tais argumentos são extremamente débeis. O art. 2º da Lei de Execução Fiscal não tem relação alguma com o conceito de tributo, pois se limita a definir o que é dívida ativa da Fazenda Pública – e a dívida ativa alcança até mesmo débitos não tributários. Tampouco descaracteriza a sua natureza tributária a alegação de que, diversamente do que sucede com as anuidades cobradas pelos demais conselhos, aquelas devidas à OAB não integram o orçamento público: a inclusão dos recursos com elas angariados

---

[27] Vale recordar a sua redação: "Art. 3º Tributo é toda prestação pecuniária compulsória, em moeda ou cujo valor nela se possa exprimir, que não constitua sanção de ato ilícito, instituída em lei e cobrada mediante atividade administrativa plenamente vinculada".

[28] STJ, 1ª Seção, EREsp 503.252, rel. Min. Castro Meira, ago. 2004. Este é o texto do preceito citado: "Art. 2º. Constitui dívida ativa da Fazenda Pública aquela definida como tributária ou não tributária na Lei n. 4.320, de 17 de março de 1964, com as alterações posteriores, que estatui normas gerais de direito financeiro para elaboração e controle dos orçamentos e balanços da União, dos Estados, dos Municípios e do Distrito Federal".

no orçamento público não tem relação alguma com a sua natureza jurídica. Ademais, tais anuidades somente não integram o orçamento fiscal (que abrange os "Poderes da União, seus fundos, órgãos e entidades da administração direta e indireta, inclusive fundações instituídas e mantidas pelo Poder Público", nos termos do art. 165, § 5º, I, da CF) em razão de o próprio STJ ter negado indevidamente qualquer vinculação da OAB ao Poder Público.

Nesse precedente, o relator indicou outro motivo para afastar o caráter tributário das anuidades devidas à OAB, que foi tido por "inafastável". A sua instituição não respeitaria o princípio da tipicidade e, por isso, elas não seriam tributos. Ora, aqui há um evidente vício argumentativo. Não é o respeito ao princípio da tipicidade tributária que determina a natureza jurídica de uma exação, antes é o caráter tributário que impõe a sua observância. Os tributos não deixam de se qualificar como tais por inobservarem o princípio da legalidade (ou da tipicidade). Simplesmente se mostram ilegítimos. São tributos inconstitucionais, mas tributos.

O que importa à definição da natureza jurídica das anuidades devidas à OAB não é senão a sua adequação ao conceito de tributo, tido como "toda prestação pecuniária compulsória [...] que não constitua sanção de ato ilícito, instituída em lei e cobrada mediante atividade administrativa plenamente vinculada" (art. 3º do CTN). Nesse ponto, tais anuidades não têm qualquer peculiaridade perante as cobradas pelos demais Conselhos de Fiscalização Profissional. São prestações pecuniárias compulsórias que não constituem sanção de ato ilícito. Como tais devem ser instituídas em lei, por força do princípio da reserva absoluta de lei tributária. A propósito, cumpre rememorar que o requisito da instituição em lei diz respeito à validade do tributo, e não à sua definição: tributos criados por atos infralegais não deixam de sê-lo pelo simples fato de não terem observado o princípio da legalidade. É o que ocorre, aliás, com as taxas criadas mediante decretos ou portarias, as quais não deixam de ser taxas pelo mero fato de haverem sido instituídas mediante instrumento normativo inapropriado.

Em que pese as anuidades à OAB não sejam consideradas tributos, elas devem observar o princípio da legalidade, na sua dimensão de preeminência legislativa[29]. Sua cobrança tem de ater-se aos ditames do Estatuto da Advocacia (Lei n. 8.906/94), sob pena de incorrer no vício da ilegalidade. A título de exemplo, cabe recordar precedente atinente a resolução de Conselho Seccional que havia instituído anuidade a cargo dos escritórios de advocacia (sociedades civis), quando o estatuto somente estabelece a cobrança a cargo dos advogados e estagiários (pessoas físicas) inscritos no Conselho. Como não poderia deixar de ser, a flagrante ilegalidade foi pronunciada pelo STJ[30].

---

[29] STJ, 1ªTurma, REsp n. 879.339, rel. Min. Luiz Fux, mar. 2008.
[30] STJ, 1ªTurma, REsp n. 879.339, rel. Min. Luiz Fux, mar. 2008.

6.3. Hipótese de incidência das anuidades

6.3.1. Previsão da Lei n. 12.514/2011

As contribuições corporativas cobradas sob a forma de anuidades têm por hipótese de incidência o *desempenho de atividade* sujeita à fiscalização de conselho profissional.

A despeito disso, a Lei n. 12.514, de 28 de outubro de 2011, aparentemente fixou hipótese de incidência diversa, consistente na mera "inscrição no conselho":

> Art. 5º O fato gerador das anuidades é a existência de inscrição no conselho, ainda que por tempo limitado, ao longo do exercício.

À primeira vista, o legislador ter-se-ia afastado do arquétipo constitucional das contribuições aos conselhos de fiscalização profissional, que constituem espécie do gênero "contribuições especiais" e, portanto, caracterizam-se por terem hipótese de incidência desvinculada de atuação estatal, incidindo em decorrência de ações do contribuinte (exercício de atividade sujeita a fiscalização), não do Poder Público (prática do ato administrativo de inscrição no conselho).

Esse arquétipo tem de ser respeitado, sob pena de inegável violação à Lei Maior. Destarte, o art. 5º da Lei n. 12.514/2011 deve receber interpretação conforme à Constituição, no sentido de que a hipótese de incidência das "anuidades" é a inscrição *tácita* no conselho, *em decorrência* do exercício de atividade sujeita à sua fiscalização.

Interpretado nesse sentido, o preceito citado compatibilizar-se-á com a corriqueira prática de cobrar-se a contribuição daqueles que não estão formalmente filiados ao conselho, pelo mero fato de desempenharem atividade sujeita à sua fiscalização. Caso fosse exigida a inscrição formal no conselho, mediante prévio ato administrativo, tal cobrança seria inconstitucional, por violar o princípio da irretroatividade tributária, consagrado no art. 150, III, *a*, da Carta Política.

Em contrapartida, caso o sujeito passivo *cesse* as suas atividades, não poderia ser coagido a pagar a anuidade no exercício subsequente, mesmo que tenha se olvidado de cancelar a sua inscrição.

Essa não é, contudo, a orientação perfilhada pelo Superior Tribunal de Justiça, que firmou jurisprudência no sentido de que, após o advento da Lei n. 12.514/2011, "o fato gerador para cobrança de anuidades de conselho de fiscalização profissional é o registro, sendo irrelevante o exercício da profissão"[31].

---

[31] Cf., por todos, STJ, 2ª Turma, AgInt no REsp n. 1.615.612, rel. Min. Og Fernandes, mar. 2017 – excerto da ementa.

6.3.2. Serviços prestados por pessoas jurídicas

Quando o serviço for prestado por intermédio de pessoa jurídica, ela deve registrar-se e proceder à anotação dos profissionais legalmente habilitados perante a entidade competente para a fiscalização da sua *atividade básica* ou dos serviços que presta a terceiros, nos termos do art. 1º da Lei n. 6.839/80:

> Art. 1º O registro de empresas e a anotação dos profissionais legalmente habilitados, delas encarregados, serão obrigatórios nas entidades competentes para a fiscalização do exercício das diversas profissões, em razão da atividade básica ou em relação àquela pela qual prestem serviços a terceiros.

Esse dispositivo pode – e deve – ser lido *a contrario sensu*: o registro é exigido *apenas* perante o conselho competente para fiscalizar a atividade básica da empresa. Logo, é indevido perante os conselhos que fiscalizam as suas atividades *secundárias*, haja vista estas não implicarem o registro ou o pagamento de anuidades.

O art. 1º da Lei n. 6.839/80 objetivou coibir os excessos dos conselhos de fiscalização, que não raro exigiam o registro e o pagamento de anuidades em relação a toda espécie de atividades desempenhadas pelas empresas, desde as preponderantes às meramente secundárias e instrumentais.

Destarte, as empresas devem contribuir para a manutenção de apenas *um* conselho, que fiscaliza a sua atividade preponderante. A unicidade contributiva é excepcionada tão somente quando há prestação onerosa de serviços alheios à sua atividade básica, hipótese em que a empresa também deverá registrar-se perante o conselho competente para fiscalizar tais serviços.

6.4. Reserva de lei tributária

Como todo e qualquer tributo, as anuidades devidas aos conselhos profissionais estão sujeitas ao princípio da reserva de lei tributária, o qual veda à União, ao Distrito Federal, aos Estados e aos Municípios "exigir ou aumentar tributo sem lei que o estabeleça" (art. 150, I, da CF)[32]. Destarte, elas somente podem ser instituídas ou majoradas mediante lei formal (ou excepcionalmente por ato normativo com força de lei, como a medida provisória). Todos os atos normativos infralegais que pretendam fazê-lo, inovando no ordenamento jurídico em detrimento dos contribuintes, serão juridicamente inválidos, por violarem o princípio fundamental da estrita legalidade tributária, seja na sua dimensão de reserva de lei ou de primado da lei impositiva. Caso instituam anuidades sem

---

[32] STJ, 1ª Turma, REsp n. 652.554, rel. Min. José Delgado, set. 2004; 2ª Turma, REsp n. 1.074.932, rel. Min. Castro Meira, out. 2008.

supedâneo em lei, terão violado a exigência de reserva de lei. Se porventura extrapolarem os parâmetros da lei, majorando a anuidade por ela criada, terão violado o postulado do primado da lei tributária.

Por se tratar de matéria reservada à lei, não é dado ao legislador abdicar do seu mister constitucional, delegando o seu poder legiferante ao Executivo ou aos Conselhos de Fiscalização. Trata-se de competência legislativa, indelegável por excelência. A única exceção à regra da indelegabilidade encontra-se na previsão constitucional de o Presidente da República, previamente autorizado pelo Congresso Nacional, editar leis delegadas (art. 68 da CF), que caíram em desuso, em razão da generosa competência que lhe foi atribuída para a edição de medidas provisórias. De qualquer forma, jamais se poderia delegar competência legislativa aos Conselhos de Fiscalização.

O *Supremo Tribunal Federal*, no entanto, acolheu entendimento diverso: *chancelou a fixação do valor de tributos pelos Conselhos de Fiscalização Profissional, sempre que a lei estabeleça um teto* – e, por óbvio, esse teto seja respeitado.

Essa orientação foi firmada no julgamento dos Temas n. 540 e 829 da Repercussão Geral, oportunidade em que a Corte estabeleceu as seguintes teses:

> É inconstitucional, por ofensa ao princípio da legalidade tributária, lei que delega aos conselhos de fiscalização de profissões regulamentadas a competência de fixar ou majorar, sem parâmetro legal, o valor das contribuições de interesse das categorias profissionais e econômicas, usualmente cobradas sob o título de anuidades, vedada, ademais, a atualização desse valor pelos conselhos em percentual superior aos índices legalmente previstos (Tema n. 540)
>
> Não viola a legalidade tributária a lei que, prescrevendo o teto, possibilita o ato normativo infralegal fixar o valor de taxa em proporção razoável com os custos da atuação estatal, valor esse que não pode ser atualizado por ato do próprio conselho de fiscalização em percentual superior aos índices de correção monetária legalmente previstos. (Tema n. 829)[33]

A tais teses subjaz uma concepção elástica da exigência constitucional da reserva de lei[34]. Entendeu-se que nas contribuições instituídas no interesse de categorias profissionais ou econômicas a "ideia de legalidade" seria "de fim ou de resultado, notadamente em razão de a Constituição não ter traçado as linhas de seus pressupostos de fato ou o fato gerador"[35]. Daí a conclusão de que: "Respeita o princípio da legalidade a lei que disciplina os elementos essenciais determinantes para o reconhecimento da contribuição de interesse de categoria econômica como tal e deixa um espaço de complementação para

---

[33] O Tema n. 829 diz com a fixação do valor de taxas pelos Conselhos, mas os seus fundamentos também se aplicam às anuidades.

[34] Vide o tópico atinente ao princípio da legalidade, no Capítulo II, em que se enfoca o regime constitucional das contribuições.

[35] Passagens da ementa do RE n. 704.292, rel. Min. Dias Toffoli, julgado em out. 2016 – Tema n. 540.

o regulamento. A lei autorizadora, em todo caso, deve ser legitimamente justificada e o diálogo com o regulamento deve-se dar em termos de subordinação, desenvolvimento e complementariedade"[36].

6.4.1. Delegação condicionada pela Lei n. 6.994/82

A Lei n. 6.994/82, que veio a dispor sobre a fixação das anuidades e taxas devidas a tais conselhos, estabeleceu que elas seriam estabelecidas pelo "respectivo órgão federal", dentro dos limites máximos que fixou em seu art. 1º, § 1º, de duas vezes o Maior Valor de Referência – MVR – vigente no País para as pessoas físicas (alínea *a*) e de duas a dez vezes tal valor para as pessoas jurídicas, de acordo com o seu capital social (alínea *b*).

À luz da orientação perfilhada pelo STF, é constitucional essa delegação condicionada do poder legiferante, em que se autoriza a fixação dos valores específicos pelos Conselhos, dentro do limite máximo previamente estabelecido por lei.

Nesse sentido, há pronunciamentos específicos quanto à legitimidade do art. 2º da Lei n. 6.994/82, que autorizou os Conselhos de Fiscalização Profissional a fixar o valor das *taxas* cobradas pelos seus serviços, com observância dos limites máximos estabelecidos[37], bem como quanto à validade de tal prática, no que diz com as anuidades[38].

6.4.2. Delegação plena pela Lei n. 11.000/2004

No precedente sobre a legitimidade constitucional do art. 58 da Lei n. 9.649/98, o Supremo Tribunal Federal pronunciou a inconstitucionalidade dos seus preceitos que suprimiam a natureza autárquica dos Conselhos de Fiscalização Profissional (§ 2º) e os autorizavam a "fixar, cobrar e executar as contribuições anuais devidas por pessoas físicas ou jurídicas" (§ 4º).

Não obstante, fê-lo pela modificação da sua natureza jurídica autárquica conjugada com a manutenção de atribuições típicas de Estado, não pela impossibilidade de a lei fixar tão somente o patamar máximo das anuidades[39]. Esta questão não foi posta em causa, pois a inconstitucionalidade derivou do vício de toda a regulação veiculada pelo art. 58, que objetivava conferir personalidade jurídica de direito privado aos conselhos.

Quiçá tenha sido a falta de impugnação expressa nesse precedente o motivo que encorajou o legislador a ressuscitar a delegação do poder impositivo aos conselhos,

---

[36] Passagens da ementa do RE n. 704.292, rel. Min. Dias Toffoli, julgado em out. 2016 – Tema n. 540.
[37] Tema n. 829 da Repercussão Geral.
[38] STF, Pleno, ADI 4.697, rel. Min. Edson Fachin, out. 2016.
[39] STF, Pleno, ADI 1.717, rel. Min. Sydney Sanches, nov. 2002.

mediante a edição da MP n. 2.003, de 2004, convertida na Lei n. 11.000/2004. O seu art. 2º autorizou expressamente os conselhos de fiscalização de profissões regulamentadas a "fixar, cobrar e executar as contribuições anuais, devidas por pessoas físicas ou jurídicas, bem como as multas e os preços de serviços, relacionados com suas atribuições legais".

Ora, tal previsão é flagrantemente inconstitucional, por delegar competência legislativo-tributária aos Conselhos de Fiscalização Profissional. A regulação das anuidades é matéria típica de lei formal, da qual o legislador não pode abrir mão, nem mesmo em prol de entidades autárquicas. Ao fazê-lo, estará a malferir o princípio da reserva de lei tributária, garantia fundamental dos cidadãos-contribuintes, como reconheceu o Supremo Tribunal Federal ao julgar o RE n. 704.292, oportunidade em que declarou a:

> inconstitucionalidade material sem redução de texto, por ofensa ao art. 150, I, da Constituição Federal, do art. 2º da Lei n. 11.000, de 15 de dezembro de 2004, de forma a excluir de sua incidência a autorização dada aos conselhos de fiscalização de profissões regulamentadas para fixar as contribuições anuais devidas por pessoas físicas ou jurídicas, e, por arrastamento, da integralidade do seu § 1º[40].

Não restou claro por que o STF pronunciou a inconstitucionalidade sem redução de texto, quando a autorização para a fixação das anuidades consta expressamente do art. 2º, *caput*.

6.4.3. Regime da Lei n. 12.514/2011

A Lei n. 12.514, de 28 de outubro de 2011, veiculou importantes mudanças no regime jurídico das contribuições devidas aos conselhos profissionais, com o objetivo de superar a ausência de lei a regular a sua regra-matriz de incidência (hipótese de incidência, contribuintes, base de cálculo e alíquotas), que feria escancaradamente o princípio da estrita legalidade tributária, na sua acepção de reserva absoluta de lei (art. 150, I, da Constituição da República).

Para tanto, estabeleceu um regime jurídico de caráter subsidiário, a ser aplicado quando não houver lei específica ou, havendo, esta fixar as anuidades em moeda ou unidade de referência não mais existente (como o Maior Valor de Referência – MVR) ou simplesmente delegar a fixação ao próprio conselho, o que, repisamos, é inviável, por ferir a reserva absoluta de lei, que impera no direito tributário.

---

[40] STF, Pleno, RE n. 704.292, rel. Min. Dias Toffoli, julgado em out. 2016 – Tema n. 540 – trecho da ementa. Nesse julgamento se fixou a tese, transcrita em tópico antecedente, de que: "É inconstitucional, por ofensa ao princípio da legalidade tributária, lei que delega aos conselhos de fiscalização de profissões regulamentadas a competência de fixar ou majorar, sem parâmetro legal, o valor das contribuições de interesse das categorias profissionais e econômicas, usualmente cobradas sob o título de anuidades, vedada, ademais, a atualização desse valor pelos conselhos em percentual superior aos índices legalmente previstos".

É o que determina o seu art. 3º, *in verbis*:

> Art. 3º As disposições aplicáveis para valores devidos a conselhos profissionais, quando não existir disposição a respeito em lei específica, são as constantes desta Lei.
>
> Parágrafo único. Aplica-se esta Lei também aos conselhos profissionais quando lei específica:
>
> I – estabelecer a cobrança de valores expressos em moeda ou unidade de referência não mais existente;
>
> II – não especificar valores, mas delegar a fixação para o próprio conselho.

É salutar a intenção do legislador, de buscar superar a prática inconstitucional que imperava até então, de cobrar anuidades fixadas por atos infralegais, com total desrespeito ao princípio da legalidade tributária.

Não nos parece que a intenção aparente do legislador, de superar a nociva prática da estipulação das anuidades por atos infralegais, tenha sido alcançada, vez que a Lei n. 12.514/2011 não fixou os valores das anuidades, mas apenas limites máximos (art. 6º). Porém, como referido, o STF reputou constitucionais os preceitos da Lei n. 12.514/2011[41], que examinaremos com vagar a seguir.

6.5. Estipulação e atualização das anuidades

6.5.1. Regime pretérito à Lei n. 12.514/2011

Como indicamos na seção precedente, a Lei n. 6.994/82 estipulou tetos para as anuidades devidas aos Conselhos de Fiscalização Profissional. Estipulou-os em múltiplos do Maior Valor de Referência – MVR: dois MVRs para as pessoas físicas e até dez para as jurídicas.

No entanto, o MVR foi extinto pela Lei n. 8.177, editada em 1º de março de 1991. E na mesma data foi convertido em cruzeiros pelo art. 21 da Lei n. 8.178/91 (de Cr$ 1.599,75 a Cr$ 2.266,17, segundo as Sub-Regiões definidas no Decreto n. 72.679/75). Em seguida, os valores resultantes dessa operação foram convertidos em Ufir (Cr$ 126,8621, por Ufir), por força da Lei n. 8.383/91 (art. 3º, *caput* e II).

Malgrado não seja mais possível calcular as anuidades pelo MVR, na forma que a Lei n. 6.994/82 preconizara, reputa-se viável cobrá-las nos termos desse diploma legal, com as conversões determinadas pela legislação subsequente, observada a impossibilidade de atualização monetária no período compreendido entre a extinção do MVR e a criação da Ufir (março a dezembro de 1991, inclusive), dada a inexistência de previsão legal[42].

---

[41] STF, Pleno, RE n. 838.284, rel. Min. Dias Toffoli, out. 2016 – Tema n. 829.

[42] Vide, por todos, STJ, 1ª Turma, REsp n. 869.139, rel. Min. Francisco Falcão, dez. 2006; 2ª Turma, AGREsp 1.047.314, rel. Min. Herman Benjamin, nov. 2008.

Ademais, com a extinção da Ufir em outubro de 2000[43], restou em aberto a questão atinente à forma de atualização do valor das anuidades no período subsequente.

Não bastasse esse imbróglio jurídico, verificou-se uma mudança de rumo na jurisprudência: o Superior Tribunal de Justiça passou a entender que a Lei n. 6.994/82 foi ab-rogada pelas disposições finais do Estatuto da Advocacia e da OAB (Lei n. 8.906/94)[44], de modo que nenhuma anuidade poderia ser cobrada com base nos valores estipulados pela Lei n. 6.994/82.

Não perfilhamos essa orientação, por entendermos que, corretamente interpretado, o art. 87 do Estatuto da Advocacia e da OAB derrogou, e não ab-rogou, a Lei n. 6.994/82. Revogou-a no que concerne às anuidades devidas à OAB, mas não às devidas aos outros Conselhos.

6.5.2. Regime da Lei n. 12.514/2011

Como dito há pouco, a lei em epígrafe aplica-se em caráter subsidiário, sempre que não houver lei específica a fixar de forma válida o *quantum* das anuidades devidas aos conselhos de fiscalização profissional – ou, havendo tal lei, esta adotar moeda ou unidade de referência não mais existente (art. 3º).

Em tais hipóteses, a anuidade deve ser cobrada nos termos do art. 6º da Lei n. 12.514/2011, que estabelece valores diferenciados para profissionais de nível superior, de nível técnico e para pessoas jurídicas, variando de acordo com o seu capital social:

> Art. 6º As anuidades cobradas pelo conselho serão no valor de:
>
> I – para profissionais de nível superior: até R$ 500,00 (quinhentos reais);
>
> II – para profissionais de nível técnico: até R$ 250,00 (duzentos e cinquenta reais); e
>
> III – para pessoas jurídicas, conforme o capital social, os seguintes valores máximos:
>
> a) até R$ 50.000,00 (cinquenta mil reais): R$ 500,00 (quinhentos reais);
>
> b) acima de R$ 50.000,00 (cinquenta mil reais) e até R$ 200.000,00 (duzentos mil reais): R$ 1.000,00 (mil reais);
>
> c) acima de R$ 200.000,00 (duzentos mil reais) e até R$ 500.000,00 (quinhentos mil reais): R$ 1.500,00 (mil e quinhentos reais);
>
> d) acima de R$ 500.000,00 (quinhentos mil reais) e até R$ 1.000.000,00 (um milhão de reais): R$ 2.000,00 (dois mil reais);

---

[43] Art. 29, § 3º, da MP n. 1.973-67, de 26 de outubro de 2000, convertida após inúmeras reedições na Lei n. 10.522/2002. O § 3º foi inserido nessa reedição, de n. 67.

[44] Mais precisamente pelo seu art. 87, redigido nestes termos: "Revogam-se as disposições em contrário, especialmente [...] a Lei n. 6.994, de 26 de maio de 1982 [...]". Cf. STJ, 1ªTurma, REsp n. 1.032.814, rel. Min. Luiz Fux, out. 2009; 2ªTurma, REsp n. 1.120.193, rel. Min. Eliana Calmon, fev. 2010.

e) acima de R$ 1.000.000,00 (um milhão de reais) e até R$ 2.000.000,00 (dois milhões de reais): R$ 2.500,00 (dois mil e quinhentos reais);

f) acima de R$ 2.000.000,00 (dois milhões de reais) e até R$ 10.000.000,00 (dez milhões de reais): R$ 3.000,00 (três mil reais);

g) acima de R$ 10.000.000,00 (dez milhões de reais): R$ 4.000,00 (quatro mil reais).

§ 1º Os valores das anuidades serão reajustados de acordo com a variação integral do Índice Nacional de Preços ao Consumidor – INPC, calculado pela Fundação Instituto Brasileiro de Geografia e Estatística – IBGE, ou pelo índice oficial que venha a substituí-lo.

§ 2º O valor exato da anuidade, o desconto para profissionais recém-inscritos, os critérios de isenção para profissionais, as regras de recuperação de créditos, as regras de parcelamento, garantido o mínimo de 5 (cinco) vezes, e a concessão de descontos para pagamento antecipado ou à vista, serão estabelecidos pelos respectivos conselhos federais.

Vale registrar que a Lei n. 12.514/2011 foi publicada no dia 28 de outubro de 2011, devendo observar a anterioridade nonagesimal, razão pela qual não pôde ser aplicada às anuidades de 2011 e sequer às de 2012.

6.6. Lançamento, decadência, prescrição e cobrança das anuidades

O *lançamento* das anuidades é realizado de ofício pelos Conselhos de Fiscalização Profissional, nos termos do art. 149 do Código Tributário Nacional. Perfectibiliza-se com a notificação do contribuinte para efetuar o pagamento, que pode ocorrer pela mera entrega do carnê com o valor da anuidade.

Considera-se definitivamente constituído o crédito tributário não no momento da notificação para pagamento, senão no ulterior vencimento do tributo ou no término do processo administrativo, se houver impugnação, momento a partir do qual começa a transcorrer o *prazo prescricional*, de cinco anos (art. 174, *caput*, do CTN), para a sua cobrança judicial[45].

Caso não haja notificação regular, o crédito tributário sequer terá sido constituído. Estará a transcorrer, portanto, o *prazo decadencial* para a sua constituição, de cinco anos contados a partir do primeiro dia do ano seguinte àquele em que a notificação poderia ter sido efetuada (art. 173, I, do CTN).

Inexitosa a cobrança administrativa, os próprios Conselhos devem proceder ao ajuizamento, na Justiça Federal, de execução fiscal, seguindo o rito da Lei n. 6.830/80 (Lei de Execução Fiscal – LEF).

De acordo com o art. 8º da Lei n. 12.514/2011, os Conselhos "não executarão judicialmente dívidas referentes a anuidades inferiores a 4 (quatro) vezes o valor cobrado

---
[45] STJ, 2ª Turma, REsp n. 1.235.676, rel. Min. Mauro Campbell, abr. 2011.

anualmente da pessoa física ou jurídica inadimplente" (*caput*), o que não obsta, contudo, a prévia realização "de medidas administrativas de cobrança", bem como "a aplicação de sanções por violação da ética ou a suspensão do exercício profissional" (parágrafo único)[46].

Essa condição de procedibilidade das execuções fiscais ajuizadas pelos Conselhos de Fiscalização Profissional suscita questionamentos atinentes à prescrição, especificamente naquelas hipóteses em que o inadimplemento não se estende por quatro anos sucessivos e, por consequência, débitos poderiam prescrever sem que o credor sequer pudesse cobrá-los. Considerando-se o princípio da *actio nata*, deve-se considerar que, por força da vedação estabelecida pelo art. 8º da Lei n. 12.514/2011, o prazo prescricional somente principia quando a condição resta preenchida e, consequentemente, o crédito tributário se torna exigível[47].

---

[46] Essa inovação legislativa é inaplicável às execuções fiscais ajuizadas anteriormente ao seu advento, haja vista o princípio *tempus regit actum* e a inexistência de determinação expressa de aplicação retroativa, de modo que não há óbice à continuidade das execuções que já haviam sido ajuizadas por valor inferior (STJ, 1ª Seção, REsp n. 1.404.796, rel. Min. Mauro Campbell, mar. 2014 – Tema n. 696).

[47] STJ, 2ª Turma, REsp n. 1.524.930/RS, rel. Min. Og Fernandes, fev. 2017.

Capítulo XII
Contribuições de intervenção no domínio econômico

ANDREI PITTEN VELLOSO

As contribuições de intervenção no domínio econômico – Cides – vêm sendo amplamente utilizadas para financiar as mais diversas atividades da União ligadas, direta ou indiretamente, à ordem econômica. Verifica-se, como registrou Marco Aurélio Greco, um fenômeno de "proliferação de Cides"[1], dada a predileção que o Governo Federal tem por tais tributos, que podem ser instituídos por lei ordinária e não têm parcelas de suas receitas destinadas a outros entes políticos.

Daí a relevância de enfocá-las minuciosamente.

1. Extrafiscalidade e intervenção no domínio econômico

A extrafiscalidade diz respeito ao parcial afastamento da função financeira, arrecadatória, que é própria da tributação[2].

Seu peso nas exações tributárias embasa a dicotomia estabelecida entre tributos *fiscais* e *extrafiscais*: aqueles visam primordialmente à arrecadação; estes, a finalidades diversas, tais como a tutela do meio ambiente, o equilíbrio econômico, a igualização de situações

---

[1] A proliferação das Cides, verificada principalmente a partir da década de 1990, aparenta ser "uma panaceia para a necessidade de recursos financeiros para a União. Onde houver necessidade de recursos, cria-se uma Cide: 'é preciso desenvolver a atividade cultural', cria-se uma Cide para o cinema; 'é preciso desenvolver o setor de Telecom', cria-se uma contribuição sobre a receita que vai abastecer o Fundo de Universalização dos Serviços de Telecomunicações" (GRECO. "Contribuições de intervenção no domínio econômico – Elementos para um modelo de controle", p. 28).

[2] CASADO OLLERO. "Los fines no fiscales de los tributos", p. 103.

socialmente anti-isonômicas etc. Essa distinção considera os *graus* de fiscalidade e de extrafiscalidade presentes nas distintas exações, tendo em vista que não há tributos fiscais ou extrafiscais puros, ao menos no que concerne aos seus efeitos econômicos.

Relevante função extrafiscal dos tributos é a de servir como instrumentos de intervenção na economia. Por meio da tributação, regula-se a economia, equilibrando-se o mercado e/ou concretizando-se políticas econômicas, tais como a promoção da poupança interna, o controle da inflação, o desenvolvimento econômico de determinadas regiões ou setores etc.[3]

Nesse contexto se inserem as contribuições de intervenção no domínio econômico, que encontram sua previsão central no art. 149 da Constituição Federal.

2. A intervenção no domínio econômico através das Cides

As contribuições interventivas são *instrumentos* destinados a propiciar ou facilitar a intervenção, por parte da União, no domínio econômico. Como as demais contribuições especiais, são tributos *teleológicos*, vocacionados à promoção de *fins* determinados.

Sua finalidade imediata é propiciar a "intervenção no domínio econômico", expressão cuja vagueza configura a primeira dificuldade posta à análise das contribuições interventivas: qual o significado, para o art. 149 da Carta Política, da expressão "intervenção no domínio econômico"?

A Constituição não emprega a expressão "intervenção no domínio econômico", salvo quando trata justamente das Cides. No seu Título VII ("Da ordem econômica e financeira"), restringe a exploração estatal direta da atividade econômica aos casos em que a tutela da segurança nacional ou a promoção de relevante interesse coletivo a exijam (art. 173, *caput*) e prevê a atuação do Estado como "agente normativo e regulador da atividade econômica", condição em que poderá exercer as funções de "fiscalização, incentivo e planejamento" (art. 174, *caput*).

Evidencia-se que o domínio econômico é próprio dos entes privados, sendo que a atuação do Estado nessa seara que lhe é alheia consubstancia *intervenção*[4].

---

[3] Cf. MARTUL-ORTEGA. "I fini extrafiscali dell'imposta", p. 656-659.

[4] DIAS DE SOUZA; FERRAZ JR. "Contribuições de intervenção no domínio econômico e a federação", p. 66. Para Eros Grau, o vocábulo "intervenção" é intercambiável com a expressão "atuação estatal", desde que se exclua da acepção dessa expressão a atuação estatal em área de sua titularidade (*A ordem econômica na Constituição de 1988*. 2. ed., p. 136-137). Em suas palavras: "*Intervenção* indica, em sentido forte (isto é, na sua conotação mais vigorosa), no caso, atuação estatal em área de titularidade do setor privado; *atuação estatal*, simplesmente, ação do Estado tanto na área de titularidade própria quanto em área de titularidade do setor privado. Em outros termos, teremos que *intervenção* conota atuação estatal no campo da *atividade econômica em sentido estrito*; *atuação estatal,* ação do Estado no campo da *atividade econômica em sentido amplo*" (ibidem, p. 137).

Intervenção em seara própria é uma contradição em termos, razão pela qual é inadmissível a instituição de Cides para o financiamento da atuação federal em área reservada à União, como bem expõem Hamilton Dias de Souza e Tércio Sampaio Ferraz Júnior:

> [...] haveria possibilidade de *intervenção* em campo constitucionalmente reservado à União? Assim não parece. A intervenção, logicamente, só pode ocorrer em campo de atuação distinto daquele que cabe ao interventor. Portanto, a União só pode atuar no setor privado ou em campo que, embora originariamente reservado ao Estado, passe a pertencer à iniciativa privada por força de autorização, concessão ou permissão[5].

Portanto, a expressão "intervenção no domínio econômico" significa interferência estatal na atividade econômica *privada*. Mas veremos que no contexto do art. 149 da Carta Política ela assume um sentido mais restrito, ao menos no que diz respeito às modalidades de intervenção que autorizam a instituição de Cides.

3. Modalidades de intervenção e seu custeio

Como exposto no tópico precedente, a intervenção estatal no domínio econômico pode ser *direta* ou *indireta*.

Nas excepcionais situações de que trata o art. 173, *caput*, bem como nas taxativas hipóteses dos arts. 21 e 177 da CF, é legítima a intervenção *direta* na economia, mediante a *exploração* estatal de atividade econômica. Na terminologia de Eros Grau, tal forma de atuação caracteriza intervenção *no* domínio econômico, que pode se dar sob as modalidades de absorção (atuação em regime de monopólio) ou participação (atuação em regime de competição)[6].

A possibilidade de se instituírem contribuições para o custeio de atuação estatal direta no domínio econômico é assaz questionável, notadamente diante do fato de que a Constituição veda a concessão, às empresas estatais que atuam em tal domínio, de privilégios fiscais não extensivos ao setor privado (art. 173, §§ 1º, II, e 2º), de modo a resguardar o princípio da livre concorrência, basilar da ordem econômica brasileira (art. 170, IV). Ademais, tampouco seria apropriada a cobrança de contribuição interventiva para financiar atuação estatal em regime de monopólio, por se tratar de atividade economicamente autossustentável[7].

---

[5] DIAS DE SOUZA; FERRAZ JR. *Contribuições de intervenção no domínio econômico e a federação*, p. 69.

[6] GRAU. *A ordem econômica na Constituição de 1988*. 2. ed., p. 162.

[7] A propósito, a Constituição de 1969 facultava a intervenção estatal na economia e o monopólio estatal, autorizando a instituição de contribuição para o custeio da *intervenção*: "Art. 163. São facultados a intervenção no domínio econômico e o monopólio de determinada indústria ou atividade, mediante lei federal, quando indispensável por motivo de segurança nacional ou para organizar setor que não possa ser desenvolvido com eficácia no regime de competição e de liberdade de iniciativa, assegurados os direitos e garantias individuais.

Fora das excepcionais hipóteses supramencionadas, cabe ao Estado tão somente a intervenção *indireta* na economia, na qualidade de agente *regulador* (agente normativo e regulador, na dicção constitucional) da atividade econômica. No caso, não haverá propriamente intervenção *no* domínio econômico, senão *sobre* o domínio econômico[8], que, segundo a Constituição, pode ocorrer por três formas distintas: a) fiscalização; b) incentivo; e c) planejamento[9].

A atividade *fiscalizatória* está indissociavelmente ligada à regulação da economia. Consiste no exercício do poder de polícia sobre o desempenho da atividade econômica[10]. De conseguinte, deve ser financiada mediante a instituição do tributo previsto especificamente para tal fim, a saber, a taxa de polícia, com base no art. 145, II, da CF, não havendo razão que justifique a instituição de contribuições interventivas para alcançar o mesmo desiderato[11].

Tampouco o *planejamento* enseja a instituição de contribuições interventivas. Trata-se de atividade estritamente normativa, a ser empreendida primordialmente pela atuação *legislativa*, como previsto no art. 174, § 1º, da CF: "A lei estabelecerá as diretrizes e bases do planejamento do desenvolvimento nacional equilibrado, o qual incorporará e compatibilizará os planos nacionais e regionais de desenvolvimento". E a atuação do Poder Legislativo não há de ser custeada mediante contribuições interventivas, mas com os recursos advindos da cobrança de impostos, visto que tal poder desempenha inúmeras outras tarefas, alheias ao planejamento da atividade econômica. Nem mesmo o planejamento levado a cabo por atos normativos infralegais pode ser financiado por Cides, salvo se empreendido por entidades que se dediquem ao incentivo da atividade econômica.

Parágrafo único. Para atender a intervenção de que trata este artigo, a União poderá instituir contribuições destinadas ao custeio dos respectivos serviços e encargos, na forma que a lei estabelecer".

[8] GRAU. *A ordem econômica na Constituição de 1988*. 2. ed., p. 162.

[9] É digno de nota que Eros Grau refuta a inclusão do planejamento entre as formas de intervenção sobre o domínio econômico, por conceber que ele meramente qualifica as formas de intervenção (op. cit., p. 165). Vislumbra, assim, a existência de duas formas de intervenção sobre o domínio econômico: por direção (imposição de normas cogentes) e por indução (previsão de normas dispositivas, de caráter premial) positiva (incentivos *lato sensu*) ou negativa (ônus *lato sensu*). Ibidem. p. 162-165.

[10] Como expõe Tácio Lacerda Gama: "A fiscalização da atividade econômica, prescrita pelo artigo 174 da Constituição, nada mais é do que o exercício do poder de polícia, aplicado em relação aos direitos econômicos" (*Contribuição de intervenção no domínio econômico*, p. 253).

[11] Como preleciona André Ramos Tavares: "Se já há uma modalidade específica, que é a taxa, para que o Estado dela se utilize quando exerce seu poder de polícia, não é de admitir o uso da contribuição de intervenção no domínio econômico com idêntico fundamento. Sublinhe-se, ademais, que a taxa, instituída em razão do exercício do poder de polícia, é, certamente, uma forma de intervenção do Estado na economia. Desnecessário e incabível, pois, pretender-se a dupla possibilidade de tributação para uma mesma realidade" ("Intervenção estatal no domínio econômico por meio da tributação", p. 225). Nessa linha: GAMA. *Contribuição de intervenção no domínio econômico*, p. 259. No sentido da legitimidade, vide: GRECO. "Contribuição de Intervenção no Domínio Econômico – Parâmetros para sua criação", p. 15.

Enfim, as contribuições interventivas não são vocacionadas a promover as atividades fiscalizatória e de planejamento, mas a de *incentivo*, que gera despesas significativas ao Poder Público.

Excelente compêndio esquemático do tema foi elaborado por Tácio Lacerda Gama, englobando toda a atividade estatal e a sua correlata contraprestação pecuniária:

(i) exploração direta – preço do bem ou serviço comercializado;

(ii) serviço público compulsório – taxa pela prestação de serviços públicos;

(iii) serviço público facultativo – preço público;

(iv) fiscalização – taxa pelo exercício do poder de polícia;

(v) planejamento – não há contrapartida específica;

(vi) incentivo – contribuições de intervenção no domínio econômico[12].

Em suma, "intervenção no domínio econômico" significa interferência estatal na atividade econômica *privada*, autorizando a instituição de Cides quando ocorrer sob a forma de incentivo *lato sensu*.

4. Intervenção no domínio econômico como elemento conceitual das Cides

As contribuições interventivas singularizam-se por servirem de instrumento para a intervenção federal no domínio econômico. Trata-se de nota *conceitual* das Cides. Se for instituída contribuição para financiar atuação ou intervenção em segmento distinto, por óbvio não se tratará de uma Cide, mas de espécie tributária diversa.

Importa, portanto, estremar o domínio econômico de outras áreas em que também se verifica atuação estatal, sobretudo no contexto atual, em que parece se admitir a instituição de contribuições interventivas para financiar todas as atividades federais que repercutam na seara econômica.

Deve-se diferenciar sobretudo a intervenção estatal na economia da atuação do Poder Público na *ordem social*, que somente pode ser financiada por meio de impostos e contribuições sociais.

Essa tarefa é facilitada pela organização do próprio texto constitucional, que dedica títulos diversos para as ordens econômica e social. Enquanto aquela está regulada no Título VII, esta é o objeto do Título VIII da Lei Maior, abrangendo a seguridade social (Capítulo II), a educação, cultura e desporto (Capítulo III), a ciência e tecnologia (Capítulo IV), a comunicação social (Capítulo V) e o meio ambiente (Capítulo VI).

---

[12] GAMA. *Contribuição de intervenção no domínio econômico*, p. 262.

Portanto, contribuições para a seguridade social, educação, cultura, tecnologia e meio ambiente qualificam-se como *sociais*, e não interventivas, ao menos numa concepção mais rigorosa desta espécie tributária.

Essa colocação assume relevância prática em vista das contribuições supostamente interventivas destinadas a financiar a atuação estatal em segmentos da ordem social. Foi o que ocorreu com as contribuições para o Fundo de Universalização dos Serviços de Telecomunicações – Fust – e para o Fundo para o Desenvolvimento Tecnológico das Telecomunicações – Funtell –, que objetivam desenvolver a tecnologia e a comunicação social (objeto dos Capítulos IV e V da ordem social). A rigor, trata-se de contribuições sociais, e não interventivas[13].

O critério topográfico é relevante para determinar a natureza das Cides, mas por óbvio não basta para tanto. As contribuições interventivas qualificam-se como tais em razão da sua essência, de instrumentos vocacionados a financiar políticas de fomento à economia privada.

Para elucidar a relevância dessa delimitação, é válido retomar a controvérsia sobre a natureza jurídica da contribuição ao Incra. Num processo submetido ao regime dos recursos repetitivos, o Superior Tribunal de Justiça qualificou-a como uma Cide, sob o argumento de a reforma agrária constituir um dos tópicos da ordem econômica: "A Política Agrária encarta-se na Ordem Econômica (art. 184 da CF/88) por isso que a exação que lhe custeia tem inequívoca natureza de Contribuição de Intervenção Estatal no Domínio Econômico, coexistente com a Ordem Social, onde se insere a Seguridade Social custeada pela contribuição que lhe ostenta o mesmo *nomen juris*"[14]. Ocorre que, ao implementar programas de reforma agrária, o Incra não almeja estimular a economia privada, mas reestruturar a sociedade, mediante a redistribuição de riqueza e a democratização do acesso à propriedade rural. Ademais, a atuação do Incra não é restrita à reforma agrária, estendendo-se ao ordenamento fundiário nacional, com as atribuições de proceder à regularização fundiária, titular os territórios quilombolas, contribuir para a demarcação das terras dos indígenas etc.

---

[13] Nesse sentido, PAULSEN. *Direito tributário*. 11. ed., p. 141. Sobre as contribuições referidas, vide p. 268 e s.

[14] STJ, 1ª Seção, REsp n. 977.058, rel. Min. Luiz Fux, out. 2008, julgado sob o rito dos recursos repetitivos – excerto da ementa. Cabe transcrever o trecho inicial da ementa, que elucida a orientação adotada: "PROCESSUAL CIVIL. RECURSO ESPECIAL. TRIBUTÁRIO. CONTRIBUIÇÃO DESTINADA AO INCRA. ADICIONAL DE 0,2%. NÃO EXTINÇÃO PELAS LEIS 7.787/89, 8.212/91 E 8.213/91. LEGITIMIDADE. 1. A exegese Pós-Positivista, imposta pelo atual estágio da ciência jurídica, impõe na análise da legislação infraconstitucional o crivo da principiologia da Carta Maior, que lhe revela a denominada 'vontade constitucional', cunhada por Konrad Hesse na justificativa da força normativa da Constituição. 2. Sob esse ângulo, assume relevo a colocação topográfica da matéria constitucional no afã de aferir a que vetor principiológico pertence, para que, observando o princípio maior, a partir dele, transitar pelos princípios específicos, até o alcance da norma infraconstitucional. 3. A Política Agrária encarta-se na Ordem Econômica (art. 184 da CF/88) por isso que a exação que lhe custeia tem inequívoca natureza de Contribuição de Intervenção Estatal no Domínio Econômico, coexistente com a Ordem Social, onde se insere a Seguridade Social custeada pela contribuição que lhe ostenta o mesmo *nomen juris* [...]".

A despeito dessas ressalvas, a seguir abordaremos todas as contribuições normalmente qualificadas como Cides pela doutrina e/ou pela jurisprudência, a fim de que o rigor científico não nos leve a incorrer em omissão.

5. Requisitos fundamentais à instituição das Cides

Por serem espécie de contribuições especiais, as interventivas hão de ser instituídas com observância de todos os requisitos exigidos para a criação destas exações, tais como:

(i) observância das limitações constitucionais gerais ao poder de tributar;

(ii) existência de competência impositiva[15];

(iii) busca da finalidade especificada pela norma atributiva de competência;

(iv) necessidade; e

(v) referibilidade[16].

Além desses requisitos gerais, devem ser observados requisitos específicos, dentre os quais se destacam:

(i) atividade passível de ser financiada mediante a cobrança de Cides;

(ii) caráter setorial;

(iii) observância dos princípios gerais da ordem *econômica*.

Pela sua relevância, alguns desses requisitos merecem serem examinados com atenção.

5.1. Competência tributária

Nos termos do art. 149, *caput*, da Constituição da República, apenas a União tem competência para instituir contribuições de intervenção no domínio econômico.

Se algum Estado, Município ou o Distrito Federal cobrar contribuição interventiva, estará a malferir a repartição constitucional de competências impositivas. É irrelevante que lhe atribua outra denominação, travestindo-a de imposto ou taxa. Se instituir tributo com as características jurídicas de uma Cide, terá criado exação inconstitucional.

Para fins tributários, também é irrelevante que a Constituição de 1988 atribua às três esferas federativas competência concorrente para legislar sobre direito econômico (art. 24, I) e lhes imponha a incumbência de atuar como agentes normativos e reguladores da atividade econômica, mediante o exercício das "funções de fiscalização, incentivo

---

[15] Recordamos nossa posição no sentido de que as contribuições interventivas gerais somente podem gravar o faturamento, a receita ou o valor da operação, a menos que sejam fixas. Sobre a questão, cf. p. 80 e s.

[16] Sobre esses três últimos requisitos, aplicáveis especificamente às contribuições especiais, cf. p. 51 e s.

e planejamento" (art. 174, *caput*). Somente a União pode utilizar o instrumento das Cides para intervir no domínio econômico. As demais pessoas constitucionais têm de financiar a sua atuação em tal seara mediante a cobrança de impostos – jamais de contribuições interventivas.

5.2. Atividade passível de ser financiada mediante Cides

Como vimos, não é toda e qualquer atividade estatal sobre o domínio econômico que pode ser financiada mediante a instituição de contribuições interventivas.

A exploração direta de atividade econômica pelo Poder Público e os serviços públicos facultativos devem ser financiados pelo pagamento das tarifas correspondentes, e não por Cides. Os serviços públicos compulsórios e o exercício do poder de polícia têm de ser financiados mediante a instituição de taxas, e não de Cides. E a atividade de planejamento estatal da atividade econômica há de ser custeada com os recursos angariados pela cobrança de impostos, e não de Cides.

Somente o *incentivo* estatal à atuação privada no segmento econômico pode ser financiado mediante a cobrança de contribuições interventivas. O incentivo não se limita, contudo, aos subsídios financeiros e aos empréstimos, abrangendo também incentivos indiretos, como programas de aperfeiçoamento profissional, construção de obras de infraestrutura etc.

Corrobora essa exegese constitucional o art. 177, § 4º, da Lei Maior, que, ao autorizar a instituição da Cide-Combustíveis, vincula-a ao financiamento de atividades de incentivo, nomeadamente ao pagamento de subsídios e ao financiamento de projetos ambientais e de programas de infraestrutura (alíneas do inciso II).

A propósito também vale recordar o caso do Adicional de Tarifa Portuária – ATP –, instituído pela Lei n. 7.700, de 21 de dezembro de 1988, a fim de financiar investimentos para "melhoramento, reaparelhamento, reforma e expansão de instalações portuárias". Esse adicional foi julgado constitucional pelo Supremo Tribunal Federal justamente sob o argumento de que se tratava de contribuição interventiva destinada à melhoria das condições de infraestrutura portuária[17].

Diante dessas ponderações, resta claro que a União não pode instituir contribuição interventiva para *inibir* o desenvolvimento de certa atividade econômica. É até possível que majore tributos para regular a ordem econômica (como o Imposto de Importação), mas não pode instituí-los com o único escopo de tornar certa atividade econômica proibitiva ou pouco atrativa para a iniciativa privada, sob pena de malferir a garantia fundamental da livre-iniciativa (art. 170, *caput*, da CF).

---

[17] STF, Pleno, RE n. 209.365, rel. Min. Carlos Velloso, mar. 1999. O ATP foi extinto pela Lei n. 9.309/96.

5.3. Caráter setorial

Apenas a intervenção em setores econômicos específicos autoriza a instituição de Cides, jamais a atuação geral sobre o domínio econômico.

Como leciona Marco Aurélio Greco:

> Para o conceito de intervenção ser operativo e permitir distinguir uma parcela da realidade à qual se refira, creio ser necessário afastá-lo da ideia de "totalidade". Medidas adotadas pela União que digam respeito ao domínio econômico como um todo (por exemplo, criação de uma nova moeda) não são hipóteses de intervenção nesse domínio, mas são casos de delineamento do próprio domínio econômico e das bases em que ele se desenvolve[18].

De fato, as Cides somente podem financiar intervenções setoriais, em segmentos econômicos devidamente delimitados pelo legislador. Devem gravar sujeitos e setores determinados, e nunca a universalidade dos agentes econômicos.

Para cumprirem o requisito da setorialidade, as Cides poderão ser instituídas sob a forma de adicionais incidentes sobre operações econômicas próprias de setores específicos (a exemplo do AFRMM e do Ataero) ou como contribuições destinadas a fundos ou programas voltados a estimular atividades ou segmentos econômicos determinados, como a Cide-Remessas (setor de tecnologia), a Condecine (indústria cinematográfica e videofonográfica), a Cide-Energia (setor energético) etc.

Esse requisito, vale notar, geralmente tem sido observado pelo legislador, que instituiu contribuições interventivas específicas para os setores de combustíveis (Cide--Combustíveis), de tecnologia (Cide-Remessas), da indústria cinematográfica e videofonográfica (Condecine), bem como para o setor marítimo (AFRMM). Sem embargo, foi flagrantemente inobservado na contribuição ao Incra – que a nosso juízo sequer se qualifica como contribuição interventiva.

5.4. Referibilidade

A referibilidade, entendida como o liame entre a finalidade a ser realizada com a contribuição e as atividades e interesses de certo grupo, é requisito de validade de todas as contribuições especiais[19] e, por consequência, das contribuições de intervenção no domínio econômico.

Destarte, as contribuições interventivas somente podem ser cobradas se houver um liame entre a intervenção em setor econômico específico, de um lado, e as atividades de certo grupo econômico, de outro.

---

[18] GRECO. "Contribuição de Intervenção no Domínio Econômico – Parâmetros para sua criação", p. 16.
[19] Sobre o tema, cf. p. 57 e s.

Os sujeitos passivos têm de ser escolhidos dentre os *agentes que atuam no segmento econômico objeto da intervenção*. Se o legislador decide, v.g., incentivar a indústria cinematográfica, somente poderá tributar os produtores, comerciantes ou consumidores de produtos ou serviços cinematográficos, jamais de outros setores, como o energético, o marítimo, o aeroportuário.

Caso o legislador repute que certa intervenção no domínio econômico deve ser custeada por *toda a sociedade*, ele terá que se valer dos recursos angariados por meio dos impostos, sob pena de malferir o requisito da referibilidade. Se insistir em criar uma Cide para tanto, terá criado tributo inconstitucional, quer se qualifique como tal (situação em que o vício consistirá e se limitará à indevida amplitude dos sujeitos passivos), quer se enquadre como imposto afetado a órgão, fundo ou despesa específica, violando o art. 167, IV, da CF.

Não é necessário que os sujeitos passivos deem causa ou sejam beneficiados pela atividade interventiva, haja vista que o liame referido *não se confunde com o benefício econômico* e resta configurado com o mero fato de os sujeitos passivos atuarem no segmento objeto da intervenção[20].

O Supremo Tribunal Federal e o Superior Tribunal de Justiça, no entanto, vêm sendo pródigos ao legitimar a cobrança de contribuições interventivas das mais variadas categorias econômicas. Quanto à contribuição ao Sebrae, por exemplo, o STF entende que todas as empresas que desenvolvem atividades econômicas (comerciais ou industriais) estão obrigadas ao seu pagamento, ainda que sejam de grande porte e, portanto, não se enquadrem no âmbito do grupo incentivado por tal serviço social autônomo (micro e pequenas empresas)[21]. Já o STJ autoriza a cobrança da contribuição ao Incra (indevidamente qualificada como contribuição interventiva) até mesmo de empresas urbanas, completamente alheias à atividade rural (Súmula 516).

---

[20] Acerca das diferentes acepções do termo "referibilidade", vide p. 57 e s. A acepção que vê na referibilidade uma exigência de delimitação dos sujeitos passivos aos causadores ou beneficiários da atuação estatal (referibilidade como benefício ou responsabilidade pela atuação estatal) foi corretamente rechaçada pelo STF e pelo STJ. Ao enfocar a cobrança da contribuição ao Sebrae sobre as empresas de grande porte, o Ministro Carlos Britto expôs que a Cide "não exige contraprestação direta em favor do contribuinte ou mesmo a possibilidade desse vir a receber benefícios com o recolhimento do tributo" (STF, 1ª Turma, RE n. 401.823 AgR, rel. Min. Carlos Britto, set. 2004). E no seu célebre voto relativo à inclusão da contribuição ao Incra na categoria das Cides, a Ministra Eliana Calmon asseverou que: "As contribuições especiais atípicas (de intervenção no domínio econômico) são constitucionalmente destinadas a finalidades não diretamente referidas ao sujeito passivo, o qual não necessariamente é beneficiado com a atuação estatal e nem a ela dá causa (referibilidade)" (STJ, 1ª Seção, EREsp n. 770.451, rel. p/ ac. Min. Castro Meira, set. 2006). O problema foi não ter se estabelecido restrição alguma ao universo dos sujeitos passivos, permitindo-se que até mesmo pessoas totalmente alheias à atividade interventiva sejam chamadas a contribuir. Noutros termos, nesses precedentes o STF e o STJ pecaram por não acolher a referibilidade entendida como o liame entre a finalidade da contribuição e as atividades e interesses de certo grupo (referibilidade como pertinência).

[21] STF, 1ª Turma, RE n. 401.823 AgR, rel. Min. Carlos Britto, 9.2004; 2ª Turma, AI 650.194 AgR, rel. Min. Ellen Gracie, ago. 2009. Lê-se na ementa deste julgado: "Autonomia da contribuição para o Sebrae alcançando mesmo entidades que estão fora do seu âmbito de atuação, dado o caráter de intervenção no domínio econômico de que goza".

5.5. Respeito aos princípios da ordem econômica

É de suma importância a observância dos princípios da ordem econômica. Por serem as Cides instrumentos de intervenção no domínio econômico, elas estão integralmente jungidas aos fundamentos e aos princípios da atividade econômica[22], elencados no art. 170 da Constituição Federal nos seguintes termos:

> Art. 170. A ordem econômica, fundada na valorização do trabalho humano e na livre--iniciativa, tem por fim assegurar a todos existência digna, conforme os ditames da justiça social, observados os seguintes princípios:
>
> I – soberania nacional;
>
> II – propriedade privada;
>
> III – função social da propriedade;
>
> IV – livre concorrência;
>
> V – defesa do consumidor;
>
> VI – defesa do meio ambiente, inclusive mediante tratamento diferenciado conforme o impacto ambiental dos produtos e serviços e de seus processos de elaboração e prestação; (Redação dada pela Emenda Constitucional n. 42, de 19-12-2003)
>
> VII – redução das desigualdades regionais e sociais;
>
> VIII – busca do pleno emprego;
>
> IX – tratamento favorecido para as empresas de pequeno porte constituídas sob as leis brasileiras e que tenham sua sede e administração no País. (Redação dada pela Emenda Constitucional n. 6, de 1995)
>
> Parágrafo único. É assegurado a todos o livre exercício de qualquer atividade econômica, independentemente de autorização de órgãos públicos, salvo nos casos previstos em lei.

Dessa forma, as contribuições interventivas hão de fundar-se na valorização do trabalho humano e na livre-iniciativa, ter por escopo último a garantia de existência digna a todos e promover os princípios da soberania nacional, propriedade privada, função social da propriedade, livre concorrência, defesa do consumidor e do meio ambiente, redução das desigualdades regionais e sociais, entre outros.

É fácil perceber que os fundamentos e princípios gerais da atividade econômica extravasam os lindes do direito econômico, vindo a exercer forte influxo no direito tributário.

Entretanto, não excluem os princípios tributários, com os quais devem ser harmonizados, de modo que a intervenção seja implementada com integral respeito aos ditames do direito econômico *e* do direito tributário[23].

---

[22] Como exposto pelo Ministro Carlos Velloso, ao deliberar acerca da legitimidade da contribuição ao Sebrae: "Não sendo contribuição de interesse das categorias profissionais ou econômicas, mas contribuição de intervenção no domínio econômico, a sua instituição está jungida aos princípios gerais da atividade econômica, C.F., arts. 170 a 181" (STF, Pleno, RE n. 396.266, rel. Min. Carlos Velloso, nov. 2003).

[23] Cf. BÖCKLI. *Indirekte Steuern und Lenkungssteuern*, p. 102.

6. Espécies de Cides

6.1. Contribuições anteriores à Constituição de 1988

A Constituição de 1967 autorizou, no título destinado à "Ordem econômica e social", a criação de contribuições de intervenção no domínio econômico para o custeio dos respectivos serviços e encargos (art. 157, §§ 8º e 9º), no que foi seguida pela Carta de 1969 (art. 163, parágrafo único). Mais técnica, esta Constituição também referiu as contribuições interventivas dentro do "Sistema tributário" (art. 21, § 2º, I), tornando evidente a sua natureza tributária.

A competência para a instituição de contribuições interventivas conferiu fundamento a certas exações criadas, ainda antes do advento da Constituição de 1988, com o escopo de incentivar atividades econômicas. Foi o que ocorreu com o Adicional ao Frete para Renovação da Marinha Mercante – AFRMM –[24], com o Adicional de Tarifa Portuária – ATP –[25] e com a contribuição para o Instituto do Açúcar e do Álcool – IAA[26].

O Supremo Tribunal Federal qualificou-as como Cides e reconheceu que foram recepcionadas pelo art. 149, *caput*, da Constituição vigente, independentemente de as suas alíquotas terem sido fixadas pelo Poder Executivo, prática que tinha suporte no art. 21, § 2º, I, da CF/69.

Neste caso, a incompatibilidade formal com a Constituição de 1988 obstou a recepção das delegações, mas não das contribuições (visto que à recepção importa unicamente a compatibilidade material do ato normativo pré-constitucional com a nova Constituição). Assim, a autorização para a fixação de alíquotas pelo Poder Executivo foi revogada pela Constituição vigente, diversamente das alíquotas que já haviam sido fixadas pelo Executivo no regime anterior[27], as quais atualmente somente podem ser alteradas por lei.

---

[24] STF, Pleno, RE n. 177.137, rel. Min. Carlos Velloso, maio 1995. O AFRMM ainda vige. Examinamo-lo nas p. 266 e s.

[25] A contribuição, tida por recepcionada pelo STF, foi revogada em 1996.

[26] STF, Pleno, RE n. 214.206, rel. p/ ac. Min. Nelson Jobim, out. 1997. Tal qual ocorreu com o ATP, a contribuição ao IAA, instituída pelo art. 3º do Decreto-Lei n. 308/67, foi revogada posteriormente ao advento da CF/88, nomeadamente pelo art. 1º, X, da Lei n. 8.522/92, que também revogou os adicionais que o Decreto-Lei n. 1.952/82 havia criado.

[27] Foi o que ocorreu com a contribuição ao IAA (STF, Pleno, RE n. 214.206, rel. p/ ac. Min. Nelson Jobim, out. 1997). Lê-se no voto do Ministro Nelson Jobim, relator do precedente: "Após 1988, não é possível que a alíquota venha a ser fixada por ato unilateral do Poder Executivo. O que desapareceu foi a possibilidade de se modificar a alíquota então fixada. No entanto, a alíquota que havia sido fixada nos termos da legislação anterior – e legitimamente –, foi recepcionada como tal. A Constituição de 1988 não extinguiu tais contribuições". Vale notar que esse entendimento aparenta ser diametralmente oposto ao acolhido no mês anterior com respeito à contribuição ao Instituto Brasileiro do Café – IBC. A despeito de o STF tê-la qualificado expressamente como uma contribuição interventiva, reputou ter sido revogada pela Constituição de 1988, em razão de o ato normativo que a reinstituiu (Decreto-Lei n. 2.295/86) ter estabelecido que o seu valor seria fixado pelo Presidente do Instituto (art. 4º, *caput*) (STF, Pleno, RE n. 191.044, rel. Min. Carlos Velloso, set. 1997). Esse

6.2. Contribuições interventivas integrantes do "Sistema S"

A natureza tributária específica das contribuições é determinada pela sua finalidade, diante do caráter teleológico que lhes é característico.

Em se tratando de contribuições destinadas ao custeio das atividades de entes determinados, será a finalidade do próprio ente que determinará a natureza da contribuição que o financia. Destarte, uma contribuição vinculada ao custeio de entidade criada para a intervenção no domínio econômico será qualificada como Cide e como tal haverá de ser submetida ao controle de constitucionalidade.

No que diz respeito às contribuições destinadas a serviços sociais autônomos (que consubstanciam o denominado "Sistema S"), é a indefinição quanto à qualificação das atividades desses serviços sociais que dificulta a determinação da natureza tributária específica das contribuições que os financiam. A solução advirá, em regra, da análise da lei que autorizou a sua criação.

Alguns serviços autônomos foram instituídos para atuarem junto a categorias profissionais e econômicas específicas (como o Sesc, Senac, Sesi, Senai, Senar, Sest e o Senat), enquanto outros foram vinculados à atuação imediata no domínio econômico, mediante o incentivo de empresas de pequeno porte e de determinadas atividades econômicas (Sebrae, Apex-Brasil e ABDI).

Conquanto seja nebulosa a qualificação das contribuições destinadas àqueles serviços sociais, as contribuições destinadas a estes últimos se enquadram nitidamente na categoria das contribuições interventivas.

6.2.1. Contribuição ao Sebrae

O Sebrae foi criado com base na Lei n. 8.029/90, mediante a desvinculação, da Administração Pública Federal, do órgão denominado "Centro Brasileiro de Apoio à Pequena e Média Empresa" – Cebrae, que foi transformado em serviço social autônomo. Essa lei também instituiu, em seu art. 8º, § 3º, a contribuição que o financia, como mero adicional às contribuições ao Sesc, Senac, Sesi e Senai:

> § 3º As contribuições relativas às entidades de que trata o art. 1º do Decreto-Lei n. 2.318, de 30 de dezembro de 1986, poderão ser majoradas em até três décimos por cento, com vistas a financiar a execução da política de Apoio às Microempresas e às Pequenas Empresas.

---

foi o entendimento externado pelo relator, que se espelhou na ementa do julgado. A contradição entre os julgados somente pode ser superada à luz dos argumentos lançados no voto-vista do Ministro Ilmar Galvão, acompanhado pelo Ministro Marco Aurélio, no sentido de que a contribuição já nascera inconstitucional, haja vista que: "O tributo nasceu desprovido de um de seus elementos essenciais", pois a lei não fixara as condições e limites para a alteração das alíquotas pelo Poder Executivo, o que era exigido pelo art. 21, § 2º, da EC n. 1/69 (RE n. 191.044). Somente assim se compreende por que o julgamento do RE n. 214.206 não levou à revisão da decisão quanto à subsistência da contribuição ao IBC.

A redação atual desse preceito, dada pela Lei n. 11.080/2004, é a seguinte:

§ 3º Para atender à execução das políticas de apoio às micro e às pequenas empresas, de promoção de exportações e de desenvolvimento industrial, é instituído adicional às alíquotas das contribuições sociais relativas às entidades de que trata o art. 1º do Decreto-Lei n. 2.318, de 30 de dezembro de 1986, de: (Redação dada pela Lei n. 11.080, de 2004)

a) um décimo por cento no exercício de 1991; (Incluído pela Lei n. 8.154, de 1990)

b) dois décimos por cento em 1992; e (Incluído pela Lei n. 8.154, de 1990)

c) três décimos por cento a partir de 1993. (Incluído pela Lei n. 8.154, de 1990)

6.2.1.1. Autonomia e estrutura normativa

Em que pese a contribuição ao Sebrae tenha sido criada como mero adicional, constitui exação *autônoma*, haja vista possuir finalidade específica, inconfundível com a das contribuições às quais veio a se agregar[28].

Mas, justamente pela forma como foi instituída, a sua regra-matriz de incidência é idêntica à das contribuições ao Sesc, Senac, Sesi e Senai, exceto no que concerne à sua alíquota. Quanto à hipótese de incidência, base de cálculo e contribuintes, não há qualquer dessemelhança frente a tais contribuições. As diferenças estruturais residem, vale repisar, nas alíquotas e nas finalidades que almejam realizar.

6.2.1.2. Natureza jurídica

Da finalidade típica do Sebrae decorre nova diferença da contribuição em foco perante as supramencionadas: a sua qualificação como contribuição interventiva.

Como dissemos, a natureza tributária específica das contribuições destinadas aos serviços sociais autônomos é definida pelas atividades desses entes, e o Sebrae é vocacionado ao apoio às micro e às pequenas empresas, cabendo-lhe, nos termos do art. 9º da Lei n. 8.029/90, "planejar, coordenar e orientar programas técnicos, projetos e atividades de apoio às micro e pequenas empresas, em conformidade com as políticas nacionais de desenvolvimento, particularmente as relativas às áreas industrial, comercial e tecnológica".

Ao apoiar as micro e pequenas empresas, o Sebrae intervém no domínio econômico, visando a concretizar princípios gerais da atividade econômica, tais como a livre concorrência, a busca do pleno emprego e o tratamento favorecido a empresas de pequeno

---

[28] Consoante expôs o Ministro Marco Aurélio, no julgamento do RE n. 396.266: "A nomenclatura utilizada na lei, no que se lançou mão do vocábulo adicional, não me impressiona porque não se trata, a rigor, de um adicional. O que houve foi a criação de uma contribuição nova" (STF, Pleno, RE n. 396.266, rel. Min. Carlos Velloso, nov. 2003).

porte (art. 170 da CF). Portanto, a exação que o financia se qualifica como contribuição de intervenção no domínio econômico.

Esse entendimento prevaleceu quando a questão foi levada à apreciação do Supremo Tribunal Federal, com base na alegação central de inconstitucionalidade formal da sua instituição por lei ordinária. O Pretório Excelso qualificou-a como contribuição interventiva e declarou a sua constitucionalidade, visto que esta espécie tributária (assim como as contribuições de interesse de categorias econômicas ou profissionais) encontra fundamento no art. 149 da Constituição e prescinde do veículo da lei complementar para ser instituída de forma válida[29]. Esta passagem do voto do Ministro Carlos Velloso é esclarecedora:

> A contribuição que estamos cuidando é, na verdade, uma contribuição de intervenção no domínio econômico, não obstante a lei a ela se referir como adicional às alíquotas das contribuições sociais relativas às entidades de que trata o art. 1º do D.L. 2.318, de 1986. A autora recorrente, pois, tem razão quando afirma que a citada contribuição não está incluída no rol do art. 240 da C.F., dado que ela é "totalmente autônoma – e não um adicional", desvinculando-se da contribuição ao Sesi-Senai, Sesc-Senac. Não sendo contribuição de interesse das categorias profissionais ou econômicas, mas contribuição de intervenção no domínio econômico, a sua instituição está jungida aos princípios gerais da atividade econômica, C.F., arts. 170 a 181. E se o Sebrae tem por finalidade "planejar, coordenar e orientar programas técnicos, projetos e atividades de apoio às micro e pequenas empresas, em conformidade com as políticas nacionais de desenvolvimento, particularmente as relativas às áreas industrial, comercial e tecnológica" (Lei n. 8.029/90, art. 9º, incluído pela Lei n. 8.154/90), a contribuição instituída para a realização desse desiderato está conforme aos princípios gerais da atividade econômica consagrados na Constituição. Observe-se, de outro lado, que a contribuição tem como sujeito passivo empresa comercial ou industrial, partícipes, pois, das atividades econômicas que a Constituição disciplina (C.F., arts. 170 e s.).

Em suma, a contribuição ao Sebrae tem, em essência, a mesma estrutura normativa daquelas destinadas ao Sesc, Senac, Sesi e Senai. Delas se diferencia tão somente pela sua natureza tributária específica (de contribuição interventiva), finalidade e alíquotas.

6.2.1.3. Exigência de contribuintes não sujeitos às contribuições ao Sesc, Senac, Sesi e Senai

Dissemos há pouco que os sujeitos passivos da contribuição ao Sebrae são os mesmos das contribuições devidas ao Sesc, Senac, Sesi e Senai, notadamente porque aquela exação foi criada como mero adicional a estas. É a própria lei instituidora que estabelece tratar-se de "adicional às alíquotas das contribuições relativas às entidades de que trata o art. 1º do Decreto-Lei n. 2.318, de 30 de dezembro de 1986" (redação dada pela Lei n. 11.080/2004).

---

[29] STF, Pleno, RE n. 396.266, rel. Min. Carlos Velloso, nov. 2003.

Essas entidades são justamente as "beneficiárias das contribuições para o Serviço Nacional de Aprendizagem Industrial (Senai), para o Serviço Nacional de Aprendizagem Comercial (Senac), para o Serviço Social da Indústria (Sesi) e para o Serviço Social do Comércio (Sesc)" (art. 1º, *caput*, do Decreto-Lei n. 2.318/86), ou seja, o Senai, o Senac, o Sesi e o Sesc.

Ocorre que foram criados outros serviços sociais autônomos, como o Sescoop, financiado por contribuição específica, que é cobrada *em substituição* àquelas. Dessa forma, as cooperativas que antes contribuíam para o Senac, Sesc, Senai ou Sesi (e consequentemente para o Sebrae) passaram a contribuir tão somente para o Sescoop (e, por isso, não deveriam pagar a contribuição ao Sebrae).

A despeito da criação do Sescoop e de não ter sido alterada a regulação da contribuição ao Sebrae, o Fisco continuou a cobrá-la das cooperativas, sem qualquer amparo legal e, portanto, em manifesta ofensa ao princípio da legalidade tributária.

Porém, o Superior Tribunal de Justiça chancelou essa cobrança, com base no argumento central de que "o redirecionamento da contribuição destinada antes ao Sesc, Senac, Sesi, Senai (Sistema 'S') para o Sescoop (Serviço Nacional de Aprendizagem do Cooperativismo) não tem a capacidade de afastar a exigibilidade do adicional destinado ao Sebrae"[30]. Arvorada nessa premissa, a Corte exige que até mesmo as cooperativas de trabalho médico, entidades sujeitas à contribuição ao Sescoop, arquem com a contribuição para o Sebrae.

Ocorre que a contribuição ao Sescoop não é "mero redirecionamento" dos recursos advindos daquelas que a antecederam. Trata-se de contribuição *autônoma*, a exemplo da destinada ao Sebrae.

Por fim, recordamos que esse quadro não se restringe às cooperativas: estende-se ao setor dos transportes[31] e rural, que passaram a contar com serviços sociais específicos (Sest, Senat e Senar).

6.2.2. Contribuições à Apex-Brasil e à ABDI

Em 2003, a Lei n. 10.668 determinou a *cisão do produto arrecadado* com a contribuição ao Sebrae, ao dar nova redação ao § 4º do art. 8º da Lei n. 8.029/90. A redação atual desse preceito, conferida pela Lei n. 11.080/2004, é a seguinte:

> § 4º O adicional de contribuição a que se refere o § 3º deste artigo será arrecadado e repassado mensalmente pelo órgão ou entidade da Administração Pública Federal ao Cebrae, ao Serviço Social Autônomo Agência de Promoção de Exportações do Brasil – Apex-Brasil e ao Serviço Social Autônomo Agência Brasileira de Desenvolvimento Industrial – ABDI, na proporção de 85,75% (oitenta e cinco inteiros e setenta e cinco centésimos por cento)

---

[30] STJ, 2ªTurma, AgRg no Ag 842.882, rel. Min. Herman Benjamin, maio 2007, excerto do voto do relator. No mesmo sentido, cf. STJ, 1ªTurma, REsp n. 824.268, rel. Min. José Delgado, maio 2006.

[31] Vide STJ, 2ªTurma, AgRg no REsp n. 740.430, rel. Min. Herman Benjamin, abr. 2008.

ao Cebrae, 12,25% (doze inteiros e vinte e cinco centésimos por cento) à Apex-Brasil e 2% (dois inteiros por cento) à ABDI. (Redação dada pela Lei n. 11.080, de 2004)

§ 4º O adicional da contribuição a que se refere o parágrafo anterior será arrecadado e repassado mensalmente pelo órgão competente da Previdência e Assistência Social ao Cebrae. (Redação original)

§ 4º O adicional de contribuição a que se refere o § 3º será arrecadado e repassado mensalmente pelo órgão ou entidade da Administração Pública Federal ao Cebrae e ao Serviço Social Autônomo Agência de Promoção de Exportações Apex-Brasil, na proporção de oitenta e sete inteiros e cinco décimos por cento ao Cebrae e de doze inteiros e cinco décimos por cento à Apex-Brasil. (Redação dada pela Lei n. 10.668, de 14-5-2003)

Com essa cisão, foram criadas *novas contribuições autônomas*: as contribuições à Apex--Brasil (Agência de Promoção de Exportações do Brasil) e à ABDI (Agência Brasileira de Desenvolvimento Industrial).

Essas duas agências são serviços sociais autônomos, cuja instituição foi autorizada pelos próprios diplomas legais que lhes destinaram parcelas da contribuição ao Sebrae.

A finalidade da Apex-Brasil é a de "promover a execução de políticas de promoção de exportações, em cooperação com o Poder Público, especialmente as que favoreçam as empresas de pequeno porte e a geração de empregos" (art. 1º da Lei n. 10.668/2003). Já a ABDI tem por fim "promover a execução de políticas de desenvolvimento industrial, especialmente as que contribuam para a geração de empregos, em consonância com as políticas de comércio exterior e de ciência e tecnologia" (art. 1º, *caput*, da Lei n. 11.080/2004)[32].

Assim como a contribuição ao Sebrae, as destinadas à Apex-Brasil e à ABDI qualificam-se como *contribuições interventivas* e, como tais, encontrariam supedâneo na regra atributiva de competência do art. 149, *caput*, da Constituição (se incidissem sobre a receita bruta ou o valor da operação).

A sucinta análise desses tributos denota que as contribuições interventivas efetivamente constituem instrumentos relevantes à atuação federal no domínio econômico. Permitem que a atividade econômica seja incentivada por intermédio de serviços sociais autônomos, financiados com recursos públicos.

Os serviços sociais autônomos, todavia, devem dedicar-se exclusivamente à intervenção no domínio econômico e mostrar-se adequados e necessários à promoção de seus desideratos. Isso porque a proliferação de serviços sociais autônomos leva ao agravamento da carga tributária e pode, por consequência, em vez de promover, contrapor-se aos fundamentos da atividade econômica (valorização do trabalho humano e livre-iniciativa)

---

[32] À luz da Mensagem de veto ao § 2º do art. 1º da Lei n. 11.080/2004, por "promoção à execução de políticas de desenvolvimento industrial" somente se pode entender o incentivo à iniciativa privada, "mediante garantia de subvenção", porquanto os serviços sociais autônomos não podem prestar serviço público delegado, como a ação de planejar e coordenar a política de desenvolvimento industrial do país, que estaria abrangida pelo preceito vetado.

e prejudicar a realização de princípios econômicos basilares, tais como a busca do pleno emprego, a livre concorrência, a propriedade privada etc.

6.3. Setor de combustíveis: Cide-Combustíveis

A EC n. 33/2001 acrescentou o § 4º ao art. 177 da CF, regulando a Cide incidente sobre as atividades de importação ou comercialização de petróleo, gás natural, seus derivados e álcool combustível (denominada Cide-Combustíveis), nos seguintes termos:

> § 4º A lei que instituir contribuição de intervenção no domínio econômico relativa às atividades de importação ou comercialização de petróleo e seus derivados, gás natural e seus derivados e álcool combustível deverá atender aos seguintes requisitos: (Incluído pela Emenda Constitucional n. 33, de 2001)
>
> I – a alíquota da contribuição poderá ser:
>
> a) diferenciada por produto ou uso;
>
> b) reduzida e restabelecida por ato do Poder Executivo, não se lhe aplicando o disposto no art. 150, III, *b*;
>
> II – os recursos arrecadados serão destinados:
>
> a) ao pagamento de subsídios a preços ou transporte de álcool combustível, gás natural e seus derivados e derivados de petróleo;
>
> b) ao financiamento de projetos ambientais relacionados com a indústria do petróleo e do gás;
>
> c) ao financiamento de programas de infraestrutura de transportes.

Esse preceito está inserido no Título VII ("Da ordem econômica e financeira") da Constituição, quando deveria integrar o seu art. 149, que, além de já tratar das Cides, está situado dentro do "Sistema tributário nacional" (Capítulo I do Título VI).

Tal atecnia, contudo, não tem o condão de afastar a evidente natureza tributária da exação.

6.3.1. *Objetivos extrafiscais e caráter seletivo*

Faculta-se, na alínea *a* do inciso I, a adoção de alíquotas diferenciadas por produto ou uso, o que viabiliza a atribuição, à contribuição em análise, de caráter *seletivo*, além do caráter extrafiscal que lhe é inerente.

O objetivo *extrafiscal* declarado quando do encaminhamento da proposta de emenda constitucional foi a busca da neutralidade fiscal, mediante a tutela dos produtos nacionais, que, com a liberalização total do mercado nacional de petróleo, seus derivados e de gás natural, passaram a se expor a uma concorrência mais acentuada com os produtos importados[33].

---

[33] Mensagem n. 1.093, de 9 de agosto de 2000.

Não obstante esse escopo declarado, é perfeitamente possível que a contribuição persiga finalidades não fiscais diversas da mera neutralidade tributária.

Quanto à *seletividade*, diversamente do que ocorre com os preceitos constitucionais atinentes ao IPI (art. 153, § 3º, I) e ao ICMS (art. 155, § 2º, III), não é disposto que o critério da seletividade será a essencialidade dos produtos e tampouco é estabelecido expressamente qualquer outro critério. A Constituição simplesmente se omite quanto a esse tema, relegando a sua solução ao intérprete. A nosso juízo, não há qualquer óbice à adoção da seletividade em função da essencialidade dos produtos ou do seu uso. Pelo contrário, tal prática se mostraria perfeitamente consentânea com o sistema jurídico-constitucional.

6.3.2. *Restrições aos princípios da legalidade e da anterioridade*

A alínea *b* excepciona a aplicação dos princípios da legalidade e da anterioridade de exercício, ao estabelecer que "a alíquota da contribuição poderá ser [...] reduzida e restabelecida por ato do Poder Executivo, não se lhe aplicando o disposto no art. 150, III, *b*".

Essa disposição é manifestamente inconstitucional.

Afronta o firme entendimento do STF no sentido de que o princípio da anterioridade é uma *cláusula pétrea* e, portanto, insuscetível de ser revogado ou excepcionado, mesmo que por emenda constitucional[34]. Menoscaba, com isso, a autoridade do Pretório Excelso, que, mais uma vez, haverá de ser reafirmada pela própria Corte.

Vício idêntico há na autorização para que o Poder Executivo majore as alíquotas da contribuição, haja vista o princípio da legalidade tributária também constituir cláusula pétrea[35].

6.3.3. *Afetação constitucional dos recursos angariados*

Por se tratar de tributo finalístico, é ínsita à contribuição em foco a vinculação dos recursos angariados à finalidade que justifica sua instituição.

A contribuição de intervenção no domínio econômico sobre a importação e comercialização de petróleo, gás natural, seus derivados e álcool combustível deve ser, portanto, destinada à intervenção nesse segmento industrial e comercial.

No inciso II do art. 177, § 4º, a Constituição prevê a destinação dos recursos angariados ao pagamento de subsídios, ao financiamento de projetos ambientais e a

---

[34] STF, Pleno, ADI 939, rel. Min. Sydney Sanches, dez. 1993. Em sentido oposto, Ives Gandra sustenta que a exceção é plenamente legítima, com base no caráter regulatório da contribuição, que somente justificaria a sua adoção em casos excepcionais. Afirma, ademais, que o relevante precedente da ADI 939 não passou de uma decisão isolada, não refletindo a inteligência definitiva do STF (MARTINS. "Emenda Constitucional n. 33/2001: inteligência das disposições sobre a Cide e o ICMS nela incluídos", p. 174).

[35] Cf. p. 86 e s., onde se distinguem as hipóteses legítimas de mera redução e de redução com prazo certo seguida do correlato restabelecimento perante a ilegítima hipótese de restabelecimento após redução sem prazo certo.

programas de infraestrutura de transportes relacionados com o mercado de petróleo e de gás. Há referência expressa nesse sentido nas alíneas *a* e *b*, mas não na alínea *c*. Diante do lapso do constituinte derivado, deve-se conferir a esta alínea interpretação que a harmonize com o regime jurídico-constitucional das contribuições, de modo a restringir a destinação dos recursos ao financiamento de programas de infraestrutura de transportes que promovam as atividades de produção e comercialização de petróleo, gás natural, seus derivados ou álcool combustível. O emprego dos recursos angariados com a contribuição interventiva em programas de infraestrutura não relacionados com tais atividades representaria afronta manifesta à sua teleologia.

A propósito, cumpre destacar que a imposição constitucional de destinação dos recursos à promoção da finalidade para a qual a contribuição foi criada não é satisfeita com a mera previsão da lei tributária nesse sentido. Exige-se também que a legislação orçamentária respeite e preveja tal destinação, sob pena de afronta à Carta Maior, como já decidiu o Supremo Tribunal Federal ao julgar ADI ajuizada contra a Lei n. 10.640/2003 (lei orçamentária), oportunidade em que lhe conferiu interpretação conforme à Constituição, vedando a "abertura de crédito suplementar em rubrica estranha à destinação do que arrecadado a partir do disposto no § 4º do art. 177 da Constituição Federal, ante a natureza exaustiva das alíneas *a, b* e *c* do inciso II do citado parágrafo"[36].

6.3.4. *Regulação infraconstitucional*

A Cide-Combustíveis foi instituída pela Lei n. 10.336/2001, incidindo sobre as operações de *importação e comercialização* dos *combustíveis líquidos* arrolados nos incisos do seu art. 3º, nestes termos:

> Art. 3º A Cide tem como fatos geradores as operações, realizadas pelos contribuintes referidos no art. 2º, de importação e de comercialização no mercado interno de:
>
> I – gasolinas e suas correntes;
>
> II – diesel e suas correntes;
>
> III – querosene de aviação e outros querosenes;
>
> IV – óleos combustíveis (*fuel-oil*);
>
> V – gás liquefeito de petróleo, inclusive o derivado de gás natural e de nafta; e
>
> VI – álcool etílico combustível.
>
> § 1º Para efeitos dos incisos I e II deste artigo, consideram-se correntes os hidrocarbonetos líquidos derivados de petróleo e os hidrocarbonetos líquidos derivados de gás natural utilizados em mistura mecânica para a produção de gasolinas ou de diesel, de conformidade com as normas estabelecidas pela ANP.

---

[36] STF, Pleno, ADI 2.925, rel. p/ ac. Min. Marco Aurélio, dez. 2003.

São *isentos* os produtos vendidos a empresas comerciais exportadoras. Essa isenção é condicionada à exportação dos produtos no prazo de 180 dias a contar da sua aquisição. Vencido esse prazo, o contribuinte deverá pagar o valor da contribuição acrescido de multa moratória e juros equivalentes à Taxa Selic (art. 10).

Os *contribuintes* são o "produtor, o formulador e o importador, pessoa física ou jurídica, dos combustíveis líquidos" mencionados (art. 2º). Entende-se por "formulador" a pessoa jurídica "autorizada a exercer, em Plantas de Formulação de Combustíveis, as seguintes atividades: I – aquisição de correntes de hidrocarbonetos líquidos; II – mistura mecânica de correntes de hidrocarbonetos líquidos, com o objetivo de obter gasolinas e diesel; III – armazenamento de matérias-primas, de correntes intermediárias e de combustíveis formulados; IV – comercialização de gasolinas e de diesel; e V – comercialização de sobras de correntes" (parágrafo único do art. 2º).

É *responsável solidário* o adquirente de mercadoria de procedência estrangeira, no caso de importação realizada por sua conta e ordem, por intermédio de pessoa jurídica importadora, quer pelo valor do tributo devido (art. 11), quer pelo das sanções a infrações para as quais haja concorrido (art. 12).

Trata-se de *tributo fixo*, cujo montante não é apurado pela aplicação de uma alíquota propriamente dita (percentual) à base de cálculo. É calculado em função da espécie e da quantidade comercializada do produto, ou mais precisamente, das unidades de medida e dos valores estipulados para cada espécie de combustível líquido (*alíquotas específicas*) pelo art. 5º da Lei n. 10.336/2001, na redação dada pela Lei n. 10.636/2002:

> Art. 5º A Cide terá, na importação e na comercialização no mercado interno, as seguintes alíquotas específicas: (Redação dada pela Lei n. 10.636, de 2002)
>
> I – gasolina, R$ 860,00 por m³; (Redação dada pela Lei n. 10.636, de 2002)
>
> II – diesel, R$ 390,00 por m³; (Redação dada pela Lei n. 10.636, de 2002)
>
> III – querosene de aviação, R$ 92,10 por m³; (Redação dada pela Lei n. 10.636, de 2002)
>
> IV – outros querosenes, R$ 92,10 por m³; (Redação dada pela Lei n. 10.636, de 2002)
>
> V – óleos combustíveis com alto teor de enxofre, R$ 40,90 por t; (Redação dada pela Lei n. 10.636, de 2002)
>
> VI – óleos combustíveis com baixo teor de enxofre, R$ 40,90 por t; (Redação dada pela Lei n. 10.636, de 2002)
>
> VII – gás liquefeito de petróleo, inclusive o derivado de gás natural e da nafta, R$ 250,00 por t; (Redação dada pela Lei n. 10.636, de 2002)
>
> VIII – álcool etílico combustível, R$ 37,20 por m³. (Incluído pela Lei n. 10.636, de 2002)
>
> § 1º Aplicam-se às correntes de hidrocarbonetos líquidos que, pelas suas características físico-químicas, possam ser utilizadas exclusivamente para a formulação de diesel as mesmas alíquotas específicas fixadas para o produto.

Reiterando a ilegítima previsão do art. 177, § 4º, I, *b*, da Constituição Federal, incluído pela EC n. 33/2001, o art. 9º, *caput*, da Lei n. 10.336/2001 autoriza o Poder

Executivo a "reduzir as alíquotas específicas de cada produto, bem assim restabelecê-las até o valor fixado no art. 5º". Portanto, o operador jurídico somente poderá identificar a alíquota aplicável após examinar os atos infralegais que regulamentam a Lei n. 10.336/2001[37].

Objetivando evitar a *cumulatividade* do tributo, a lei autoriza a dedução do valor da Cide paga em operações anteriores, seja pelo próprio contribuinte quando da importação, seja por outro contribuinte quando da aquisição do combustível no mercado interno. Abate-se o *valor global* da Cide paga nas importações realizadas durante o mês, sendo dispensada a segregação por espécie de produto (art. 7º).

O valor da Cide-Combustível, paga na importação ou na comercialização, também é dedutível das contribuições para o PIS/Pasep e da Cofins devidas na comercialização dos produtos gravados, dentro dos limites estabelecidos pelo legislador (art. 8º). Caso haja crédito remanescente, o contribuinte poderá utilizá-lo nos períodos de apuração posteriores (art. 8º, § 1º).

No entanto, o art. 9º, § 1º, da Lei n. 10.336/2001 delegou ao Executivo o poder de "reduzir e restabelecer" os limites de dedução referidos no art. 8º. E o Poder Executivo fez amplo uso dessa delegação, reduzindo a zero os limites de dedução da contribuição para o PIS/Pasep e a Cofins (art. 2º do Decreto n. 5.060/2004)[38].

Esse procedimento configura manifesta violação do princípio constitucional da estrita legalidade tributária, pois implica majoração indireta da Cofins e do PIS/Pasep por atos infralegais.

6.4. Setor de tecnologia: Cide-Remessas/*Royalties*

A contribuição apelidada Cide-Remessas ou Cide-*Royalties* foi criada pela Lei n. 10.168/2000, sendo regulamentada pelo Decreto n. 4.195/2002. Sua finalidade é custear o Programa de Estímulo à Interação Universidade-Empresa para o Apoio à Inovação, que almeja estimular o desenvolvimento tecnológico brasileiro, mediante programas de pesquisa científica e tecnológica cooperativa entre universidades, centros de pesquisa e o setor produtivo (art. 1º). Para tanto, os recursos são recolhidos ao Tesouro Nacional e destinados ao Fundo Nacional de Desenvolvimento Científico e Tecnológico – FNDCT (art. 4º).

---

[37] Atualmente, as alíquotas são regidas pelo Decreto n. 5.059/2004, com as alterações introduzidas por decretos supervenientes.

[38] Apreciando a questão sob o viés infraconstitucional, a Primeira Turma do Superior Tribunal de Justiça afirmou inexistir direito à dedução dos créditos posteriores ao advento do Decreto n. 5.060/2004, mas admitiu a dedução dos créditos anteriores, autorizando a sua compensação até mesmo com a Cofins e o PIS/Pasep devidos em períodos subsequentes (REsp n. 1.239.792, rel. Min. Benedito Gonçalves, mar. 2015; STJ, REsp n. 963.169, rel. Min. José Delgado, mar. 2008).

A Cide-Remessas incide, à alíquota de 10%, sobre os valores pagos, creditados, entregues, empregados ou remetidos, a residentes ou domiciliados no *exterior*, por pessoas jurídicas:

a) adquirentes ou detentoras de licença de uso de conhecimentos tecnológicos (art. 2º, *caput*);

b) signatárias de contratos que:

b-1) impliquem *transferência de tecnologia* (art. 2º, *caput*), entendidos como tais aqueles contratos relativos à exploração de patentes ou de uso de marcas e os de fornecimento de tecnologia e prestação de assistência técnica (art. 2º, § 1º); ou

b-2) tenham por objeto serviços técnicos e de assistência administrativa (e semelhantes) prestados por residentes ou domiciliados no exterior (art. 2º, § 2º, na redação dada pela Lei n. 10.332/2001);

c) que paguem, creditem, entreguem, empreguem ou remetam *royalties*, a qualquer título, a beneficiários residentes ou domiciliados no exterior (art. 2º, § 2º, na redação dada pela Lei n. 10.332/2001).

O Supremo Tribunal Federal reputa ser dispensável a vinculação direta entre os contribuintes e o benefício proporcionado pelas receitas arrecadadas (requisito da referibilidade)[39]. Ou seja, não exige que os contribuintes sejam beneficiados pela atuação estatal financiada pela contribuição, consistente no estímulo ao desenvolvimento tecnológico.

Para a incidência da contribuição, importa a residência ou o domicílio do prestador dos serviços e do beneficiário dos *royalties*, não o local da prestação dos serviços. Se forem prestados no Brasil, por residentes ou domiciliados no exterior, a contribuição será devida[40].

Esse critério de discrímen, que considera o local de residência ou domicílio do prestador dos serviços, evidencia outra finalidade da Cide-Remessas, de estimular a contratação do uso de marcas e patentes, e de serviços técnicos e de assistência prestados por pessoas domiciliadas no Brasil, de modo a propiciar o desenvolvimento do mercado nacional.

A *base de cálculo* engloba a totalidade dos valores devidos contratualmente, e não apenas os valores efetivamente remetidos ao exterior. Infundada, pois, a pretensão de exclusão do valor do imposto de renda retido na fonte (IRRF) pela empresa nacional, contratante dos serviços[41]. De outro lado, não alcança verbas estranhas à contraprestação estabelecida contratualmente, a exemplo das indenizações por danos emergentes[42].

Embora a contribuição onere os valores pagos por licenças de uso, ela *não incide* sobre a remuneração pela licença de uso ou de direitos de comercialização ou distribuição

---

[39] STF, 1ª Turma, RE n. 632.832 AgR, rel. Min. Rosa Weber, ago. 2014; 2ª Turma, RE n. 492.353 AgR, rel. Min. Ellen Gracie, fev. 2011.

[40] STJ, 1ª Turma, REsp n. 1.121.302, rel. Min. Benedito Gonçalves, abr. 2010.

[41] Nesse sentido: TRF4, 1ª Turma, AC 5004249-29.2016.4.04.7200, rel. Des. Fed. Jorge Antonio Maurique, out. 2016.

[42] STJ, 2ª Turma, REsp n. 1.642.246, rel. Min. Mauro Campbell Marques, jun. 2017.

de *programa de computador* quando a operação não envolva transferência de tecnologia (art. 2º, § 1º-A, incluído pela Lei n. 11.452/2007).

Tecnicamente, a Lei n. 11.452/2007 estabeleceu uma isenção, visto que até então tais contratos estavam sujeitos à incidência da Cide-Remessas. Isso porque a Lei n. 10.168/2000 trabalha com um conceito próprio de transferência de tecnologia, inconfundível com aquele adotado pela alcunhada Lei do *Software* (art. 11, parágrafo único, da Lei n. 9.609/98). O conceito estabelecido pela lei tributária engloba as distintas formas de fornecimento de tecnologia e, portanto, prescinde da "absorção de tecnologia", que é exigida para o registro dos contratos de transferência de tecnologia de *softwares* perante o Instituto Nacional da Propriedade Industrial. Abrange, v.g., a aquisição dos direitos de comercialização ou distribuição de programas de computador, porquanto a comercialização e a distribuição pressupõem o prévio fornecimento da tecnologia. Portanto, se não existisse a isenção do art. 2º, § 1º-A, estes contratos sofreriam a incidência da contribuição em apreço[43].

A Cide-*Royalties* tampouco incide sobre os *pagamentos realizados pelo Poder Público* a empresas situadas no exterior, na hipótese prevista no art. 2º, § 6º:

> § 6º Não se aplica a Contribuição de que trata o *caput* quando o contratante for órgão ou entidade da administração direta, autárquica e fundacional da União, dos Estados, do Distrito Federal e dos Municípios, e o contratado for instituição de ensino ou pesquisa situada no exterior, para o oferecimento de curso ou atividade de treinamento ou qualificação profissional a servidores civis ou militares do respectivo ente estatal, órgão ou entidade. (Incluído pela Lei n. 12.402, de 2011)

Quanto aos contratos de exploração de patentes e de uso de marcas, a MP n. 2.159-70, de 24 de agosto de 2001, concede *crédito para compensação* com a contribuição incidente em operações posteriores, nos seguintes termos:

> Art. 4º É concedido crédito incidente sobre a Contribuição de Intervenção no Domínio Econômico, instituída pela Lei n. 10.168, de 2000, aplicável às importâncias pagas, creditadas, entregues, empregadas ou remetidas para o exterior a título de róialties referentes a contratos de exploração de patentes e de uso de marcas.
>
> § 1º O crédito referido no *caput*:
>
> I – será determinado com base na contribuição devida, incidente sobre pagamentos, créditos, entregas, emprego ou remessa ao exterior a título de róialties de que trata o *caput* deste artigo, mediante utilização dos seguintes percentuais:
>
> a) cem por cento, relativamente aos períodos de apuração encerrados a partir de 1º de janeiro de 2001 até 31 de dezembro de 2003;
>
> b) setenta por cento, relativamente aos períodos de apuração encerrados a partir de 1º de janeiro de 2004 até 31 de dezembro de 2008;

---

[43] STJ, 2ª Turma, REsp n. 1.642.249/SP, rel. Min. Mauro Campbell Marques, ago. 2017.

c) trinta por cento, relativamente aos períodos de apuração encerrados a partir de 1º de janeiro de 2009 até 31 de dezembro de 2013;

II – será utilizado, exclusivamente, para fins de dedução da contribuição incidente em operações posteriores, relativas a róialties previstos no *caput* deste artigo.

Tal crédito, atualmente no percentual de 30%, não evita a incidência em cascata da contribuição, mas reduz o seu impacto financeiro. Deve ser apurado com base na "contribuição devida", e não na contribuição efetivamente paga[44]. É esse, aliás, o regime tradicionalmente aplicável ao ICMS e ao IPI.

6.5. Contribuições derivadas da Cide-Remessas

A Lei n. 10.332/2001 determinou a partilha de sessenta por cento dos recursos arrecadados com a Cide-Remessas da seguinte forma:

> Art. 1º Do total da arrecadação da Contribuição de Intervenção no Domínio Econômico, instituída pela Lei n. 10.168, de 29 de dezembro de 2000, serão destinados, a partir de 1º de janeiro de 2002:
>
> I – 17,5% (dezessete inteiros e cinco décimos por cento) ao Programa de Ciência e Tecnologia para o Agronegócio;
>
> II – 17,5% (dezessete inteiros e cinco décimos por cento) ao Programa de Fomento à Pesquisa em Saúde;
>
> III – 7,5% (sete inteiros e cinco décimos por cento) ao Programa Biotecnologia e Recursos Genéticos – Genoma;
>
> IV – 7,5% (sete inteiros e cinco décimos por cento) ao Programa de Ciência e Tecnologia para o Setor Aeronáutico;
>
> V – 10% (dez por cento) ao Programa de Inovação para Competitividade.

Dessa forma, desmembrou a contribuição original, dando ensejo ao nascimento de *cinco novas contribuições interventivas* para financiar os programas correlatos, de incentivo ao desenvolvimento científico e tecnológico brasileiro nas áreas do agronegócio, saúde, biotecnologia, recursos genéticos, aeronáutica e tecnologia empresarial. Trata-se

---

[44] Contra, afirmando que o crédito só surge com o efetivo pagamento da contribuição, cf. STJ, 2ª Turma, REsp n. 1.186.160, rel. Min. Mauro Campbell Marques, set. 2010. Lê-se no voto do relator: "Penso que o legislador pretendeu com a referida sistemática amenizar os efeitos da tributação, reduzindo o ônus da carga tributária temporariamente, por meio da técnica do creditamento. Não se almejou com isso criar incentivo, pela criação de créditos desvinculados do efetivo pagamento do tributo, mas apenas amenizar o ônus por período determinado. Daí por que a tese recursal não merece acolhida, pois o crédito surge apenas com o efetivo recolhimento da exação paga no mês, aproveitando-se nos períodos subsequentes. Pensar de modo diverso feriria a própria lógica da instituição do referido crédito, por permitir um efeito contrário ao pretendido pelo legislador, pois o Estado, além de deixar de receber o montante integral da Cide, passaria, ainda, a financiar a atividade desenvolvida pelo contribuinte, em detrimento do mercado nacional".

de fenômeno similar ao que ocorreu com a contribuição ao Sebrae, que foi parcialmente desmembrada nas contribuições à Apex-Brasil e à ABDI.

Tal qual ocorreu com a contribuição originária, prevê-se que no mínimo trinta por cento dos recursos sejam destinados a projetos desenvolvidos por empresas e instituições de ensino e pesquisa sediadas nas regiões Norte, Nordeste e Centro-Oeste (art. 2º, § 2º).

Digno de nota é que, como autoriza o art. 3º, os recursos angariados com a contribuição ao Programa de Inovação para Competitividade podem ser utilizados até mesmo para aquisição de participação minoritária em microempresas e pequenas empresas de base tecnológica e fundos de investimento (inciso III), para a concessão de subvenções econômicas (inciso IV) e para a constituição de reserva técnica a fim de viabilizar a liquidez dos investimentos privados em fundos de investimento em empresas de base tecnológica (inciso V).

Trata-se de destinos questionáveis atribuídos aos recursos de uma contribuição de intervenção no domínio econômico. A constituição de reserva técnica para realizar aportes em fundos de investimento, se realizada pelo Poder Público, deveria ser levada a cabo com recursos advindos da cobrança de impostos, jamais de uma Cide.

6.6. Indústria cinematográfica e videofonográfica: Condecine

A Contribuição para o Desenvolvimento da Indústria Cinematográfica Nacional – Condecine – foi instituída pelo Decreto-Lei n. 43/66, para financiar o Instituto Nacional de Cinema – INC –, criado por esse diploma legal e posteriormente sucedido pela Empresa Brasileira de Filmes S.A. – Embrafilme (Lei n. 6.281/75)[45]. A contribuição era calculada por "metro linear de cópia, positiva de todos os filmes destinados à exibição comercial em cinemas ou televisões" (art. 11, II, do DL n. 43/66).

Atualmente, a Condecine é regida pela MP n. 2.228-1, de 6 de setembro de 2001, que se mantém em vigor por força do art. 2º da EC n. 32/2001. Os recursos angariados com a sua cobrança são destinados ao Fundo Nacional da Cultura – FNC –, para aplicação nas atividades de fomento de atividades audiovisuais, no bojo dos programas de desenvolvimento do cinema brasileiro (Prodecine), do audiovisual brasileiro (Prodav) e da infraestrutura do cinema e do audiovisual (Pró-Infra) (art. 34 c/c art. 47).

A contribuição incide sobre a produção, a veiculação, o licenciamento e a distribuição de *obras cinematográficas e videofonográficas*, sempre que tenham fins comerciais, bem como sobre os valores pagos a produtores, distribuidores ou intermediários *no exterior* que decorram da exploração, aquisição ou importação de tais obras.

---

[45] Sustentou-se a revogação da contribuição pela Lei n. 8.029/90, por ter autorizado a extinção da Embrafilme, que calculava, cobrava e fiscalizava a contribuição. A 2ª Turma do STJ, no entanto, não acolheu essa tese, haja vista a previsão, no art. 23 desse diploma legislativo, de que a União seria a sucessora da Embrafilme "nos seus direitos e obrigações" (REsp n. 785.941, rel. Min. Herman Benjamin, dez. 2009).

Com o advento da Lei n. 12.485/2011, a Condecine passou a alcançar também a *prestação de serviços aptos a distribuir conteúdos audiovisuais* e a veiculação ou distribuição de *obra audiovisual publicitária*, como previsto no art. 32 da MP n. 2.228/2001, *in verbis*:

> Art. 32. A Contribuição para o Desenvolvimento da Indústria Cinematográfica Nacional – Condecine terá por fato gerador: (Redação dada pela Lei n. 12.485, de 2011)
>
> I – a veiculação, a produção, o licenciamento e a distribuição de obras cinematográficas e videofonográficas com fins comerciais, por segmento de mercado a que forem destinadas; (Incluído pela Lei n. 12.485, de 2011)
>
> II – a prestação de serviços que se utilizem de meios que possam, efetiva ou potencialmente, distribuir conteúdos audiovisuais nos termos da lei que dispõe sobre a comunicação audiovisual de acesso condicionado, listados no Anexo I desta Medida Provisória; (Incluído pela Lei n. 12.485, de 2011)
>
> III – a veiculação ou distribuição de obra audiovisual publicitária incluída em programação internacional, nos termos do inciso XIV do art. 1º desta Medida Provisória, nos casos em que existir participação direta de agência de publicidade nacional, sendo tributada nos mesmos valores atribuídos quando da veiculação incluída em programação nacional. (Incluído pela Lei n. 12.485, de 2011)
>
> Parágrafo único. A Condecine também incidirá sobre o pagamento, o crédito, o emprego, a remessa ou a entrega, aos produtores, distribuidores ou intermediários no exterior, de importâncias relativas a rendimento decorrente da exploração de obras cinematográficas e videofonográficas ou por sua aquisição ou importação, a preço fixo.

Na situação abrangida pelo art. 32, I, relativa às obras cinematográficas e videofonográficas com fins comerciais, a contribuição incide como tributo *fixo*, *uma vez a cada cinco anos*, por segmento de mercado e, dentro de cada segmento, por *título ou capítulo* de obra cinematográfica ou videofonográfica, nos valores estipulados no Anexo I da MP n. 2.228/2001 (art. 33, § 3º, I), com as reduções estabelecidas no seu art. 40.

Os valores fixados no anexo podem ser atualizados monetariamente, até o limite da variação da IPCA-E (art. 33, § 5º, na redação dada pela Lei n. 13.196/2015), por ato conjunto dos Ministros da Fazenda e da Cultura (art. 1, V e parágrafo único, do Decreto n. 8.510/2015).

Dentre as reduções, sobressaem a redução a 20% quando se tratar de obra cinematográfica ou videofonográfica não publicitária brasileira (inciso I) e a redução a 10% para as obras publicitárias brasileiras realizadas por microempresas ou empresas de pequeno porte, com custo de até R$ 10.000,00 (inciso IV).

Nas obras publicitárias, a incidência verifica-se *a cada doze meses* para cada segmento de mercado em que sejam efetivamente veiculadas (art. 33, § 3º, II). Já a contribuição a cargo dos prestadores de serviços incide a cada ano (art. 33, § 3º, III).

Para aclarar essa complexa regulação, vale transcrever o teor do art. 33 da MP n. 2.228/2001:

Art. 33. A Condecine será devida para cada segmento de mercado, por: (Redação dada pela Lei n. 12.485, de 2011)

I – título ou capítulo de obra cinematográfica ou videofonográfica destinada aos seguintes segmentos de mercado:

a) salas de exibição;

b) vídeo doméstico, em qualquer suporte;

c) serviço de radiodifusão de sons e imagens;

d) serviços de comunicação eletrônica de massa por assinatura;

e) outros mercados, conforme anexo.

II – título de obra publicitária cinematográfica ou videofonográfica, para cada segmento dos mercados previstos nas alíneas "a" a "e" do inciso I a que se destinar; (Redação dada pela Lei n. 12.485, de 2011)

III – prestadores dos serviços constantes do Anexo I desta Medida Provisória, a que se refere o inciso II do art. 32 desta Medida Provisória. (Incluído pela Lei n. 12.485, de 2011)

§ 1º A Condecine corresponderá aos valores das tabelas constantes do Anexo I a esta Medida Provisória.

§ 2º Na hipótese do parágrafo único do art. 32, a Condecine será determinada mediante a aplicação de alíquota de onze por cento sobre as importâncias ali referidas.

§ 3º A Condecine será devida: (Redação dada pela Lei n. 12.485, de 2011)

I – uma única vez a cada 5 (cinco) anos, para as obras a que se refere o inciso I do *caput* deste artigo; (Incluído pela Lei n. 12.485, de 2011)

II – a cada 12 (doze) meses, para cada segmento de mercado em que a obra seja efetivamente veiculada, para as obras a que se refere o inciso II do *caput* deste artigo; (Incluído pela Lei n. 12.485, de 2011)

III – a cada ano, para os serviços a que se refere o inciso III do *caput* deste artigo. (Incluído pela Lei n. 12.485, de 2011)

§ 4º Na ocorrência de modalidades de serviços qualificadas na forma do inciso II do art. 32 não presentes no Anexo I desta Medida Provisória, será devida pela prestadora a Contribuição referente ao item "a" do Anexo I, até que lei fixe seu valor. (Incluído pela Lei n. 12.485, de 2011)

§ 5º Os valores da Condecine poderão ser atualizados monetariamente pelo Poder Executivo federal, até o limite do valor acumulado do Índice Nacional de Preços ao Consumidor Amplo (IPCA) correspondente ao período entre a sua última atualização e a data de publicação da lei de conversão da Medida Provisória n. 687, de 17 de agosto de 2015, na forma do regulamento. (Redação dada pela Lei n. 13.196, de 2015)

Os sujeitos passivos são o titular dos direitos de exploração ou licenciamento, a empresa produtora, o responsável pelo pagamento das importâncias a beneficiários no exterior, o representante legal da programadora estrangeira no Brasil, as concessionárias, permissionárias e autorizadas de serviços de telecomunicações, consoante a previsão do art. 35:

Art. 35. A Condecine será devida pelos seguintes sujeitos passivos:

I – detentor dos direitos de exploração comercial ou de licenciamento no País, conforme o caso, para os segmentos de mercado previstos nas alíneas "a" a "e" do inciso I do art. 33;

II – empresa produtora, no caso de obra nacional, ou detentor do licenciamento para exibição, no caso de obra estrangeira, na hipótese do inciso II do art. 33;

III – o responsável pelo pagamento, crédito, emprego, remessa ou entrega das importâncias referidas no parágrafo único do art. 32; (Redação dada pela Lei n. 12.485, de 2011)

IV – as concessionárias, permissionárias e autorizadas de serviços de telecomunicações, relativamente ao disposto no inciso II do art. 32; (Incluído pela Lei n. 12.485, de 2011)

V – o representante legal e obrigatório da programadora estrangeira no País, na hipótese do inciso III do art. 32. (Incluído pela Lei n. 12.485, de 2011)

O sujeito passivo deverá recolher o tributo à Agência Nacional do Cinema – Ancine – nos prazos estipulados no art. 36. Se o recolhimento não for efetuado tempestivamente, *responderá solidariamente* com o contribuinte a pessoa, física ou jurídica, que promover a exibição, transmissão, difusão ou veiculação da obra cinematográfica ou videofonográfica (art. 37, § 1º).

Diversas hipóteses de isenção são previstas no art. 39 da MP n. 2.228/2001, abrangendo obras jornalísticas e publicitárias, obras destinadas à exibição exclusiva em festivais e mostras, bem como as relativas a eventos esportivos, dentre outras:

Art. 39. São isentos da Condecine:

I – a obra cinematográfica e videofonográfica destinada à exibição exclusiva em festivais e mostras, desde que previamente autorizada pela Ancine;

II – a obra cinematográfica e videofonográfica jornalística, bem assim os eventos esportivos;

III – as chamadas dos programas e a publicidade de obras cinematográficas e videofonográficas veiculadas nos serviços de radiodifusão de sons e imagens, nos serviços de comunicação eletrônica de massa por assinatura e nos segmentos de mercado de salas de exibição e de vídeo doméstico em qualquer suporte; (Redação dada pela Lei n. 12.599, de 2012)

IV – as obras cinematográficas ou videofonográficas publicitárias veiculadas em Municípios que totalizem um número de habitantes a ser definido em regulamento; (Redação dada pela Lei n. 10.454, de 13-5-2002)

V – a exportação de obras cinematográficas e videofonográficas brasileiras e a programação brasileira transmitida para o exterior;

VI – as obras audiovisuais brasileiras, produzidas pelas empresas de serviços de radiodifusão de sons e imagens e empresas de serviços de comunicação eletrônica de massa por assinatura, para exibição no seu próprio segmento de mercado ou quando transmitida por força de lei ou regulamento em outro segmento de mercado, observado o disposto no parágrafo único, exceto as obras audiovisuais publicitárias; (Redação dada pela Lei n. 10.454, de 13-5-2002)

VII – o pagamento, o crédito, o emprego, a remessa ou a entrega aos produtores, distribuidores ou intermediários no exterior, das importâncias relativas a rendimentos decorrentes da exploração de obras cinematográficas ou videofonográficas ou por sua aquisição ou importação a preço fixo, bem como qualquer montante referente a aquisição ou licenciamento de qualquer forma de direitos, referentes à programação, conforme definição constante do inciso XV do art. 1º; (Incluído pela Lei n. 10.454, de 13-5-2002)

VIII – obras cinematográficas e videofonográficas publicitárias brasileiras de caráter beneficente, filantrópico e de propaganda política; (Incluído pela Lei n. 10.454, de 13-5-2002)

IX – as obras cinematográficas e videofonográficas incluídas na programação internacional de que trata o inciso XIV do art. 1º, quanto à Condecine prevista no inciso I, alínea d do art. 33; (Incluído pela Lei n. 10.454, de 13-5-2002)

X – a Condecine de que trata o parágrafo único do art. 32, referente à programação internacional, de que trata o inciso XIV do art. 1º, desde que a programadora beneficiária desta isenção opte por aplicar o valor correspondente a 3% (três por cento) do valor do pagamento, do crédito, do emprego, da remessa ou da entrega aos produtores, distribuidores ou intermediários no exterior, das importâncias relativas a rendimentos ou remuneração decorrentes da exploração de obras cinematográficas ou videofonográficas ou por sua aquisição ou importação a preço fixo, bem como qualquer montante referente a aquisição ou licenciamento de qualquer forma de direitos, em projetos de produção de obras cinematográficas e videofonográficas brasileiras de longa, média e curta metragens de produção independente, de coprodução de obras cinematográficas e videofonográficas brasileiras de produção independente, de telefilmes, minisséries, documentais, ficcionais, animações e de programas de televisão de caráter educativo e cultural, brasileiros de produção independente, aprovados pela Ancine. (Incluído pela Lei n. 10.454, de 13-5-2002)

XI – a Anatel, as Forças Armadas, a Polícia Federal, as Polícias Militares, a Polícia Rodoviária Federal, as Polícias Civis e os Corpos de Bombeiros Militares. (Incluído pela Lei n. 12.485, de 2011)

XII – as hipóteses previstas pelo inciso III do art. 32, quando ocorrer o fato gerador de que trata o inciso I do mesmo artigo, em relação à mesma obra audiovisual publicitária, para o segmento de mercado de comunicação eletrônica de massa por assinatura. (Incluído pela Lei n. 12.599, de 2012)

6.7. Setor energético: Cide-Energia

A Lei n. 9.991, de 24 de julho de 2000, instituiu contribuição interventiva destinada a promover a pesquisa e o desenvolvimento em eficiência energética.

Mas o fez de forma *atécnica*, sem aludir a qualquer forma de tributo. Simplesmente obrigou as concessionárias e as permissionárias de serviços públicos de *distribuição de energia elétrica* a "aplicar, anualmente, o montante de, no mínimo, setenta e cinco centésimos por cento de sua receita operacional líquida em pesquisa e desenvolvimento do setor elétrico e, no mínimo, vinte e cinco centésimos por cento em programas de eficiência energética no uso final" (art. 1º, *caput*). Nos incisos do art. 1º, a própria Lei n. 9.991/2000 estabelece os percentuais mínimos:

I – até 31 de dezembro de 2022, os percentuais mínimos definidos no *caput* deste artigo serão de 0,50% (cinquenta centésimos por cento), tanto para pesquisa e desenvolvimento como para programas de eficiência energética na oferta e no uso final da energia; (Redação dada pela Lei n. 13.203, de 2015) [...]

III – a partir de 1º de janeiro de 2023, para as concessionárias e permissionárias cuja energia vendida seja inferior a 1.000 (mil) GWh por ano, o percentual mínimo a ser aplicado em programas de eficiência energética no uso final poderá ser ampliado de 0,25% (vinte e cinco centésimos por cento) para até 0,50% (cinquenta centésimos por cento); (Redação dada pela Lei n. 13.203, de 2015)

IV – para as concessionárias e permissionárias de que trata o inciso III, o percentual para aplicação em pesquisa e desenvolvimento será aquele necessário para complementar o montante total estabelecido no *caput* deste artigo, não devendo ser inferior a cinquenta centésimos por cento.

V – as concessionárias e permissionárias de distribuição de energia elétrica poderão aplicar até 80% (oitenta por cento) dos recursos de seus programas de eficiência energética em unidades consumidoras beneficiadas pela Tarifa Social de Energia Elétrica, em comunidades de baixa renda e em comunidades rurais, na forma do parágrafo único do art. 5º desta Lei. (Redação dada pela Lei n. 13.280, de 2016)

[...] § 2º O disposto neste artigo não se aplica às cooperativas permissionárias de serviços públicos de distribuição de energia elétrica cuja energia vendida anualmente seja inferior a 500 GWh (quinhentos gigawatts-hora). (Incluído pela Lei n. 13.280, de 2016).

A lei em foco também obriga as concessionárias de *geração* e as empresas autorizadas à *produção* independente de energia a "aplicar, anualmente, o montante de, no mínimo, 1% (um por cento) de sua receita operacional líquida em pesquisa e desenvolvimento do setor elétrico" (art. 2º, *caput*). Idêntica exigência está prevista no art. 3º para as concessionárias de serviços públicos de *transmissão* de energia elétrica.

Os recursos angariados com a contribuição são repartidos da seguinte forma: 40% para o Fundo Nacional de Desenvolvimento Científico e Tecnológico – FNDCT; 40% para projetos de pesquisa e desenvolvimento, nos termos dos regulamentos da Aneel; e 20% para o MME (art. 4º).

É evidente tratar-se de *tributo*, por se amoldar à perfeição ao conceito previsto no art. 3º do CTN, haja vista ser prestação pecuniária compulsória que não constitui sanção de ato ilícito. Sua base de cálculo é a receita operacional líquida; e suas alíquotas, os percentuais mínimos que devem ser destinados aos fundos indicados no art. 5º. Dentre os tributos, insere-se na espécie das contribuições sociais ou de intervenção no domínio econômico (numa interpretação mais ampla do gênero), dada a sua afetação legal à pesquisa e ao desenvolvimento em eficiência energética.

Porém, não é tributo inteiramente constitucional. Pelo princípio da legalidade tributária, na sua acepção de reserva de lei (art. 150, I, da CF), incumbe ao legislador regular *todos os aspectos* da norma impositiva, dentre os quais se insere a alíquota. E, no caso, o inciso III prevê a possibilidade de o percentual mínimo (alíquota do tributo) por si estabelecido ser *majorado* em até cem por cento. Aparentemente, relegou a atos infralegais o poder de fixar a alíquota da contribuição, o que violaria escancaradamente a exigência constitucional da reserva absoluta de lei.

Idêntico vício macularia *toda a regulação* da contribuição se a noção de "montante mínimo" não receber interpretação conforme à Constituição, no sentido de que designa a alíquota do tributo, e não percentual mínimo que pode ser majorado por atos normativos infralegais.

6.8. Adicional à Cide-Energia

A Lei n. 12.111/2009, fruto da conversão da MP n. 466, de 29 de julho de 2009, dispôs sobre os serviços de energia elétrica nos denominados "sistemas isolados", que consistem nas regiões brasileiras não atendidas pelos sistemas de transmissão, situadas basicamente no Norte e no Nordeste do País. Para financiar esses serviços, evidentemente deficitários, criou um adicional à Cide-Energia, no percentual de trinta centésimos por cento (0,3%), igualmente incidente sobre a receita operacional líquida, com vigência estabelecida até o final de 2012.

Não tendo sido prorrogada, a vigência do adicional cessou em 2012.

6.9. Setor marítimo: AFRMM

O Adicional ao Frete para Renovação da Marinha Mercante – AFRMM – foi criado pela Lei n. 3.381/58, conjuntamente com o fundo que é vocacionado a financiar (Fundo da Marinha Mercante – FMM).

Era rotulado de taxa, mais precisamente, de Taxa de Renovação da Marinha Mercante – TRMM. Recebeu a denominação de adicional pelo Decreto-Lei n. 2.404/87, que pretensamente o instituiu.

Tal adicional se qualifica como tributo e, mais precisamente, como contribuição interventiva, consoante a remansosa jurisprudência do Supremo Tribunal Federal[46].

Atualmente é regido pela Lei n. 10.893/2004.

É cobrado pela Secretaria da Receita Federal do Brasil, a quem também compete a concessão de incentivos do AFRMM previstos em lei (art. 3º, § 1º, na redação dada pela Lei n. 12.788/2013).

Incide quando se dá início às operações de descarregamento das embarcações em portos brasileiros (*aspecto temporal* da hipótese de incidência), mas não onera: a navegação fluvial ou lacustre, a menos que se trate de cargas de granéis líquidos, transportadas

---

[46] STF, Pleno, RE n. 177.137, rel. Min. Carlos Velloso, maio 1995. Nas palavras do Ministro Carlos Velloso: "O Adicional ao Frete para Renovação da Marinha Mercante – AFRMM – sempre foi uma contribuição parafiscal, ou especial. Quer dizer, sob o pálio da CF/67, era uma contribuição parafiscal e, sob a Constituição vigente, a sua natureza jurídica não se modificou". Esse entendimento já havia sido firmado sob a égide da Constituição de 1969, mediante a edição da Súmula 553 do STF, redigida nestes termos: "O Adicional ao Frete para a Renovação da Marinha Mercante (AFRMM) é contribuição parafiscal, não sendo abrangido pela imunidade prevista na letra *d*, inciso III, do art. 19, da Constituição Federal". O precedente do Pleno que originou essa súmula foi o RE n. 75.972, julgado em outubro de 1973. Nele, refere-se voto do então Ministro Aliomar Baleeiro, proferido no RMS 18.742, no sentido de que a "Taxa de Renovação da Marinha Mercante se classifica como uma das controvertidas 'contribuições parafiscais', da terminologia do Inventário Schuman e do Prof. E. Morselli".

no âmbito das regiões Norte e Nordeste; e o frete relativo ao transporte de mercadoria submetida à pena de perdimento (art. 4º, na redação dada pela Lei n. 12.788/2013).

A sua *base de cálculo* é o valor do frete, entendido como a *remuneração do transporte aquaviário* da carga de qualquer natureza descarregada em porto brasileiro (art. 5º).

As suas *alíquotas*, previstas no art. 6º, são significativamente elevadas, variando entre 10% (navegação de cabotagem), 25% (navegação de longo curso) e 40% (navegação fluvial e lacustre de granéis líquidos, transportadas nas regiões Norte e Nordeste).

O *contribuinte* é o consignatário indicado no conhecimento de embarque das mercadorias, sendo o proprietário da carga transportada *responsável solidário* pelo pagamento do AFRMM. Se não houver emissão de conhecimento de embarque, este não figurará no polo passivo da obrigação tributária na qualidade de responsável, mas na de contribuinte (art. 10).

O pagamento da contribuição, acrescido da Taxa de Utilização do Sistema de Controle de Arrecadação do AFRMM (Taxa de Utilização do Mercante, prevista no art. 37), deve ser realizado antes da autorização de entrega da mercadoria pela Secretaria da Receita Federal (art. 11, na redação dada pela Lei n. 12.599, de 2012).

A *finalidade específica* do AFRMM é incentivar o desenvolvimento da Marinha Mercante Brasileira e da indústria de construção e reparação naval (art. 3º).

Os recursos angariados com a sua cobrança constituem a fonte básica do FMM (art. 3º), mas também são repartidos com as empresas brasileiras de navegação que operem embarcações próprias ou afretadas de registro brasileiro (arts. 17 e s.). Segundo a dicção legal, o "Ministério dos Transportes, Portos e Aviação Civil" (substituído, em 2019, pelo Ministério da Infraestrutura) deve divulgar o quantitativo e a destinação dos valores arrecadados ao FMM, inclusive pelo seu sítio na *internet* (art. 24, parágrafo único, incluído pela Lei n. 13.482/2017).

Constata-se, no entanto, que tais recursos vêm sendo sistematicamente desviados. São empregados até mesmo para amortizar a dívida pública federal, o que denota escancarado desvirtuamento da contribuição[47].

6.10. Setor aeroportuário: Ataero

O Adicional de Tarifa Aeroportuária – Ataero – foi criado pela Lei n. 7.920/89, com vistas a financiar melhoramentos, reaparelhamento, reforma e expansão de instalações e redes de telecomunicações aeroportuárias, bem como o auxílio à navegação aérea (art. 1º). Era cobrado, no percentual de 50%, conjuntamente com as tarifas correlatas (art. 2º).

Foi extinto pela Lei n. 13.319/2016, fruto da conversão da Medida Provisória n. 714/2016.

---

[47] Cf. p. 70 e s.

6.11. Setor das telecomunicações: Fust e Funtell

As contribuições do setor de telecomunicações situam-se numa zona limítrofe entre as contribuições interventivas e sociais, haja vista financiarem atividades do Poder Público que repercutem tanto no domínio econômico (como o desenvolvimento tecnológico das telecomunicações) quanto no social *stricto sensu* (a exemplo da extensão dos serviços de telecomunicações às pessoas de baixa renda). Além disso, parcelas dos seus recursos são destinadas a finalidades eminentemente sociais (como a educação), e não interventivas.

Não obstante isso, delas trataremos neste tópico, haja vista usualmente serem qualificadas pela doutrina e pela jurisprudência como contribuições interventivas.

6.11.1. Contribuição ao Fust

A Lei n. 9.998/2000 criou o Fundo de Universalização dos Serviços de Telecomunicações – Fust –, destinado a financiar a expansão deficitária de tais serviços, ou na terminologia da lei, a universalização que não possa ser "recuperada com a exploração eficiente do serviço" (art. 1º).

A universalização dos serviços de telecomunicação fora determinada pela Lei n. 9.472/97, que criou a Agência Nacional de Telecomunicações – Anatel. Trata-se de obrigação das prestadoras de serviços públicos de telecomunicações, consistente na sua extensão a qualquer pessoa, "independentemente de sua localização e condição socioeconômica", bem como na utilização das telecomunicações em serviços essenciais de interesse público (art. 79, § 1º).

Essa ampliação dos serviços de telecomunicação é onerosa e, via de regra, deficitária. Consciente desse fato, o legislador previu, na própria Lei n. 9.472/97, fontes financeiras para custear o cumprimento deficitário das obrigações de universalização: recursos do Orçamento Geral da União, dos Estados, do Distrito Federal e dos Municípios e do fundo constituído especificamente para essa finalidade (art. 81), que somente veio a ser criado pela Lei n. 9.998/2000.

Instituído o Fust, criou-se contribuição específica para financiá-lo. Esse fato é elucidativo da deturpação das Cides, que vêm sendo instituídas para custear despesas específicas do Governo, e não intervenções pontuais na economia. Fazem o papel dos impostos, com a única peculiaridade de terem seus recursos afetados a despesas ligadas à ordem econômica.

Abstraído esse fato, cumpre-nos enfocar os caracteres jurídicos da contribuição criada para financiar a universalização dos serviços de telecomunicação.

Ela é prevista no art. 6º, IV, da Lei n. 9.998/2000, no rol das receitas do Fust. Incide, à alíquota de 1%, sobre a receita operacional bruta advinda da prestação de serviços de telecomunicações nos regimes público e privado. Da base de cálculo excluem-se o ICMS, a Cofins, a contribuição ao PIS (inciso IV) e também as transferências, entre prestadoras de serviços de telecomunicações, de receitas que já tenham sofrido a incidência da contribuição (art. 6º, parágrafo único). Obviamente, os seus contribuintes são as empresas que prestam os serviços tributados.

Problemática é a composição do fundo, que mistura receitas advindas da contribuição específica com aquelas provenientes de dotações designadas na lei orçamentária, do Fundo de Fiscalização das Telecomunicações – Fistel –, de preços públicos cobrados pela Anatel e de doações. A essa composição heterogênea se soma a determinação de que no mínimo 18% dos recursos do Fust sejam aplicados na *educação*, mais especificamente, em estabelecimentos públicos de ensino (art. 5º, § 2º, da Lei n. 9.998/2000).

Com isso, dá-se à contribuição *ares de imposto* (indevidamente afetado a finalidades específicas), o que suscita relevantes questionamentos acerca da sua legitimidade constitucional.

Não só, *afeta-se a transparência* que há de nortear toda a atividade pública. Foi o próprio Presidente da República que, a despeito de sancionar a lei supramencionada, vislumbrou em preceito análogo da Lei n. 10.052/2000 (que criou o Funtell) comprometimento à transparência e à adequada gestão pública. Por tal razão, *vetou* o inciso II do art. 4º desta lei, que a exemplo do art. 6º, II, da Lei n. 9.998/2000 determinava o repasse ao Funtell de receitas que integram o Fistel. Eis as razões do veto:

> Nesse dispositivo foi inserida como receita do Funtell parcela das taxas de fiscalização devidas à Anatel em função do exercício do poder de polícia, as quais não podem ser desviadas do seu fim precípuo para custear outras atividades. Note-se ainda que, das outras receitas que compõem o Fistel no mesmo inciso, 50% delas passaram a fazer parte do Fust. Esta proliferação de fundos e de entrelaçamento de fontes de recursos compromete a transparência e a gestão pública, contrariando o interesse público[48].

Idêntica lesão à transparência e à escorreita gestão pública há na regulação do Fust.

6.11.2. Contribuição ao Funtell

A regulação da contribuição ao Fundo para o Desenvolvimento Tecnológico das Telecomunicações – Funtell – é bem similar à da destinada ao Fust.

A Lei n. 10.052/2000 trata da contribuição entre as receitas do fundo que criou, cuja finalidade declarada é a de estimular o processo de inovação tecnológica, incentivar a capacitação de recursos humanos, fomentar a geração de empregos e promover o acesso de pequenas e médias empresas a recursos de capital, de modo a ampliar a competitividade da indústria brasileira de telecomunicações (art. 1º, *caput*).

---
[48] Mensagem n. 1.794, de 28 de novembro de 2000.

Porém, a contribuição ao Funtell incide, à alíquota de *0,5%*, sobre a *receita bruta* (e não apenas sobre a receita *operacional* bruta) das empresas *prestadoras de serviços de telecomunicações*, nos regimes público e privado, com exclusão dos valores relativos às vendas canceladas, aos descontos concedidos (que, diga-se de passagem, também devem ser deduzidos da contribuição ao Fust), ao ICMS, à Cofins e à contribuição ao PIS (art. 4º, III).

A contribuição também incide, à alíquota de *1%*, sobre a arrecadação bruta de *eventos participativos realizados por meio de ligações telefônicas* (art. 4º, IV), sendo devida pelas entidades autorizadas a explorar tais serviços.

Por fim, cabe registrar que, diversamente do que ocorre com os recursos arrecadados com a contribuição ao Fust, aqueles que integram o Funtell têm de ser, por expressa disposição legal, utilizados "exclusivamente no setor de telecomunicações" (art. 6º), com o que se evita (ou ao menos se almeja evitar) o desvio dos recursos da Cide para finalidades distintas da que ela almeja realizar.

6.12. Contribuição ao Incra

As contribuições ao Instituto Nacional de Colonização e Reforma Agrária – Incra – e ao Fundo de Assistência ao Trabalhador Rural – Funrural – originaram-se daquela instituída pela Lei n. 2.613/55, que se destinava a financiar o Serviço Social Rural – SSR.

O Serviço Social Rural era uma autarquia criada, pela própria Lei n. 2.613/55, para assistir os trabalhadores do campo, mediante serviços sociais, promoção ao aprendizado e ao desenvolvimento de técnicas rurais, fomento à economia das pequenas propriedades etc. A contribuição que o financiava incidia sobre as remunerações pagas aos empregados rurais, às alíquotas de 1% e 3% (arts. 6º e 7º). Ao SSR também era destinado um adicional de 0,3% à contribuição devida pelos empregadores aos institutos e caixas de aposentadoria e pensões (art. 6º, § 4º).

Logo após a criação do Incra pelo Decreto-Lei n. 1.110/70, o Decreto-Lei n. 1.146/70 determinou que a contribuição ao SSR fosse destinada à nova autarquia (art. 1º, I, 1) e que 50% do adicional (majorado para 0,4% pela Lei n. 4.863/65) passasse a integrar o Funrural (art. 1º, II).

As duas conhecidas contribuições, ao Incra e ao Funrural, derivaram, portanto, das exações destinadas originariamente ao Serviço Social Rural.

Pouco após a criação do Incra, ocorreu nova e relevante modificação legislativa. A Lei Complementar 11/71 instituiu o Programa de Assistência ao Trabalhador Rural – Prorural –, ambicioso projeto a ser executado pelo Funrural, ao qual se atribuiu personalidade autárquica (art. 1º, § 1º). Para custear as suas amplas tarefas, a LC n. 11/71 destinou-lhe uma contribuição específica de 2% sobre o valor comercial dos produtos rurais, a ser paga pelos produtores, e também o *adicional* previsto originalmente no art. 6º, § 4º, da Lei n. 2.613/55, que foi majorado para 2,6%. Desse valor, 2,4% foram direcionados ao Funrural (art. 15, II, da LC n. 11/71), ficando o restante com o Incra (0,2%).

Para esclarecer essa confusa evolução legislativa, pedimos vênia para transcrever elucidativo quadro formulado pela Ministra Eliana Calmon[49]:

Lei n. 2.613/55	DL n. 1.110/70	DL n. 1.146/70	LC n. 11/71
Cria o Serviço Social Rural – SSR (Fundação) com o objetivo de prestar serviços sociais e outros no meio rural – inspirou a criação do Sesc, Senac, Sesi, Senai e LBA. Recursos: • 3% – sobre remuneração dos empregados (art. 6º) Destinado ao SSR • 1% – sobre remuneração dos empregados (outras empresas rurais – art. 7º) Destinado ao SSR • 0,3% – adicional sobre total dos salários pagos – devido pelos empregadores (art. 6º, § 4º) Destinado ao SSR	Cria o Incra – Instituto Nacional de Colonização e Reforma Agrária e extingue o Ibra, o Instituto Nacional de Desenvolvimento Agrário e o Grupo Executivo da Reforma Agrária. Nos termos do Decreto n. 68.153/71, incumbia ao Incra, precipuamente: promover e executar a reforma agrária, visando corrigir a estrutura agrária do país, adequando-o aos interesses do desenvolvimento econômico e social; promover, coordenar, controlar e executar a colonização; promover o desenvolvimento rural [...].	Dispõe sobre a distribuição das contribuições da Lei n. 2.613/55. I – Incra • 2,5% (art. 6º da Lei n. 2.613/55) sobre a soma da folha mensal dos salários de contribuição previdenciária dos empregados (art. 2º) • 1% (art. 7º da Lei n. 2.613/55) – devida apenas pelos exercentes de atividades rurais em imóvel sujeito à ITR (art. 5º) • 0,2% = 50% de 0,4% (art. 35, § 2º, VIII, da Lei n. 4.863/65) (art. 3º c/c 1º, I, 2) II – Funrural • 0,2% = 50% de 0,4% (art. 35, § 2º, VIII, da Lei n. 4.863/65) (art. 3º c/c 1º, II)	Cria o Prorural – Programa de Assistência ao Trabalhador Rural, gerido pelo Funrural Recursos (= Decreto n. 69.919/72): • 2% – sobre o valor comercial dos produtos rurais devido pelo produtor rural – art. 15, I • 2,4% (art. 3º do DL n. 1.146/70) – art. 15, II Ao Incra: • 0,2% (art. 15, II) • A contribuição de 0,4% do art. 3º do DL n. 1.146/70 foi majorada para 2,6%, cabendo 2,4% ao Funrural e 0,2% ao Incra

---

[49] Voto-vogal nos Embargos de Divergência em REsp n. 770.451.

Destarte, quando do advento da Constituição de 1988, havia *duas entidades com funções claramente distintas* relacionadas ao meio rural: (i) o Incra, que devia promover e executar a reforma agrária, a colonização e o desenvolvimento rural; e (ii) o Funrural, voltado à seguridade social dos trabalhadores rurais. Ao Incra cabia somente parcela diminuta (advinda da alíquota de 0,2%) do adicional incidente sobre as remunerações pagas.

A Carta Maior de 1988 *unificou a seguridade social urbana e rural*, estabelecendo como objetivo do novo sistema a "uniformidade e equivalência dos benefícios e serviços às populações urbanas e rurais" (art. 194, parágrafo único, II).

Por consequência, o legislador previu que a contribuição patronal sobre as remunerações passaria a incorporar a que era recolhida ao Funrural, que foi revogada expressamente pelo art. 2º, § 1º, da Lei n. 7.787/89. Omitiu-se, contudo, quanto à contribuição devida ao Incra, suscitando relevantes questionamentos acerca da sua subsistência.

Após acirrados debates, o Superior Tribunal de Justiça firmou a sua jurisprudência no sentido de que o preceito mencionado implicou a revogação tanto da contribuição ao Funrural quanto daquela devida ao Incra, abrangendo todo o percentual de 2,6% exigido pela LC n. 11/71 (ou seja, tanto os 2,4% destinados ao Funrural quanto o gravame de 0,2% voltado a financiar o Incra)[50].

Sem embargo, essa orientação foi revista em 2006, concluindo-se pela subsistência da contribuição ao Incra, com base numa premissa questionável: a qualificação da contribuição ao Incra como contribuição de intervenção no domínio econômico.

O novel entendimento consolidou-se, dando origem à edição da Súmula 516 do STJ: "A contribuição de intervenção no domínio econômico para o Incra (Decreto-Lei n. 1.110/1970), devida por empregadores rurais e urbanos, não foi extinta pelas Leis n. 7.787/1989, 8.212/1991 e 8.213/1991, não podendo ser compensada com a contribuição ao INSS".

6.12.1. Natureza jurídica da contribuição ao Incra

Ao se debruçar sobre a contribuição ao Incra, a Primeira Turma do Supremo Tribunal Federal asseverou se tratar de "imposto de aplicação especial", que não estaria jungido à correspondência entre a área de atuação do ente beneficiado e a sede dos sujeitos passivos e tampouco a "implicações de contraprestação"[51].

---

[50] STJ, 1ª Seção, EREsp 503.287, rel. Min. João Otávio de Noronha, ago. 2005.

[51] STF, 1ª Turma, RE n. 106.211, rel. Min. Octavio Gallotti, set. 1987. Ao fazê-lo, o STF afastou-se de decisão pretérita da própria Primeira Turma, proferida no julgamento do RE n. 75.316, em novembro de 1973. Neste precedente, relatado pelo Ministro Oswaldo Trigueiro, havia se firmado o entendimento de que: "Como é óbvio, o Serviço Social Rural somente pode ser custeado pelas indústrias situadas no meio rural, onde ele realiza seus objetivos assistenciais".

Como se adiantou no tópico precedente, o Superior Tribunal de Justiça vislumbrou natureza jurídica de *contribuição de intervenção no domínio econômico* à exação destinada ao Incra, a fim de afirmar a sua subsistência. Fê-lo num precedente de singular importância, pela transcendência das premissas firmadas.

Referimo-nos ao EREsp n. 770.451, em que a Ministra Eliana Calmon proferiu aditamento ao seu voto anteriormente exarado, a fim de abordar o "aspecto constitucional da contribuição ao Incra"[52]. Os argumentos ali expostos constituíram os fundamentos para uma guinada na jurisprudência do STJ sobre a matéria, fazendo com que a contribuição ao Incra ressurgisse das cinzas, qual uma fênix, mas desta feita com a plumagem de uma Cide.

O curioso é que essa não era a matéria da divergência levada à análise da Primeira Seção do STJ. Discutia-se a possibilidade de compensar o indébito relativo à contribuição ao Incra (derivado justamente do reconhecimento da sua revogação) com outras contribuições destinadas ao custeio da seguridade social, tendo em vista que não poderia ser compensado com valores vincendos da contribuição tida por revogada[53]. Para afirmar a impossibilidade de se proceder a tal compensação, firmou-se a premissa de que a contribuição ao Incra não era destinada à seguridade social (e por isso não podia ser compensada com contribuições securitárias, nos termos do art. 66, § 1º, da Lei n. 8.383/91), por constituir uma contribuição *de intervenção no domínio econômico*, espécie do (questionável) gênero das contribuições especiais *atípicas*.

Não obstante isso, a Corte vê em tal precedente o *leading case* do novo entendimento acerca da natureza jurídica da contribuição ao Incra, que veio a ser reiterado em inúmeros outros julgados. Daí a importância de serem analisados os seus fundamentos, detidamente expostos no referido voto de autoria da Ministra Eliana Calmon.

Central é o argumento de que a contribuição ao Incra almeja realizar, mediante a promoção à colonização e à reforma agrária, princípios constitucionais da ordem econômica, nomeadamente os da função social da propriedade e da diminuição das desigualdades regionais e sociais (art. 170, III e VII, da CF/88). A esse argumento agrega-se o de que o Incra nunca atuou na área da seguridade social, que abrange os segmentos da saúde, previdência e assistência social.

Essa linha argumentativa é assaz questionável, sobretudo porque, se acolhida, quase todas as contribuições se enquadrariam na categoria das Cides, haja vista buscarem, de algum modo, assegurar aos cidadãos existência digna (finalidade da ordem econômica,

---

[52] STJ, 1ª Seção, EREsp 770.451, rel. p/ ac. Min. Castro Meira, set. 2006.
[53] O reconhecimento desse fato levou ao provimento, em agosto de 2007, dos embargos de declaração interpostos a fim de excluir a matéria estranha ao incidente (ou seja, a questão atinente à revogação da contribuição ao Incra) da ementa do julgado (EDcl nos EREsp 770.451).

conforme o art. 170, *caput*, da CF), a busca do pleno emprego, a defesa do meio ambiente, a redução das desigualdades regionais e/ou sociais (princípios da ordem econômica) ou alguma outra finalidade indiretamente ligada à seara econômica[54].

A nosso juízo, a contribuição ao Incra não é uma Cide. Trata-se de contribuição *social* e, mais precisamente, *agrária*.

Igualmente questionável é a negação de que a referibilidade constitua um pressuposto à instituição de contribuições de intervenção no domínio econômico, pelas razões que expusemos no primeiro capítulo deste livro[55].

6.12.2. Regulação da contribuição ao Incra

A contribuição ao Incra é cobrada nos termos do art. 3º do Decreto-Lei n. 1.146/70, com a alíquota de 0,2% estabelecida pelo art. 15, II, da LC n. 11/71, *in verbis*:

> Art. 15. Os recursos para o custeio do Programa de Assistência ao Trabalhador Rural provirão das seguintes fontes:
> [...]
> II – da contribuição de que trata o art. 3º do Decreto-Lei n. 1.146, de 31 de dezembro de 1970, a qual fica elevada para 2,6% (dois e seis décimos por cento), cabendo 2,4% (dois e quatro décimos por cento) ao Funrural.

Pela redação do art. 6º, § 4º, da Lei n. 2.613/55, à qual se reporta o Decreto-Lei n. 1.146/70, a contribuição incide sobre o "total dos salários pagos"[56], sendo devida "por todos os empregadores". A alíquota, como dito, é de 0,2%, relativa à parcela que não era destinada ao Funrural.

6.13. Quadro sinóptico

O quadro infraexposto sintetiza o âmbito de incidência e a regulação básica das Cides. Nele, destacamos certas inadequações relativas à qualificação das contribuições como Cides (é o caso da contribuição ao Incra) e à observância do requisito do caráter setorial (como ocorre com a contribuição ao Sebrae):

---

[54] Perfilhamos, portanto, a posição externada pelo Ministro José Delgado, de que a contribuição ao Incra somente implicaria intervenção *indireta* no domínio econômico, o que a exclui da categoria das Cides.

[55] Cf. p. 57 e s.

[56] Vale registrar que essa base de cálculo foi especificada pelo art. 35, *caput*, da Lei n. 4.863/65 (ao qual também remete o Decreto-Lei n. 1.146/70), consistindo na "mesma base utilizada para o cálculo das contribuições de previdência". Não houve, contudo, modificação substancial, pois as contribuições de previdência incidiam justamente sobre os salários pagos pelas empresas aos seus empregados.

Contribuição ou entidade	Lei de regência	Setor	Finalidade	Materialidade	Alíquota básica
Cide-Combustíveis	Lei n. 10.336/2001	Combustíveis	Desenvolver a indústria do petróleo e do gás	Importação e comercialização de combustíveis líquidos	Alíquotas fixas
Cide-Remessas	Lei n. 10.168/2000	Tecnológico	Estimular o desenvolvimento tecnológico brasileiro	Basicamente, importação de tecnologia ou de serviços a ela relacionados	10%
Condecine	MP n. 2.228-1/2001	Indústria cinematográfica e videofonográfica	Fomento de atividades audiovisuais	Operações relativas a obras cinematográficas e videofonográficas	Alíquotas fixas ou de 11%
Cide-Energia	Lei n. 9.991/2000	Energético	Pesquisa e desenvolvimento do setor elétrico e fomento de programas de eficiência energética	Receita operacional líquida	Mínima de 0,5%
AFRMM	Lei n. 10.893/2004	Marítimo	Incentivar o desenvolvimento da Marinha Mercante Brasileira e da indústria de construção e reparação naval	Valor do frete	10% a 40%
Fust	Lei n. 9.998/2000	Telecomunicações	Universalização dos serviços de telecomunicações	Receita operacional bruta	1%
Funtell	Lei n. 10.052/2000	Telecomunicações	Ampliar a competitividade da indústria brasileira de telecomunicações	Receita bruta	0,5%
Incra	Decreto-Lei n. 1.146/70	Rural	Promover e executar a reforma agrária, a colonização e o desenvolvimento rural	Folha de salários	0,2%
Sebrae	Lei n. 8.029/90	Geral	Apoio às micro e às pequenas empresas	Folha de salários	0,257% ou 0,514% (85,75% de 0,3% ou de 0,6%)

Contribuição ou entidade	Lei de regência	Setor	Finalidade	Materialidade	Alíquota básica
Apex-Brasil	Lei n. 10.668/2003	Exportador	Promoção de exportações	Folha de salários	0,037% ou 0,074% (12,25% de 0,3% ou de 0,6%)
ABDI	Lei n. 11.080/2004	Industrial	Promoção do desenvolvimento industrial	Folha de salários	0,006% ou 0,012% (2% de 0,3% ou de 0,6%)

Capítulo XIII
Contribuição de iluminação pública

ANDREI PITTEN VELLOSO

1. Antecedente: a inconstitucional taxa de iluminação pública

Para financiar o serviço de iluminação pública, muitos Municípios instituíram taxas específicas. Porém, tais taxas não respeitavam os requisitos da divisibilidade e da especificidade do serviço público custeado, exigidos tanto pela Constituição da República (art. 145, II) quanto pelo Código Tributário Nacional (art. 77, *caput*).

A inconstitucionalidade da taxa de iluminação pública (TIP) foi declarada pelo Supremo Tribunal Federal justamente em razão de "ter por fato gerador serviço inespecífico, não mensurável, indivisível e insuscetível de ser referido a determinado contribuinte", haja vista que, como bem exposto pelo Ministro Ilmar Galvão, relator do julgado, o serviço de iluminação pública consiste em "atividade estatal de caráter *uti universi*, destinada a beneficiar a população em geral, não podendo ser destacada em unidades autônomas, nem permitida a individualização de sua área de atuação, além de não se apresentar suscetível de utilização separada por parte de cada um dos usuários do serviço". Por ser inespecífico e indivisível, dito serviço não pode ser custeado mediante a instituição de taxa, senão "por meio do produto da arrecadação dos impostos gerais"[1]. Essa orientação jurisprudencial foi cristalizada mediante a edição da Súmula 670 do STF[2] e, posterior-

---

[1] STF, Pleno, RE n. 233.332, rel. Min. Ilmar Galvão, mar. 1999.

[2] Aprovada na sessão plenária de 24-9-2003. Vale notar que, em 1983, o STF já havia tido por ilegítima taxa de iluminação pública apurada a partir de elementos pertinentes à espécie imposto (2ª Turma, RE n. 100.729, rel. Min. Francisco Rezek, nov. 1983), mais precisamente, apurada a partir do número de *metros* lineares de testada ou da área edificada de imóvel.

mente, da Súmula Vinculante 41, assim redigida: "O serviço de iluminação pública não pode ser remunerado mediante taxa"[3].

Eis a origem da contribuição de iluminação pública (CIP ou Cosip): a inconstitucional taxa de iluminação pública[4].

2. Criação da CIP pela EC n. 39/2002

Em que pese a jurisprudência do Supremo Tribunal Federal tenha se firmado no sentido da inconstitucionalidade da taxa de iluminação pública, o Poder Público optou por não seguir o caminho indicado pelo Pretório Excelso, de custear o serviço correlato "por meio do produto da arrecadação dos impostos gerais"[5]. Preferiu trilhar a via da superação "legislativa" da jurisprudência, recorrendo ao poder constituinte derivado para editar emenda constitucional que, alterando a redação da Lei Maior, autorizasse expressamente a continuidade da cobrança do anômalo tributo.

Para tal fim, foi formulada a PEC n. 222/2000, proposta de emenda constitucional que almejava superar a jurisprudência do STF mediante a modificação do inciso II e do § 2º do art. 145 da CF, nestes termos:

> Art. 145 [...]
> II – taxas pela utilização do serviço de iluminação pública, bem como em razão de poder de polícia ou pela utilização, ou potencial, de demais serviços públicos específicos e divisíveis, prestados ao contribuinte ou postos a sua disposição;
> [...]
> § 2º As taxas não poderão ter base de cálculo própria de impostos, à exceção da taxa de iluminação pública.

Da leitura desses preceitos infere-se que se pretendia impor ao Supremo Tribunal Federal a concepção que ele já havia rechaçado de forma expressa, de que a taxa de iluminação pública tem caráter específico e divisível – ou pelo menos fazê-lo dobrar-se ao anômalo tributo, mediante a sua previsão no texto constitucional e a ressalva à possibilidade de a taxa ter base de cálculo própria de impostos.

---

[3] Aprovada na sessão plenária de 11 de março de 2015.

[4] Ao indagar a respeito da origem do art. 149-A da CF, o Ministro Marco Aurélio asseverou: "Qual teria sido a origem dessa emenda? Respondo e faço-o com desassombro: a jurisprudência do Supremo, no que veio o Tribunal a pacificar a matéria ligada à iluminação pública [...]. A causa da emenda não foi outra senão o Verbete n. 670 da Súmula do Supremo, a revelar que o serviço de iluminação pública não pode ser remunerado mediante taxa", tendo em seguida acrescentado: "e receio que, daqui a pouco, estejamos pagando também pela segurança pública, e o preço será bem maior, a não ser que acionemos as milícias" (STF, Pleno, RE n. 573.675, rel. Min. Ricardo Lewandowski, mar. 2009, excerto do seu voto vencido).

[5] STF, Pleno, RE n. 233.332, rel. Min. Ilmar Galvão, mar. 1999.

Sendo improvável que realmente se considerasse possível modificar a natureza do serviço de iluminação pública através de reforma constitucional, há de se convir que se objetivou *constitucionalizar a taxa* cobrada por serviços públicos inespecíficos e indivisíveis e, dessa forma, superar a jurisprudência firmada sobre a matéria[6].

Essa PEC tramitou com o texto referido na Câmara. Porém, foi alterada no Senado Federal, onde recebeu a designação PEC n. 53/2001 e texto quase idêntico ao que restou inserido no bojo da Constituição, que alude à "contribuição", e não à "taxa" de iluminação pública[7].

A proposta do Senado foi rejeitada em 2001 e apresentada novamente no ano seguinte, pelo Senador Álvaro Dias (PEC 3/2002). A sua justificação em pouco difere da original (PEC 222/2000), à exceção da categoria tributária referida:

> O Serviço de Iluminação Pública, definido como sendo "prover de luz ou claridade artificial as vias e logradouros públicos" é de competência do município, abrangida pelo art. 30, inciso V, da Constituição Federal. Sendo pois a iluminação pública um serviço da alçada de cada município, as condições de sua prestação e custeio devem ser definidas em lei municipal.
>
> Ocorre que a forma de custeio desse serviço tem gerado muita controvérsia. A partir dos anos 80, muitos municípios passaram a editar leis que instituíam uma taxa para cobertura da prestação do serviço de iluminação pública, conhecida por Taxa de Iluminação Pública – TIP. Subsequentemente, muitas ações judiciais foram impetradas, em praticamente todos os estados da Federação, questionando a constitucionalidade de leis municipais instituidoras de TIP.
>
> O Supremo Tribunal Federal já firmou jurisprudência no sentido de considerar inconstitucional essa cobrança, por não se tratar de serviço público específico e divisível e, em certos casos, por ter ela base de cálculo coincidente com a de impostos, como Imposto Predial e Territorial Urbano (IPTU).

Finalmente, os esforços políticos levaram à aprovação da proposta de emenda constitucional, que culminou com a inserção do art. 149-A no texto da Constituição da República, *in verbis*:

---

[6] Lê-se na justificação da PEC n. 222/2000: "É de todos sabido que muitos Municípios brasileiros vinham instituindo e cobrando a taxa de iluminação pública para fazer face aos custos da implantação e manutenção desse serviço indispensável para as comunidades urbanas.
O Supremo Tribunal Federal, porém, já firmou jurisprudência no sentido de considerá-la inconstitucional, por não se tratar de serviço público específico e divisível e, em certos casos, por ter ela base de cálculo coincidente com a de impostos, como imposto predial e territorial urbano (IPTU).
Como os Municípios não têm condições efetivas de custear a iluminação pública através de seus impostos e também não podem permanecer inadimplentes com as empresas concessionárias ou distribuidoras de energia elétrica, a solução que se alvitra é a de emendar-se a Constituição, para que eles possam vir a instituir e cobrar a taxa de iluminação pública, dentro da legalidade e sem os percalços das demandas judiciais".

[7] A PEC n. 53/2001 não remetia ao princípio da legalidade tributária (art. 150, I, da CF), o que evidencia a afrontosa intenção do poder constituinte derivado de não só derrubar a jurisprudência do mais alto Tribunal do país, senão também de, ao fazê-lo, excluir a aplicação do mais fundamental dos direitos dos cidadãos-contribuintes.

Art. 149-A Os Municípios e o Distrito Federal poderão instituir contribuição, na forma das respectivas leis, para o custeio do serviço de iluminação pública, observado o disposto no art. 150, I e III.

Parágrafo único. É facultada a cobrança da contribuição a que se refere o *caput*, na fatura de consumo de energia elétrica.

Dessa forma, veio à luz a anômala contribuição de iluminação pública, a qual à primeira vista nada mais é que a antiga taxa declarada inconstitucional pelo Supremo Tribunal Federal, constitucionalizada e travestida pela EC n. 39/2002, que a apelidou de "contribuição" para afastar novas impugnações à sua legitimidade jurídica, haja vista que "o serviço de iluminação pública não pode ser remunerado mediante taxa" (Súmula 670).

3. Correntes interpretativas do art. 149-A

Já expusemos que o art. 149-A nada mais fez do que constitucionalizar a inconstitucional taxa de iluminação pública, travestindo-a de contribuição[8]. O poder constituinte derivado almejou superar a jurisprudência cristalizada na Súmula 670 do STF e, para não contrariá-la frontalmente, optou por mudar o rótulo do ilegítimo tributo, chamando-o de contribuição.

Agora, voltando os olhos à questão já com significativo distanciamento temporal da edição da EC n. 39/2002, reconhecemos que essa variante interpretativa, extraída à luz do contexto histórico que envolveu a inserção do art. 149-A no texto constitucional, não é a única possível. E quiçá não seja sequer a mais apropriada.

Diante da relevância do tema, cumpre expor detidamente os fundamentos e as consequências das variantes interpretativas do art. 149-A da Carta Constitucional.

3.1. Constitucionalização da antiga taxa de iluminação pública

Segundo a primeira variante interpretativa, apoiada no contexto histórico em que foi editada a EC n. 39/2002, o art. 149-A veio a constitucionalizar a ilegítima taxa de iluminação pública e rotulou-a de contribuição para evitar questionamentos advindos da firme jurisprudência do STF no sentido de que o serviço de iluminação pública não pode ser custeado mediante taxa.

Dessa forma, a inconstitucional taxa de iluminação pública teria retornado das cinzas, qual uma fênix, que ressurge tal como era, só que com plumagem nova. Teria recebido o manto de "contribuição" e abrigo no altiplano constitucional. Mas não teria deixado de ser o anômalo tributo que era.

---

[8] Cf. VELLOSO. *Constituição tributária interpretada*, p. 115.

Essa é a posição perfilhada por Ives Gandra, que assevera: "A atual contribuição não é, entretanto, contribuição. Tem o perfil de taxa, mas com insuficiências [...]. É, pura e simplesmente, tributo destinado a cobrir prestação de serviço, nem se furtando, o desajeitado constituinte, a reconhecer que sua cobrança 'é para o custeio do serviço de iluminação pública'"[9].

Tal variante interpretativa se sustenta na inquestionável premissa de que nem mesmo preceitos constitucionais têm o condão de modificar a natureza das coisas. Podem até dar-lhes rótulo diverso e eventualmente conferir-lhes validade jurídica, mas jamais poderão alterar o que são.

O tributo cobrado pela iluminação pública diz respeito a serviço prestado *uti universi*, e não *uti singuli*. Era uma taxa inespecífica e indivisível, em razão de possuir "fato gerador inespecífico, não mensurável, indivisível e insuscetível de ser referido a determinado contribuinte". Após o advento da EC n. 39/2002, não deixou de sê-lo[10]. Pode até ter recebido denominação diversa e passado a encontrar guarida no texto da Lei Maior, mas isso não modifica a sua essência e tampouco implica a sua legitimação constitucional, dada a possibilidade de ser rechaçada por contrastar com direitos fundamentais imunes à atuação do poder constituinte derivado (art. 60, § 4º, IV, da CF)[11].

Outro aspecto que vem a corroborar essa linha interpretativa é o fato de que, ainda antes da EC n. 39/2002, certos Municípios cobravam veras taxas sob a rótulo de "contribuições para o custeio da iluminação pública" ou "quotas sociais" para a iluminação pública[12].

Admitido que a EC n. 39/2002 constitucionalizou, de forma válida e eficaz, a taxa de iluminação pública, os Municípios que tiveram as suas leis declaradas inconstitucionais poderiam simplesmente reeditá-las, a fim de ressuscitar as ilegítimas taxas que haviam instituído.

Malgrado essa exegese se baseie no contexto histórico que levou à criação da EC n. 39/2002, ela não corresponde rigorosamente à letra do art. 149-A, que não alude à taxa de iluminação pública, senão à *contribuição* instituída para financiar tal serviço público.

É plenamente plausível, portanto, reconhecer que a emenda referida não superou a jurisprudência do STF, mas somente conferiu competência para a instituição de um novo tributo, até então inexistente no nosso ordenamento jurídico: a contribuição de iluminação pública (CIP), espécie tributária inconfundível com a vetusta e inconstitucional taxa de iluminação pública (TIP). Desta concepção decorre a impossibilidade de os Municípios reeditarem as suas leis inconstitucionais ou recriarem as antigas taxas sob

---

[9] MARTINS. "A contribuição para iluminação pública", p. 63-64.

[10] A propósito, cumpre recordar que a prevalência da substância perante a forma é imposta pelo didático preceito do art. 4º, I, do CTN, o qual estabelece ser a "natureza jurídica específica do tributo [...] determinada pelo fato gerador da respectiva obrigação, sendo irrelevantes para qualificá-la: I – a denominação e demais características formais adotadas pela lei".

[11] Para Ives Gandra, a EC n. 39/2002 não seria inconstitucional, senão ineficaz: "a E.C. n. 39/2002 não é inconstitucional. É apenas inútil. Canhestramente inútil. E a taxa de iluminação, que pretendeu criar, mas não criou, à luz do artigo 145 inciso II da Constituição Federal, continua rigorosamente inconstitucional, nos termos da jurisprudência do Supremo Tribunal Federal" (MARTINS. "A contribuição para iluminação pública", p. 70).

[12] Cf. WERLANG. "Aspectos constitucionais da contribuição de iluminação pública", p. 114.

a veste de contribuições. Têm de criar verdadeiras contribuições, sob pena de reincidirem no vício de inconstitucionalidade.

3.2. Autorização para a criação de efetiva contribuição

Segundo esta corrente interpretativa, a EC n. 39/2002 teria conferido competência aos Municípios para a instituição de verdadeira contribuição, destinada ao financiamento do serviço de iluminação pública.

Como dito, essa exegese encontra respaldo na letra do art. 149-A. Ademais, é preferível por evitar a superação da jurisprudência do Supremo Tribunal Federal (que sempre abala a separação dos poderes) e a constitucionalização de uma taxa anômala, criada para custear serviço público prestado *uti universi*, e não *uti singuli*.

Sem embargo, não deixa de ser problemática. Em primeiro lugar, a Constituição *não especifica a materialidade* da CIP, o que poderia dar ensejo não apenas a conflitos de competência entre Municípios, mas também à insólita situação de os Municípios instituírem contribuição sobre materialidades reservadas à competência da União ou dos Estados, criando, v.g., anômalas contribuições municipais incidentes sobre a renda, o comércio exterior, a produção industrial, a circulação de mercadorias. Em segundo lugar, tal interpretação demanda que os legisladores municipais instituam *verdadeiras contribuições*, que se diferenciem com clareza das antigas taxas de iluminação pública e não violem princípios constitucionais tributários, o que não é uma tarefa fácil, haja vista a dificuldade (ou quiçá a impossibilidade) de se diferenciar um tributo devido *pelo* serviço *uti universi* de iluminação pública, de outro, devido *para* o custeio de idêntico serviço, sobretudo se ambos incidirem sobre a mesma base de cálculo e forem cobrados dos mesmos contribuintes[13].

Para evitar conflitos de competência entre Municípios, seria prudente editar lei de âmbito nacional nos termos do art. 146, I e III, *a*, da CF[14], de modo a especificar a materialidade do novel tributo criado pela fértil imaginação do constituinte derivado[15].

---

[13] Essa posição, que desconsidera a "causa" para levar em consideração apenas a finalidade, é bem exposta por Arno Werlang. Após citar a doutrina de Marco Aurélio Greco a respeito do regime de validação das contribuições, Werlang assevera: "A CIP teria como parâmetro a finalidade, não um prestar serviços, mas um custear serviços. Paga-se não porque realiza o fato gerador, paga-se porque tem uma finalidade de custear um serviço e que concede um benefício" ("Aspectos constitucionais da contribuição de iluminação pública", p. 114). Ora, não se pode dizer que não se paga por ter sido realizado o fato gerador. Isso é imprescindível à cobrança de todo e qualquer tributo. Pode-se até dizer que se paga o tributo para se realizar uma finalidade (custear o serviço de iluminação pública), mas tal escopo também está presente na TIP.

[14] Eis a sua redação: "Art. 146. Cabe à lei complementar: I – dispor sobre conflitos de competência, em matéria tributária, entre a União, os Estados, o Distrito Federal e os Municípios; [...] III – estabelecer normas gerais em matéria de legislação tributária, especialmente sobre: a) definição de tributos e de suas espécies, bem como, em relação aos impostos discriminados nesta Constituição, a dos respectivos fatos geradores, bases de cálculo e contribuintes".

[15] A imperiosidade de se adotar essa medida foi defendida com veemência por Ives Gandra (MARTINS. "Contribuição de Iluminação – ainda a E.C. n. 39/2002", p. 20-25).

E para evitar a bitributação, poder-se-ia optar pela incidência da contribuição sobre a tarifa de energia elétrica, o que, malgrado vá de encontro aos princípios da igualdade e da capacidade contributiva, atende à praticabilidade tributária e, para o Supremo Tribunal Federal, tem supedâneo no parágrafo único do art. 149-A, que faculta a cobrança da contribuição "na fatura do consumo de energia elétrica"[16].

Foi esta segunda possibilidade interpretativa a acolhida pelo STF, que extraiu do art. 149-A uma regra atributiva de competência para a criação de um novo e anômalo tributo[17].

Não obstante, nem sempre será fácil determinar a verdadeira natureza do tributo instituído, notadamente porque o Supremo Tribunal Federal nunca examinou a fundo os caracteres definidores das taxas de iluminação pública – e tampouco os da contribuição correlata.

Do que se pode ter certeza é que, à luz desta exegese do art. 149-A, continua vigendo a Súmula 670 do STF, a qual obsta a remuneração do serviço de iluminação pública mediante taxa.

Obviamente, a proibição também se aplica às taxas travestidas de contribuições, de modo que, se os Municípios ou o Distrito Federal editarem leis instituindo tais taxas, não terão senão reincidido no vício de inconstitucionalidade.

4. Natureza tributária específica

Para aqueles que não conferem autonomia às contribuições especiais, a contribuição de iluminação pública amolda-se à categoria dos *impostos*. Roque Carrazza, por exemplo, assevera tratar-se de imposto cuja materialidade é "o fato de uma pessoa, física ou jurídica, estar fixada no local (Município ou Distrito Federal) onde é prestado o serviço", ou noutros termos, "a propriedade, a posse, o domínio útil ou o direito de superfície de imóvel situado na zona urbana ou rural do Município ou do Distrito Federal. Trata-se, pois de um *adicional* do IPTU [...] ou do ITR"[18].

Já para os que reconhecem a autonomia das contribuições e concebem que o art. 149-A não pretendeu constitucionalizar as antigas taxas de iluminação pública, a contribuição de que tratamos se qualifica como tal, inserindo-se, segundo o entendimento prevalente, na categoria das contribuições especiais[19].

---

[16] STF, Pleno, RE n. 573.675, rel. Min. Ricardo Lewandowski, mar. 2009. Essa posição foi defendida por Leandro Paulsen (*Curso de direito tributário*, p. 54) ainda antes do julgamento do RE n. 573.675.

[17] STF, Pleno, RE n. 573.675, rel. Min. Ricardo Lewandowski, mar. 2009.

[18] CARRAZZA. *Curso de direito constitucional tributário*, p. 618-619.

[19] Vide, por todos, PIMENTA. "Contribuição para o custeio do serviço de iluminação pública", p. 104, para quem ela seria uma "quarta espécie de contribuição especial, posicionando-se ao lado das contribuições sociais, interventivas e corporativas" (ibidem, p. 105).

Acolhemos, contudo, entendimento diverso, no sentido de que a CIP *não se confunde com as contribuições especiais*, pelo singelo fato de que a sua hipótese de incidência não descreve (ou não deve descrever) conduta do contribuinte, senão ação estatal que lhe beneficia. Assemelha-se às contribuições *espanholas*, bem como à definição acolhida por A. D. Giannini e Geraldo Ataliba[20] e, assim, muito mais à contribuição de melhoria que às nossas contribuições especiais.

Nessa senda, o Plenário do Supremo Tribunal Federal reconheceu que a contribuição de iluminação pública constitui tributo de caráter *sui generis*, inconfundível com as cinco espécies acolhidas pela Constituição da República em sua redação original. Para o Ministro Ricardo Lewandowski, relator do primeiro precedente da Corte sobre a matéria, a "Cosip constitui um novo tipo de contribuição que refoge aos padrões estabelecidos nos arts. 149 e 195 da Constituição Federal"[21].

Permaneceu em aberto a questão atinente aos caracteres jurídicos desse "tributo anômalo" e, especificamente, aos aspectos em que ele difere das cinco outras espécies tributárias.

5. Hipótese de incidência

Em vista da concepção que prevaleceu no Supremo Tribunal Federal, no sentido de que a contribuição de iluminação pública não é taxa e tampouco se confunde com os impostos ou as contribuições especiais, é evidente que ela não pode ter hipótese de incidência de taxa (vinculada à prestação de serviços públicos específicos e divisíveis ou ao desempenho do poder de polícia) e muito menos de imposto ou contribuição especial (não vinculada a qualquer forma de atuação estatal).

Há de ter hipótese de incidência *específica*, que, apesar de se vincular à atuação do Poder Público, englobe o benefício especial que fundamenta a sua instituição, nos moldes dos *supuestos de hecho* das contribuições especiais espanholas.

Mais precisamente, a sua hipótese de incidência deve ser composta pelo benefício *especial* advindo da iluminação pública que favoreça o imóvel de propriedade (ou posse) do contribuinte[22].

Dessa forma, se a propriedade do contribuinte não for favorecida pelo serviço público de iluminação pública, será inviável cobrar-lhe a contribuição correlata, pelo simples fato de a sua hipótese de incidência não ter sido implementada no plano fático. Sob outro viés, a cobrança será indevida por estar ausente o benefício especial que justifica a sua cobrança.

---

[20] Cf. p. 17 e s.

[21] STF, Pleno, RE n. 573.675, rel. Min. Ricardo Lewandowski, mar. 2009.

[22] Cf. JARACH. *Finanzas públicas y derecho tributario*, p. 243, que alude à categoria das *contribuciones por los beneficios diferenciales*, na qual se enquadram a contribuição de iluminação pública e a clássica contribuição de melhoria. Sobre as contribuições por benefícios diferenciais no nosso sistema, cf. p. 28 e s.

A respeito, cumpre recordar as preciosas lições de Dino Jarach, atinentes às *contribuciones de alumbrado público* (iluminação pública) e *barrido* (limpeza das ruas):

> Existen casos de tributos establecidos a cargo de grupos de habitantes que gozan de beneficios especiales no ya por una obra sino por la prestación de un servicio público que no se individualiza hacia determinadas personas, pero beneficia en forma indirecta y especial a dichos grupos.
>
> Es éste el caso de los servicios municipales de alumbrado público y de barrido. Ambos se prestan en forma general y en beneficio del tránsito, de la seguridad pública, de la higiene y de la conservación de las condiciones de salubridad del medio ambiente. Pero los habitantes de los inmuebles sitos a cierta distancia de los focos del alumbrado público, o frentistas de las calles en que la Municipalidad presta el servicio del barrido, reciben un beneficio diferencial, por lo cual pueden ser gravados también en forma diferencial para la financiación del servicio[23].

Em vista dessas ponderações, a indagação que logo vem à tona diz respeito à instituição de contribuição cuja hipótese de incidência não se amolde ao perfil implicitamente exigido pela Constituição. E se a hipótese de incidência não for vinculada? Ou for própria das antigas taxas de iluminação pública?

Tanto na primeira quanto na segunda hipótese, a exação será inconstitucional. Naquela, por ter-se criado ou contribuição fora dos parâmetros constitucionais ou imposto afetado a despesa específica, em afronta à vedação do art. 167, IV, da CF e também ao sistema constitucional de competências impositivas[24]. Nesta, em razão de ter-se instituído taxa por serviço público não específico e indivisível, o que afronta o entendimento cristalizado na Súmula 670 do Supremo Tribunal Federal ("O serviço de iluminação pública não pode ser remunerado mediante taxa").

A propósito, o modelo de projeto de lei elaborado pela Confederação Nacional dos Municípios – CNM – sugere que o fato gerador da contribuição seja "o consumo de energia elétrica, por pessoa natural ou jurídica, no território do Município"[25].

Ora, o consumo de energia elétrica é fato que diz respeito ao contribuinte – e, portanto, elemento da hipótese de incidência de imposto ou contribuição especial, não de contribuição por benefício diferencial. Essa constatação é corroborada pela base de

---

[23] JARACH. *Finanzas públicas y derecho tributario*, p. 242.

[24] Devemos advertir, contudo, que a exação instituída pela lei municipal apreciada no *leading case* sobre a matéria (RE n. 573.675) não tinha as feições exigíveis das contribuições de iluminação pública e, não obstante isso, foi chancelada pelo STF. Aparentemente, trata-se de tributo com hipótese de incidência não vinculada. Eis a redação do artigo inaugural da Lei Complementar n. 7/2002 do Município de São José: "Art. 1º – Fica instituída, nos termos do art. 149-A da Constituição Federal de 1988, a Contribuição para Custeio de Serviço de Iluminação Pública – Cosip, devida pelos consumidores residenciais e não residenciais de energia elétrica, destinada ao custeio do serviço de iluminação pública. § 1º – Considera-se serviço de iluminação pública aquele destinado a iluminar vias e logradouros, bem como quaisquer outros bens públicos de uso comum, assim como de atividades acessórias de instalação, manutenção e expansão da respectiva rede de iluminação, inclusive a realização de eventos públicos. § 2º – São contribuintes da Cosip os consumidores situados tanto na área urbana como na área rural".

[25] Disponibilizado no *site* <http://www.cnm.org.br/institucional/documento.asp?iId=31553>, acesso em: 24 set. 2009.

cálculo sugerida, representada pelo "consumo mensal de energia elétrica, cobrado pela concessionária distribuidora".

Trata-se de contribuição especial incidente sobre o consumo de energia elétrica, que a nosso juízo não tem assento constitucional[26].

6. Base de cálculo e alíquotas

Quanto à sua *base de cálculo*, deve-se esclarecer que, ao facultar "a cobrança da contribuição a que se refere o *caput*, na fatura de consumo de energia elétrica", o parágrafo único do art. 149-A da Constituição de 1988 regula a cobrança da contribuição, sem indicar, de forma alguma, a sua base de cálculo. Permite que a cobrança do tributo seja realizada conjuntamente com a da comercialização de energia elétrica, e não que o valor desta seja a base de cálculo da contribuição.

Contudo, para o Supremo Tribunal Federal o silêncio da Constituição no que concerne à hipótese de incidência da contribuição libera o legislador local a eleger a forma de cálculo e de cobrança que lhe aprouver. Portanto, seria legítimo tomar por base de cálculo da contribuição o valor do custo do serviço municipal de iluminação pública e rateá-lo entre os contribuintes segundo o *consumo de energia elétrica*[27].

Ocorre que essa base de cálculo (custo do serviço) é de *taxa*, não de contribuição. E, como se sabe, a base de cálculo possui as funções de confirmar, afirmar ou infirmar o aspecto material da hipótese de incidência[28]. Em caso de divergência entre a base de cálculo e o aspecto material, é aquela que há de prevalecer para definir a natureza do tributo[29].

---

[26] No sentido da impossibilidade de incidência sobre o consumo de energia elétrica, cf. PIMENTA. "Contribuição para o custeio do serviço de iluminação pública", p. 107, que defende a imperiosidade de a contribuição incidir sobre a propriedade de imóvel territorial urbano, por ser a única materialidade inserida na competência dos Municípios que "mantém vínculo com o serviço de iluminação pública".

[27] STF, Pleno, RE n. 573.675, rel. Min. Ricardo Lewandowski, mar. 2009. Nesse precedente, acrescentou-se que tal sistemática não iria de encontro ao princípio da igualdade, antes realizaria tanto esse princípio quanto o da capacidade contributiva, haja vista ser "lícito supor que quem tem o consumo maior tem condições de pagar mais". Ora, muitas vezes quem tem consumo maior tem menos condições de pagar, justamente porque as suas despesas pessoais são superiores. Compare-se a situação de um adulto solteiro que mora sozinho num amplo apartamento e de um vizinho que, apesar de ter renda equivalente, mora no apartamento ao lado com a sua esposa (do lar) e seus quatro filhos, devendo arcar não só com o aluguel do seu imóvel, mas também com o elevado consumo de energia elétrica da sua família. É evidente ser a capacidade contributiva do pai de família significativamente inferior à do seu vizinho – e isso é reconhecido pela legislação tributária, que o autoriza a deduzir as despesas que suporta para manter os seus dependentes. A propósito, cumpre recordar ter sido justamente por isso que o STF rechaçou a progressividade dos tributos reais, que não permitem aferir a real capacidade contributiva dos sujeitos passivos.

[28] Carvalho. *Curso de direito tributário*, p. 330-332.

[29] Já tivemos a oportunidade de evidenciar a prevalência da base de cálculo de taxa perante a hipótese de incidência de imposto: "A base de cálculo possui as funções de confirmar, afirmar ou infirmar o aspecto material da hipótese de incidência: harmonizando-se com o aspecto material, confirma-o; omitindo-se a lei quanto ao aspecto material, afirma-o, indicando a ação da qual é uma grandeza; e divergindo do aspecto material, infirma-o, afirmando um aspecto material diverso daquele previsto expressamente no diploma

Infelizmente, a nossa Corte Constitucional não acolheu tal posição: aceitou todas as deformidades que vislumbrou na CIP, sob a alegação de se tratar de tributo com caráter *sui generis*.

Com respeito à graduação da CIP, o Supremo Tribunal Federal concede ao legislador liberdade para estipular alíquotas proporcionais ou até mesmo progressivas, em função da intensidade do consumo e das peculiaridades dos diversos tipos de consumidores[30].

7. Sujeitos passivos

No que concerne aos sujeitos passivos, parece-nos que devam ser os beneficiários imediatos do serviço financiado (as pessoas residentes ou sediadas ao longo do trecho iluminado). Mas nada impede que sejam eleitos como sujeitos passivos os consumidores de energia elétrica, haja vista se identificarem quase por completo com aqueles, consoante reconheceu o Supremo Tribunal Federal, ao ressaltar serem eles os principais beneficiários do serviço de iluminação pública, pois residem ou exercem as suas atividades no âmbito do Município ou do Distrito Federal[31].

A única ressalva a ser feita diz respeito àqueles que porventura não sejam beneficiados de forma especial pelo serviço de iluminação pública, por, v.g., residirem ou serem sediados em localidade que não é por ele abrangida.

8. Sujeição às limitações constitucionais ao poder de tributar

Pela remissão do art. 149-A, *caput, in fine*, a contribuição de iluminação pública está sujeita, expressamente, aos princípios da legalidade (art. 150, I), da irretroatividade (art. 150, III, *a*) e da anterioridade de exercício e nonagesimal (art. 150, III, *b* e *c*). Essas remissões, no entanto, não são necessárias e tampouco adequadas.

---

legislativo, qual seja, aquele do qual é uma grandeza. Por exemplo, se uma lei prever um tributo com hipótese de incidência de taxa (por exemplo, a coleta de lixo) e base de cálculo de imposto (como a renda), a base de cálculo prevalecerá, afirmando a hipótese de incidência da qual é uma grandeza; consequentemente, a exação qualificar-se-á como imposto (no exemplo dado, como um imposto sobre a renda) e enquanto tal haverá de sujeitar-se ao controle de constitucionalidade." (VELLOSO. *Constituição tributária interpretada*, 2. ed., p. 90)

[30] STF, Pleno, RE n. 573.675, rel. Min. Ricardo Lewandowski, mar. 2009. Lê-se no voto do relator: "o Município de São José, ao empregar o consumo mensal de energia elétrica de cada imóvel, como parâmetro para ratear entre os contribuintes o gasto com a prestação do serviço de iluminação pública, buscou realizar, na prática, a almejada justiça fiscal, que consiste, precisamente, na materialização, no plano da realidade fática, dos princípios da isonomia tributária e da capacidade contributiva, porquanto é lícito supor que quem tem um consumo maior tem condições de pagar mais." Cf. também STF, 2ª Turma, RE n. 724.104 AgR, rel. Min. Ricardo Lewandowski, mar. 2013.

[31] STF, Pleno, RE n. 573.675, rel. Min. Ricardo Lewandowski, mar. 2009.

A remissão ao princípio da legalidade é plenamente dispensável. A CIP amolda-se à perfeição ao conceito de tributo (art. 3º do CTN) e está prevista dentro do Sistema Tributário Nacional. Consequentemente, está sujeita ao princípio da legalidade, como todas as demais espécies tributárias, sem que, para isso, seja necessária qualquer alusão adicional àquela já constante no art. 150, I. Da mesma forma, a remissão aos princípios da irretroatividade e da anterioridade caracteriza, tão só, tautologia constitucional. Esses princípios, por força do art. 150, III, são aplicáveis a todos os tributos, razão pela qual é despiciendo dispor acerca da sua aplicação especificamente à contribuição de iluminação pública.

A inadequação da remissão soma-se à sua desnecessidade. À luz da boa técnica constitucional, bastaria que a remissão fosse desnecessária para que também se qualificasse como inadequada. No entanto, não é apenas tal aspecto que a torna inadequada: também o é por ser *parcial*, tendo em vista que alude a poucas limitações constitucionais e, consequentemente, poderia levar à equivocada conclusão de que as demais são inaplicáveis, quando é certo que o legislador, ao instituir ou modificar a contribuição de iluminação pública, está sujeito a todas limitações constitucionais gerais ao poder de tributar, tais como os princípios da capacidade contributiva, da isonomia, do não confisco etc.

Demais disso, a remissão do artigo em comento é ainda mais precária do que aquela do art. 149, *caput*, no qual é feita alusão, além dos incisos I e III do art. 150, ao art. 146, III. Uma errônea interpretação literal do art. 149-A poderia, via de consequência, embasar a ilação de que à contribuição de iluminação pública não são aplicáveis as normas gerais de direito tributário (reservadas, pelo art. 146, III, à lei complementar); de que o Código Tributário Nacional seria inaplicável a tal tributo. E nada há no sistema constitucional que dê supedâneo a essa conclusão.

Enfim, apesar da limitada e inadequada remissão do art. 149-A, à contribuição de iluminação pública *são aplicáveis todas as limitações constitucionais gerais* ao poder de tributar e, ainda, os preceitos gerais da codificação tributária.

Esse entendimento, que já havíamos externado em outra obra[32], foi acolhido pelo Plenário do Supremo Tribunal Federal no julgamento do RE n. 573.675, quando consignou a sujeição da contribuição aos princípios constitucionais tributários gerais, visto "enquadrar-se, inequivocamente, no gênero tributo"[33].

---

[32] VELLOSO. *Constituição tributária interpretada*, p. 116-117.
[33] STF, Pleno, RE n. 573.675, rel. Min. Ricardo Lewandowski, mar. 2009. Nesse julgado, o STF rechaçou a temerária posição que havia sido adotada pelo Plenário do Tribunal de Justiça de Santa Catarina no acórdão impugnado, no sentido de que à Cosip somente seriam aplicáveis as limitações expressamente indicadas no texto do art. 149-A, dentre as quais não se insere o princípio da isonomia tributária. Beira o absurdo falar em tributos imunes ao influxo do princípio fundamental da igualdade. Nem mesmo se quisesse fazê-lo o poder constituinte derivado estaria habilitado a tanto, pois o direito fundamental à igualdade constitui cláusula pétrea, imune até mesmo às agressões advindas de emendas constitucionais (art. 60, § 4º, IV, da CF).

Capítulo XIV

Contribuições ao Sistema S

ANDREI PITTEN VELLOSO

1. O "Sistema S"

"Sistema S" foi a expressão cunhada para designar um conjunto de serviços sociais autônomos cujas siglas originalmente iniciavam com tal letra, a saber:

i. Sesi – Serviço Social da Indústria;

ii. Senai – Serviço Nacional de Aprendizagem Industrial;

iii. Sesc – Serviço Social do Comércio;

iv. Senac – Serviço Nacional de Aprendizagem do Comércio;

v. Sest – Serviço Social de Transporte;

vi. Senat – Serviço Nacional de Aprendizagem do Transporte;

vii. Senar – Serviço Nacional de Aprendizagem Rural;

viii. Sescoop – Serviço Nacional de Aprendizagem do Cooperativismo;

ix. Sebrae – Serviço Brasileiro de Apoio às Micro e Pequenas Empresas.

Atualmente, também compõem esse sistema os serviços sociais autônomos financiados mediante o desmembramento das receitas da contribuição ao Sebrae, nomeadamente a:

x. Apex-Brasil – Agência de Promoção de Exportações do Brasil; e a

xi. ABDI – Agência Brasileira de Desenvolvimento Industrial.

Portanto, é melhor vincular a expressão "Sistema S" a serviços sociais autônomos, e não a entidades cujas siglas principiam com a letra "S".

Serviços sociais autônomos são entes instituídos por lei, qualificando-se como pessoas jurídicas de direito privado, sem fins lucrativos, que recebem recursos públicos, mas não integram a administração pública direta ou indireta. São entes paraestatais, com autonomia administrativa e financeira. Desempenham atividades privadas de interesse público. Tradicionalmente, a assistência ou o ensino a determinadas categorias profissionais ou a grupos sociais e econômicos, mas atualmente chegam a servir de instrumento à intervenção federal no domínio econômico.

São custeados fundamentalmente por contribuições específicas, instituídas pela União.

Já analisamos as contribuições interventivas destinadas a financiar o Sistema S (ao Sebrae, à Apex-Brasil e à ABDI)[1], cabendo-nos agora examinar as demais contribuições que integram tal sistema.

2. Fundamento constitucional

Como todos e quaisquer tributos, as contribuições ao Sistema S somente serão válidas se encontrarem fundamento numa norma constitucional que autorize a sua criação. Sem competência impositiva, não há como se falar em tributos instituídos de forma válida.

Portanto, há de se apurar qual o fundamento constitucional que dá suporte à cobrança de tais contribuições.

2.1. Contribuições ao Sesc, Senac, Sesi e Senai

O Serviço Nacional de Aprendizagem dos Industriários (Senai) foi criado pelo Decreto-Lei n. 4.048/42, com a atribuição de organizar e administrar escolas de aprendizagem para industriários. Sua organização e direção foram atribuídas à Confederação Nacional da Indústria (CNI). Para custeá-lo, foi instituída uma contribuição específica[2].

Em moldes análogos ao que havia ocorrido no segmento industrial com a criação do Senai, à Confederação Nacional do Comércio (CNC) foi atribuído, pelo Decreto-Lei n. 8.621/46, o encargo de proceder à criação e à organização do Serviço Nacional de Aprendizagem Comercial (Senac), com o objetivo de estabelecer escolas de aprendizagem e aperfeiçoamento comercial.

Em seguida, autorizou-se a criação, pela CNI, do Serviço Social da Indústria (Sesi), por meio da promulgação do Decreto-Lei n. 9.403/46, para promover a "melhoria do

---

[1] Cf. p. 309 e s.

[2] Vale recordar que, ainda em 1942, foi editado o Decreto-Lei n. 4.936, o qual alterou sua denominação para Serviço Nacional de Aprendizagem Industrial e ampliou seu âmbito de ação, passando a abranger também os trabalhadores dos transportes, das comunicações e da pesca (art. 2º).

padrão geral de vida no país" e o "aperfeiçoamento moral e cívico e o desenvolvimento do espírito de solidariedade entre as classes" (art. 1º, *caput*).

Não demorou muito para o segmento do comércio também passar a contar com um serviço social específico, o Serviço Social do Comércio (Sesc), cuja criação foi autorizada pelo Decreto-Lei n. 9.853/46. Seu objetivo era o de contribuir "para o bem-estar social e a melhoria do padrão de vida dos comerciários e de suas famílias, e, bem assim, para o aperfeiçoamento moral e cívico da coletividade" (art. 1º, *caput*).

Em poucos anos, portanto, foram criados o Senai, o Sesi, o Senac e o Sesc, bem como as contribuições sociais voltadas ao seu financiamento, cobradas dos estabelecimentos das respectivas categorias econômicas.

Tais contribuições têm por fundamento o art. 240 da Constituição da República, que as recepcionou de modo expresso:

> Art. 240. Ficam ressalvadas do disposto no art. 195 as atuais contribuições compulsórias dos empregadores sobre a folha de salários, destinadas às entidades privadas de serviço social e de formação profissional vinculadas ao sistema sindical.

A *ressalva* ao disposto no art. 195 da CF veio afastar a destinação das contribuições em foco ao custeio da seguridade social, o que a rigor não seria necessário, porquanto lhes é inerente a destinação dos recursos arrecadados aos respectivos serviços sociais autônomos. De qualquer modo, ela serviu para afastar infundados questionamentos quanto à recepção das contribuições ao Sesc/Senac e ao Sesi/Senai pela Constituição de 1988, uma vez que a folha de salários (materialidade sobre a qual incidem) é uma manifestação de capacidade contributiva já reservada às contribuições de seguridade social do art. 195.

O que importa consignar são as consequências desse dispositivo constitucional frente à potestade tributária da União.

De um lado, esse preceito *autoriza* a União a continuar cobrando as contribuições ao Sesc/Senac e ao Sesi/Senai. De outro, *delimita* o alcance dessa competência, restringindo-a à conformação básica que elas tinham quando do advento da Constituição de 1988.

Isso porque a Constituição adotou, no seu art. 240, uma forma específica de atribuição de competência impositiva. Atribuiu-a de forma elíptica, mediante a simples alusão às contribuições pré-constitucionais. Ao fazê-lo, *constitucionalizou* as contribuições ao Sesc/Senac e ao Sesi/Senai com as feições que tinham em 5 de outubro de 1988[3], razão pela qual não é dado ao legislador modificá-las em aspectos substanciais.

---

[3] Sobre o tema, cf. MARTINS. "Contribuições sociais para o sistema 'S' – constitucionalização da imposição por força do artigo 240 da Lei Suprema – recepção pela nova ordem do artigo 577 da CLT", p. 124.

A propósito da constitucionalização de contribuições, mister recordar a decisão proferida pelo Plenário do Supremo Tribunal Federal no julgamento do RE n. 290.079, atinente às contribuições recepcionadas pelos arts. 212, § 5º, e 239 da Constituição de 1988 e pelo art. 56 do ADCT:

> A CF/88 acolheu o salário-educação, havendo mantido de forma expressa – e, portanto, constitucionalizado – a contribuição, então vigente, a exemplo do que fez com o PIS-Pasep (art. 239) e com o Finsocial (art. 56 do ADCT), valendo dizer que a recepcionou nos termos em que a encontrou, em outubro/88[4].

Portanto, quanto às contribuições ao Sesc/Senac e ao Sesi/Senai, é permitido ao legislador alterar as alíquotas, prever isenções e benefícios fiscais, mas nunca adotar materialidade diversa da *folha de salários* e tampouco ampliar o universo dos sujeitos passivos, sob pena de desfigurar essas contribuições (que, recorde-se, foram constitucionalizadas pela Carta da República de 1988) e, assim, torná-las inválidas.

2.2. Demais contribuições

Diversos serviços sociais autônomos foram instituídos posteriormente ao advento da Constituição de 1988.

Em 1990, a Lei n. 8.029 autorizou a criação do Sebrae, transformando o antigo "Centro Brasileiro de Apoio à Pequena e Média Empresa" – Cebrae – em serviço social autônomo e atribuindo-lhe a missão de proceder "à execução das políticas de apoio às micro e às pequenas empresas" (art. 8º, § 3º).

No ano seguinte, a Lei n. 8.315/91 criou o Serviço Nacional de Aprendizagem Rural (Senar), em atenção à determinação do art. 62 do Ato das Disposições Constitucionais Transitórias:

> Art. 62. A lei criará o Serviço Nacional de Aprendizagem Rural (Senar) nos moldes da legislação relativa ao Serviço Nacional de Aprendizagem Industrial (Senai) e ao Serviço Nacional de Aprendizagem do Comércio (Senac), sem prejuízo das atribuições dos órgãos públicos que atuam na área.

Em 1993, a Lei n. 8.706 impôs à Confederação Nacional do Transporte o encargo de criar e administrar o Serviço Social do Transporte (Sest) e o Serviço Nacional de Aprendizagem do Transporte (Senat).

Em 2001, a Medida Provisória n. 2.168-40, de 24 de agosto, autorizou a criação do Serviço Nacional de Aprendizagem do Cooperativismo (Sescoop).

---

[4] STF, Pleno, RE n. 290.079, rel. Min. Ilmar Galvão, out. 2001, trecho da ementa.

E nos anos seguintes as Leis n. 10.668/2003 e 11.080/2004 criaram a Apex-Brasil e a ABDI.

Para o custeio desses serviços sociais autônomos foram instituídas contribuições específicas, rotuladas, conjuntamente com as antigas contribuições dos setores comercial e industrial, de contribuições ao Sistema S.

Essas novas exações não encontram fundamento de validade no art. 240 da CF/88, que somente abrange as "*atuais* contribuições [...]". Logo, somente podem legitimar-se constitucionalmente se encontrarem guarida em outra norma atributiva de competência.

O Supremo Tribunal Federal, no entanto, tem sido condescendente com a proliferação de contribuições destinadas a serviços sociais autônomos, chegando a reconduzir o seu fundamento de validade ao próprio art. 240 da CF, como ocorreu, à primeira vista, nos precedentes relativos às contribuições ao Sescoop[5] e ao Sest/Senat[6].

Abstraída essa questionável orientação, cumpre investigar se há um fundamento idôneo de legitimidade para as novas contribuições ao Sistema S.

Algumas delas poderiam encontrar suporte no art. 149, que confere competência para a instituição de contribuições corporativas, sem trazer qualquer limitação quanto à sua materialidade. Mas para tanto deveriam amoldar-se aos seus caracteres típicos, sobretudo às finalidades que lhes são próprias, as quais distam bastante dos fins aos quais se destinam as entidades que integram o Sistema S.

Tais contribuições também poderiam encontrar fundamento de validade no art. 149 da CF se enquadradas como contribuições sociais ou interventivas gerais[7].

---

[5] STF, Pleno, ADI 1.924 MC, rel. p/ ac. Min. Joaquim Barbosa, maio 2009. Nesse precedente, contudo, não se reconheceu sequer a criação de uma nova contribuição, mas mero redirecionamento de receitas. Tratamos da questão a seguir, no tópico atinente às questões controversas sobre as contribuições ao Sistema S.

[6] STF, 2ª Turma, RE n. 412.368 AgR, rel. Min. Joaquim Barbosa, mar. 2011. Lê-se na ementa do julgado: "A alteração do sujeito ativo das Contribuições ao Sesi/Senai para o Sest/Senat é compatível com o art. 240 da Constituição, pois a destinação do produto arrecadado é adequada ao objetivo da norma de recepção, que é manter a fonte de custeio preexistente do chamado 'Sistema 'S'. O voto do relator elucida os fundamentos adotados: "O art. 240 da Constituição não implica proibição de qualquer mudança das regras-matrizes dos tributos destinados às entidades privadas de serviço social e de formação profissional vinculadas ao sistema sindical, chamadas coletivamente de 'Contribuições do Sistema 'S'. Alterações que não impliquem aumento de carga tributária, mas simples adequação devido ao desdobramento ou à condensação dos serviços sociais, são compatíveis com a norma de recepção, que é a de manter as fontes de custeio então existente para o 'Sistema S'. Preservada a destinação ('Sistema 'S'), fica plenamente atendido um dos aspectos do peculiar critério de controle de constitucionalidade das contribuições, que é a pertinência entre o destino efetivo do produto arrecadado e a finalidade da tributação".

[7] Foi nessa categoria, das contribuições sociais gerais, que o Ministro Carlos Velloso enquadrou as contribuições ao Sesc/Senac e ao Sesi/Senai, em seu célebre voto proferido no RE n. 138.284 (STF, Pleno, rel. Min. Carlos Velloso, jul. 1992).

O problema é que elas incidem sobre as remunerações pagas pelas empresas a seus empregados, materialidade diversa das que, a nosso juízo, podem ser tributadas com base nesse preceito constitucional (receita bruta ou valor da operação)[8].

Porém, como o Supremo Tribunal Federal até agora não reconheceu essa limitação à competência para a instituição de contribuições sociais e interventivas gerais (tendo inclusive chancelado a contribuição ao Sebrae, que onera justamente a folha de salários)[9], revela-se plausível reconduzir as novas contribuições (instituídas posteriormente ao advento da Constituição de 1988) à regra básica de competência constante no art. 149 da CF.

Se não forem enquadradas nessa regra atributiva de competência, seja na qualidade de contribuições corporativas ou sociais, elas dificilmente encontrarão assento constitucional.

3. Aspectos comuns

3.1. Caráter setorial

As contribuições destinadas aos serviços sociais autônomos caracterizam-se pela vinculação a setores específicos da economia, em que os entes financiados atuam.

As indústrias devem contribuir ao Sesi e ao Senai; as empresas comerciais, ao Sesc e ao Senac; as empresas que prestam serviços de transporte rodoviário, ao Sest e ao Senat; as cooperativas, ao Sescoop; e as empresas rurais, ao Senar.

Não se admite a superposição contributiva, ao menos não sobre a mesma base econômica. Se as indústrias contribuem ao Sesi/Senai sobre a totalidade da sua folha de pagamento, não podem ser coagidas a contribuir ao Sesc/Senac, nem mesmo se tiverem por atividade secundária a comercialização de mercadorias.

Para que se exijam contribuições a serviços sociais de setores distintos, é mister que, além do desempenho das atividades correspondentes, haja previsão legal expressa tributando as atividades secundárias e segmentando a base imponível, de modo a evitar a superposição contributiva[10].

3.2. Materialidade e sujeitos passivos

Em regra geral, as contribuições ao Sistema S são devidas pelas empresas e incidem sobre as remunerações pagas a seus empregados ("folha de salário").

No entanto, há peculiaridades, sobretudo quando as contribuições são exigidas de pessoas físicas.

---

[8] Cf. p. 80 e s.
[9] STF, Pleno, RE n. 396.266, rel. Min. Carlos Velloso, nov. 2003.
[10] Essa é a premissa que sustenta a regra do art. 3º, § 2º, da Lei n. 8.315/91, relativa à contribuição ao Senar.

A contribuição ao Senar, por exemplo, apresenta várias nuances, advindas de uma regulação complexa. Incide não apenas sobre a folha de pagamento, mas também sobre a receita bruta proveniente da comercialização da produção; é devida não só por pessoas jurídicas, senão também por pessoas físicas, como os segurados especiais. Nas contribuições ao Sest/Senat também se encontram particularidades, tendo em vista que são devidas até mesmo pelos transportadores autônomos, que recolhem sobre os seus "salários de contribuição previdenciária" (art. 7º, II, da Lei n. 8.706/93).

Não entraremos, contudo, nos detalhes da minuciosa e esparsa regulamentação das distintas contribuições ao Sistema S, limitando-nos a expor os seus traços fundamentais, mediante o quadro sinóptico apresentado no final deste capítulo.

4. Quadro sinóptico

Este quadro sinóptico fornece uma visão geral das contribuições ao Sistema S, abstraídas aquelas caracterizadas como contribuições interventivas, que enfocamos anteriormente:

Entidade	Lei de criação	Setor	Finalidade da entidade	Materialidade	Alíquota básica
Senai	Decreto-Lei n. 4.048/42	Industrial	Organizar e administrar escolas de aprendizagem para industriários	Folha de salários	1%
Sesi	Decreto-Lei n. 9.403/46	Industrial	Promover a "melhoria do padrão geral de vida no país" e o "aperfeiçoamento moral e cívico e o desenvolvimento do espírito de solidariedade entre as classes"	Folha de salários	1,5%
Senac	Decreto-Lei n. 8.621/46	Comercial	Estabelecer escolas de aprendizagem e aperfeiçoamento comercial	Folha de salários	1%
Sesc	Decreto-Lei n. 9.853/46	Comercial	Contribuir "para o bem-estar social e a melhoria do padrão de vida dos comerciários e de suas famílias, e, bem assim, para o aperfeiçoamento moral e cívico da coletividade"	Folha de salários	1,5%

Entidade	Lei de criação	Setor	Finalidade da entidade	Materialidade	Alíquota básica
Senar	Lei n. 8.315/91	Rural	"Organizar, administrar e executar em todo o território nacional o ensino da formação profissional rural e a promoção social do trabalhador rural, em centros instalados e mantidos pela instituição ou sob forma de cooperação, dirigida aos trabalhadores rurais"	Folha de salários e comercialização da produção	0,2% a 2,5%
Senat	Lei n. 8.706/93	Transporte rodoviário	Atuação nos programas voltados à "aprendizagem do trabalhador [...], notadamente nos campos de preparação, treinamento, aperfeiçoamento e formação profissional"	Folha de salários	1%
Sest	Lei n. 8.706/93	Transporte rodoviário	Atuação nos programas "voltados à promoção social do trabalhador em transporte rodoviário e do transportador autônomo, notadamente nos campos da alimentação, saúde, cultura, lazer e segurança no trabalho"	Folha de salários	1,5%
Sescoop	Medida Provisória n. 2.168-40/2001	Cooperativas	"Organizar, administrar e executar em todo o território nacional o ensino de formação profissional, desenvolvimento e promoção social do trabalhador em cooperativa e dos cooperados"	Folha de salários	2,5%

Reiteramos que este quadro expressa a regulação geral das contribuições, não os pormenores da legislação de cada uma delas, que não poderiam ser expostos nos estreitos lindes deste livro.

5. Questões controversas

5.1. Contribuições ao Sesc e Senac: cobrança de empresas prestadoras de serviços

As contribuições ao Sesc e ao Senac são cobradas dos *estabelecimentos comerciais* referidos no quadro de que trata o art. 577 da CLT.

Ocorre que as empresas prestadoras de serviços não estão aludidas expressamente nesse quadro, o que embasou a sua insurgência contra a cobrança das referidas contribuições.

A jurisprudência do Superior Tribunal de Justiça inclinou-se inicialmente no sentido de que seria inviável a cobrança, dada a ausência de previsão legal. Porém, a Primeira Seção da Corte firmou entendimento contrário, em outubro de 2002, que restou cristalizado na Súmula 499, *in verbis*:

> As empresas prestadoras de serviços estão sujeitas às contribuições ao Sesc e Senac, salvo se integradas noutro serviço social.

O precedente que marcou a reviravolta na sua jurisprudência é o REsp n. 431.347, atribuído à Seção pela "magnitude que a questão encerra". Considerou-se que tais empresas estariam enquadradas no plano sindical da CNC, nos termos do art. 577 da CLT e de seu anexo, com base nas premissas de que as prestadoras de serviços que auferem lucros são estabelecimentos comerciais, à luz do conceito moderno de empresa, e de que o empregador somente pode exonerar-se de uma determinada contribuição ao "Sistema S" quando passe a contribuir para outra entidade integrante do sistema, sob pena de deixar os seus empregados ao desamparo, sem auferirem os benefícios advindos da atuação dos serviços sociais autônomos. Lê-se na ementa:

> [...] 1. As empresas prestadoras de serviços médicos e hospitalares estão incluídas dentre aquelas que devem recolher, a título obrigatório, contribuição para o Sesc e para o Senac, porquanto enquadradas no plano sindical da Confederação Nacional do Comércio, consoante a classificação do artigo 577 da CLT e seu anexo, recepcionados pela Constituição Federal (art. 240) e confirmada pelo seu guardião, o STF, a assimilação no organismo da Carta Maior. 2. Deveras, dispõe a Constituição da República Federativa do Brasil, em seu art. 240, que: "Ficam ressalvadas do disposto no art. 195 as atuais contribuições compulsórias dos empregadores sobre a folha de salários, destinadas às entidades privadas de serviço social e de formação profissional vinculadas ao sistema sindical". 3. As Contribuições referidas visam a concretizar a promessa constitucional insculpida no princípio pétreo da "valorização do trabalho humano" encartado no artigo 170 da Carta Magna: *verbis*: "A

ordem econômica, fundada na valorização do trabalho humano e na livre-iniciativa, tem por fim assegurar a todos existência digna, conforme os ditames da justiça social, [...]". 4. Os artigos 3º do Decreto-Lei n. 9.853 de 1946 e 4º do Decreto-Lei n. 8.621/46 estabelecem como sujeitos passivos da exação em comento os estabelecimentos integrantes da Confederação a que pertence e sempre pertenceu a recorrente (antigo IAPC; DL n. 2.381/40), conferindo "legalidade" à exigência tributária. 5. Os empregados do setor de serviços dos hospitais e casas de saúde, ex-segurados do IAPC, antecedente orgânico das recorridas, também são destinatários dos benefícios oferecidos pelo Sesc e pelo Senac. 6. As prestadoras de serviços que auferem lucros são, inequivocamente, estabelecimentos comerciais, quer por força do seu ato constitutivo, oportunidade em que elegeram o regime jurídico próprio a que pretendiam se submeter, quer em função da novel categorização desses estabelecimentos, à luz do conceito moderno de empresa. 7. O Sesc e o Senac têm como escopo contribuir para o bem-estar social do empregado e a melhoria do padrão de vida do mesmo e de sua família, bem como implementar o aprimoramento moral e cívico da sociedade, beneficiando todos os seus associados, independentemente da categoria a que pertençam. 8. À luz da regra do art. 5º da LICC – norma supralegal que informa o direito tributário, a aplicação da lei, e nesse contexto a verificação se houve sua violação, passa por esse aspecto teleológico-sistêmico – impondo-se considerar que o acesso aos serviços sociais, tal como preconizado pela Constituição, é um "direito universal do trabalhador", cujo dever correspectivo é do empregador no custeio dos referidos benefícios. 9. Consectariamente, a natureza constitucional e de cunho social e protetivo do empregado, das exações *sub judice*, implica em que o empregador contribuinte somente se exonere do tributo, quando integrado noutro serviço social, visando a evitar relegar ao desabrigo os trabalhadores do seu segmento, em desigualdade com os demais, gerando situação anti-isonômica e injusta. 10. A pretensão de exoneração dos empregadores quanto à contribuição compulsória em exame recepcionada constitucionalmente em benefício dos empregados, encerra arbítrio patronal, mercê de gerar privilégio abominável aos que através da via judicial pretendem dispor daquilo que pertence aos empregados, deixando à calva a ilegitimidade da pretensão deduzida. 11. Recurso especial Improvido[11].

Subjaz a esse precedente uma questionável concepção, posta à luz pela Ministra Eliana Calmon, no sentido de que no direito tributário não se aplica a tipicidade fechada. Para elucidá-la, cabe transcrever este trecho do seu voto-vogal:

> Sr. Presidente, toda a questão foi ensejada por um voto divergente num processo de minha relatoria. Na época, entendia que, em direito tributário, se aplicava a tipicidade fechada e que, em não havendo a inclusão específica das empresas prestadoras de serviço, não era possível estender a aplicação da norma que fazia incidir a contribuição para o Sesc e para o Senac. Posteriormente, entretanto, com as ponderações do excelente voto do Sr. Ministro Franciulli Neto, revi minha posição, única e exclusivamente, com base no princípio maior da razoabilidade ou da proporcionalidade, o que me permitiu aplicar a isonomia. Essas empresas não poderiam ficar isentas, uma vez que as outras pagam a contribuição.

---

[11] STJ, 1ª Seção, REsp n. 431.347, rel. Min. Luiz Fux, out. 2002, excerto da ementa.

Esse entendimento leva à cobrança das contribuições ao Sesc e ao Senac – e por consequência da contribuição ao Sebrae – até mesmo das instituições educacionais, por prestarem serviços de ensino, enquadrando-se como empresas comerciais, como recentemente decidiu o STJ, ao apreciar recurso representativo de controvérsia. Nesta decisão, a Corte externou a lógica que norteia a sua jurisprudência, *in verbis*:

> A lógica em que assentados os precedentes é a de que os empregados das empresas prestadoras de serviços não podem ser excluídos dos benefícios sociais das entidades em questão (Sesc e Senac) quando inexistente entidade específica a amparar a categoria profissional a que pertencem. Na falta de entidade específica que forneça os mesmos benefícios sociais e para a qual sejam vertidas contribuições de mesma natureza e, em se tratando de empresa prestadora de serviços, há que se fazer o enquadramento correspondente à Confederação Nacional do Comércio – CNC, ainda que submetida a atividade respectiva a outra Confederação, incidindo as contribuições ao Sesc e Senac que se encarregarão de fornecer os benefícios sociais correspondentes[12].

O Supremo Tribunal Federal não aprecia o alcance do art. 577 da CLT, por se tratar de matéria infraconstitucional. Mas a Segunda Turma da Corte já afirmou a compatibilidade dessa cobrança com os arts. 149 e 240 da Constituição de 1988[13].

5.2. Autonomia das novas contribuições ao Sistema S

Se as contribuições são definidas como tributos finalísticos, caracterizados pelo escopo que são vocacionados a realizar, a afetação dos seus recursos para a realização de finalidade diversa repercute, sem dúvida alguma, na sua própria essência.

Caso a modificação de finalidade seja parcial, a contribuição terá sido cindida, dando ensejo a uma nova exação, que, por óbvio, deverá respeitar os requisitos constitucionalmente exigidos para a criação desse novel tributo.

Portanto, as leis que alteraram a destinação das contribuições ao Sesc, Senac, Sesi e Senai, direcionando-as, em parte, a serviços sociais autônomos instituídos posteriormente ao advento da Carta de 1988, implicaram a criação de novas contribuições ao "Sistema S", que, como expusemos há pouco, não encontram fundamento no art. 240 da Constituição da República e somente podem legitimar-se com base em outros preceitos constitucionais.

---

[12] STJ, 1ª Seção, REsp n. 1.255.433, rel. Min. Mauro Campbell Marques, maio 2012, trecho da ementa.

[13] STF, 2ª Turma, RE n. 509.624 AgR, rel. Min. Joaquim Barbosa, mar. 2011. Consignou-se na ementa: "A atividade desempenhada por empresa prestadora de serviços com intuito lucrativo é compatível com o escopo de atuação do Sesc e do Senac, enquanto não for criada entidade sindical de grau superior com o objetivo de orientar, coordenar e defender todas as atividades econômicas relacionadas à prestação de serviços. Interpretação dos arts. 149 e 240 da Constituição".

Não é esse, contudo, o entendimento que o STF vem esboçando quanto à contribuição ao Sescoop: na ADI 1.924 MC, a Corte não reconheceu a autonomia dessa exação, afastando a alegada violação do art. 240 da CF sob o argumento de que "o tributo, em primeiro exame, não se caracteriza como contribuição nova"[14].

Ao fazê-lo, a Corte Suprema contrariou as premissas do precedente relativo à contribuição ao Sebrae, quando reconhecera a autonomia do novel tributo, a despeito de ter sido criado como mero adicional às contribuições ao Sesc, Senac, Sesi e Senai[15].

---

[14] STF, Pleno, ADI 1.924 MC, rel. p/ ac. Min. Joaquim Barbosa, maio 2009, trecho da ementa. Tal posição já havia sido externada pelo Ministro Néri da Silveira, relator original da decisão proferida na medida cautelar, cujo julgamento se iniciou em fevereiro de 1999. O Ministro Néri da Silveira entendeu não se tratar de contribuição nova, mas de mera "transferência de destinatário da contribuição de 2,5% sobre a folha de salários de empregados de cooperativas". Essa foi a linha argumentativa que se refletiu na ementa, onde se consignou que: "o tributo, em primeiro exame, não se caracteriza como contribuição nova". No entanto, o Ministro Joaquim Barbosa, que sucedeu o Ministro Néri da Silveira na relatoria, qualificou a contribuição ao Sescoop como uma Cide, o que poderia, em tese, levar ao reconhecimento da sua constitucionalidade com base na competência outorgada pelo art. 149 da CF. De qualquer modo, a questão ainda pode ser revista no julgamento do mérito, sobretudo por ter sido definida por voto de desempate, proferido pelo Ministro Celso de Mello.

[15] STF, Pleno, RE n. 396.266, rel. Min. Carlos Velloso, nov. 2003.

Referências bibliográficas

ABRAHAM, Marcus. *Curso de direito tributário*. Rio de Janeiro: Forense, 2018.

ARNDT, Hans-Wolfgang; JENSEN, Holger. *Grundzüge des Allgemeinen Steuer- und Abgabenrechts*. 2. ed. Munique: Franz Vahlen, 2005.

ATALIBA, Geraldo. *Hipótese de incidência tributária*. 5. ed. São Paulo: Malheiros, 1992.

——; GIARDINO, Cleber. "Segurança do direito, tributação e anterioridade". *Revista de Direito Tributário*, São Paulo, n. 27-28, 1984, p. 51-75.

ÁVILA, Humberto. "Contribuições na Constituição Federal de 1988". In: MACHADO, Hugo de Brito. *As contribuições no sistema tributário brasileiro*. São Paulo: Dialética, 2003.

BALEEIRO, Aliomar. *Direito tributário brasileiro*. 11. ed. Atualizada por Misabel Abreu Machado Derzi. Rio de Janeiro: Forense, 1999.

——. *Uma introdução à ciência das finanças*. 16. ed. Rio de Janeiro: Forense, 2002.

BANDEIRA DE MELLO, Celso Antônio. *Conteúdo jurídico do princípio da igualdade*. 3. ed. São Paulo: Malheiros, 1993.

BARRETO, Paulo Ayres F. *ISS na Constituição e na Lei*. 3. ed. São Paulo: Dialética, 2009.

——. *Contribuições: Regime jurídico, destinação e controle*. São Paulo: Noeses, 2006.

BECKER, Alfredo Augusto. *Teoria geral do direito tributário*. 3. ed. São Paulo: Lejus, 2002.

BERLIRI, Antonio. *Principi di diritto tributario*. Milão: Giuffrè, v. I, 1952. v. II, t. I, 1957.

BÖCKLI, Peter. *Indirekte Steuern und Lenkungssteuern*. Basel: Helbing & Lichtenhahn, 1975.

CALIENDO, Paulo. *Curso de direito tributário*. São Paulo: Saraiva, 2017.

CAMPOS, Diogo Leite de; CAMPOS, Mônica Horta Neves Leite de. *Direito tributário*. 2. ed. Coimbra: Almedina, 2000.

Carrazza, Roque Antônio. *Curso de direito constitucional tributário*. 23. ed. São Paulo: Malheiros, 2007.

——. "Vigência e aplicação das leis tributárias". *Revista de Direito Tributário*, São Paulo, n. 17-18, 1981, p. 144-154.

CARVALHO, Paulo de Barros. *Direito tributário, linguagem e método*. 2. ed. São Paulo: Noeses, 2008.

——. *Curso de direito tributário*. 15. ed. São Paulo: Saraiva, 2003.

——. "O princípio da segurança jurídica em matéria tributária". *Revista de Direito Tributário*, São Paulo, n. 61, 1992, p. 74-90.

CASADO OLLERO, Gabriel. "Los fines no fiscales de los tributos". In: *Comentarios a la Ley General Tributaria y lineas para su reforma. Libro-homenaje al Profesor Dr. D. Fernando Sainz de Bujanda*. Madrid: Instituto de Estudios Fiscales, 1991. v. I., p. 103-152.

CHIESA, Clélio. "EC n. 33: dois novos impostos rotulados de ICMS". *Revista Dialética de Direito Tributário*, n. 90, mar. 2003, p. 21-48.

COÊLHO, Sacha Calmon Navarro. *Comentários à Constituição de 1988. Sistema tributário*. 8. ed. Rio de Janeiro: Forense, 1999.

——. *Curso de direito tributário brasileiro*. 6. ed. Rio de Janeiro: Forense, 2002.

——. *Contribuições no direito brasileiro – Seus problemas e soluções*. São Paulo: Quartier Latin, 2007.

——. "Princípio da anterioridade tributária no Brasil (seu caráter limitado e retórico)". *Revista de Direito Tributário*, São Paulo, n. 23-24, jan.-jun. 1983, p. 196-210.

DERZI, Misabel Abreu Machado. "Notas". In: baleeiro, Aliomar. *Direito tributário brasileiro*. 11. ed. Rio de Janeiro: Forense, 1999.

——. "Contribuição para o Finsocial". *Revista de Direito Tributário*, São Paulo, v.15, n. 55, jan.-mar. 1991, p.194-222.

——. "O princípio da irretroatividade do direito na Constituição e no Código Tributário Nacional". *Revista de Direito Tributário*, São Paulo, n. 67, 1995, p. 237-251.

——. "Sinopse da obra: Fernandes, S. *As contribuições neocorporativas na Constituição e nas leis*". *Revista CEJ*, v. 9, n. 31, out.-dez. 2005.

DIAS DE SOUZA, Hamilton; FERRAZ JR., Tercio Sampaio. "Contribuições de intervenção no domínio econômico e a federação". In: MARTINS, Ives Gandra da Silva (coord.). *Contribuições de intervenção no domínio econômico*. São Paulo: Revista dos Tribunais, 2002, p. 58-106.

FALSITTA, Gaspare. *Manuale di diritto tributario. Parte generale*. 5. ed. Pádua: Cedam, 2005.

FANTOZZI, Augusto. *Il diritto tributario*. 3. ed. Turim: Utet, 2003.

FERNANDES, Simone dos Santos Lemos. *As contribuições neocorporativas na Constituição e nas leis*. Belo Horizonte: Del Rey, 2004.

_____. "Teoria da parafiscalidade brasileira". *Revista Dialética de Direito Tributário*. São Paulo, n. 112, jan. 2005, p. 127-33.

FERREIRA, Aurélio Buarque de Holanda. *Novo dicionário da língua portuguesa*. 2. ed. 17. reimpressão. Rio de Janeiro: Nova Fronteira, 1986.

FERREIRA NETO, Arthur Maria. "A invalidade superveniente das contribuições em razão do descumprimento da finalidade constitucional através de legislação orçamentária". *Revista de Estudos Tributários*, Ano VIII, n. 48, mar.-abr. 2006, p. 124-150.

FERREIRO LAPATZA, José Juan. *Curso de derecho financiero español*. 24. ed. Madrid: Marcial Pons, v. I, 2004.

FREITAS, Vladimir Passos de. *Conselhos de Fiscalização Profissional: doutrina e jurisprudência*. 2. ed. São Paulo: Revista dos Tribunais, 2008.

GAMA, Tácio Lacerda. *Contribuição de intervenção no domínio econômico*. São Paulo: Quartier Latin, 2003.

_____. "Contribuições especiais – Natureza e regime jurídico". In: DE SANTI, Eurico Marcos Diniz (Org.). *Curso de especialização em direito tributário: estudos analíticos em homenagem a Paulo de Barros Carvalho*. Rio de Janeiro: Forense, 2005, p. 1.143-1.166.

GIANNINI, Achille Donato. *I concetti fondamentali del diritto tributario*. Turim: Unione Tipografico-Editrice Torinese, 1956.

GONZÁLEZ GARCÍA, Eusebio; GONZÁLEZ, Teresa. *Derecho tributario*. Salamanca: Plaza Universitaria, 2004, v. I.

GRAU, Eros. *A ordem econômica na Constituição de 1988: interpretação e crítica*. 2. ed. São Paulo: Revista dos Tribunais, 1991.

_____. "A publicação da lei e termo inicial de vigência da lei (A Lei n. 8.383/91)". *Revista de Direito Tributário*, São Paulo, n. 62, 1992, p. 62-68.

GRECO, Marco Aurélio. *Contribuições (uma figura "sui generis")*. São Paulo: Dialética, 2000.

_____. "Contribuição de intervenção no domínio econômico – Parâmetros para sua criação". In: GRECO, Marco Aurélio (Coord.). *Contribuições de intervenção no domínio econômico*. São Paulo: Dialética, 2001, p. 9-31.

_____. "Contribuições de intervenção no domínio econômico – Elementos para um modelo de controle. *Revista Fórum de Direito Tributário*, ano 4, n. 20, mar.-abr. 2006, p. 27-45.

_____. "Não-cumulatividade no PIS e na Cofins". In: PAULSEN, Leandro (Coord.). *Não-Cumulatividade das contribuições PIS/Pasep e Cofins*. Porto Alegre: IET e IOB/Thomson, 2004.

GROSCLAUDE, Jacques; MARCHESSOU, Philippe. *Droit fiscal général*. 5. ed. Paris: Dalloz, 2005.

HARADA, Kiyoshi. "O princípio da anterioridade e a Emenda Constitucional n. 33/2001: possibilidade de redução e restabelecimento de alíquotas do ICMS". *IOB-Repertório de Jurisprudência: tributário, constitucional e administrativo*, n. 21, nov. 2002, p. 813-810.

JARACH, Dino. *Finanzas públicas y derecho tributario*. 3. ed. Buenos Aires: Abeledo--Perrot. 1996.

KIRCHHOF, Ferdinand. *Grundriss des Steuer- und Abgabenrechts*. 2. ed. Heidelberg: C. F. Müller, 2001.

KRUSE, Heinrich Wilhelm. *Steuerrecht*. 3. ed. Munique: C. H. Beck, 1973, v. I.

LACOMBE, Américo Masset. *Contribuições profissionais*. São Paulo: Revista dos Tribunais, 1987.

LORENZON, Gianfranco. "Ambito oggetivo di applicazione". In: MOSCHETTI, Francesco (Org.). *La capacità contributiva*. Milão: Cedam, 1993, p. 53-68.

MACHADO, Hugo de Brito. *Os princípios jurídicos da tributação na Constituição de 1988*. 4. ed. São Paulo: Dialética, 2001.

——. "Os princípios da anterioridade e da irretroatividade das leis tributárias e a publicação da lei". *Cadernos de Direito Tributário e Finanças Públicas*, São Paulo, v. 2, n. 8, jul.-set. 1994, p. 107-112.

MALVÁREZ PASCUAL, L. "La función tributaria en el marco del Estado Social y democrático de Derecho". *Civitas*, 109-110, enero-junio 2001, p. 377-438.

MARQUES, Thiago de Mattos. "Apuração de créditos de PIS/Cofins no regime monofásico". *RDDT*, 170/129, nov. 2009.

MARTINS, Ives Gandra da Silva. "Emenda Constitucional n. 33/2001: Inteligência das disposições sobre a Cide e o ICMS nela incluídos (parecer)". *Revista Dialética de Direito Tributário*, n. 84, set. 2002, p. 167-181.

——. "Contribuições sociais para o sistema 'S' – Constitucionalização da imposição por força do artigo 240 da Lei Suprema – recepção pela nova ordem do artigo 577 da CLT". *Revista Dialética de Direito Tributário*, n. 57, jun. 2000.

——. "A contribuição para iluminação pública". *Revista Dialética de Direito Tributário*, n. 90, mar. 2003.

——. "Contribuição de iluminação – ainda a E.C. n. 39/2002". *Revista Dialética de Direito Tributário*, n. 92, maio 2003.

——; SOUZA, Fátima Fernandes Rodrigues de. "Exclusão das receitas de terceiros da base de cálculo das contribuições ao PIS e Cofins devidas pelo contribuinte". *Revista Dialética de Direito Tributário* n. 70, jul. 2001, p. 150-163.

MARTINS, Sergio Pinto. *Direito da seguridade social*. 20. ed. São Paulo: Atlas, 2004.

MARTUL-ORTEGA, Yebra. "I fini extrafiscali dell'imposta". In: AMATUCCI, Andrea (Coord.). *Trattato di diritto tributario*. Pádua: Cedam, 1994. v. I, t. I, p. 655-689.

MELO, José Eduardo Soares. *Contribuições sociais no sistema tributário*. 4. ed. São Paulo: Malheiros, 2003.

——. *ISS – Aspectos teóricos e práticos*. Atualizada com a LC n. 116. 5. ed. São Paulo: Dialética, 2008.

MENDONÇA, Maria. *O princípio constitucional da irretroatividade da lei: A irretroatividade da lei tributária*. Belo Horizonte: Del Rey, 1996.

MINATEL, José Antônio. "Conteúdo do conceito de receita e regime jurídico para sua tributação". *MP*, 2005, p. 218-219, 222, 224 e 259.

MOREIRA, André Mendes. "PIS/Cofins – Não-incidência sobre receitas de terceiros". *RDDT*, 141/37, jun. 2007.

NABAIS, José Casalta. *O dever fundamental de pagar impostos*. Coimbra: Almedina, 1998.

NOVELLI, F. "Anualidade e anterioridade na Constituição de 1988". *Revista de Direito Tributário*, São Paulo, v. 14, n. 51, jan.-mar. 1990, p. 62-88.

PAULSEN, Leandro. *Direito tributário: Constituição e Código Tributário à luz da doutrina e da jurisprudência*. 14. ed. Porto Alegre: Livraria do Advogado/ESMAFE, 2012.

——. *Curso de direito tributário*. Porto Alegre: Livraria do Advogado, 2008.

——; FERREIRA NETO, Arthur Maria. "A nova contribuição de inativos e pensionistas". *Revista Dialética de Direito Tributário* n. 106, jul. 2004.

——; MELO, José Eduardo Soares de. *Impostos federais, estaduais e municipais*. 7. ed. Porto Alegre: Livraria do Advogado, 2012.

PÉREZ DE AYALA, J.; GONZÁLEZ GARCIA, E. *Curso de derecho tributario*. Madrid: Editorial de Derecho Financiero, 1986, v. I.

PIMENTA, Paulo Roberto Lyrio. "Contribuição para o Custeio do Serviço de Iluminação Pública". *Revista Dialética de Direito Tributário*, n. 95, ago. 2003, p. 100-108.

PONTES DE MIRANDA, Francisco Cavalcanti. *Comentários à Constituição de 1967; com a Emenda n. 1 de 1969*. 3. ed., Rio de Janeiro: Forense, 1987.

RABELLO FILHO, F. *O princípio da anterioridade tributária*. São Paulo: Revista dos Tribunais, 2002.

ROCHA, Valdir de Oliveira. "Contribuições de seguridade social sobre o faturamento – Incidência e não-incidência". *IOB*, 23/93, p. 471-472.

SANTOS, João Marcelo Máximo Ricardo dos. "A nova contribuição previdenciária incidente sobre pagamentos efetuados a cooperativas de trabalho, instituída pela Lei n. 9.876/99". *Revista Dialética de Direito Tributário*, n. 64, jan. 2001, p. 105.

SEHN, Solon. "Não-incidência de PIS/Pasep e da Cofins sobre reembolsos e indenizações". *RDDT*, 162/58, mar. 2009.

SILVA, De Plácido e. *Vocabulário jurídico*. 19. ed. Rio de Janeiro: Forense, 2002.

SOUSA, Rubens Gomes de. *Compêndio de legislação tributária*. São Paulo: Resenha Tributária, 1975.

SOUZA, Fátima Fernandes Rodrigues de. *Comentários ao Código Tributário Nacional*. v. I. Coord. Ives Gandra da Silva Martins. São Paulo: Saraiva, 1998.

TAVARES, André Ramos. "Intervenção estatal no domínio econômico por meio da tributação". In: MARTIS, Ives Gandra da Silva (Coord.). *Contribuições de intervenção no domínio econômico*. São Paulo: Revista dos Tribunais, 2002, p. 206-250.

TESAURO, Francesco. *Istituzioni di diritto tributario*. 8. ed. Turim: Utet, 2004. v. I.

TIPKE, Klaus. "Sollten Leistungsfähigkeitsprinzip und Steuergrenzen in die Verfassung aufgenommen werden?". *Steuer und Wirtschaft*, n. 71, 1994, p. 58-62.

——. "Sobre a unidade da ordem jurídica tributária". In: SCHOUERI, Luís Eduardo; ZILVETI, Fernando Aurélio (Coord.). *Direito tributário: Estudos em homenagem a Brandão Machado*. São Paulo: Dialética, 1998, p. 60-70.

——; Lang, Joachim. *Steuerrecht. Ein systematischer Grundriss*. 18. ed. Köln: O. Schmidt, 2005.

TÔRRES, Heleno Taveira. "PIS e Cofins na Constituição. Não-cumulatividade e incidência sobre importações de mercadorias e serviços". *RFDT*, 09/85, jun. 2004.

TORRES, Ricardo Lobo. *Tratado de direito constitucional financeiro e tributário*. Rio de Janeiro: Renovar, 2007. v. IV.

TRIBE, Laurence; DORF, Michael. *On Reading the Constitution*. Cambridge (MA): Harvard University Press, 1991.

VELLOSO, Andrei Pitten. *Constituição tributária interpretada*. 2. ed. Porto Alegre: Livraria do Advogado, 2012. 1. ed. São Paulo: Atlas, 2007.

WERLANG, Arno. "Aspectos constitucionais da contribuição de iluminação pública". *Interesse público*, n. 27, 2004, p. 111-118.

XAVIER, Alberto. *Autorização para importação de regime de entreposto aduaneiro*, Aduaneiro (legislação). São Paulo: Resenha Tributária, 1978.